Ingo Helm | Christoph Weinert

Die Geschichte Norddeutschlands

| Hoffmann und Campe |

Mitarbeit: Edgar Kroll
Bildredaktion: Konstantin Gerszewski
Besonderer Dank gebührt
Prof. Dr. Thomas Riis für die
wissenschaftliche Begleitung des Manuskripts.

1. Auflage 2005

Schutzumschlaggestaltung: Katja Maasböl
Foto: Ingo Wandmacher
Layout, Typographie und Satz: Prill Partners|producing, Berlin
Karten: Rainer J. Fischer, Berlin
Druck und Bindung:
Mohn Media GmbH, Gütersloh
Printed in Germany
ISBN 10: 3-455-09520-8
ISBN 13: 987-3-455-09520-3

HOFFMANN
UND CAMPE

Ein Unternehmen der
GANSKE VERLAGSGRUPPE

Inhalt

Vorwort

Was Sie in den Händen halten, hat es in dieser Form noch nicht gegeben: die Geschichte Norddeutschlands – erzählt in einem einzigen Band. Die Spurensuche für dieses Buch- und Fernsehprojekt begann vor mehr als drei Jahren. Beteiligt waren Redakteure, Autoren, Wissenschaftler und Kameraleute. Getrieben haben uns ein paar recht einfache Fragen: Wie haben die Menschen im Norden gelebt? Was waren ihre Bräuche? Woran haben sie geglaubt, wie haben sie sich gestritten und wieder versöhnt?

Schon bald war klar – eine vollständige Geschichte würden auch wir nicht erzählen können. Zu viel Wissenswertes war in den zurückliegenden 400 000 Jahren passiert, zu viele Ereignisse und Regionen verdienten der Erwähnung. So bestand eine der schwierigsten Aufgaben darin, auszuwählen, zu gewichten – und am Ende wegzulassen. Nie ging es uns um eine lückenlose Darstellung, vielmehr wollten und wollen wir die wichtigsten Entwicklungslinien einer großen Geschichte aufzeigen und Geschichten erzählen, die uns einiges über die Lebensverhältnisse der Menschen im Norden verraten.

Viele Fragezeichen standen am Anfang des Projekts. Welchen Zeitraum sollte diese Geschichte umfassen? Welche Region sollte sie behandeln? Schon früh war klar, dass der Bogen möglichst weit gespannt werden musste – von der Altsteinzeit bis zu den bewegenden Jahren der politischen Teilung des Nordens und seiner Wiedervereinigung im Jahre 1990. Aber was ist überhaupt Norddeutschland? Was verbindet die Menschen im Norden?

Spätestens an diesem Punkt war klar: diese Geschichte ist eine Aufgabe wie geschaffen für den Norddeutschen Rundfunk, der einen Teil dieser Identität stiftet. Er trägt mit seinem kulturellen Auftrag und vor allem mit seinen Programmen in Hörfunk und Fernsehen dazu bei, dass sich die Menschen zwischen Harz und Nordsee, zwischen Vorpommern und dem Emsland überhaupt als Norddeutsche verstehen. Hinzu kommt: der NDR ist die einzige ARD-Anstalt, deren Sendegebiet sowohl im Westen wie im Osten der Republik liegt. Und schließlich hat sich das NDR-Fernsehen seit langem mit der norddeutschen Geschichte befasst – bisher jedoch ausschließlich in Einzelfilmen oder kleineren Reihen. Was fehlte, war eine Gesamtdarstellung.

Entwickelt wurde die Idee für dieses Projekt von den NDR-Redakteuren Silvia Gutmann, Florian Huber und Knut Weinrich. Ihr Ziel war es, den Blick auf die großen Entwicklungen im Norden zu richten. Umgesetzt haben dieses Vorhaben die beiden Autoren Ingo Helm und Christoph Weinert, die auch dieses Buch verfasst haben. Hinter der Fernsehproduktion steht die Hamburger Fernsehproduktionsgesellschaft ECO Media TV. Realisiert wurde das Projekt mit Mitteln der *nord media*, der Mediengesellschaft Niedersachsens und Bremens, sowie der MSH, der Gesellschaft zur Förderung audiovisueller Werke in Schleswig-Holstein. Die wissenschaftliche Beratung kam zu allererst vom Historischen Seminar der Christian-Albrechts-Universität zu Kiel. Allen Beteiligten möchten wir an dieser Stelle unsere Anerkennung für die geleistete Arbeit aussprechen und uns für ihr großes Engagement bedanken.

Die Geschichte geht weiter. Vielleicht werden eines fernen Tages die Menschen dieses Buch lesen und über die Darstellung staunen. Aber sie werden es – wie hoffentlich auch Sie – nicht so schnell aus den Händen legen. Denn die Geschichte Norddeutschlands ist nicht nur überaus interessant, sie ist auch äußerst spannend. Immerhin: es ist unsere Geschichte.

Stephan Lamby, ECO Media TV Produktion
Thomas Schreiber, Leiter Programmbereich Kultur NDR Fernsehen

Die Vorgeschichte

Von den Anfängen bis zu Christi Geburt

Vor rund 12 000 Jahren zog sich das Eis aus Norddeutschland zurück.

Seit rund 2000 Jahren gibt es schriftliche Quellen über Vorgänge im Norden des heutigen Deutschland. Sie sind zwar lückenhaft und nicht immer verlässlich, aber doch eine gute Grundlage, wenn man sich ein Bild von der Geschichte der beiden letzten Jahrtausende machen will. Wer weiter zurückgehen und etwas über die vorchristliche Zeit wissen möchte, ist auf die Forschungsergebnisse der Archäologie angewiesen: Nach dem Ende der Eiszeit vor knapp 12 000 Jahren, soviel ist durch Ausgrabungen gesichert, lebten Menschen in Norddeutschland. Sie gehörten verschiedenen Kulturen an – erst Jäger und Sammler, dann auch Fischer, schließlich Bauern und Viehzüchter.

Doch das alles zusammengenommen ist nur ein kurzer Augenblick, gemessen an den Zeiträumen, die die gesamte Entwicklung der Menschheit umfassen: zweieinhalb Millionen Jahre sind vergangen, seit die ersten Vorläufer der heutigen Menschen ihren Siegeszug um den gesamten Globus antraten.

Irgendwann in dieser unüberschaubar langen Zeit, der Altsteinzeit oder dem Paläolithikum, müssen sie auch Mitteleuropa, müssen sie Norddeutschland erreicht haben – das Ende der Welt, wie sie wohl dachten.

Aber wann war das genau? Und: haben sich die Urmenschen überhaupt schon irgend etwas gedacht?

Vorhergehende Doppelseite: Der »Dolmen von Lehmsiek« bei Eckernförde: ein Megalithgrab der Trichterbecherkultur, wie für die Ewigkeit errichtet

Die ersten Menschen in Norddeutschland

1994 ging eine Meldung um die Welt, deren Tragweite der Öffentlichkeit erst nach und nach deutlich wurde. Am Rande einer Braunkohlengrube in Schöningen bei Braunschweig machten Ausgräber des Niedersächsischen Landesamtes für Denkmalpflege eine überraschende Entdeckung. Zehn Meter unter dem heutigen Bodenniveau fanden sie menschliche Spuren; keine Grabstätten oder Menschenschädel, sondern Waffen: eine Reihe von Holzspeeren, nur wenig beschädigt. Schnell war klar, dass die Speere älter sind als alles andere, was bis dahin an Hinweisen auf Menschen in der Region bekannt war. Nicht weniger als 400 000 Jahre hatten die Jagdwaffen im Boden gelegen, das heißt vier- bis zehnmal so lange wie in anderen Teilen Europas Relikte des berühmten Neandertalers. Daneben lagen die knöchernen Überreste von zwanzig Pferden sowie eine große Zahl von Steinwerkzeugen. Bearbeitungsspuren an den Knochen zeigen, dass es sich bei den Pferden um Jagdbeute handelt, die systematisch zerlegt worden war. Die Beweise sind schlagend: Dort, wo heute die Schöninger Braunkohle abgebaut wird, damals ein lauschiges Plätzchen am Ufer eines Sees, hatten Urmenschen ihr Lager aufgeschlagen, und hier machten sie Jagd auf Pferde. Da der Homo erectus als gemeinsamer Ahne des Neandertalers und des Homo sapiens, des modernen Menschen, gilt, ist das der Anfang der menschlichen Vorgeschichte in Norddeutschland.

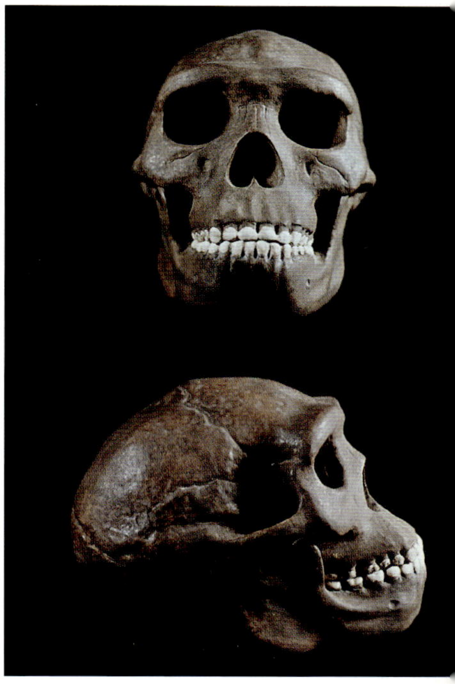

Schädel des Homo erectus: primitiver Halbaffe oder menschliches Wesen?

Jagdwaffen aus der Altsteinzeit

Um die Wirkung zu verstehen, die der Fund von Schöningen auf die Fachwelt hatte, muss man sich vergegenwärtigen, wie das herrschende Bild aussah, das man sich bis dahin vom Homo erectus machte: primitiv, ohne höhere Intelligenz, also auch ohne Sprache und nicht zu mehr in der Lage, als Feuersteine zurechtzuklopfen, um damit Knochen oder Holz zu bearbeiten. Wenn er überhaupt zur Jagd fähig war, so die Vorstellung, dann nur auf Kleinwild, also auf leichte Beute, instinktgeleitet wie ein Wolf. Im übrigen habe er von Aas gelebt, von dem, was Raubtiere ihm übrig ließen. Kurz, man sah jene urtümlichen Wesen dem Affen näher als dem modernen Menschen, der für sich das Monopol beansprucht, die Krone der Schöpfung zu sein.

Die Funde aus dem nördlichen Harzvorland zeichnen ein ganz anderes Bild. Denn die Speere sind meisterlich gearbeitet. In Form und Größe ähneln sie den Speeren, die heute als Sportgerät üblich sind, und sie haben vergleichbare Flugeigenschaften, wie Versuche mit Nachbildungen gezeigt haben. Ein leichtes, schlankes Holz fliegt besser als ein grober Knüppel, auch wenn dessen Aufprall mehr

Frühe Menschentypen

Homo erectus
Verbreitete sich von Afrika aus in Asien und Europa. In diese Gruppe, früher Pithecanthropus genannt, gehört der Pekingmensch; eine Zwischenstellung nimmt der Heidelbergmensch ein. Die Schöninger Speere werden dem Homo erectus zugeordnet. Lebte vor ca. 1,6 Mio. Jahren bis vor 300 000 Jahren, in Asien evtl. auch länger. Gilt als gemeinsamer Vorfahr des Neandertalers und des modernen Menschen. Kannte bereits den Gebrauch des Feuers.

Homo sapiens neanderthalensis
Neandertaler, lebte zwischen 200 000 und 30 000 Jahren vor heute in Europa und Asien. Die Frage, ob er vom modernen Menschen verdrängt wurde oder sich mit ihm vermischt hat, wird von der Forschung nicht einheitlich beantwortet. Spielte in Norddeutschland nach den bekannten Funden nur eine untergeordnete Rolle.

Homo sapiens sapiens
Der moderne Mensch, seit rund 150 000 Jahren, Verbreitung von Afrika aus. Seitdem keine durchgreifende genetische Veränderung mehr. Mit ihm erreichte die Werkzeugentwicklung in der Altsteinzeit einen Höhepunkt, nach dem Ende der letzten Eiszeit beginnt ein neuer Entwicklungsschub der menschlichen Kultur.

Wucht entfaltet – diese Erkenntnis könnte am Anfang gestanden haben. Also wurden junge Fichten sorgfältig ausgewählt, gefällt und entastet, um dann in zahllosen Arbeitsgängen den richtigen Schliff zu bekommen, die günstigste ballistische und aerodynamische Gestalt. Die Speerspitzen wurden so geformt, dass sie in der Lage sind, tief genug in ihr Ziel einzudringen, also ein Tier zu töten. Wie viel Naturbeobachtung, wie viele zielgerichtete Versuche und Verbesserungsschritte all das erfordert hat, lässt sich ermessen.

Außer den Schöninger Speeren waren bis dahin als Jagdwaffen jener Zeit nur Stoßlanzen bekannt, die in einer warmen Phase der Eiszeit auch in Norddeutschland bei der Jagd auf Großwild eingesetzt wurden. Mit Lanzen muss man die Beutetiere aus nächster Nähe treffen, um sie zu erlegen; im Vergleich also eine weniger ausgeklügelte Technik der Jagd. Eine der Lanzen wurde im niedersächsischen Lehringen gefunden. Doch sie ist fast 300 000 Jahre jünger als die Speere aus Schöningen. Umso überraschender, dass die nunmehr ältesten bekannten Jagdwaffen der Menschheit schon Fernwaffen auf so hohem Niveau waren.

Das Geheimnis der Speere von Schöningen

Die Speere von Schöningen können nicht die ersten ihrer Art gewesen sein – vor ihnen hatte schon ein Entwicklungsprozess stattgefunden; anders ist ihre Vollkommenheit nicht zu erklären. Also muss das Wissen um ihre Herstellung von Mensch zu Mensch weitergegeben worden sein. Dazu ist Intelligenz erforderlich: problemlösendes, abstraktes Denken, Phantasie, Lernen aus Fehlern, ein planendes Vorgehen und vor allem – Sprache. Die Speerschnitzer müssen miteinander kommunizieren, um Erfahrungen auszutauschen, um gemeinsam die Vision vom Speer zu verwirklichen, der auf Dutzende von Metern ein jagdbares, essbares Wild erlegt.

Auch die Jagd selbst setzt abgestimmtes Handeln, also Sprache, voraus. Die Beute muss aufgespürt, eine günstige Wurfposition und der richtige Zeitpunkt müssen gewählt werden. Für Menschen, die weder über besondere Schnelligkeit oder Kräfte noch über scharfe Zähne und Krallen verfügen, muss vieles zusammenkommen, bevor der Jagderfolg sich einstellt. Und den hatten die Schöninger Jäger, wie die gefundenen Pferdeskelette beweisen. Pferde sind große, schnelle Fluchttiere. Wo kann ich ihnen den Weg abschneiden? Wer pirscht sich von welcher Seite heran? Wie vermeide ich, dass der Speer den Jagdgefährten trifft statt des Tieres? Welches Zeichen verabrede ich, damit die tödlichen Speere in derselben Sekunde auf dasselbe Ziel geworfen werden? Komplexe Aufgaben, die nur eine Gruppe mit Intelligenz und Sprache bewältigen kann.

Die Jäger müssen die erlegten Tiere nicht nur zerlegen, sie sind auch darauf angewiesen, sie haltbar zu machen, besonders wenn, wie in Schöningen, in kurzer Zeit zwanzig Tiere erlegt wurden. Die Befunde deuten darauf hin, dass die Schöninger Urmenschen das Fleisch in Streifen geschnitten und am offenen Feuer geröstet oder an der Luft getrocknet haben, um damit über den Winter zu kommen. Die dafür nötigen Feuerstellen jedenfalls wurden gefunden. Wieder zeichnet sich ein Homo erectus ab, der gar nicht primitiv war, sondern klug und vorausschauend. Wenn es Vorräte gibt, stellen sich neue Aufgaben: Wo und wie kann ich sie sicher lagern, wie finde ich sie nach den Jagdwanderungen wieder, und wie verteile ich die Beute auf eine Art, die nicht nur den Proteinbedarf jedes Einzelnen deckt, sondern das Überleben der ganzen Gruppe sichert, möglichst ohne blutigen Streit?

Vor 400 000 Jahren ging der Homo erectus in Norddeutschland auf Wildpferdejagd.

Mögliche Rituale der Jagd

Hartmut Thieme, der wissenschaftliche Leiter der Ausgrabungen, geht sogar noch weiter. Es ist doch verblüffend, so argumentiert er, dass er auf engstem Raum, direkt bei den Pferdeskeletten, acht Speere gefunden hat, die möglicherweise völlig unbeschädigt waren, bevor Torf- und Bodenschichten sie quasi für die Ewigkeit konservierten. Selbst wenn sie durch die Jagd unbrauchbar geworden sein sollten, warum hat man sie dann nicht »recycelt«, zum Beispiel zu einem Wurfholz oder einem anderen Holzgerät weiterverarbeitet? Schließlich steckte bereits viel Arbeit darin, und Holz war in der damaligen Klima- und Vegetationsphase ein seltener, also kostbarer Rohstoff. Thiemes Antwort: Nach seinem Eindruck vom Fundort wurden sie bewusst an der späteren Fundstelle bei den toten Pferden abgelegt. Zeichnen sich da, mitten in der Altsteinzeit, Umrisse eines urtümlichen Rituals ab? Weitere aufregende Fragen würden sich mit Zwangsläufigkeit anschließen. War das erwachende Bewusstsein der Hominiden angesichts der Erfahrung des Todes von einem heiligen Schrecken gepackt? Sahen sie eine Verbindung zwischen dem Tod der Tiere und ihrer eigenen Sterblichkeit, glaubten sie, dass in der belebten Natur Geister und Seelen am Werk sind? Sollten also die Seelen der getöteten Tiere durch die Opferung der Waffen versöhnt werden? Gab es vielleicht die Vorstellung, dass es Unheil über die Gruppe bringt, wenn Jagdgerät, das getötet hat, noch einmal verwendet wird?

Für die Vermutung, dass der Homo erectus tatsächlich schon Jagdrituale kannte, sprechen auch Funde aus dem thüringischen Bilzingsleben. Dort wurde ein mit Steinen und Knochen gepflasterter Platz gefunden, möglicherweise ein Kultplatz, und das in einer Zeit, die »nur« rund 30 000 Jahre später liegt als die der Speere und Pferdeskelette in Niedersachsen.

Sensationsfund in Schöningen: zwischen Pferdeknochen einer der Holzspeere, älteste bekannte Jagdwaffe der Menschheit

Jede Aussage über Rituale des Homo erectus bleibt, wie Thieme zugibt, einstweilen spekulativ. Doch wenn die Fragen, die er stellt, auch nur zum Teil zu bejahen sind, so steht Schöningen nicht nur für die ältesten Spuren menschlichen Lebens in Norddeutschland und für die ältesten Jagdwaffen der Menschheit, sondern auch für die Geburt einer überbordenden Vorstellungskraft. Für mehrere hunderttausend Jahre sollte sich diese mentale Potenz vor allem in der Dimension von Naturreligion und rituellem Handeln entfalten, bevor der menschliche Geist daranging, sich die Natur auf andere Weise untertan zu machen.

In wärmeren Phasen des Eiszeitalters lebten in Mitteleuropa Waldelefanten.

Eiszeit: Die Landschaft wird geformt

Am Anfang war das Eis. Die Spuren, die es in der norddeutschen Landschaft hinterlassen hat, sind bis heute überall sichtbar: Endmoränen, Urstromtäler, Seenplatten, Findlinge ... diese und andere charakteristische Merkmale Norddeutschlands wurden vom Eis geschaffen, vom Druck der Gletschermassen, von der Schubkraft seines Vorrückens oder von den Wassermassen, die sein Abschmelzen freisetzte. Die Eiszeit hat der Landschaft für alle Zeiten ihren Stempel aufgedrückt.

Die Region im Norden war ein ausgesprochen ungemütlicher Ort, solange die Kaltzeiten andauerten. Der Eispanzer, bis zu drei Kilometer dick und Milliarden von Tonnen schwer, reichte zur Zeit seiner größten Ausdehnung von Norden her bis an den Rand der Mittelgebirge, also etwa bis Hildesheim. Rund zweieinhalb Millionen Jahre dauerte das Eiszeitalter, auch Pleistozän genannt, eine unvorstellbar lange Zeit. Sie reichte den Naturgewalten aus, um Felsen rund zu schleifen, Berge niederzuwalzen und neue Hügelketten aufzutürmen. Die skandinavische Landmasse und der Meeresgrund der heutigen Ostsee wurden vom Gewicht des Eises so stark niedergepresst, dass noch jetzt, nach über 10 000 Jahren, zu messen ist, wie sich der Boden allmählich wieder hebt.

Man kann darüber streiten, ob das Eiszeitalter überhaupt schon aufgehört hat, denn die letzte Kälteperiode liegt »erst« seit knapp zwölftausend Jahren hinter uns, was angesichts der gesamten Dauer der Epoche nicht viel ist. Wobei »Eiszeitalter« nicht bedeutet, dass es dauernd so kalt war wie heute in den polaren Regionen. In Wahrheit wechselten sich immer wieder kürzere und längere Wärmeperioden, sogenannte Interstadiale und Interglaziale, mit kalten Phasen ab. Während der Kältephasen lebten am Gletscherrand arktische Tiere: Eisbären, Polarfüchse und andere. In den warmen Phasen dagegen war die Tierwelt Norddeutschlands, wie fossile Funde belegen, für heutige Verhältnisse geradezu exotisch: da gab es Waldelefanten ebenso wie Nashornarten oder Löwen und Leoparden.

War beispielsweise die letzte Kältephase des Eiszeitalters etwa 100 000 Jahre lang, so konnten die Warmphasen dazwischen teilweise ebenso lang dauern. Die meisten Wandlungen des Klimas mögen allmählich vor sich gegangen sein, so dass den Menschen genug Zeit blieb, sich durch Abwanderung oder Änderung ihrer Lebensgewohnheiten an die neuen Verhältnisse anzupassen. Neuere Forschungsergebnisse legen allerdings den Schluss nahe, dass der Umschwung manchmal nur wenige Jahre dauerte; sich die Eiszeit als eine lange Abfolge von Klimakatastrophen vorzustellen ist also nicht übertrieben.

Über deren Ursachen gibt es eine Reihe unterschiedlicher Hypothesen. Veränderungen im Erdmagnetismus, interstellare Nebel, Kontinentaldrift, Prozesse in der Atmosphäre, ein Zusammenbruch von Meeresströmungen, Sonnenflecken und andere Faktoren sind für die Zyklen der Eiszeit verantwortlich gemacht worden. Wie aus den Ungewissheiten jeder schlichten Wettervorhersage und erst recht der langfristigen Klimaprognosen bekannt ist, bildet das Klima ein äußerst komplexes System, das sich chaotisch verhält – kleine Ursachen können weitreichende Auswirkungen haben. Aus demselben Grund, der es unmöglich macht, das Wetter der übernächsten Woche vorherzusagen, ist es auch so schwierig, die Klimakapriolen zurückliegender Jahrtausende aus wenigen Ursachen schlüssig zu erklären.

Das Eiszeitalter in Norddeutschland

(Zeitangaben vor heute)

2,4 Mio. – 730 000 Jahre	Ältest-Pleistozän
730 000 – 500 000 Jahre	Cromer-Komplex
500 000 – 425 000 Jahre	Elster-Eiszeit
425 000 – 330 000 Jahre	Holstein-Warmzeit
330 000 – 127 000 Jahre	Saale-Eiszeit
127 000 – 115 000 Jahre	Eem-Warmzeit
115 000 – 11 500 Jahre	Weichsel-Eiszeit

(Nach: EisZeit. Das Große Abenteuer der Naturbeherrschung. Begleitbuch zur gleichnamigen Ausstellung, Hildesheim/Stuttgart 1999)

Die Holsteinische Seenplatte (hier bei Plön), von der Eiszeit geformt

Während der Eiszeit lebten in Mitteleuropa auch Großkatzen wie der Höhlenlöwe.

Leben in feindlicher Umwelt

Kaum vorstellbar, dass es Menschen überhaupt möglich war, in der unwirtlichen und gefährdeten Welt der Eiszeit zu leben. Und doch, der längste Teil der menschlichen Urgeschichte fand im Eiszeitalter statt: das Paläolithikum, d. h. die Altsteinzeit. In Norddeutschland, wo sich zeitweise das Polar-Eis ausbreitete, sind die frühen Hominiden allerdings in einer Zeit angekommen, in der die Inlandsgletscher sich vorübergehend zurückgezogen hatten. So lebten die Pferdejäger von Schöningen in der so genannten Reinsdorf-Warmzeit, in einem feucht-kühlen Klima, das sich von manchem schlechten Jahr in der Gegenwart Norddeutschlands wohl nicht allzu sehr unterschied.

Für die Entstehung der norddeutschen Landschaft sind vor allem die drei letzten großen Kaltzeiten wichtig: die Elster-, die Saale- und die Weichseleiszeit. Die letztgenannte drang nicht mehr so weit nach Süden vor wie die vorangegangenen. Sie erreichte nur noch das heutige Mecklenburg-Vorpommern und den Osten Schleswig-Holsteins. Doch die frühere Saale-Eiszeit ging mit ihrem Eispanzer über das Lager der Pferdejäger von Schöningen hinweg und trug auf diese Weise sogar zur Erhaltung der Fundstätte bei.

Die Urmenschen bewohnten natürlich nicht die vergletscherten Gebiete. Trotzdem müssen

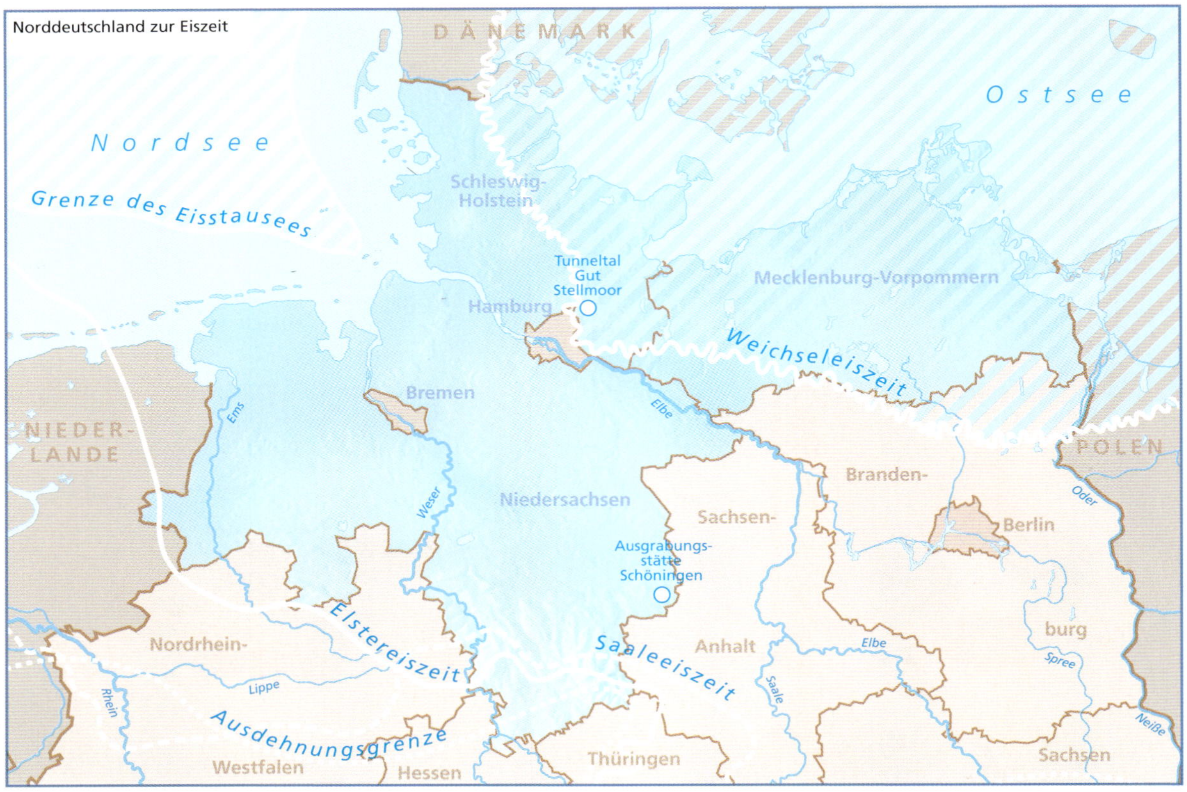

Immerwährender Kampf zwischen Kälte und Leben (Winterlandschaft in der Holsteinischen Schweiz)

Urerfahrung des menschlichen Geistes: das gezähmte Feuer

sie ihren ganzen Erfindungsreichtum aufgebracht haben, um sich einigermaßen vor der Kälte zu schützen. Selbst wenn man annimmt, dass sie besser abgehärtet waren als ihre Nachfahren tausende von Generationen später – um zu wissen, wie wichtig wirksamer Wetterschutz ist, braucht man sich nur einmal ein paar Stunden dem stürmischen norddeutschen Winter auszusetzen.

Mit dem unwirtlichen Klima der Eiszeit könnte es auch zusammenhängen, dass die Männer anfingen, sich zu rasieren, denn Eiszapfen im Bart sind unangenehm und gesundheitsgefährdend. Natürlich gibt es dafür keinen archäologischen Beweis; doch mit Sicherheit war es technisch möglich, denn Feuersteinklingen sind tatsächlich rasiermesserscharf. Vor allem aber mussten sich die Menschen in einer Zeit, die noch keine festen Häuser kannte, warm anziehen, und sie brauchten Orte, an denen sie sich bei schlechtem Wetter wärmen und trocknen konnten.

Tierhäute – ein universeller Rohstoff

Höhlen und Felsüberhänge bieten in vielen Gegenden Unterschlupf, jedoch nicht im nördlichen Flachland. Also blieben nur Tierhäute, aus denen die Menschen der Altsteinzeit sowohl Zelte bauten wie auch Kleidung schneiderten; bald schnitten sie sich daraus auch Lederriemen. Das eigene Haarkleid hatten sie schon lange vorher verloren, ihre Ausbreitung in kalte Gegenden machte also den Gebrauch von Fellen nötig. Doch müssen dafür zunächst einmal Fleisch- und Fettreste sorgfältig mit Schabern von der Innenseite der Häute entfernt werden. Dass die Urmenschen das konnten, ist vielfach belegt; einfache Werkzeuge aus Stein, Knochen, Geweih und Holz sind schon hergestellt worden, seit der Sonderweg der menschlichen Entwicklung begonnen hat. Wer die Schöninger Funde ernst nimmt, muss auf weitere Überra-

Der Faustkeil, das universelle Werkzeug der Altsteinzeit (Fundort Joldelund, Nordfriesland)

Ausgrabung eines Lagers von Rentierjägern im Tunneltal zwischen Meiendorf und Ahrensburg, 1930er Jahre

Fundstücke aus Rentiergeweih und -knochen, sorgfältig bearbeitet und verziert

Ebenfalls aus Rentiergeweih: eine Harpune

schungen gefasst sein: Die Werkzeugintelligenz des Menschen könnte sich viel früher entwickelt haben, als man lange glaubte. Erstaunlich bleibt dennoch, dass die ersten Bewohner Norddeutschlands für die Bearbeitung ihrer Felle schon einfache Gerbverfahren gekannt haben müssen. Denn sonst hätten die Anfänge der Kürschnerei in einer Sackgasse von Hautreizungen und Allergien geendet.

Neben Urformen der Kleidung, die meistens nur indirekt erschlossen werden können, lassen sich durch Grabungen auch altsteinzeitliche Zelte nachweisen: wenn etwa Steinartefakte und -abschläge von der Werkzeugherstellung so verteilt sind, dass sie runde Zeltgrundrisse nachzeichnen. Die beweglichen Behausungen waren Konstruktionen aus Stangen und Fellen, vielleicht abgedichtet mit Moos, ähnlich wie die Tipis der nordamerikanischen Indianer.

Die größte Errungenschaft aber, die den Umgang mit Kälte und Dunkelheit erträglich machte, war der Gebrauch des Feuers. Zu der Zeit, als der Homo erectus am Seeufer des urzeitlichen Niedersachsen seine Jagdbeute zerlegte, war das Feuer schon längst gezähmt, seit rund einer Million Jahren. Ohne Feuer hätte es keine gegarte Nahrung gegeben, ohne die nicht die sprunghafte Entwicklung des Gehirns. Aber auch für die Vorstellungskraft des Menschen, für seine Phantasie und seine Gefühle spielte das Feuer eine einzigartige Rolle. Nicht umsonst kommt es in vielen Ursprungsmythen der Menschheit vor. Am Feuer wurde gemeinsam gegessen und gearbeitet, geträumt, kommuniziert und sicher auch getanzt und gesungen. Kurz: im Schein der Flammen formte sich die menschliche Gemeinschaft. Nur die Technik des Umgangs mit dem Feuer hat sich seitdem geändert. Wurde es anfangs aus Bränden in der Natur gerettet und am Glimmen gehalten, so lange irgend möglich, so lernte der Mensch nach und nach, durch Reibung und Erzeugung von Funken, durch Auswahl von Zunder- und Zündmaterial die Flammen selbst nach Belieben zu entfachen.

Tauwetter: Rentierjäger und das Mesolithikum

Der allmählich abschmelzende Eispanzer setzte naturgemäß große Mengen Wasser frei. Es bildete unter bestimmten Bedingungen einen Tunnel unter dem Eis, in dem der Boden allmählich abgetragen wurde – ein so genanntes Tunneltal entstand. Am Nordrand von Hamburg liegt ein solches Tal, zwischen dem Stadtteil Meiendorf und der Stadt Ahrensburg, beim Gut Stellmoor. Ein archäologischer Autodidakt namens Alfred Rust machte dort in den dreißiger Jahren des 20. Jahrhunderts aufsehenerregende Entdeckungen. Er fand Lagerplätze von Men-

schen aus der Zeit zwischen ca. 12 500 und 9700 v. Chr., die als Rentierjäger regelmäßig hierher kamen. Dass Menschen am Ende des Eiszeitalters überhaupt schon so weit nach Norden vorgedrungen waren, hatte man bis dahin für gänzlich unmöglich gehalten. Rust und seine Nachfolger fanden die Überreste von über tausend erlegten Rentieren, dazu rund 1800 Steinwerkzeuge.

Seit dem Homo erectus waren ganze Weltenalter vergangen, als die Tunneltalbewohner hier auftauchten. Ein anderer Menschentyp, der Homo sapiens neanderthalensis, kurz Neandertaler, war weiter südlich erschienen und nach einigen zehntausend Jahren wieder ausgestorben. Inzwischen breitete sich in Europa und auch in Norddeutschland der Homo sapiens sapiens aus – der moderne Mensch. Von nun an unterscheiden sich unsere Vorfahren nur noch durch ihre jeweilige Kultur und durch die angesammelte Erfahrung vom heutigen Menschen, jedoch nicht mehr durch ihre genetische Ausstattung. Die Form des Skeletts und des Schädels, die Körperkräfte, die erblichen Verhaltensmuster und die Intelligenz sind seitdem gleich geblieben, trotz aller sonstigen Unterschiede.

Das Wetter am Ende der Eiszeit war kühl und die Landschaft tundraartig karg; noch war das Eis aus Nordeuropa nicht verschwunden. In Norddeutschland gab es Rentiere, eine wichtige Nahrungs- und Rohstoffquelle

Rentiere fanden am Ende der Eiszeit in Norddeutschland ideale Lebensbedingungen – als jagdbares Wild eine vielfältige Rohstoffquelle.

für die Menschen, die hier lebten. Man verzehrte nicht nur ihr Fleisch, man verarbeitete auch ihre Knochen und Sehnen, ihr Fell und ihr Geweih. Im Tunneltal von Stellmoor war nach dem Verschwinden des Eises eine Kette von Seen zurückgeblieben, getrennt durch schmale Landbrücken. Für die Rentierjagd waren das ideale Bedingungen: zwischen dem Abhang und den Seen konnte man die Tiere in einen trichterförmigen Engpass oder ins Wasser treiben, um sie leichter zu erlegen.

Eine neue Jagdwaffe

Vor den Zeiten der Hamburger und der Ahrensburger Kultur – so die Sammelbezeichnung jener Menschengruppen – hatte man vor allem mit Lanzen und Speeren gejagt. Die Wurfspeere hatten bereits 25 000 Jahre vor den Rentierjägern des Tunneltals eine wichtige Verbesserung erfahren: Man warf sie mit Hilfe von so genannten Speerschleudern, die durch Hebelwirkung die Wucht und Weite des Wurfs erheblich vergrößerten. Ein Holzstab mit einem am Ende befestigten Haken wurde in eine Mulde am stumpfen Ende des Speers gelegt, und beim Abwurf gab man dem Speer auf diese Weise zusätzlichen Schwung.

Nun kam eine weitere Neuerung hinzu: Pfeil und Bogen. Und der weltweit älteste eindeutige Beleg für diese neue Jagdwaffe wurde genau hier, am Stellmoorhügel, gefunden: Nicht nur einer, sondern etwa hundert komplett erhaltene Pfeile. Sie sind – ähnlich wie zuvor die Speere – mit Spitzen aus Feuerstein bewehrt, die mittels Birkenpech und Pflanzenfasern am Kiefernholz-Schaft des Pfeils befestigt wurden. Die Pfeile aus dem Ahrensburger Tunneltal weisen außerdem eine bemerkenswerte Besonderheit auf: sie bestehen aus zwei Teilen, die durch eine eingekerbte »Kupplung« miteinander verbunden sind. Auf diese Weise sparten die Rentierjäger in der baumarmen Landschaft kostbares Material: ging der vordere Teil zu Bruch, so konnten sie den längeren hinteren Teil des Holzschaftes einfach wiederverwenden.

Die Erfindung der neuen Jagdwaffe bedeutete im Überlebenskampf einen enormen Schritt, denn Pfeil und Bogen steigerten den Jagderfolg. Vorher war über hunderttausende von Jahren das Werfen mit Körperkraft die einzige Technik gewesen, mit der der Mensch seinen Aktionsradius über den Raum ausdehnen konnte, den seine Arme erreichen. Nun machte er sich die Kräfte des federnden Bogens zunutze; damit hat er im Grunde eine erste Maschine, die ihn auf eine neue Stufe der Naturbeherrschung hebt. Zugleich hat die Altertumswissenschaft mit der Form der Pfeilspitzen, die sich im Lauf der Zeit immer wieder änderte, ein wichtiges Mittel zur Datierung der archäologischen Funde in die Hand bekommen.

Die Jagd mit Pfeil und Bogen, ein großer Schritt für die Urmenschen

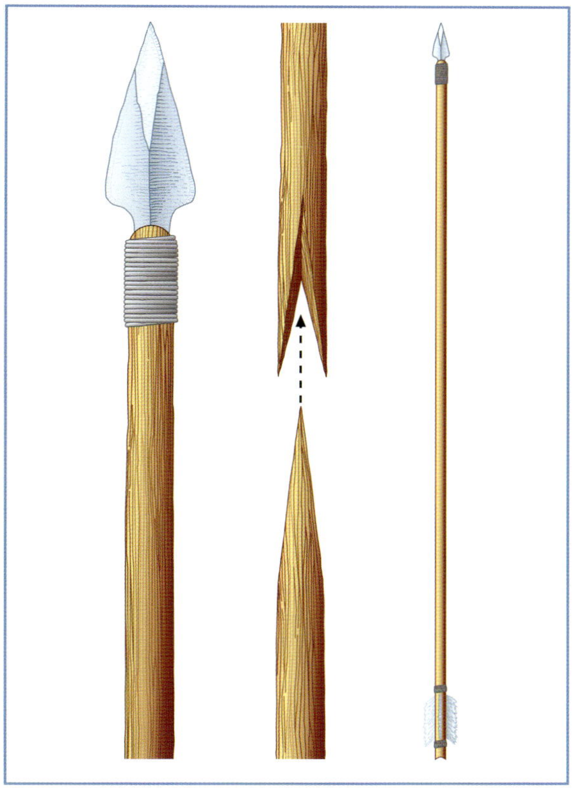

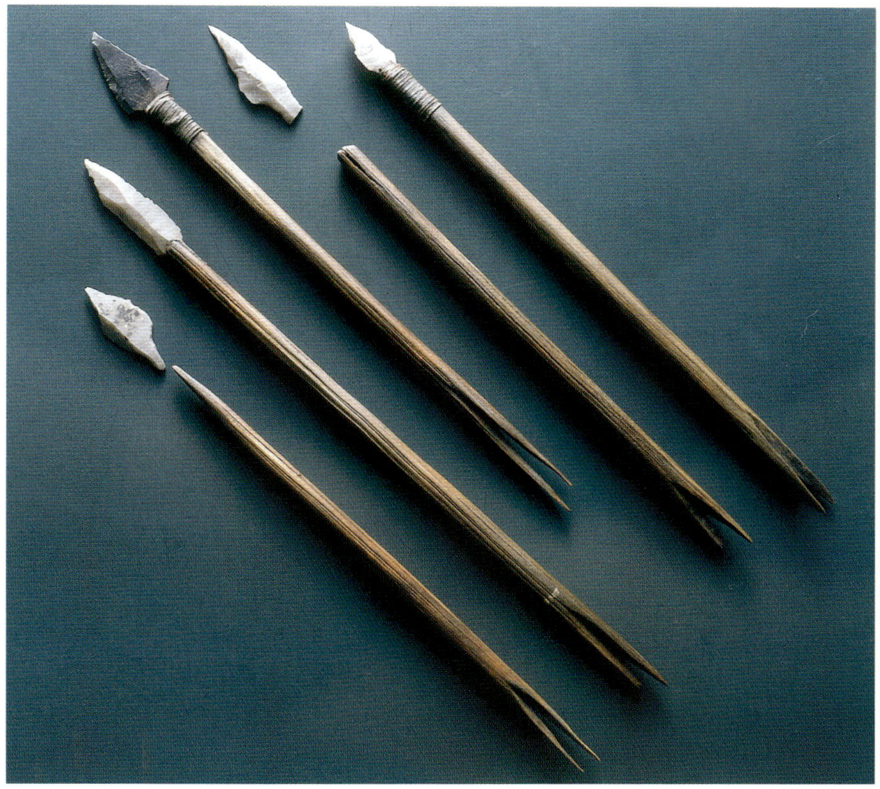

Vorderteile von Pfeilen aus dem Tunneltal. In die Kerben wurde ein wiederverwendbares Verlängerungsstück eingesetzt.

Ein Pfeilschaft, vor rund 12 000 Jahren als zweiteiliges Projektil konstruiert (links)

Das Ende der Eiszeit

Um 9600 v. Chr. brachte das Ende der Eiszeit einen tiefen Einschnitt für die norddeutschen Jäger. Es wurde wärmer, das Klima wurde gemäßigt und nahm, mit gewissen Schwankungen, etwa den Zustand an, der bis heute andauert. Wald breitete sich in Norddeutschland aus, zunächst Laubwald: Die Rentiere zogen sich nach Norden zurück, eine neue Fauna bevölkerte das Land. Die veränderten Umweltbedingungen verlangten von den Menschen eine Umstellung ihrer Überlebenstechnik: anderes Jagdwild, neue Materialien für die Kleidung usw. In der Menschheitsgeschichte beginnt mit dem Ende der Eiszeit das Mesolithikum, die Mittelsteinzeit. Doch der Fortschritt ist eine Schnecke. Noch immer leben die Menschen als Jäger und Sammler, noch immer ist Feuerstein das wichtigste Material für Waffen und Werkzeuge. Deren Formen ändern sich zunächst so minimal, dass nur Fachleute den Unterschied erkennen können.

Und dennoch bahnt sich ein neues Zeitalter an. Die besseren Lebensbedingungen, die der Mensch jetzt vorfindet, scheinen ihm mehr Muße zu lassen – sein Erfindungsgeist

Vorgeschichtliche Epochen in Norddeutschland

(Zeitangaben: Jahre v. Chr.)

Bis ca. 9600	Altsteinzeit (Paläolithikum)
Ab 9600	Mittelsteinzeit (Mesolithikum)
4000	Beginn der Jungsteinzeit in Norddeutschland
1500	Beginn der Bronzezeit
500	Beginn der Eisenzeit

Angelhaken aus der Mittelsteinzeit (Fundorte in Schleswig-Holstein)

kommt in Bewegung, was nicht nur die Neuerung Pfeil und Bogen zeigt. Innerhalb weniger tausend Jahre – ein Zeitraum, der für die Archäologie der gerade erst zurückliegenden Altsteinzeit fast nichts bedeutet – gibt es weitere Entwicklungen. Äxte und Beile werden gefertigt, mit Holzstiel und Steinklinge. Bald werden auch Fische gefangen, mit Reusen, knöchernen Angelhaken oder geknüpften Netzen.

Der Mensch baut die ersten Boote. Damit kann er das Meer erobern, sich neue Lebensräume erschließen und erstmals längere Strecken zurücklegen, als es dem Fußgänger möglich ist. In Stralsund wurde ein zwölf Meter langer Einbaum aus Lindenholz gefunden, der als ältestes Wasserfahrzeug Norddeutschlands gilt, etwa sechs- bis siebentausend Jahre alt. Er stammt aus einer Zeit, die der nach einem Fundort in Dänemark benannten Ertebølle-Kultur zugerechnet wird, auch Ertebølle-Ellerbek-Kultur genannt, nach einem

Einzelteile eines »Aalstechers«. An einer Stange befestigt, wurden damit in flachem Wasser Fische gefangen.

Rekonstruktion eines Abfallhaufens der Ertebølle-Ellerbek-Kultur (rechts)

Fundort bei Kiel. Die Ertebølle-Leute aßen gerne Muscheln, wie man aus ihren Abfallhaufen weiß. Sie rösteten Haselnüsse, um sie für den Winter haltbar zu machen, und sie entwickelten ein neuartiges Gerät für den Fischfang, den sogenannten Aalstecher, dessen Aussehen an Forken erinnert: Zwischen zwei geschwungenen seitlichen Hölzern, die den Fisch einklemmten, war ein Dorn aus Knochen befestigt, der die Beute aufspießte. Ihre Boote verliehen jenen Norddeutschen eine Beweglichkeit, die sie vielleicht sogar mit Kulturen aus südlicheren Gebieten in Kontakt brachte – eine mögliche Erklärung dafür, dass zu dieser Zeit bereits die ersten Tongefäße im Norden auftauchen.

Die Ostsee entsteht

Die Gletschermassen der Eiszeit hatten so viel Wasser gebunden, dass der Küstenverlauf zunächst völlig anders aussah als heute. Der Wasserspiegel der Weltmeere lag zur Zeit der größten Vereisung etwa 120 Meter niedriger als heute. England war noch während der Weichsel-Eiszeit mit dem Kontinent verbunden, und statt der Ostsee gab es nur einzelne Süßwasserseen. Durch Schmelzwasser wurden sie größer und wuchsen nach und nach zusammen. Doch erst um das Jahr 6000 v. Chr. gelangte das Salzwasser der Nordsee über die Schwelle zwischen den dänischen Inseln, und bis das Becken der heutigen Ostsee vollgelaufen war, dauerte es noch einmal 2000 Jahre.

So ist es zu erklären, dass Archäologen heute den Taucheranzug anziehen, wenn sie nach den Spuren der letzten Jäger und Sammler suchen. Vor der Insel Poel bei Wismar sind sie an über zwanzig Stellen fündig geworden. In wenigen Metern Wassertiefe, kaum vom heutigen Meeresgrund bedeckt, liegen Werkzeuge und andere Hinterlassenschaften der Ertebølle-Leute und weiterer Menschengruppen, die hier in kleinen Gruppen gelagert haben. Winzige Funde werden mit staubsaugerartigen Geräten an die Oberfläche gebracht, gesiebt und handverlesen, darunter die Wirbelknochen von Fischen, die sich zoologisch bestimmen lassen. Dabei hat sich bestätigt, dass dort, neun Meter unter dem heutigen Meeresspiegel, noch in der Zeit um 6000 vor Christus ein See lag, in dem Süßwasserfische schwammen, unter anderem Hecht und Barsch. In den folgenden Jahrhunderten wurde die Landschaft vom Meer überflutet: die heutige Wismarbucht entstand. Die Menschen passten sich an die neue Umwelt an und gründeten an der Bucht ab 4500 v. Chr. große Küstensiedlungen.

Gleichzeitig war im Binnenland, wenige hundert Kilometer südlich, bereits eine ganz neue Wirtschafts- und Lebensweise gang und gäbe, die nun auch anfing, den Norden zu erobern.

Die neolithische Revolution erreicht den Norden

Tausende Kilometer entfernt und mehrere tausend Jahre zuvor hatte sich eine Revolution angebahnt, die nun allmählich, aber unaufhaltsam auf dem Vormarsch war: die Jungsteinzeit, auch Neolithikum genannt. Was sich hinter dem trockenen Wort verbirgt, war in Wahrheit einer der tiefsten Einschnitte in der gesamten Menschheitsgeschichte. Unsere Vorfahren gingen jetzt dazu über, ihre Nahrung nicht mehr nur zu sammeln, ihren Fleischbedarf nicht mehr allein durch die Jagd zu decken, sondern selbst Pflanzen anzubauen und Tiere zu züchten. Ein naheliegender Schritt. Keiner der Jungsteinzeitler konnte allerdings ahnen, wohin der Weg einer produzierenden Lebens- und Wirtschaftsweise noch führen sollte, auf den sie sich nun begaben.

Fundort Ostsee: der Unterwasser-Archäologe mit Steinwerkzeugen der letzten Jäger und Sammler, die er vor der Insel Poel vom Meeresgrund gehoben hat

Ein neolithisches Langhaus – das erste feste Dach über dem Kopf in der Geschichte Norddeutschlands

Der Norden war damals zurückgefallen, er hinkte gegenüber der Entwicklung im Süden Deutschlands um mehr als tausend Jahre hinterher. Aber spätestens um das Jahr 4000 v. Chr. ist der Übergangsprozess, der selbst lange Zeit in Anspruch nahm, auch an der Nord- und Ostseeküste nachweisbar. Er war Teil eines globalen Entwicklungsschubs – eine Revolution wegen seiner umwälzenden Bedeutung, wenn auch nicht im Sinne eines plötzlichen Quantensprungs.

In der Altertumswissenschaft gibt es seit langem den Glaubensstreit, ob Neuerungen wie die, die am Anfang des Neolithikums standen, in der Weltgeschichte nur ein einziges Mal aufgetaucht sind oder ob sie an verschiedenen Orten unabhängig voneinander erfunden wurden. Wahrscheinlich liegt die Wahrheit in der Mitte: die neue Entwicklungsphase, die vor 6000 Jahren Norddeutschland erreichte, hatte – so viel ist sicher – im Nahen Osten begonnen, im »fruchtbaren Halbmond« zwischen Palästina und Mesopotamien, und im Laufe mehrerer Jahrtausende von dort aus ihren Siegeszug nach Europa angetreten. Eine einheimische Erfindung war die Getreidebauern-Kultur hierzulande also nicht, sondern ein Kulturimport; dennoch mag die neolithische Revolution auf anderen Kontinenten aus eigener Initialzündung stattgefunden haben.

Offen ist, auf welchem Weg die neuen Ideen nach Norddeutschland gelangten. Kamen sie mit Einwanderern, mit Eroberern ins Land? Hatten weit entfernte Stämme Kontakt miteinander? Oder haben sich die Küstenbewohner die neuen Überlebenstechniken von ihren Nachbarn abgeschaut? Faszinierende Fragen, über die auch Experten nur spekulieren können.

Die neue Lebensweise

Ein Vertreter jener Zeit des Umbruchs um das Jahr 4000 v. Chr., nennen wir ihn Neo, lebte irgendwo in der norddeutschen Tiefebene. Das Klima war ähnlich wie heute. Weite Teile des Flachlands waren mit Laubwäldern bedeckt, der Meeresspiegel von Nord- und Ostsee lag einige Meter niedriger als heute. Die Fertigkeiten von Neos Vorvätern – Jagen, Fischen, Beerensammeln – sind nicht in Vergessenheit geraten, aber sie stehen auch nicht mehr im Mittelpunkt. Mit seiner Gruppe von zehn bis zwanzig Familien ist er sesshaft geworden. Denn wer Nutzpflanzen anbaut – frühe Arten von Weizen, Gerste und Dinkel –, lässt seine Felder nicht im Stich. Und Tiere werden gehalten: nicht nur Hunde, schon seit der Eiszeit Begleiter des Menschen, auch Rinder, Schweine, Ziegen und Schafe, die ihren wild lebenden Verwandten noch recht ähnlich sehen. Im Orient gibt es bereits seit dem Beginn des Neolithikums große, befestigte Städte. In Norddeutschland dagegen sind die ersten festen Siedlungen noch bescheidene Dörfer. Aber ein Anfang ist gemacht.

Neo ist etwa 1,70 Meter groß, von kräftiger Statur, er rasiert sich mit Feuersteinklingen den Bart und kleidet sich in Felle. Für kleine Utensilien hat er Beutel aus Leder, und vielleicht trägt er in der kalten Jahreszeit primitive Schuhe. Die Frauen seines Dorfes sind ähnlich gekleidet, beide Geschlechter tragen Schmuck aus Tierknochen, -zähnen oder durchbohrten Steinen. Es gibt erste Textilien aus Bast und anderen Pflanzenfasern, aber sie sind aufwendig herzustellen, also Luxusartikel. Wenn er nicht als Kind oder Jugendlicher an einer Krankheit stirbt, liegt Neos Lebenserwartung bei etwa 36 Jahren. An die Stelle der Höhlen, Zelte und primitiven Hütten früherer Epochen treten jetzt feste Unterkünfte: Häuser, in denen Mensch und Vieh unter einem Dach leben. Sie werden aus den Materialien gebaut, die im Land zur Verfügung stehen: Holz und Lehm, für die Dächer Schilf und Reet. Neolithische Langhäuser sind zehn bis zwanzig Meter, manchmal sogar über fünfzig Meter lang – eine erstaunliche Leistung der Erbauer.

Die Sesshaftigkeit hat weitere Umstellungen zur Folge. Wenn Ernte- oder Schlachtzeit ist, fallen in kurzer Zeit große Nahrungsmengen an – wohin damit? Es beginnt die Vorratswirtschaft. Nicht allein das Haltbarmachen von Lebensmitteln ist nun ein Thema, sondern auch die Aufbewahrung. Die Lösung des Problems sind Keramikgefäße: die Töpferei hält Einzug. Damit haben die Forscher der Nachwelt auf lange Zeit ein »Leitfossil« zur Verfügung, denn Tonscherben erlauben meist die präzise Datierung der Fundstellen. Die charakteristischen Trichterbecher etwa sind kennzeichnend für eine der ersten großen neolithischen Kulturen, die sich im Norden ausbreitete.

Tongefäße sind zerbrechlich – nicht zuletzt

Holzstämme, ein wichtiger Rohstoff in der Jungsteinzeit und Inspiration für die Erfindung des Rades

Trichterbecher, namengebende Keramik der norddeutschen Bauernkultur im Neolithikum

Dolche aus Flint (Feuerstein). Links das fertige Objekt, rechts eine Vorstufe

Innenansicht eines neolithischen Langhauses: So haben sich die ersten Norddeutschen eingerichtet, die in festen Häusern wohnten. (rechts)

deshalb konnten sie erst mit der Sesshaftigkeit eine Rolle spielen. Die Jäger und Sammler der Alt- und Mittelsteinzeit trugen ihre ganze Habe bei sich, wenn sie zwischen ihren Jagdgründen, zwischen den Orten, an denen sie essbare Pflanzen und Früchte sammelten, umherzogen. Alles musste also klein und beweglich bleiben. Neo und seine Leute hingegen können anfangen, größere Besitztümer anzuhäufen. Eigentum im modernen Sinn gab es zwar noch nicht, aber seit dem Neolithikum wurde es immer sinnvoller, zwischen Mein und Dein zu unterscheiden. Wie wird die Ernte verteilt? Wer kümmert sich um welches Vieh, wer zieht welchen Nutzen aus der mühevollen Arbeit aller? Was geschieht mit der Habe eines Verstorbenen? Wenn diese vererbt wird, woher weiß Neo, wer seine Kinder sind? Oder vererben nur Frauen ihren Besitz? Schließlich muss auch der Zusammenhang zwischen Zeugung und Geburt erst entdeckt werden. Welche Heiratsregeln bilden sich heraus? Welche Familienstruktur entsteht, welche Geschlechterrollen entwickeln sich? Brisante Fragen wie diese enthalten im Keim schon die ganze Problematik der gesellschaftlichen Differenzierung, der Ökonomie, des Rechts und der Herrschaft. Sie stehen am Anfang jeder Zivilisation, am Beginn des Weges zur Hochkultur.

Keramikstile der Jungsteinzeit

5500–5000 v. Chr.	**La Hoguette** Gefäße mit spitzem Boden, von Westeuropa bis zum deutschen Mittelgebirge, nicht in der norddeutschen Tiefebene
5500–5000 v. Chr.	**Bandkeramik, Linienbandkeramik** Von Südosten her bis Südniedersachsen verbreitet
4900–4500 v. Chr.	**Stichbandkeramik** Nachfolger der Linienbandkeramik, ähnliches Verbreitungsgebiet
4600–4300 v. Chr.	**Rössener Kultur** Entwickelte sich vermutlich aus der Stichbandkeramik, vorwiegend in Mittel- und Südwestdeutschland
4000–2800 v. Chr.	**Trichterbecherkultur** Wichtigste Gruppe in Norddeutschland am Anfang des Neolithikums. Ihre Vertreter errichteten die Megalithgräber
3100–2700 v. Chr.	**Kugelamphoren-Kultur** Von der mittleren Elbe bis zum Westen Schleswig-Holsteins
2800–2300 v. Chr.	**Schnurkeramische Kulturen, Streitaxtkultur, Einzelgrabkultur** In weiten Teilen Mitteleuropas. Annahme der Einwanderung aus dem Osten umstritten; existierte im Norden gleichzeitig mit der Trichterbecherkultur
2500–2200 v. Chr.	**Glockenbecher-Kultur** Gelangte durch Einwanderung von Westen und Süden nach Norddeutschland; Verbreitung von Portugal bis Ungarn, von Italien bis England

Grundlagen einer sich entwickelnden Welt

Und die Tätigkeiten werden im Neolithikum vielfältiger. Das Werkzeug ist noch immer aus Stein, aus Knochen oder aus Holz wie die ersten Hakenpflüge. Aber die Mitglieder von Neos Sippe stellen nicht nur einfache Werkzeuge her, sie bauen auch Häuser, decken Dächer, versorgen Tiere und Felder, bereiten Lebensmittel zu, bearbeiten Leder oder töpfern. Nicht jeder kann dies alles gleich gut: die Arbeitsteilung muss verfeinert werden. Verschiedene Handwerke bilden sich heraus und damit auch Anfänge eines wirtschaftlichen Austauschs.

Hunderttausende von Jahren hatte die Menschheit gebraucht, um Steinwerkzeuge zu entwickeln und das Feuer zu zähmen. Es war beinahe ein ewiger Stillstand. Jetzt, mit der neolithischen Revolution, beginnt Entwicklung im eigentlichen Sinn, beginnt die Spirale der Innovation. Die nächsten Schritte auf diesem Weg werden nur noch Jahrhunderte brauchen. Eine fast explosive Beschleunigung der Geschichte setzt ein, die sich bis in die Gegenwart fortsetzt. Kurz gesagt: ohne Neo und seine Zeitgenossen gäbe es keine moderne Welt.

In Neos Ära fällt ein Ereignis, welches das deutlicher zeigt als alles andere: die Erfindung des Rades. Auch hier ist der Orient führend. Die ersten Darstellungen von Wagen und Karren, kleine Tonmodelle, wurden dort gefunden. Doch schon aus dem 4. Jahrtausend v. Chr. gibt es ähnliche Funde auch in Europa. Nicht auszuschließen, dass das Prinzip von Rad und Wagen – wie schon Ackerbau und Viehzucht – unabhängig voneinander an mehreren Orten entdeckt wurde. Denn die Beobachtung, dass runde Gegenstände rollen, z. B. abgehackte Aststücke, setzt nichts weiter voraus als Äxte und Beile, mit denen man Bäume zerhacken kann. Und die gab es zu Neos Zeiten schon lange.

Seit 1989 spielt Norddeutschland bei der Erforschung der Ursprünge von Rad und Wagen eine Hauptrolle: während einer Ausgrabung in Flintbek bei Kiel wurden Fahrspuren eines zweirädrigen Karrens gefunden. Sie stammen aus der Mitte des 4. Jahrtausends und sind damit die ältesten der Welt. Bildliche Darstellungen von Fahrzeugen – oft in kultischem Zusammenhang – gibt es anderswo zwar auch aus etwas früherer Zeit, aber der älteste direkte Beleg für einen echten Wagen stammt aus Schleswig-Holstein. Als die neolithische Revolution erst einmal dort angekommen war, endete offenbar die Rückständigkeit der Region.

Der Umgang mit Rad und Wagen könnte

Neolithische Steinaxt aus Alt Duvenstedt

Keramik aus dem Megalithgrab »Denghoog« in Wenningstedt auf Sylt

Älteste Belege für Rad und Wagen

Mesopotamien (Irak)	Wagendarstellungen	ca. 3500 v. Chr.
Flintbek bei Kiel	Fahrspuren	ca. 3500 v. Chr.
Bronocice, Südpolen	Wagendarstellung (Keramik)	ca. 3300 v. Chr.
Lohne, Niedersachsen	Bohlenweg, Achsen	ca. 3000 v. Chr.
Budakalász, Ungarn	Wagenmodell	ca. 2900 v. Chr.
Trundholm, Dänemark	Sonnenwagen	ca. 1400 v. Chr.

importiert worden sein; wenn aber das Rad tatsächlich mehrfach erfunden wurde, dann hat vielleicht der Norddeutsche Neo dieselbe Erfindung noch einmal gemacht, ganz unabhängig von dem, was im Orient oder auf dem Balkan geschah. Von Neos einfachem Holzscheibenrad führt dann ein gerader Weg zum Speichenrad, zu gefederten Fahrzeugen, zur Zahnrad-Mechanik der Uhren und Maschinen, bis hin zum Massenverkehr der Gegenwart. Selbst Magnetbänder und Festplatten wären nicht denkbar ohne die Erfindung des Rades.

Das Geheimnis der Großsteingräber

Eingesetzt wurde der Wagen von Flintbek vermutlich als Transportfahrzeug für Erdbewegungen beim Bau einer Anlage von Megalithgräbern: tonnenschwere Findlinge, aufgetürmt zu imposanten Bauwerken. Auch bei diesen Großsteingräbern muss die Frage offen bleiben, ob die Angehörigen der Trichterbecherkultur, die sie bauten, von fernen Entwicklungen inspiriert waren oder nicht. Vergleichbares gibt es von Südspanien bis nach Skandinavien. Unzweifelhaft liegt aber einer der Schwerpunkte der Megalith-Welt in Norddeutschland. Allein in Schleswig-Holstein gab es einmal 6000 solcher Stätten; nur ein Prozent davon ist erhalten, rund sechzig Anlagen. In den wenigen Jahrhunderten, die die Megalithkultur dauerte, muss durchschnittlich jeden Monat eine der massiven Grabstätten fertiggestellt worden sein, wie Claus von Carnap-Bornheim, Direktor des Archäologischen Landesmuseums von Schleswig, vorrechnet. Eine unvorstellbare Leistung. Was trieb die norddeutschen Steinzeitmenschen dazu an?

Eine Hypothese der modernen Wissenschaft besagt, dass die Großsteingräber nicht nur Bestattungsplätze waren, sondern auch der rituellen Markierung von Herrschaftsräumen dienten. Das klingt vernünftig. Aber jede nüchtern-zweckmäßige Erklärung wirkt zugleich seltsam unbefriedigend. Haben die »Hünengräber«, wie sie später genannt wurden, nicht auch immer wieder die Phantasie beschäftigt? Geister, Hexen und dunkle Mächte, sogar der Teufel selbst wurde mit ihnen in Verbindung gebracht. Jenseits aller romantischen Märchen wird in den Megalithgräbern der überbordende Wille sichtbar, um jeden Preis etwas zu hinterlassen, das allen Naturgewalten trotzt und quasi für die Ewigkeit gemacht ist. Das hat eine transzendente Dimension und ist nicht ohne die Vorstellungswelt der damaligen Menschen erklärbar. Man kann Neo nicht mehr befragen, aber für eine Antwort gibt es Anhaltspunkte.

Die Errichtung eines Megalithgrabes mit den Mitteln der Jungsteinzeit

Die Bauernkultur, die die imponierenden Grabanlagen hervorgebracht hat, ist sehr arbeitsintensiv und erfordert, besonders im nasskalten Klima des Nordens, viel Disziplin; auch will die Vegetationsperiode eines ganzen Jahres vorausschauend bedacht und geplant sein. Die arbeitsteilige Zusammenarbeit im Dorf spielt außerdem eine wachsende Rolle. All das bleibt nicht ohne Auswirkung auf die Mentalität der Menschen.

Totenkult und Gemeinschaftsgeist

Der Übergang Neos und seiner Zeitgenossen zum bäuerlichen Leben bringt eine steigende Abhängigkeit von Umwelteinflüssen mit sich. Sturm und Hagelschlag drohen oft die ganze Ernte eines Jahres zu vernichten, das Vieh kann erkranken. Dann wartet der Hungertod, denn im Gegensatz zu ihren Vorfahren, den Jägern und Sammlern, können die Neolithiker nicht ohne weiteres fortziehen, um woanders Nahrung zu finden.

Dadurch dürfte auch die geistige Auseinandersetzung mit den höheren Mächten der Natur an Bedeutung gewonnen haben – kein esoterischer Luxus, sondern eine notwendige geistige Reaktion auf den extremen Druck der Verhältnisse, mit dem die Menschen auf ihre Weise fertig werden mussten. Der äußerst aufwendige Totenkult, den die Megalithgräber belegen, steht in diesem Zusammenhang.

Vor allem ist der Bau der Gräber, die vielleicht als Familien-Mausoleen, jedenfalls als Bestattungsorte für eine ganze Reihe von Verstorbenen dienten, eine große Gemeinschaftsleistung. Nur gemeinsam konnte man die Findlinge, die viele Tonnen wiegen, überhaupt bewegen. Ähnlich wie bei den so genannten Erdwerken aus jener Zeit – komplexen Befestigungsanlagen für Siedlungen oder Heiligtümer – erlebten die Menschen dieser Epoche, was die Gemeinschaft vermag, wenn sie ihre gebündelte Leistungskraft koordiniert und zielgerichtet einsetzt; eine weitere Urerfahrung, ohne die der spätere Verlauf der Menschheitsgeschichte nicht denkbar wäre. So sind die Megalithgräber nicht nur Denkmäler eines archaischen Kultes, sondern gewissermaßen auch Zeugen der Entdeckung des Mannschaftsgeistes.

Die Technik der Errichtung von Großsteingräbern war nicht so geheimnisvoll, wie es zunächst aussieht. Mehrfach wurde inzwischen experimentell nachgewiesen, dass Steine von zehn und mehr Tonnen Gewicht mit den Mitteln bewegt werden können, die damals zur Verfügung standen: Seilen aus Tierhäuten, hölzernen Schlitten, Rollen und Gleitbohlen, Hebeln aus Holz und einer hinreichenden Zahl von Helfern. Alles, was man dann noch braucht, ist eine aufgeschüttete Rampe als schiefe Ebene – und Findlinge der Form und Größe, wie sie den Vorstellungen der Erbauer entsprechen. Wenn man weiß, wie es geht, ist es also gar nicht so schwer. Und die Trichterbecher-Bauern wussten es. Vielleicht wundert man sich heute nur deshalb so sehr über die Megalithgräber, weil sie nicht in das Klischee vom primitiven, tumben Steinzeitmenschen passen. Dabei sind diese Bauten im Grunde nicht erstaunlicher als Ritterburgen, gotische Dome oder Renaissanceschlösser. Denn auch das ist offenbar ein Zug des modernen Menschen, der bereits im Neolithikum in Nord-

Tongefäße aus der Zeit der Schnurkeramik (2800–2300 v. Chr.)

Nachfolgende Doppelseite: Megalithgrab (»Salongrab«) bei Klecken in Niedersachsen

Bronzeband aus Roga (Mecklenburg), vermutlich als Diadem getragen

deutschland sichtbar wurde: Gigantische, scheinbar jedes notwendige Maß übersteigende Pläne zu machen – und sie auch noch zu verwirklichen.

Ab etwa 2800 vor Christus, also noch gleichzeitig mit den Megalith-Leuten, leben Angehörige einer anderen Kultur in Norddeutschland: Menschen, die ihre Toten in Einzelgräbern bestatten, die Streitäxte haben und mit Schnurabdrücken verzierte Keramik herstellen. Je nach Region und Blickwinkel der Forschung spricht man von Schnurkeramik-, Streitaxt- oder Einzelgrabkultur. Lange glaubten die Experten, dies seien die »Indogermanen« oder Indoeuropäer, die von Osten her eingewandert seien und die einheimische Bevölkerung verdrängt hätten; jenes Volk also, von dessen Ursprache fast alle modernen Sprachen in Europa und einige andere abstammen. Heute weiß man, dass an dieser Annahme fast alles falsch ist: In der Vorgeschichte spielte die Koexistenz verschiedener Kulturen mit gegenseitiger Beeinflussung und Durchmischung eine viel größere Rolle, als die Eroberungsfanatiker des 19. und 20. Jahrhunderts glaubten. Auch waren die Schnurkeramiker nicht, wie man in Zeiten nationalistischen Denkens unterstellte, ein einheitliches Volk. Und schließlich ist dessen Gleichsetzung mit der indogermanischen Ursprache – deren Existenz selbst nur aus vergleichender Sprachanalyse erschlossen wurde – rein hypothetisch.

Die Kunst der Metallbearbeitung: Bronzezeit und Eisenzeit

Mit dem Schiffsverkehr, der sich vom Mesolithikum an stetig weiterentwickelt hatte, und mit der Erfindung des Rades waren die Vor-

gänger der Norddeutschen (wie natürlich auch ihre Nachbarn im Süden) in einem Maße mobil wie nie zuvor. Die verfeinerte Arbeitsteilung seit dem Neolithikum machte es zudem sinnvoll, spezielle Produkte miteinander zu tauschen: der Handel nimmt seinen Anfang, und bald schon legen die Händler weite Wege zurück, um Waren zu beschaffen und Käufer aufzusuchen. Das Land zwischen dem Nordrand der Mittelgebirge und dem Meer, so weiß man heute, war damit eingebunden in den Raum der Kulturen Europas und Vorderasiens. Durch Fernhandelskontakte gelangte dann um 1500 v. Chr. auch eine neue Technologie in den Norden: die Metallurgie, der Umgang mit Metallen.

Das erste Metall, das in großem Umfang verwendet wird, ist Bronze, eine Legierung aus Kupfer mit wenigen Prozenten Zinn. Kupfer war vereinzelt auch schon am Ende der Steinzeit verarbeitet worden. Doch Bronze hat gegenüber dem roten Metall viele Vorteile: sie ist haltbarer, verschleißt und oxidiert nicht so schnell, und sie ist besser geeignet für den Metallguss und zum Schmieden. Aber woher kam der Rohstoff? Kupfer ist an vielen Stellen in Europa zu finden, grün- und blaugefärbte Mineralien weisen dem Erzsucher den Weg. Zinn jedoch ist selten. Die Frage, aus welchen Lagerstätten das Zinn kam, das in den Hochburgen der Bronzezeit verarbeitet wurde, gehört zu den spannenden Rätseln der Archäologie.

Eingebunden in den Kulturraum Europas

Im Mittelmeerraum, in Vorderasien und in England ist die Zinngewinnung für vorgeschichtliche Zeiten nachgewiesen, doch in Mitteleuropa gab es sie wohl erst viel später; in Norddeutschland ohnehin nicht. Schon das zeigt, dass die Bronzezeit ohne Fernhandel gar nicht denkbar ist. Der Seeweg hat dabei

Bronzegefäß (»gerippte Ziste«), ca. 500 v. Chr. aus Italien importiert

Bronzebeile, zugleich Waffen und Werkzeuge (links)

gewiss ein Rolle gespielt. Wenig ist allerdings darüber bekannt, ob die Küstenbewohner der Nord- und Ostsee im zweiten vorchristlichen Jahrtausend schon selbst auf große Fahrt gingen, oder ob andere Kulturen Rohstoffe und Metallwaren hierher brachten, um sie gegen Spezialitäten der Region – beispielsweise Bernstein, vielleicht auch Sklaven – einzutauschen. Nur so viel lässt sich aus dem Vergleich der Funde schließen, dass das Land zwischen Nord- und Ostsee in der frühen Bronzezeit kulturell stärker nach Süden orientiert war als in anderen Phasen seiner Geschichte.

Bronzezeit – das bedeutet nicht, dass nun alles aus Bronze hergestellt wurde. Die alten Materialien – Stein, Knochen, Holz – dienten weiterhin als Rohstoff für bestimmte Zwecke, ebenso wie Bronze noch in der Eisenzeit Verwendung fand. Bis heute kommen ja uralte Materialien zum Einsatz: Schleifsteine, Knöpfe aus Horn, Holzstiele, Bronzeglocken ... Die Bronze kam durch eine Periodisierung aus dem 19. Jahrhundert zu ihrer Rolle als namengebendes Material einer ganzen Epoche, nämlich durch den Dänen Christian Thomsen. Seine Einteilung in Stein-, Bronze- und Eisenzeit hat sich schnell international durchgesetzt. Thomsen war seit 1816 Kurator der königlichen Antikensammlung in Kopenhagen und damit auch so etwas wie der oberste Archäologe für Schleswig-Holstein. Er nahm an, dass Werkzeuge und vor allem Waffen aus

Bronzezeitliche Goldschale

dem modernsten Werkstoff gefertigt wurden, der jeweils zur Verfügung stand. Seine Annahme war eine immense Hilfe bei dem Versuch, eine gewisse Ordnung in den Wust der uralten Fundstücke zu bringen. Bald wurde sie durch Grabungen bestätigt, und plausibel ist sie ohnehin: Seit es Schwerter gibt – eine Erfindung der Bronzezeit –, war keiner unserer Vorfahren mehr für Kämpfe mit dem Feuersteindolch zu begeistern. Bei Werkzeugen und Waffen setzt sich das jeweils modernste Material eben am schnellsten durch.

Doch nicht allein die Technik verändert sich mit der Erfindung der Metallurgie. Fast gleichzeitig mit Kupfer und Bronze erscheint ein neues Metall, das nicht wegen seiner praktischen Verwendbarkeit begehrt ist, sondern weil es die Menschen fasziniert und bezaubert: Gold. Es erinnert an den Glanz der Sonne, es korrodiert nicht, ist also ewig, und es ist sehr selten, also wertvoll. Kein Wunder, dass es bald ein Symbol göttlicher Macht wurde, dem man mythische Bedeutung und sogar Zauberkraft zuschrieb: ein Statussymbol für Fürsten und Priester, das Reichtum und Nähe zu den Göttern ausdrückte.

In Hüsby bei Schleswig wird seit 2004 ein bronzezeitliches Grab erforscht, das wegen seiner reichen Grabbeigaben als Fürstengrab bezeichnet wird. Neben bronzenen Waffen, einem Gürtelhaken und einem Flintdolch, der allerdings nicht mehr als Waffe, sondern als »Feuerzeug« verwendet wurde, faszinierte die Archäologen vor allem ein goldener Armreif von 44 Zentimeter Länge und 31 Gramm Gewicht. Für die Wissenschaftler, und zweifellos auch für die Teilnehmer der vorgeschichtlichen Beerdigungszeremonie, war der Goldschmuck, den der Verstorbene auf seiner Reise ins Jenseits trug, das wichtigste Stück. Goldfunde jener Zeit aus Mecklenburg-Vorpommern – wie ein Armschmuck aus Schlagtow – oder aus Niedersachsen, allen voran eine Kollektion aus einem Kollier, mehreren Armreifen und Haarspiralen, die bei Lorup entdeckt wurden – zeigen, dass die Menschen im Norden dem Glanz des gelben Metalls ebenso viel Bedeutung zumaßen wie ihre Zeitgenossen in anderen Teilen der alten Welt.

Ein neues Metall wird entdeckt

Seit etwa 700 v. Chr. breiten sich von Süddeutschland her eiserne Gegenstände nach Norden aus: Beile, Lanzenspitzen, Nadeln und Fibeln zum Schließen der Gewänder, Schmuck und anderes mehr. Zunächst hinterlässt die neue Technologie der Eisengewinnung und -verarbeitung nördlich der Mittelgebirge nur vereinzelte Spuren. Die keltischen Kulturen, Pioniere der Eisenzeit, lebten weiter im Süden. Doch ihr Umgang mit der überlegenen Eisen-Metallurgie weckte zunehmend die Neugier ihrer nördlichen Nachbarn. Eisengewinnung ist zwar eine anspruchsvolle Angelegenheit, aber das Metall ist hart und gut zu schmieden. Es hat allerdings auch einen großen Nachteil: Es rostet, wenn man es nicht ständig pflegt.

Nicht auszuschließen ist, dass das Eisen anfangs auch aus eher irrationalen Gründen bevorzugt wurde: Was man nicht selbst herstellen und verarbeiten kann, ist etwas Besonderes, zumal, wenn es von einer als modern und fortschrittlich erlebten Kultur wie der keltischen stammt. Archäologen haben herausgefunden, dass die Bewohner des Flachlands zunächst fertige Eisenobjekte importierten, dann Roheisen, das sie weiterverarbeiteten, bis sie schließlich selbst dazu übergingen, Eisen zu gewinnen. Die ersten eisernen Werkzeuge, die im Norden Einzug hielten, unterscheiden sich in ihrer Form bis in die Verzierungen hinein kaum von den Bronzewerkzeugen, die bis dahin benutzt wurden. Das neue Material stellte also einen Fortschritt dar, der neue technische Möglichkeiten eröff-

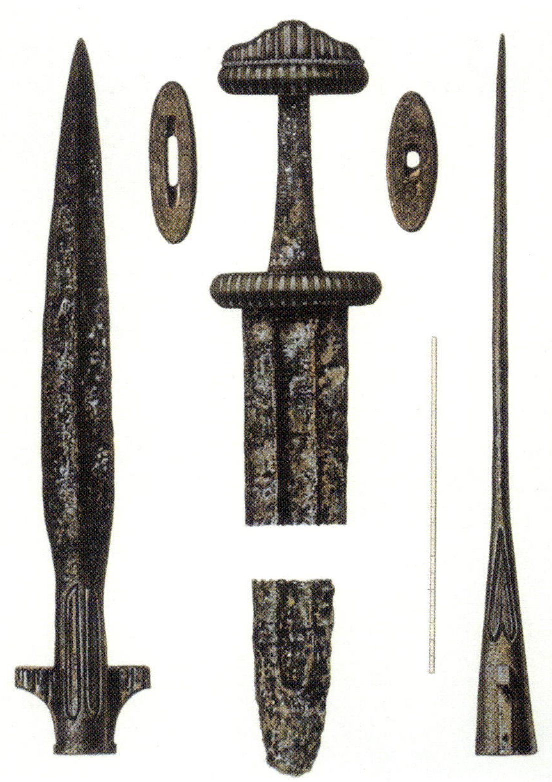

Neuer Werkstoff, neue Waffentechnik: Schwerter und eine Lanzenspitze aus Eisen

Eiserne Sichel, 1. Jahrhundert v. Chr.

nete – streng genommen dauert die Eisenzeit ja bis heute an, vom Maschinenbau bis zur Edelstahlküche hat die Erfindung der Eisenverhüttung bis heute ihre Folgen. Hingegen ergab sich aus dem Übergang von der Bronze- zur Eisenzeit für das Leben der Menschen, für ihren Alltag und ihre gesellschaftlichen Verhältnisse kein wirklich tiefer Einschnitt wie dreieinhalb Jahrtausende zuvor durch die neolithische Revolution. Die Kultur der Menschen wird sich in den folgenden Jahrhunderten verändern und entwickeln; doch technologisch gesehen, ist mit dem Eisen bis zum Mittelalter die entscheidende Grundlage gelegt.

In den Mittelgebirgen wurde Eisenerz durch Bergbau gefördert, eine äußerst mühselige und kräftezehrende Angelegenheit; im Flachland dagegen gab es, und gibt es bis heute, so genanntes »Raseneisenerz«. In den oberen Bodenschichten bildet es große braune Klumpen, die die Bauern beim Pflügen stören und die sie auf den Knicks und Feldrändern ablegen. In der Eisenzeit, die sich um 500 v. Chr. in der norddeutschen Tiefebene durchsetzte, war es dort der wichtigste Rohstoff für die Eisenherstellung. Dass sich daraus tatsächlich Eisen gewinnen lässt, war nie in Vergessenheit geraten; noch im 19. Jahrhundert wurde es systematisch ausgebeutet.

Vor zweieinhalbtausend Jahren musste man zu diesem Zweck einen »Rennofen« bauen – so geheißen nicht weil er rennt, sondern weil das Eisen darin nach unten rinnt. Aus Lehm, mit gehäckseltem Stroh gemagert, wird eine Röhre von 30 bis 50 Zentimeter Durchmesser aufgebaut, etwa anderthalb Meter hoch, mit einem kleinen Loch am unteren Rand zur Luftzufuhr, ein Hochofen im Kleinformat. Bis er fertig ist, dauert es mehrere Tage, und dann muss er noch durch eine erste Befeuerung hart gebrannt werden. Das Raseneisenerz wird inzwischen gesammelt, über Feuer geröstet, damit der Wasseranteil sinkt, und zerkleinert. Dann beginnt die eigentliche Verhüttung.

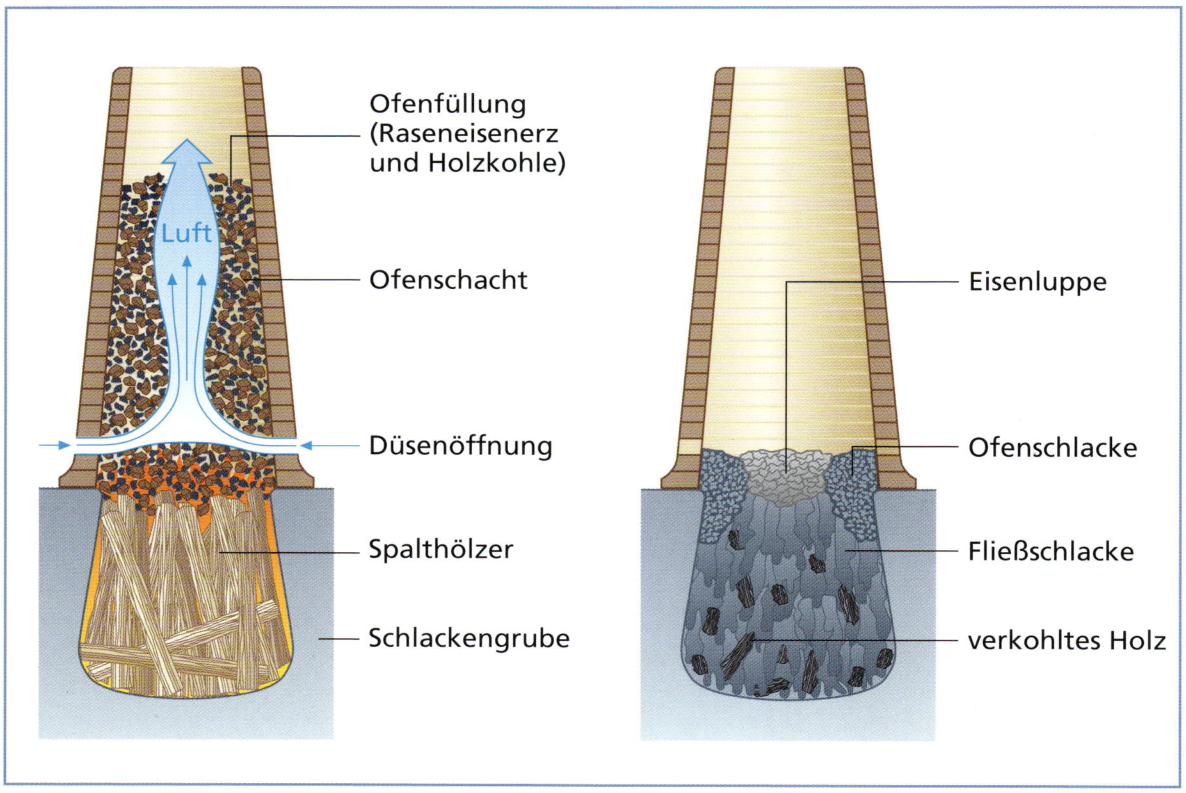

Schematische Darstellung der Eisengewinnung im Rennofen

Eisenverhüttung mit einfachen Mitteln

Eine Arbeitsgruppe der Abteilung für Vor- und Frühgeschichte an der Christian-Albrechts-Universität in Kiel hat den Prozess nachvollzogen, wie er damals ablief. Nur in einem Detail gehen die Wissenschaftler über die Möglichkeiten von damals hinaus: Um genau zu verstehen, was im Innern des Rennofens geschieht, setzen sie moderne Messinstrumente ein. Die »Stahlkocher« der Eisenzeit mussten sich stattdessen auf ihre Erfahrung, ihre Intuition und ihr handwerkliches Feingefühl verlassen.

Ist der Rennofen fertig, so wird er schichtweise mit Holzkohle und Erz gefüllt. In der Theorie ist einfach, was dann geschieht: Eine unvollständige Verbrennung der Holzkohle erzeugt CO, Kohlenmonoxid. Das Eisenerz, im Wesentlichen Fe_2O_3, also Eisenoxid – im Prinzip nichts anderes als Rost –, soll in elementares Eisen umgewandelt, reduziert werden, wie der Chemiker sagt. Genau dies bewirkt das CO, das dabei zu CO_2 verbrannt wird – allerdings nur, wenn es im Rennofen über lange Zeit nicht zu heiß und nicht zu kalt ist, wenn der Blasebalg nicht zu viel und nicht zu wenig Luft hineinbläst, wenn das Erz und die Holzkohle gut genug vorbereitet sind.

Das alles haben die ersten Eisen-Metallurgen offenbar beherrscht; sonst müssten wir heute in Fahrzeugen aus Bronze statt in Autos aus Stahlblech reisen. Und sie hatten Geduld. Es dauert etwa einen Tag, bis ein Rennofen seine Erzfüllung verarbeitet hat. Dann muss er noch einmal auf höchste Temperatur erhitzt werden. Die Schlacke verflüssigt sich, fließt nach unten, und darauf schwimmt die Luppe, ein lockeres, schwammiges Gebilde mit hohem Eisenanteil. Sie wird entnommen, indem man den Rennofen zerstört – für den nächsten Klumpen Eisen muss ein neuer gebaut werden. Der eisenzeitliche Hüttenfachmann

Innenansicht eines eisenzeitlichen Wohnhauses mit Feuerstelle

Germanischer Friedhof der Eisenzeit

muss die Luppe dann noch einmal umständlich zum Glühen bringen und sie ausschmieden, bis alle Verunreinigungen beseitigt sind. Dann hat er Roheisen, aus dem Werkzeuge oder Waffen hergestellt werden können. Alles in allem ein ziemlich anspruchsvolles Verfahren, das die Pioniere der Eisenzeit im Norden ganz ohne Lehrbücher, ohne Computer und wissenschaftlich ausgebildete Verfahrenstechniker zur Perfektion brachten.

Wer waren die Germanen?

Im größten Teil des heutigen Norddeutschland, zwischen Weser und Oder und bis weit hinauf nach Schleswig-Holstein, lebten in der Eisenzeit Menschen, die von den Archäologen der Jastorf-Kultur zugerechnet werden; der Name stammt von einem Fundort bei Bad Bevensen in Niedersachsen. Ihre Toten verbrannten sie, und die Asche wurde in Gräbern unterschiedlichen Typs beigesetzt: in Urnen, Steinkisten oder so genannten Brandschüttungsgräbern.

Das wichtigste und größte Gräberfeld der Jastorf-Gruppe liegt etwa zwanzig Kilometer nordwestlich von Schwerin bei dem Ort Mühlen Eichsen. Dort haben schon jahrelang Ausgrabungen stattgefunden; allerdings wird die Erforschung des reichen Fundmaterials noch einige Zeit brauchen. Das Bestattungsareal ist etwa vier Hektar groß und umfasst vermutlich rund fünftausend Gräber, von denen bisher rund die Hälfte ergraben wurde. Dabei zeigte sich, dass der riesige Friedhof rund 700 Jahre lang in Benutzung war, etwa von 600 v. Chr. bis 100 n. Chr. Und nichts deutet darauf hin, dass es in dieser Zeit Kriege, Überfälle fremder Völker oder andere Katastrophen gab. Die Grabbeigaben – Schmuck, Fibeln und Nadeln für die Kleidung, Gürtelbeschläge – zeigen keinerlei abrupte Veränderung, die auf Einwanderung, Verdrängung oder Vertreibung der ortsansässigen Bevölkerung hindeuten würde. Einflüsse anderer Kulturen lassen sich zwar nachweisen, doch vor allem gibt es über diesen langen Zeitraum eine erstaunliche Kontinuität.

Wer waren die Jastorf-Leute? Lange wurde angenommen, dass die Menschen, deren Gräber die Archäologen in Mühlen Eichsen und an vielen anderen Orten untersuchen, die ersten Germanen gewesen seien. Da ist die heutige Wissenschaft sehr viel vorsichtiger. Denn Germanen, das klingt nach Nation, nach ethnischer Einheitlichkeit, gemeinsamer Sprache und Kultur, nach Zusammengehörigkeitsgefühl und gemeinsamer Religion. Eine Vielzahl von Faktoren also, die darüber entscheiden, ob man von einem Volk sprechen kann oder nicht. Und für jeden dieser Aspekte gibt es bei wissenschaftlicher Betrachtung ganz unterschiedliche Antworten.

Hinzu kommt, dass es oft schwierig ist, die Erkenntnisse der Archäologen und die Aussagen der wenigen schriftlichen Quellen über die ersten Germanen miteinander zur Deckung zu bringen. Wenig erstaunlich: denn die ältesten Autoren, die sich über Germanen und Germanien geäußert haben, waren Römer, die mit ihren tendenziösen Büchern eigene politische Ziele verfolgten. Sie schildern die Germanen beispielsweise als wild, roh, aggressiv und kriegerisch – ein Befund, der gar nicht zur friedlichen Kontinuität von Mühlen Eichsen passt. Altertumswissenschaftler der Neuzeit haben versucht, den Mangel an gesichertem Wissen mit Phantasie zu schließen, was grundsätzlich legitim ist. Nur ist so im 19. und 20. Jahrhundert oft eine Vorstellung von der Welt der Germanen entstanden, die mehr über die Gegenwart der Wissenschaftler aussagte als über die Germanen.

Sicher ist, dass die Jastorf-Leute in einem Raum lebten, der nach ihnen von germanischen Stämmen besiedelt war. Sie könnten also eine Art Vorläuferrolle gespielt haben. Sicher ist auch, dass es eine Gruppe von germanischen Sprachen gab und gibt, die sich durch die so genannte Erste Lautverschiebung aus den anderen indoeuropäischen Sprachen herausgelöst hat. Dennoch waren die Germanen, von denen die römischen Quellen sprechen, kein Volk im modernen Sinn, sondern nach neueren Forschungsergebnissen eine Vielzahl von Bevölkerungsgruppen unterschiedlicher Herkunft, die durch wechselseitige Beeinflussung (»Akkulturation«) und vor allem durch die weiter südlich lebenden Kelten die Ausprägung erlangten, wie sie von den Römern beschrieben wird.

Erste Kontakte mit der römischen Kultur

Die Germanen, könnte man sagen, sind eine römische Erfindung. Bevor sie selbst eine Einheit bildeten, wurden sie von den Römern als Feindbild aufgebaut. Caesar ist der erste, der das Wort (über dessen Ursprung es mehrere unbewiesene Annahmen gibt) verwendet, und sie selbst haben sich nie so genannt. Doch mit Caesar treten die Stämme, die nördlich des römischen Reiches lebten, in das Licht der Geschichte. Von nun an gibt es schriftliche Quellen und nicht mehr nur stumme Zeugen wie Knochen, Grabbeigaben, Hausgrundrisse und Scherben.

Allerdings interessieren sich Autoren wie Caesar und Tacitus vor allem für die Völkerschaften, die in den von Rom unterworfenen Gebieten oder direkt an ihrer Grenze leben. Als ihre Werke erschienen, war noch kaum je ein Römer bis zur Nord- und Ostsee gekommen; das meiste Wissen über den Norden hatten sie vom Hörensagen. Von den Stämmen, die Tacitus erwähnt, gibt es heute nur noch die Friesen. Die Chauken, die von den Friesen aus »nach Mitternacht zu« leben und die unter den Germanen die angesehensten gewesen sein sollen, sind ebenso wenig wie-

Gaius Iulius Caesar (römische Marmorbüste)

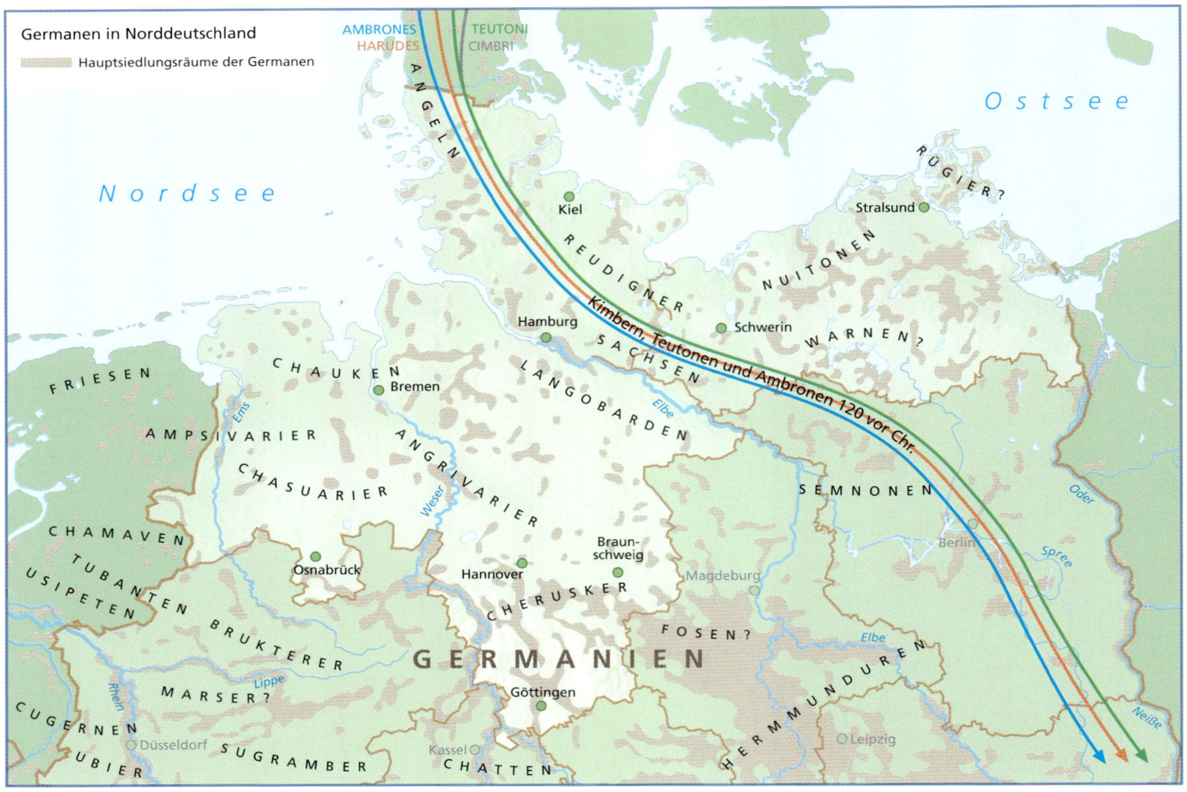

Züge der Kimbern, Teutonen und Ambronen

(Zeitangaben: Jahre v. Chr.)

Um 120	Aufbruch aus Jütland
113	Sieg über die Römer bei Noreia (Kärnten)
105	Sieg über die Römer bei Arausio (Orange)
102	Niederlage der Teutonen bei Aquae Sextiae (Aix-en-Provence)
101	Niederlage der Kimbern bei Vercellae (Vercelli)

Rechte Seite:
Der Cheruskerfürst Arminius
in einer Darstellung des
19. Jahrhunderts

derzufinden wie die Nuitonen, Reudigner und viele andere. Die Kimbern, die aus Jütland kamen, sind in die Geschichte eingegangen, weil sie zwischen 113 und 101 v. Chr. mit mehr als 100 000 Menschen ins Römische Reich einfielen, sich vom Balkan bis zur Iberischen Halbinsel durchkämpften, bis römische Truppen sie in Aquae Sextiae und Vercellae (Norditalien) vernichtend schlagen konnten. Die Teutonen, die mit den Kimbern zogen, kamen vermutlich ebenfalls aus dem Norden; auf sie geht das Wort »deutsch« zurück. Und die Ambronen, ein weiterer germanischer Stamm, der in Berichten über den Kimbernkrieg auftaucht, werden mit dem Namen der Insel Amrum in Zusammenhang gebracht. Die Langobarden lebten ursprünglich an der Niederelbe; sie tauchen später in Oberitalien auf und existieren noch im Namen der Lombardei.

Zu den Germanen, die Tacitus erwähnt, gehören auch die Sueben: »Sie bewohnen den größten Teil Germaniens, und sie zerfallen wieder in einzelne Stämme.« Die Sueben lebten zunächst nördlich der Mittelgebirge und wanderten später nach Süden, in die Pfalz und an den Neckar; ihr Name lebt in den Schwaben weiter. Ein eigenartiger suebischer Brauch ist mehrfach bezeugt: die eigenartige Frisur der Männer. »Sie nehmen das Haar seitwärts über den Kopf und binden es

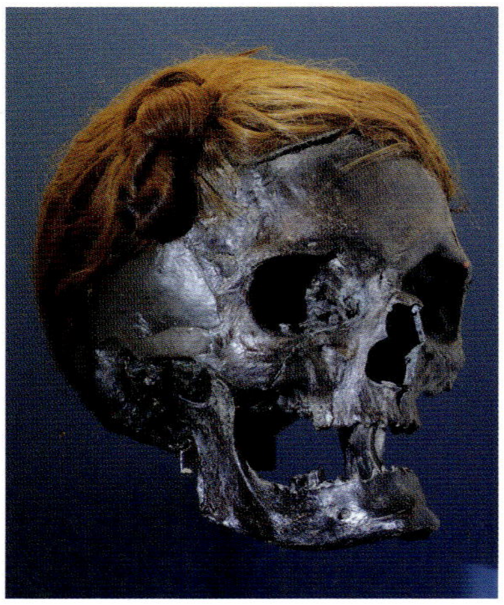

Der Kopf von Osterby mit dem »Suebenknoten«

zu einem Knoten.« Nun ist im Jahre 1948 in einem Moor bei Osterby unweit Eckernförde ein grausiger Fund gemacht worden: der Kopf eines Enthaupteten aus dem 1. oder 2. Jahrhundert n. Chr., dessen Haare noch erhalten sind. Der Kopf von Osterby ist im Archäologischen Landesmuseum Schloss Gottorf in Schleswig ausgestellt, und er trägt genau die Frisur, die auch als Suebenknoten bekannt ist. Das zeugt von der Langlebigkeit der germanischen Haarmode. Und nur selten ist es möglich, die Aussagen historischer Schriftquellen so direkt durch archäologische Funde zu bestätigen wie in diesem Fall. Klar ist durch den Enthaupteten von Osterby und einen weiteren Fund, dass die Sueben im Norden bis nach Schleswig und Dänemark verbreitet waren.

Am bekanntesten unter den germanischen Stämmen Norddeutschlands sind vielleicht die Cherusker, deren Anführer Arminius (»Hermann der Cherusker«) zeitweise zu einem »deutschen« Nationalhelden im Abwehrkampf gegen Rom stilisiert wurde. Schriftsteller wie Klopstock, Kleist und Grabbe haben Dramen über die »Hermannsschlacht« geschrieben. Die historischen Fakten sehen allerdings etwas anders aus.

Die Römer kommen – den Norden unterwerfen sie nicht

Seit dem Jahr 12 v. Chr. versuchten die Römer immer wieder, ihr Reich nordwärts auszudehnen. Gallien bis zum Rhein hatten sie unterworfen; mit den rechtsrheinischen Völkerschaften gab es Handel und Kooperation, aber auch häufig militärische Auseinandersetzungen.

Zunächst unternimmt Drusus, ein Stiefsohn des Kaisers Augustus, mehrere Feldzüge ins heutige Norddeutschland, teils auf dem Landweg, teils über die Nordsee mit einer eigens gebauten Flotte. Sein Ziel ist es vor allem, das Vorfeld der Rheingrenze zu sichern, die häufig unter Überfällen zu leiden hat. Die Römer verfügen über bewährte Mittel, durch die sie schon in Gallien die Oberhoheit erlangt haben: militärischer Druck, Bündnis- und Schutzangebote, aber auch die Aussicht auf persönliche Vorteile für die Anführer, und nicht zuletzt die Perspektive einer wirtschaftlichen Entwicklung durch Gründung von Städten und Märkten, durch Handel und Wandel mit der kulturell weit überlegenen Besatzungsmacht. Dennoch gelingt es Drusus nicht, im Norden eine feste Herrschaftsstruktur zu etablieren. Sein weitester Vorstoß führt ihn bis an die Elbe. Dort soll ihm ein übermenschlich großes barbarisches Weib erschienen sein, das ihn mahnte, umzukehren. Auf dem Rückweg zum sicheren Rhein fiel er vom Pferd und starb an den Verletzungen.

Anschließend übernahm sein Bruder Tiberius, später als Kaiser Nachfolger des Augustus, den Oberbefehl. Es gelang ihm, so glaubte er wenigstens, die römischen Ansprüche so weit durchzusetzen, dass eine Provinz Germania eingerichtet wurde; tatsächlich befriedet war allerdings nur das Gebiet bis etwa zu einer Linie nördlich des Mains. Ein großer Teil der Mittelgebirge und die norddeutsche Tiefebene waren allenfalls dem Namen nach römische Provinz.

Vorstöße der Römer nach Norden

55 v. Chr.	Caesar überschreitet erstmals den Rhein
12–9 v. Chr.	Germanenkriege des Drusus
8–6 v. Chr.	Feldzüge des Drusus, der bis zur Elbe vorstößt
9 n. Chr.	Varusschlacht
14–16 n. Chr.	Feldzüge des Germanicus

Bei Hedemünden an der Werra, südlich von Göttingen, liegen die Reste eines großen römischen Militärlagers im Wald, das erst seit wenigen Jahren bekannt ist. Nach ersten Analysen diente es über mehrere Jahre als Versorgungslager für die Legionen, die von Mainz aus regelmäßig nach Norden zogen, um die Germanen unter Kontrolle zu bringen. Dieses Germanien blieb für Rom ein Stachel im Fleisch.

Im Jahr 7 n. Chr. wird ein gewisser Varus Statthalter der Provinz Germanien. Er ist mit dem Kaiserhaus verwandt, ein erfahrener Beamter, Politiker und Feldherr; die römischen Geschichtsschreiber schildern ihn allerdings als tyrannisch und habgierig. Er versucht nun, im Norden mit eiserner Hand römische Ansprüche und römisches Recht durchzusetzen. Als er Steuern eintreiben lässt, bricht unter den Germanen ein Aufstand los.

Der Stamm der Cherusker hatte im Rahmen der römischen Bemühungen eine privilegierte Stellung erlangt; als Föderaten standen sie unter römischem Protektorat, stellten Hilfstruppen für das Heer der Weltmacht und genossen einen anerkannten Status. Das Beispiel des Arminius, Sohn eines Stammesfürsten der Cherusker, zeigt, dass germanische Führungsfiguren sogar in Rom Karriere machen konnten, wenn sie sich als Heerführer Verdienste erwarben. Arminius bekam das römische Bürgerrecht, war hochrangiger Offizier und wurde in den Ritterstand aufgenommen, also in den römischen Adel. Er sprach Lateinisch, hatte sich an die Lebensweise Roms angepasst und kannte das römische Militär von innen.

Die Varusschlacht

Dieser Arminius, Mitte zwanzig, clever, ehrgeizig, skrupellos und manchmal hitzköpfig, spielte im Herbst des Jahres 9 n. Chr. ein

Die Varusschlacht des Jahres 9 n. Chr. in einer Darstellung von 1862

doppeltes Spiel. Offiziell war er ja ein Verbündeter des Varus, der zu dieser Zeit mit drei Legionen – etwa 20 000 Mann – von einem mehr oder weniger erfolglosen Feldzug gegen die aufständischen Germanen des Nordens zurückkehrte. Es ist anzunehmen, dass die beiden Männer sich kannten. Der übliche Rückweg an den Rhein nach Xanten führte über eine gesicherte Militärstraße entlang der Lippe. Doch Arminius verbreitete die Nachricht, dass ein germanischer Stamm weiter im Norden einen Aufstand plane. Segestes, der Schwiegervater des Arminius, soll Varus noch gewarnt haben. Der jedoch hoffte wohl, endlich noch den militärischen Erfolg einfahren zu können, den er dringend brauchte. Vermutlich waren auch seine Soldaten frustriert, die den Dienst in jenem Land überhaupt nicht schätzten, in dem »neun Monate Winter ist und drei Monate kein Sommer«. Jedenfalls veranlasste Arminius ihn, die sichere Marschroute zu verlassen und einen nördlicheren Weg einzuschlagen. So konnte Arminius, der den angeblichen Aufstand erfunden hatte, die Römer in den Hinterhalt locken. Cherusker und verbündete germanische Krieger bereiteten ihnen eine verheerende Niederlage. »Varus, Varus, gib mir meine Legionen wieder!«, soll Augustus in Rom ausgerufen haben.

Als Schauplatz der Schlacht nennt Tacitus einen Ort »unweit des Teutoburger Bergwaldes«, und Generationen von Deutschen denken dabei an den Teutoburger Wald, an dessen Abhang das Detmolder Hermannsdenkmal steht. In Wahrheit ist es umgekehrt: weil man annahm, dass die Varusschlacht dort stattgefunden hätte, wurde das Gebirge, das eigentlich Osning heißt, erst in der Neuzeit von gelehrten Tacitus-Kennern als Teutoburger Wald bezeichnet. Aber das beruhte eben auf einer unbewiesenen Annahme.

In den letzten Jahren des 20. Jahrhunderts ergab sich dann ein ganz neues Bild. Ein pensionierter britischer Offizier, Tony Clunn, der bei Osnabrück lebt und sich für Militärgeschichte interessiert, sah sich den Nordhang des Wiehengebirges und die nähere Umgebung seiner Wahlheimat mit dem geschulten Blick des Truppenführers an; er konnte das Gelände regelrecht »lesen«. Er befragte alte Leute, die historische Münzen gefunden hatten, und begann schließlich gezielt nach weiteren Spuren einer Schlacht zu suchen. Bald war auch das Interesse der professionellen Archäologen geweckt, und damit kam die bisherige Lehrmeinung über die Varusschlacht ins Rutschen. Selten war der Ausspruch gerechtfertigt, dass die Geschichte neu geschrieben werden muss, doch hier ist es der Fall.

Nicht bei Detmold, sondern bei Kalkriese in Niedersachsen liegt offenbar der Schauplatz der großen Entscheidungsschlacht zwischen Varus und Arminius. Die Archäologen haben Knochengruben entdeckt und römische Münzen mit dem Gegenstempel »VAR« für Varus. Sie fanden Schleuderbleie, Hinweis auf eine gefürchtete Waffe jener Zeit, und das bekannteste Fundstück: eine römische Offiziersmaske. Im Boden ließen sich sogar die Reste von Grassodenmauern nachweisen, die die Germanen angelegt hatten, um sich in ihrem Hinterhalt zu verschanzen.

Damit ist auch die Kriegslist des Arminius genauer zu verstehen. Seine Geländekenntnis wurde zu einem militärisch ausschlaggebenden Faktor. Die Römer mussten auf ihrem Weg von Osten nach Westen am Fuß des Wiehengebirges entlangmarschieren. Unterhalb des Kalkrieser Berges, der mit seinen damals von Urwald bestandenen Hängen nicht passierbar war, reichte ein großes Moor, das noch heute existiert, bis dicht an den Abhang. Genau dort hatten die Cherusker und ihre Verbündeten den Hinterhalt errichtet – ein idealer Ort, denn das Gelände zwang die Legionen zu einer weit auseinander gezogenen Marschordnung. In kleinen Gruppen wurde ihnen die Schlacht

Das Hermannsdenkmal im Teutoburger Wald bei Detmold

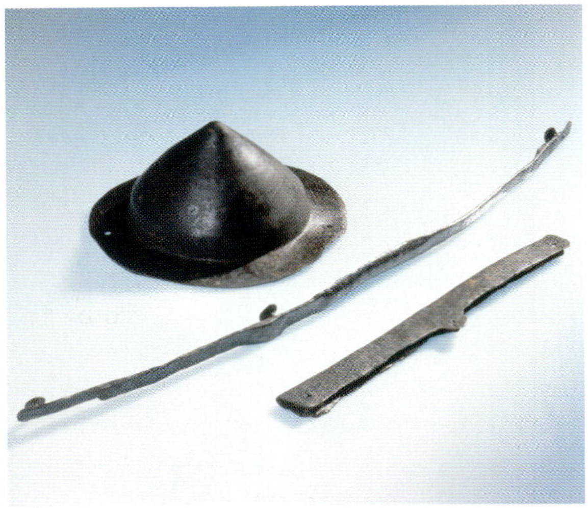

Römische Offiziersmaske, ursprünglich mit Silber belegt, aus Kalkriese bei Osnabrück

Teile eines römischen Legionärsschildes, ebenfalls aus Kalkriese (rechts)

aufgezwungen, und unter diesen Bedingungen konnten die Römer ihre zahlenmäßige und militärtechnische Überlegenheit gar nicht ausspielen.

Natürlich gibt es Zweifel und Einwände. Die Indizienkette für die Kalkriese-Theorie ist zwar dicht, aber nicht lückenlos. Über siebenhundert verschiedene Orte wurden früher schon als Ort der Schlacht diskutiert. Und: wer den Schauplatz der Varusschlacht hat, bekommt Tourismus, Forschungsgelder und Bekanntheit. Historiker und Archäologen sehen z.B. nicht als erwiesen an, dass tatsächlich 20 000 Römer bei Kalkriese gekämpft haben. Dabei muss man allerdings berücksichtigen, dass die Schilderungen der römischen Geschichtswerke schon ein gewisses Maß an literarischer Verdichtung enthalten können. Vielleicht war die Varusschlacht in Wirklichkeit nicht ein einziges militärisches Aufeinandertreffen. Ebenso gut könnte es eine ganze Reihe von Gefechten gegeben haben, unter denen der Hinterhalt am Kalkrieser Berg nur eine, wenn auch wichtige Episode darstellt. Unbestreitbar ist, dass dort eine große Schlacht mit den Römern stattgefunden hat, und zwar nicht vor, sondern wahrscheinlich neun Jahre nach Christi Geburt.

Varus stürzte sich angesichts der militärischen Katastrophe in sein Schwert. Aber auch Arminius hat sein Sieg kein Glück gebracht. Wenig charmante Charakterzüge werden ihm zugeschrieben. Thusnelda, seine Frau, soll er geraubt haben, als sie bereits einem anderen versprochen war. Später ist sie offenbar in römische Gefangenschaft geraten. Arminius selbst hat noch weitere Kriege geführt und Schlachten geschlagen: gegen die Markomannen, gegen die Römer, selbst gegen seinen eigenen Schwiegervater, einen pro-römischen Heerführer. Zwölf Jahre nach seinem Sieg über Varus wird er von Verwandten ermordet, denen er zu machthungrig geworden war.

Tacitus über die Spuren der Varusschlacht (15 n. Chr.)

Mitten auf der Fläche lag bleichendes Gebein, so wie sie geflohen waren, wie sie Widerstand geleistet, bald zerstreut, bald angehäuft. Dabei lagen Trümmer von Waffen und Pferdegerippe; zugleich sah man vorn an Baumstämmen befestigte Schädel; in den benachbarten Hainen standen die Altäre der Barbaren, an welchen sie die Tribunen und die Centurionen der ersten Reihen geschlachtet hatten. Dazu erzählten die, welche jene Niederlage überlebend der Schlacht oder den Banden entronnen waren, hier seien die Legaten gefallen, dort die Adler genommen worden; wo Varus die erste Wunde empfangen, wo er durch unselige Hand, durch selbstgeführten Streich den Tod gefunden; auf welcher Erhöhung Arminius gesprochen, wie viele Galgen für die Gefangenen, welche Gruben für die Hingerichteten bereit gehalten wurden, und wie er der Feldzeichen und Adler im Übermut gespottet habe.

(aus: Caesar – Tacitus: Berichte über Germanen und Germanien, Hg. Alexander Heine, Essen o.J.)

Die Römer überlassen den Norden sich selbst

Noch einmal versucht Rom, den Norden unter Kontrolle zu bekommen. In den Jahren 14 bis 16 n. Chr. unternimmt Germanicus, der Sohn des Drusus und Neffe des Kaisers Tiberius, eine Reihe von Vorstößen nach Norden. Es war vor allem ein Racheakt, der die Schande des Varus auslöschen sollte. Germanicus lässt einige Landstriche verwüsten, und bei einem seiner Feldzüge erreicht er die Walstatt der Varusschlacht des Jahres 9. Noch sechs Jahre nach dem grausigen Geschehen bietet sich ihm ein fürchterliches Bild: bleichende Gebeine römischer Soldaten, an Bäume genagelte Menschenschädel, Pferdegerippe und andere Relikte des großen Gemetzels. Er lässt die sterblichen Überreste der Menschen begraben und zieht weiter.

Selbst dem Arminius konnte er noch einmal eine Schlacht liefern, bei einem Ort namens Idistaviso östlich der Weser, und ihn sogar besiegen. Doch der Kaiser entscheidet im Jahr 17, alle Aktionen gegen die Germanen im Norden einzustellen. Germanicus, nach Rom zurückgekehrt, wird mit einem Triumphzug geehrt – pompöse Verbrämung der Tatsache, dass der Norden Germaniens sich für Rom als nicht beherrschbar erwiesen hat. Man mag es begrüßen oder bedauern – der Einfluss der römischen Zivilisation beschränkte sich seitdem auf den Westen und Süden der späteren deutschen Lande. Der Ausgang der Varusschlacht hatte die Weichen für Jahrhunderte gestellt.

Trotz aller Feldzüge, Schlachten und Gefechte, die überliefert sind, gab es zwischen Römern und Germanen jedoch keine grundsätzliche Konfrontation, keine »Erbfeindschaft« und keinen »kalten Krieg«. Die Archäologie der letzten Jahre ist von jenem Bild, das in der Zeit des europäischen Imperialismus geprägt wurde, weitgehend abgerückt. Zu deutlich sind die Spuren der friedlichen Koexistenz und sogar der Zusammenarbeit zwischen Römern und Germanen, die inzwischen gefunden wurden. Im Grenzbereich des Römischen Reiches gab es einen regen Austausch von Geld und Waren, von Dienstleistungen, Handwerkstechniken und von Ideen.

Noch in der späten Kaiserzeit, in der Endphase des Weltreichs von Rom, funktionierte diese Symbiose mit der germanischen Welt. Die Soldaten aus dem Norden, die schon die Leibwache des Augustus gestellt hatten, traten auch in der Spätantike noch in römische Dienste, wie Grabfunde aus ganz Germanien bis hinauf nach Schleswig-Holstein zeigen. In Wremen unweit der Wesermündung wurde ein Grab aus dem 5. Jahrhundert entdeckt, das davon Zeugnis ablegt: eine Bootsbestattung, wie sie sonst vor allem in Skandinavien verbreitet war. Eine Art Thron, aus einem Erlenstamm aufwendig herausgearbeitet und mit römisch inspirierten Ornamenten verziert, wurde dem Verstorbenen auf seine letzte Reise mitgegeben; er war also ein wohlhabender und edler Vertreter seines Stammes. Und zugleich trug er einen römischen Offiziersgürtel mit seinen charakteristischen Beschlägen, was nichts anderes heißt, als dass er zumindest eine gewisse Zeit seines Lebens als Söldner Roms verbrachte – sinnfälliger Beleg für eine Verschränkung zwischen Norden und Süden, zwischen dem Imperium Romanum und den germanischen Barbaren, die sich nicht mit dem Klischee der verfeindeten Nationen vereinbaren lässt.

Römischer Offiziersgürtel aus dem 5. Jahrhundert, gefunden in Wremen an der Wesermündung

Stürmische Zeiten

1. bis 15. Jahrhundert

Der »Rote Franz«, Moorleiche aus Neu-Versen im Emsland, vermutlich ein Menschenopfer. Ursprünglich war er blond, das Moor hat die Haare verfärbt.

Nachdem die Römer ihre Versuche aufgegeben hatten, den Norden des heutigen Deutschland in den Bereich ihrer Herrschaft und ihrer Zivilisation einzugliedern, flossen die Informationen über die nördlichen Mittelgebirge, das Flachland und die Küstenregionen wieder spärlicher. Für einen kurzen historischen Augenblick war Norddeutschland zur Zeit von Arminius und Tacitus in das Licht der Geschichte getaucht, dann versank es zunächst wieder in dem Halbdunkel von Sagen und Mutmaßungen, das nur die Archäologie aufklären kann. Erst mit der Christianisierung, als gelehrte Mönche und Priester ins Land kamen, die die Kunst des Schreibens beherrschten, setzte eine neue Überlieferung von Chroniken, Urkunden und religiös geprägten Texten ein.

Den Anfang des Weges, der ins norddeutsche Mittelalter führt, eine aufregende, wildbewegte Zeit, markieren die Funde, die das Moor in seinem spezifischen chemischen Klima unter Luftabschluss perfekt konserviert hat. Neben Opfergaben, die dort deponiert wurden, sind es vor allem Menschen, deren Geschichte Stück für Stück entschlüsselt wird: die Moorleichen.

Das Rätsel der Moorleichen

In der Zeit um Christi Geburt beginnt eine Periode, die in der europäischen Geschichte die frühe Kaiserzeit genannt wird, nach Augustus und seinen Nachfolgern, den römischen Kaisern. Doch östlich des Rheins und nördlich des Limes, der seit dem ersten nachchristlichen Jahrhundert zwischen Rhein und Donau die römische Grenze absicherte, spielten die Kaiser Roms keine Rolle, denn die hatten ihre Eroberungsversuche im freien Germanien längst eingestellt. Im Norden spricht man, wie schon seit 500 v. Chr., von der Eisenzeit. Das ist berechtigt, denn die

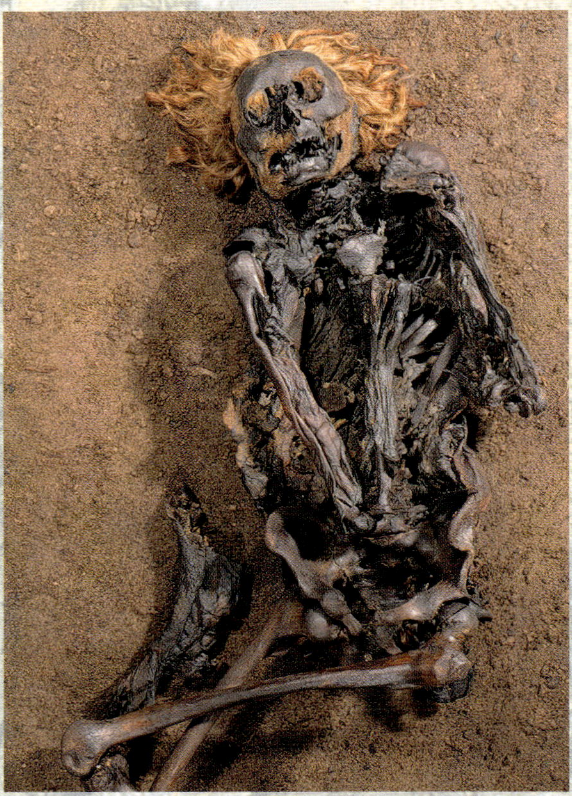

Lebensverhältnisse der Menschen hatten sich seit der Entdeckung des Eisens tatsächlich nur wenig verändert. So stehen die Funde aus dem Moor, von denen die meisten aus den ersten vor- und nachchristlichen Jahrhunderten stammen, für eine lange Periode im Leben der Norddeutschen.

Moorleichen wurden an vielen Orten rund um die Nord- und Ostsee gefunden. Ein Schwerpunkt der Fundorte liegt in einem Gebiet, das sich von den Niederlanden über Niedersachsen und Schleswig-Holstein bis nach Dänemark hinzieht. Wenn man alle Nachrichten über Mumien und Leichenteile zusammenrechnet, dann kommt man auf bis zu eintausend Funde. Doch nur ein kleiner Teil davon existiert noch. Denn Moorleichen sind Zufallsfunde beim Torfstechen. Der getrocknete Torf war lange Zeit ein wichtiger Brennstoff, der in großem Maßstab gewonnen wurde, so dass heute kaum noch Moore im Urzustand existieren – Umweltschützer bemühen sich, we-

Vorhergehende Doppelseite: Die Kogge, das universelle Handelsschiff der Hanse nigstens einige wieder zu renaturieren. Lange Zeit wurden die Funde einfach als schauerliche Attraktionen behandelt; im Jahr 1871 wurde ein mumifizierter Mann, den man zufällig ausgegraben hatte, für einige Tage in einer Scheune ausgestellt, wobei sich die Besucher Stücke von seiner noch erhaltenen Kleidung als Souvenir mitnahmen. Viele Funde sind auf diese Weise verschwunden. Erst im 20. Jahrhundert wurden Moorleichen fachkundig geborgen und systematisch wissenschaftlich untersucht. So auch die berühmteste der norddeutschen Mumien, die als »Mädchen von Windeby« bekannt geworden ist.

Das Kind von Windeby

Um es vorwegzunehmen: Man nimmt heute an, dass das Kind von Windeby ein Junge ist. Obwohl die Moorleiche zu den besterhaltenen gehört, die überhaupt existieren, war die Haut im Beckenbereich nicht mehr vorhanden; auch eine Geschlechtsbestimmung anhand des Skelettes ist vor der Pubertät schwierig. Die ersten Untersuchungen stellten einen »grazilen Knochenbau« fest und schlossen daraus, dass es ein Mädchen war. Doch die zarten Knochen können ebensogut eine individuelle Eigenart sein, oder eine Folge des Calcium-Abbaus in der sauren Umgebung des Moores. Neue Analysen deuten eher darauf hin, dass das Kind ein Junge war. Damit fallen einige Interpretationen, die die Forscher in zurückliegenden Jahrzehnten aufgestellt hatten, in sich zusammen.

Das Kind von Windeby wurde 1952 bei Eckernförde gefunden. Es war etwa 14 Jahre alt, als es im ersten nachchristlichen Jahrhundert den Tod fand, und lag in einer Grube im Moor, die schon damals ausgehoben und mit Heidekraut und Wollgras ausgelegt worden war. Hinter seinem Rücken fanden sich die Reste mehrerer Tongefäße und ein großer

Die Moorleiche von Windeby

Hat man dem Kind von Windeby die Augen verbunden?

An der Handhaltung und den Birkenstäben haben sich zahlreiche Spekulationen entzündet. (rechts)

Stein. An Kleidung war nur ein kurzer Umhang aus Rinderfell erhalten; ob das Kind außerdem Leinenkleidung trug, lässt sich nicht mehr sagen, denn pflanzliche Fasern werden im Moor schnell zersetzt. Nur Wolle und Leder bleiben erhalten, wie bei einer anderen, weniger gut erhaltenen Moorleiche aus Damendorf. Bei ihr fand sich ein capeartiger, abgetragener und geflickter Mantel, eine eng anliegende Hose aus ursprünglich rot gefärbter Wolle, zwei Wickelbinden, die statt Strümpfen getragen wurden, und ein Paar Lederschuhe.

Die Haare des Windeby-Kindes fehlten auf einer Seite des Kopfes ganz, auf der andern waren sie wenige Zentimeter lang. Und das Auffälligste: ein Band um den Kopf, mit dem die Augen verbunden sind.

An dem gesamten Befund haben sich, basierend auf der Theorie, dass es ein Mädchen ist, phantasievolle Spekulationen entzündet. Eine Ehebrecherin sei mit geschorenen Haaren im Moor versenkt worden, hieß es, und eine Reihe von gelehrten Argumenten dafür fanden sich auch. Tacitus erläutert, dass Delinquenten im Moor getötet wurden, wenn ihre Tat so schändlich war, dass sie gleichsam mit dem Mantel des Schweigens zugedeckt werden sollte. Eine zweite, weniger gut erhaltene männliche Leiche aus demselben Moor war denn auch gleich als Partner bzw. Mittäter des Ehebruchs ausgemacht. Heute weiß man allerdings, dass rund dreihundert Jahre die Lebenszeit der beiden Menschen trennten. Als Indiz für das Sittlichkeitsdelikt wurde auch die Haltung der rechten Hand der Leiche gewertet: eine »Feige«, bei der der Daumen zwischen Zeige- und Mittelfinger liegt, heute eine obszöne Geste. Das war jedoch aus vielerlei Gründen ein schwaches Indiz, schon als man noch an ein Mädchen glaubte. Ein Wissenschaftler meinte, eine Tochter aus wohlhabender oder adeliger Familie habe sich mit einem Mann niederer Herkunft eingelassen, und durch ihre Hinrichtung habe man diese Schande sühnen wollen.

Tatsächlich konnten die Mediziner und Anthropologen an den sterblichen Überresten des Kindes von Windeby interessante Beobachtungen machen, die in eine ganz andere Richtung weisen. Die Unterschenkelknochen zeigen im Röntgenbild zahlreiche charakteristische Querstreifen, so genannte Harris-Linien, Ausdruck einer Wachstumsstörung, die durch Mangelernährung entsteht. Überdies weisen die Muskelansätze der Oberlippe darauf hin, dass die Oberlippe regelmäßig hochgezogen wurde, wie bei einem Kind, das schnieft, weil es erkältet ist. Im Klartext: Es hat fast jedes Jahr im Winter bitter gehungert, und gefroren hat es auch.

Das spricht nicht für einen Sprössling der Oberschicht, sondern für ein Kind armer Leute und für eine Zeit, in der viele Menschen in Not und Elend lebten. Ob das die Todesursache war, lässt sich nicht mehr feststellen.

Allerdings muss es mit dem Tod des Kindes eine besondere Bewandtnis gehabt haben; üblicherweise wurden die Toten in der Eisenzeit verbrannt. Waren ein unnatürlicher Tod, eine seltene Krankheit oder ein Unfall unter ungewöhnlichen Umständen der Grund für die Bestattung im Moor? Nach den neuen Untersuchungen hatte das Kind eine schwere Zahninfektion im Unterkiefer. Möglich, aber nicht sicher, dass das die Todesursache war. Mehrere Birkenstäbe bei dem Leichnam könnten den Zweck gehabt haben, ihn zu fixieren, damit er nicht als Wiedergänger den Seelenfrieden der Lebenden gefährdete. Oder ist das vierzehnjährige Kind doch lebend versenkt worden? Mit dem Band, das es um den Kopf trägt, sind offenbar seine Augen verbunden worden. Natürlich könnte es auch ein verrutschtes Haarband sein, aber welchen Sinn hätte das bei seinen kurzen Haaren? Hat man dem Kind die Augen verbunden, bevor es getötet wurde?

Opfergaben im Moor

Dass germanische Stämme das Versenken im Moor als Todesstrafe kannten, ist belegt. Es gibt Moorleichen, an denen die Spuren eines gewaltsamen Todes noch sichtbar sind: der »Mann von Rendswühren« wurde erschlagen, die zweite Moorleiche aus Windeby wurde wahrscheinlich mit einer Haselrute erdrosselt. Ob an einem Kind an der Schwelle zur Pubertät die Todesstrafe vollzogen wurde, ist nicht mehr zu beweisen. Tacitus – er kannte allerdings nur die südgermanischen Stämme – erwähnt als Vergehen, das auf diese Weise bestraft wurde, auch die Weigerung, in den Krieg zu ziehen. Gegen die Hinrichtungs-Theorie spricht die Grube, in der das Windeby-Kind lag; wogegen wiederum eingewandt wird, dass sich in einer solchen Grube schnell Wasser sammelt, und darin sei es ertränkt worden.

Bleibt noch eine weitere Möglichkeit: Menschenopfer. Als die Moore noch in ihrem

Moorlandschaft bei Fischerhude an der Wümme

Hose mit Füßlingen und Hemd (Tunica) aus feinem Wollstoff, gefunden im Thorsberger Moor. Vermutlich geopferte Kriegsbeute, römische Produktion um 200 n. Chr.

urtümlichen Zustand waren: unwegsam, unberechenbar, gefährlich, von Nebeln und unheimlicher Atmosphäre umwabert, da stellten sie in den Augen der Menschen eine Brücke zur Welt der Geister und Götter dar. So ist es naheliegend, dass man sich ins Moor begab, wenn man mit den Göttern Kontakt aufnehmen, wenn man ihnen Opfergaben darbringen wollte. An bestimmten Tagen, schreibt Tacitus, hätten die Germanen den Göttern Menschen geopfert. Ob die auserwählten Opfer Kriegsgefangene waren oder zum Tode Verurteilte? Hat man Angehörige des eigenen Stammes dem Moor überantwortet, die etwas Besonderes an sich hatten – Außenseiter, vielleicht »Besessene«? Oder vielleicht ganz im Gegenteil sogar Lieblingskinder, wie in der alttestamentarischen Geschichte von Abraham und Isaak? Darüber schreibt Tacitus leider nichts. Wenn es denn ein Menschenopfer war, so hat das Windeby-Kind auch dieses Geheimnis mit ins feuchte Grab genommen.

Menschen und Tiere wurden geopfert, aber auch Gegenstände sind aus dem Moor geborgen worden, die offenbar den Göttern geweiht waren. Eine wichtige Opferstätte war das Thorsberger Moor bei Süderbrarup in Angeln, damals – wie der Name vermuten lässt – dem Gott Thor geweiht, heute ein sumpfiger Teich in einem Wohngebiet am Ortsrand. Alltagsgegenstände wie Strümpfe fanden sich dort, als Füßlinge an eine Hose angenäht, aber auch Gefäße mit Feldfrüchten, und in großer Zahl Waffen. Vor allem solche, die in siegreichen Schlachten von den Gegnern erbeutet worden waren. Die Männer, die die Opfer darbrachten, haben die Waffen sicherheitshalber unbrauchbar gemacht, bevor sie sie im 3. Jahrhundert n. Chr. ins Moor warfen. Darunter waren einige römische Stücke, die vielleicht ein feindlicher Stamm, der weiter südlich wohnte, seinerseits von den Römern erbeutet hatte. Sogar eine silberne Gesichtsmaske, ähnlich dem berühmten Stück von der Varusschlacht aus Kalkriese, ruhte dort seit Jahrhunderten im Moor.

Opfern, um Unheil abzuwenden

Den größten Moorfund machten Dänen im 19. Jahrhundert bei Nydam am Alsensund, unweit Sonderburg in Nordschleswig: das Nydamschiff. Heute steht es in Schleswig im Archäologischen Landesmuseum, ein 23 Meter langes, seetüchtiges Ruderboot, das einmal 45 Menschen befördern konnte, davon 30 Ruderer. Um das Jahr 320 n. Chr. kam es ins Moor, zusammen mit Waffen und anderen wertvollen Gegenständen.

Es muss eine riesige Aktion gewesen sein, ein so großes Wasserfahrzeug im Moor zu versenken. Allein die Mühe, die es bereitet, das schwere Schiff aus dem Wasser zu ziehen, über Land zu transportieren und so zu präparieren, dass es im Sumpf untergeht, deutet auf einen großen Anlass hin. Sicher war die Opferung von rituellen Handlungen begleitet, die einen ganzen Stamm beschäftigten. Was konnte die Menschen des 4. Jahrhunderts bewegen, um der Götter willen derartige Mühen auf sich zu nehmen?

Wenn erbeutete Waffen geopfert wurden, so liegt der Grund nahe: Das Kriegsglück war den Kämpfern hold gewesen, und ein kleiner Dank an die Götter konnte nicht schaden, wenn man wollte, dass es so weiterging. Die mühevolle Opferung eines großen Bootes lässt ein anderes Motiv vermuten: zu verhindern, dass sich erlittenes Unheil wiederholt, etwa Naturkatastrophen wie Unwetter, Missernten oder Sturmfluten. Schon das Kind von Windeby hatte rund dreihundert Jahre zuvor unter Hunger und Kälte gelitten. Immer wieder griff höhere Gewalt auf dramatische Weise in das Leben der Menschen ein. Bei einem geopferten Schiff kann man sich

Das Nydamschiff

Das Nydamschiff – Geschichte eines Fundes

Entdeckt 1864 durch den dänischen Archäologen Conrad Engelhardt im Nydam-Moor bei Sonderburg (Sønderborg). Durch den preußisch-dänischen Krieg 1864 kam es in deutsche Hände, 1877 wurde es in Kiel ausgestellt. Nach der Volksabstimmung 1920 lag der Fundort wieder in Dänemark, das Schiff blieb jedoch in Deutschland. Im Zweiten Weltkrieg wurde es auf den Möllner See ausgelagert, seit 1946 steht es in Schleswig. 2003/04 wurde es im Nationalmuseum Kopenhagen gezeigt.

die Bedeutung der Handlung vorstellen: »Dir, Gott der Meere und Stürme, machen wir unser bestes Schiff zum Weihegeschenk, und wir hoffen, dass du uns als Gegenleistung mit den anderen Booten sicher die See befahren lässt, ohne uns durch Sturm und Wellen, und unsere Familien durch verheerende Fluten, zugrunde gehen zu lassen.« Das ist der inhärente Sinn, der in der Logik eines solchen Opfers angelegt ist. Aber trotz allem – die großen Opferhandlungen waren offenbar vergeblich. Denn bald nahm eine riesige Umschichtung der Bevölkerung ihren Anfang: die Völkerwanderung.

Der große Treck: Völker auf Wanderschaft

Schon im 2. vorchristlichen Jahrhundert waren die erwähnten Kimbern, Teutonen und Ambronen aus ihrer Heimat aufgebrochen, um mit bewaffneten Heerscharen, mit ganzen Völkerschaften, auch mit Frauen und Kindern, in Südeuropa ihr Glück zu suchen. Es gibt Gründe für die Annahme, dass Naturkatastrophen, etwa eine Sturmflut oder eine allgemeine Klimaverschlechterung, den Auszug der Kimbern schon lange vor der eigentlichen Völkerwanderung ausgelöst haben. Was auch immer der konkrete Anlass war, die Gründe müssen jedenfalls zwingend gewesen sein. Ganze Sippen und Stämme ließen massenweise Haus und Hof im Stich, um anderswo ihr Glück zu suchen. Das war ein riesiger Schritt, denn niemand konnte wissen, wie es in der Fremde aussah. Berichte über den sagenhaften Reichtum und Luxus bei den Römern mögen auf die Leute aus dem Norden anziehend gewirkt haben; doch nur wenn sie in ihrem angestammten Land nicht mehr leben können, nehmen hunderttausende von Menschen die Mühe und das Risiko auf sich, ins Ungewisse zu ziehen, mit nichts als der wenigen Habe, die sie tragen können.

Der Zug der Kimbern und Teutonen, der in der militärischen Vernichtung endete, war nur ein schwaches Vorspiel zu dem, was sich nun in Europa abspielen sollte. Vom 4. bis zum 6. Jahrhundert n. Chr. legten zahlreiche Völker tausende von Kilometern zurück, schlossen sich für die Wanderung zu Bündnissen zusammen und besiedelten neue Landstriche, die sie später oft wieder verließen. Nicht selten waren sie dabei selbst einem tiefgreifenden kulturellen Wandel unterworfen. Neben einer Verschlechterung der Lebensbedingungen im Norden gab es einen weiteren Vorgang, der die Lawine der Völkerwanderung auslöste: Aus dem Osten kamen die Hunnen, die ihrerseits die bereits eingewanderten Goten sowie andere Völker verdrängten.

Verschiedene germanische Stämme wanderten in jener Zeit über erstaunlich lange Strecken: Die Goten kamen aus Schweden, zogen zunächst an die Weichselmündung, teilten sich dann in West- und Ostgoten und drangen weiter nach Südrussland vor, bis zur Krim und auf den Balkan. Später verließen sie wiederum ihre neugewonnene Heimat und

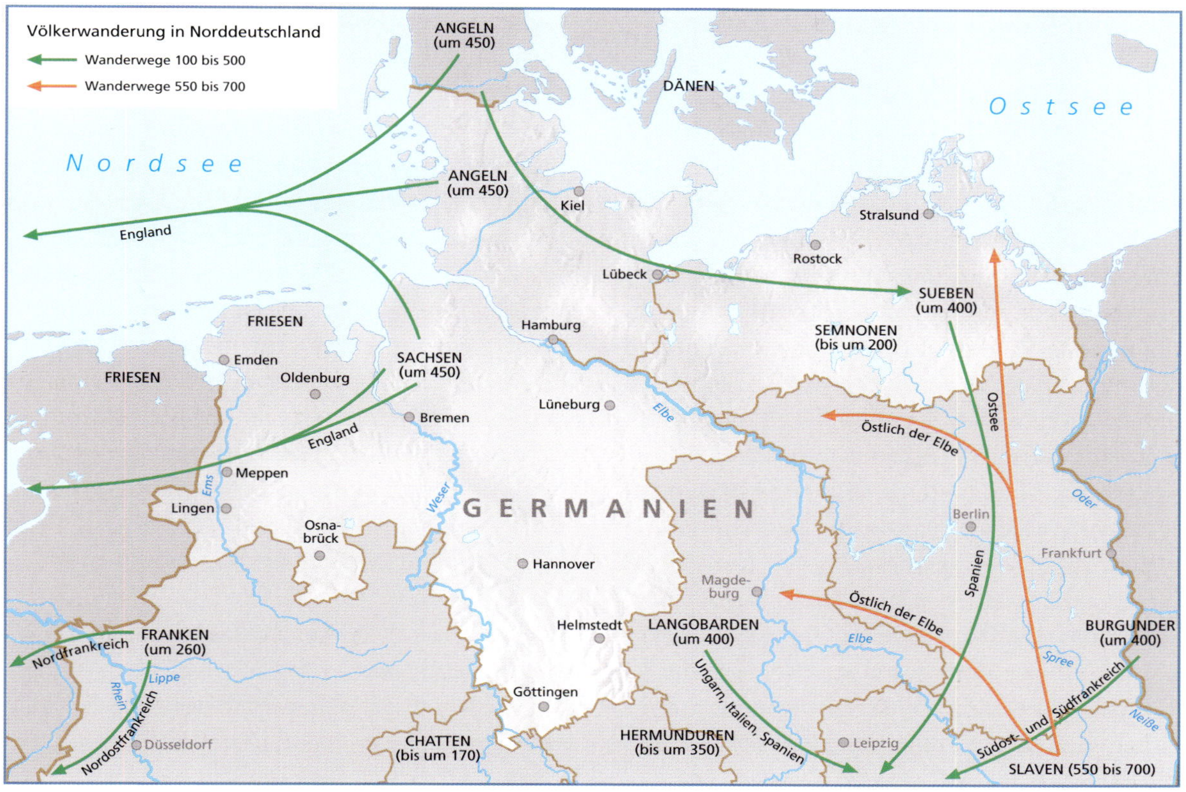

gründeten neue Reiche, sowohl in Italien wie auch auf der Iberischen Halbinsel. Die gefürchteten Wandalen, auch sie ein germanischer Stamm, ursprünglich an der Oder ansässig, kamen gar bis nach Nordafrika.

Der Norden verändert sein Gesicht

Im Rahmen dieses übergreifenden Geschehens, während dessen schließlich auch das römische Weltreich zusammenbrach, vollzogen sich im heutigen Norddeutschland tiefgreifende Verschiebungen. Die Sueben, jene Leute mit dem ungewöhnlichen Knoten im Haar, die in Niedersachsen und Schleswig-Holstein beheimatet waren, zogen nach Süddeutschland und von dort aus zum Teil bis ins nordspanische Galizien. Die Langobarden wiederum brachen von ihrem Gebiet beiderseits der Niederelbe nach Mähren auf, dann weiter Richtung Süden, nach Österreich und Slowenien, und unter dem Druck der von Osten einwandernden Völker wichen sie schließlich von dort nach Norditalien aus.

Im heutigen Niedersachsen lag seit dem 4. Jahrhundert auch das Kerngebiet der historischen Sachsen. Mit den Sachsen der Neuzeit um Leipzig und Dresden haben sie wenig zu tun; die dortige Bevölkerung heute ist ein so genannter Neustamm, der sich erst ab ca. 1100 durch die deutsche Ostkolonisation gebildet hat. Als Sachsen werden sie bezeichnet, seit die sächsische Herzogswürde durch die verschlungenen Wege der mittelalterlichen Geschichte schließlich auf die Wettiner, die Markgrafen von Meißen, überging. Die Sachsen hingegen, die am Ende der Völkerwanderungszeit weite Teile Nordwestdeutschlands von Westfalen bis zur Elbe besiedelten und beherrschten, waren als Zusammenschluss verschiedener germanischer Stämme entstanden, vermutlich ebenfalls unter dem Druck der um sie herum brandenden Völkerwanderung.

Aus ihren Dialekten entstand Altsächsisch, eine Sprache, die nur in wenigen Texten überliefert ist. Sie ist nichts anderes als die Urform der niederdeutschen Mundarten, die noch heute gesprochen werden – Plattdeutsch also.

Zwischen Rhein und Weser schlossen sich weitere germanische Stämme, ähnlich den Sachsen, zu einem Verband zusammen: Sie nannten sich Franken, d. h. die Kühnen oder die Freien. Auch sie drängten nach Süden und Westen. Schon zu römischer Zeit waren Franken in Gallien, dem heutigen Frankreich, aufgetaucht, teils als Eindringlinge, die das Land überfielen, aber auch als Föderaten, mit den Römern verbündete Stämme. Sie stellten Hilfstruppen und bekamen nach dem Militärdienst als Siedler ein Stück Land, blieben also in Gallien. Noch spielten sie für den Norden keine wichtige Rolle. Doch aus der Synthese von spätrömischen, keltischen und germanischen Elementen entstand eine neue Kultur, die schließlich das Reich der Franken hervorbrachte, eine beherrschende Größe in der weiteren Geschichte Europas nach dem Ende Roms. Bald sollte es in ungeahnter Weise auf die Völker zurückwirken, die an den Küsten der Nord- und Ostsee lebten, wie auch auf die gesamte spätere deutsche Geschichte.

Startbasis des Mittelalters

Im heutigen Schleswig-Holstein nahm die Bevölkerungsdichte in der Völkerwanderungszeit stark ab. Der englische Chronist Beda, der seinen Bericht knapp zweihundert Jahre nach den Ereignissen verfasste, behauptete, das Land sei »wüst und leer« gewesen. Das war sicher eine Übertreibung; doch sind die dort ansässigen Angeln, Sachsen und Jüten tatsächlich in großer Zahl ausgewandert: übers Meer nach England, wo sie seit dem 5. Jahrhundert eigene Königreiche gründeten. Die keltischen Ureinwohner vermischten sich entweder mit den Neuankömmlingen, flohen in die heutige Bretagne oder zogen sich in die Randgebiete Wales, Schottland und Cornwall zurück. Im Namen England und in seiner germanisch geprägten Sprache hat die Einwanderung der Angeln und Sachsen bis heute ihre Spur hinterlassen.

Andere sächsische Stämme nahmen von Süden her den Platz der abgewanderten Völkerschaften ein; die Friesen besiedelten die heute so genannten Nordfriesischen Inseln, und im Norden entstand aus germanischen Stämmen das Volk der Dänen. Gleichzeitig vollzog sich eine Wanderungsbewegung sla-

Sprachgeschichte Norddeutschlands

Im frühen Mittelalter wird im größten Teil Norddeutschlands **Altsächsisch** gesprochen. Wichtigster Text in dieser Sprache ist der Heliand, um 840 entstanden. An der Nordseeküste mit Ausnahme Dithmarschens spricht man **Friesisch**. Die dänische Bevölkerung nördlich der Eider spricht **Altnordisch**. Althochdeutsch ist dagegen die Sprache südlicherer Gegenden, vor allem im fränkischen Reich. Östlich einer Linie Lauenburg–Kiel und östlich der Elbe spricht man **slawische Dialekte**. Um 1150 tritt **Mittelniederdeutsch**, später auch die Verkehrssprache der Hanse, an die Stelle des Altsächsischen. Südlich einer Linie Köln–Leipzig wird jetzt Mittelhochdeutsch gesprochen. Gleichzeitig dehnt sich der deutsche Sprachraum nach Osten aus und verdrängt das Slawische. Überwiegende Schriftsprache im Mittelalter bleibt das Lateinische. Seit dem 16. Jahrhundert beginnt **Neuhochdeutsch** sich als Schriftsprache durchzusetzen, die auch auf die gesprochene Sprache zurückwirkt. Bis ins 20. Jahrhundert bleibt Hochdeutsch aber für viele Sprecher des Niederdeutschen (Plattdeutschen) eine Fremdsprache.

wischer Völkerschaften nach Westen. Der östliche Teil des heutigen Bundeslandes Schleswig-Holstein wurde vom slawischen Stamm der Wagrier besiedelt, also die Landschaft, die noch heute Wagrien genannt wird.

So ist Norddeutschland am Ende der Völkerwanderungszeit ein Gebiet, in dem vier Völker leben: im Norden die Dänen, im Westen die Friesen, in der Mitte die Sachsen und im Osten die Slawen. Sie huldigen unterschiedlichen Göttern, sprechen vier verschiedene Sprachen und sind, wie archäologische Funde zeigen, in ihrer Kunst und Kultur ganz unterschiedlich geprägt. Aber feste Grenzen zwischen ihnen sind erst im Entstehen begriffen. In manchen Gegenden haben Sprache und Kultur von Dorf zu Dorf gewechselt. Vielfältig ist die wechselseitige Beeinflussung; die Völker bekriegen einander, aber sie treiben auch Handel. Reisende Händler vermitteln, ebenso wie umherziehende Heere, zugleich Neuigkeiten und Informationen. Es gibt Raubzüge, aber auch einen Austausch von Handwerkstechniken, und sogar auf religiösem Gebiet sind Einflüsse zwischen den Kulturen zu finden. Kurz, der Norden ist eine Drehscheibe der Völker.

Bald sollten die Franken mit dem Karolingerreich einen neuen, großen politischen Zusammenhang stiften, aus dessen Erbmasse sich später neben dem französischen auch das deutsche Volk bildete. Aber noch hat die »norddeutsche« Geschichte ganz unterschiedliche Akteure. Keiner von ihnen hätte sich träumen lassen, dass man sie einmal unter dem Namen »deutsch« zusammenfassen würde, abgeleitet von den Teutonen, die Jahrhunderte zuvor mit den Kimbern nach Süden gezogen waren. Doch sie alle waren an der Entstehung dessen beteiligt, was Norddeutschland im Mittelalter ausmachte; auch die slawischen Stämme, die im traditionellen deutschen Geschichtsbild aus nationaler Engstirnigkeit wie ein Fremdkörper behandelt und während der DDR-Zeit aus ebenso durchsichtigen Gründen mit besonderem Interesse bedacht wurden.

Rekonstruktion eines slawischen Dorfes, Groß Raden bei Sternberg

Slawenland

Viele Ortsnamen in Norddeutschland haben einen eigenartigen Klang: Schwerin, Güstrow, Wolgast und viele andere in Mecklenburg und Vorpommern; ebenso in Schleswig-Holstein – Mölln, Eutin, Scharbeutz – oder in Niedersachsen – beispielsweise Lüchow – gibt es unzählige Städte und Dörfer, deren Name so ganz anders klingt als X-Burg, Y-Feld oder Z-Stedt. Sie alle sind slawischen Ursprungs, denn sie entstanden zu einer Zeit, als sie im Siedlungsgebiet der aus Ost- und Südosteuropa eingewanderten Stämme lagen. Als Faustregel kann man sagen, dass die meisten Ortsnamen, die auf -in, -ow oder -itz enden, zu dieser Gruppe gehören, aber auch zahlreiche andere. Natürlich gilt dasselbe für viele Orte in Brandenburg und Sachsen; genauso gibt es in Österreich, in Bayern und in Teilen Dänemarks Orte, deren Bezeichnungen slawische Ursprünge haben.

Mancher norddeutsche Ortsname klingt so sonderbar, dass es nicht schwer ist, einen fremdsprachigen Ursprung anzunehmen: etwa Malchin, Zarrentin oder Pomoissel. Dabesiedeltem Gebiet bewegte, war offenbar noch gegenwärtig. Und bis heute erinnert der Name des hannoverschen Wendlands an seine frühere Bevölkerung; die polabische Sprache, die dort gesprochen wurde, ist erst im 17. Jahrhundert ausgestorben. Ebenso hat der Name Pommern (polnisch: Pomorze) seinen Ursprung in den Sprachen des Ostens; das Wort bedeutet: am Meer gelegen.

So haben die Slawen, die seit dem 7. Jahrhundert hauptsächlich östlich der Elbe und Saale ansässig waren, auf der Landkarte ihre

Einige slawische Ortsnamen und ihre Bedeutung

Göhren	(altslaw. gora Berg) »Bergort«
Grabow	(altsl. grabu Hainbuche) »Hainbuchenort«
Güstrow	(altsl. gušterŭ Eidechse) »Eidechsenort«
Müritz	(altsl. mor, morje Meer, Verkleinerungsform moricĭ) »kleines Meer«
Poel	(altsl. poltje Feld, poln. pole) »das (flache) Feld«
Ribnitz	(altsl. ryba Fisch) »Fischort«
Schwerin	(altsl. zvêri wildes Tier) »Tierort«, »Tiergarten«
Stargard	(altsl. starŭ alt, gradŭ Burg) »alte Burg«
Stolp	(altsl. stlŭpŭ, russ. stolp, poln. słup Säule, Vorrichtung zum Fischfang) »Ort mit Fischreusen »
Strelitz	(altsl. strêlĭcĭ Schütze) »die Schützen«
Teterow	(altsl. teterę, russ. teterev, poln. cietrzew Auerhahn) »Auerhahnort«
Trave	(altsl. trava Gras) »die Grasige«
Warnow	(altsl. vranŭ schwarz, Rabe, vrana Krähe) »Rabenfuß«. Davon auch Waren

(Nach: Paul Kühnel, Die slavischen Ortsnamen in Meklenburg, In: Jahrbücher des Vereins für Mecklenburgische Geschichte und Altertumskunde, Bd. 46, 1881)

Der Burgwall von Groß Raden, auf einer Halbinsel gelegen, hat einen Durchmesser von 75 Meter. (rechts oben)

Der Grabstein eines slawischen Fürsten, eingemauert in die Westwand der Klosterkirche von Bergen/Rügen (rechts)

neben gibt es Städte, deren Name später germanisiert wurde, so dass man ihren slawischen Ursprung nicht mehr ohne weiteres hört: Puttgarden, Gadebusch, Rostock oder Lübeck, das sprachgeschichtlich gesehen ebenso gut Lübitz heißen könnte; die Grundbedeutung des Wortes ist: die Liebliche. Und manchmal ist ein Städtename lange nach seiner Gründung einfach ins Niederdeutsche übersetzt worden: so im Fall von Oldenburg in Holstein, das ursprünglich einmal Starigard hieß, zu deutsch: alte Burg.

Im entstehenden deutschen Sprachraum wurden die slawischen Völker als Wenden bezeichnet. Viel später, zur Zeit der Hanse, taucht der Name im »wendischen Münzverein« wieder auf. Lübeck, Hamburg, Lüneburg und Wismar einigten sich darauf, Münzen einer gemeinsamen Währung zu prägen, und das Bewusstsein, dass man sich auf zuvor slawisch

Spuren hinterlassen. Allerdings waren sie kein Volk im modernen Sinn, keine Nation mit Zusammengehörigkeitsgefühl, einheitlicher Kultur und Herrschaft – ebenso wenig wie seinerzeit die Germanen. Es gab eine Vielzahl verschiedener Stämme mit jeweils eigener Führung. Im Norden, im heutigen Ostholstein, siedelten die bereits erwähnten Wagrier; südlich davon die Abodriten (auch Obodriten genannt) und die Polaben. Rügen wurde von den Ranen bewohnt, außerdem gab es die Liutizen, die Wilzen und andere Stämme.

Das Alltagsleben der Slawen

Da die Slawen erst seit der Christianisierung schriftliche Dokumente hinterlassen haben, ist das meiste über ihre Frühzeit nur durch die Brille ihrer Nachbarn bekannt. Doch so barbarisch und unzivilisiert, wie sie den frommen Geschichtsschreibern des deutschen und dänischen Mittelalters erschienen, waren sie durchaus nicht. Archäologische Forschungen zeigen, dass sie tüchtige Handwerker waren: Sie stellten sehr qualitätvolle Keramik her, die Eisengewinnung, die Textilherstellung und Lederverarbeitung, auch das Schmiedehandwerk standen bei ihnen in Blüte.

Vor allem aber waren sie Meister der Holzbearbeitung. Sie schnitzten Löffel und andere Gebrauchsgegenstände, fertigten hölzerne Flöten und Saiteninstrumente, sie beherrschten die Kunst des Drechselns und bauten seetüchtige Schiffe. Auch ihre Häuser waren aus Holz, meistens Blockhäuser. Ihre Dörfer, oft am Ufer von Seen oder Flüssen gelegen, waren mit Palisadenzäunen befestigt. Drohte Krieg, so konnten sie sich in eine ihrer charakteristischen kreisrunden Fluchtburgen zurückziehen, die in großer Zahl ausgegraben wurden oder erhalten geblieben sind, wie etwa der doppelte Ringwall im holsteinischen Oldenburg. Dazu gehörten hölzerne Brücken, Stege und Türme, und selbst die Erdwälle der Burgen hatten einen aus Holz konstruierten Kern, der sie beständiger machte.

Bei dem mecklenburgischen Groß Raden, nicht weit von Sternberg, wurde eine Siedlung der Slawenzeit mitsamt ihrer Fluchtburg ausgegraben und fast vollständig rekonstruiert. Das Projekt wurde schon zu Zeiten der DDR begonnen; inzwischen gibt es auch private Initiativen und Vereine, die sich des Themas angenommen haben, wie die historischen Werkstätten »Ukranenland« in Torgelow, nicht weit von der polnischen Grenze. Sie rekonstruieren nicht nur ein Dorf mit der kompletten Lebenswelt der Slawen, sondern erfüllen es auch durch regelmäßige Veranstaltungen mit Leben.

Der typische Vertreter eines solchen Dorfes, vielleicht hieß er Slawomir, lebte mit seiner Familie in einem Blockhaus, das aus einem einzigen Raum bestand. Wenn er nicht Handwerker war, könnte er Händler gewesen sein. Denn die slawische Welt der Ostseeküste war eine internationale Drehscheibe des Handels.

Holzprodukte der Slawen: ein Daubeneimer und Schöpfkellen

Slawisches Händlerleben: eine bronzene Klappwaage aus Rügen und ein Hacksilberfund

Die Slawen wohnten in reetgedeckten Blockhäusern.

Um das Jahr 800 kamen Segelschiffe auf, und ein großer Aufschwung der Seefahrt war die Folge. Nicht nur einheimische, sondern auch fränkische, friesische, skandinavische und sogar arabische Kaufleute standen in regelmäßigem Austausch. Die Araber, die hierher kamen, spielten eine so wichtige Rolle, dass ihre Silbermünzen in der ganzen Region ein verbreitetes Zahlungsmittel waren.

An den alten Handelsplätzen sind verschiedenste Alltagsgegenstände gefunden worden, die einen Eindruck vom florierenden Handel jener Zeit geben: Kämme, Glasgefäße, Schmuck, Edelsteine aus dem Kaukasus, aber auch Roheisen und sogar Mühlsteine gehörten zur Ladung der Schiffe. Unter den slawischen Orten, an denen Handel getrieben wurde, waren Ralswiek auf Rügen und ein Ort namens Reric (nicht identisch mit dem Ostseebad Rerik bei Bad Doberan), der lange nicht lokalisiert werden konnte. Erst in jüngster Zeit ist es den Archäologen gelungen, die Spuren der slawischen Kaufmannssiedlung bei Groß Strömkendorf an der Wismarbucht auszugraben.

Sicher ist Slawomir im Laufe seines Lebens auch in den Krieg gezogen, denn militärische Auseinandersetzungen waren an der Tagesordnung: mit Nachbarstämmen, mit Polen und Sachsen, mit Dänen und mit dem entstehenden römisch-deutschen Reich. Wer dabei in Kriegsgefangenschaft geriet, musste damit rechnen, den Rest seines Lebens als Sklave zuzubringen. Unter den Waren, die an den Handelsplätzen der slawischen Welt für Umsatz sorgten, werden auch Sklaven erwähnt. Freilich war das keine Erfindung der slawischen Völker; bei den Römern war es nicht anders gewesen, und Gleiches wird auch aus der Wikinger-Stadt Birka in Schweden berichtet.

Ein zentrales Heiligtum

In Slawomirs Leben spielte die Religion eine große Rolle. Es gab regionale Götter, die von Stamm zu Stamm variierten; größere Siedlungen hatten eigene Tempel. Der jeweilige Gott, der darin verehrt wurde, war als überlebensgroßer Kopf auf einer Holzstele repräsentiert. Aus christlichen Quellen sind einige dieser Götter sogar namentlich bekannt. Der wichtigste von ihnen, zumindest in der Spätzeit, war Svantevit, der im Heiligtum von Kap Arkona verehrt wurde. Alle slawischen Länder, so heißt es in einem alten Bericht, hätten regelmäßig ihre Gaben zum Svantevit-Tempel geschickt. Gar nicht unwahrscheinlich, dass auch Slawomir einmal in seinem Leben zu einer Abordnung gehörte, die die geweihten Gaben überbrachte. Er muss gestaunt haben, was er dort zu sehen bekam.

Kap Arkona, die Nordspitze der Insel Rügen, ist ein magischer Ort. Hoch über der Steilküste gelegen, ein äußerster Vorposten der Erde zwischen Meer und Himmel, bald vom Dunst des Meeres, bald von tief hängenden Wolken umnebelt, dann wieder umglänzt von der Sonne, die sich in der Ostsee spiegelt. Das Kap ist wie geschaffen als Kultplatz für eine Religion, in der die Mächte der Natur im Mittelpunkt stehen. Und von unten brechen sich Stürme und Wellen an der Steilwand – den größten Teil des alten Tempelareals hat das Meer seit Slawomirs Zeiten bereits verschlungen.

Kap Arkona auf Rügen: Reste der slawischen Tempelburg

Svantevit, der Gott mit den vier Gesichtern (moderne Nachbildung)

Dem Gott Svantevit wurden in Arkona Opfer dargebracht, denn er hatte die Kraft, seine Gläubigen im Krieg siegen zu lassen, und er gab ihnen durch Orakel Orientierung für richtige Entscheidungen. Vermutlich haben auch Kaufleute dort ihre Gaben niedergelegt. Denkbar ist, dass die Priester von Arkona neben ihrer Kultfunktion auch als eine Art frühe Finanzbehörde ihre Rolle hatten: Sie erhoben von Slawomir und allen anderen Angehörigen der Kultgemeinschaft Abgaben, und von den Händlern so etwas wie Zoll für die Öffnung der slawischen Märkte. Auf diese Weise trugen sie unermessliche Schätze zusammen – die Funde, die heute aus dem Boden gegraben werden, sind nur ein kleiner Teil dessen, was einmal geopfert wurde. Was sie in ihren Schatzkammern horteten, konnte als Rücklage für Krisen dienen, als politisches Machtmittel oder als Faustpfand in schwierigen Verhandlungen. Als ein Heer aus Rügen einmal im Krieg den Sohn eines Nachbarfürsten erschlagen hatte, forderte der eine große Menge Silber als Kompensation, umgerechnet rund eintausend Kilogramm. Der Tempel zahlte – und verhinderte so einen neuen Krieg.

Dabei war Svantevit, der oberste Gott mit den vier Gesichtern, gar kein echter Slawe. Sein Name ist eine Übersetzung, die zurückgeht auf den heiligen Veit oder Vitus, einen Märtyrer der frühchristlichen Kirche, im Katholizismus noch heute als einer der vierzehn Nothelfer verehrt. Ein geistlicher Chronist jener Zeit erklärte es so: Mönche aus dem bedeutenden Kloster Corvey – dessen Schutzheiliger St. Veit war – seien auf einer Missionsreise nach Rügen gekommen und hätten dort eine dem Heiligen geweihte Kapelle errichtet. Doch nach ihrem Abzug sei die dortige Bevölkerung wieder vom rechten Glauben abgefallen. Nur an der Verehrung des Heiligen Veit hätten sie festgehalten und ihn in einen Gott ihrer eigenen Religion umgemodelt.

Ob es sich nun mit Svantevit genau so zugetragen hat oder etwas anders, mit Sicherheit lebte in den slawischen Handelsorten im heutigen Norddeutschland ein multiethnisches Bevölkerungsgemisch, das für einen wechselseitigen Kontakt ganz unterschiedlicher Kulturen sorgte, und für entsprechende gegenseitige Einflüsse. So war es an vielen Orten, in Ralswiek auf Rügen und in der sagenhaften versunkenen Stadt Vineta, dem »Venedig der Ostsee«, über dessen genaue Lage es bis heute nur heiß diskutierte Hypothesen gibt.

Slawen und Franken

Als das Frankenreich unter Karl dem Großen immer mächtiger wurde und sich weit in den Norden ausdehnte, stellte sich die Frage, wie sich dessen Verhältnis zu den Slawen gestalten würde. Zunächst schlossen die Abodriten ein Bündnis mit den Franken: in den jahrzehntelangen Kriegen, die Karl gegen die Sachsen führte, waren sie willkommene Alliierte. Den Abodritenführer Thrasco ernannte er sogar zum König und übertrug ihm die Herrschaft über die nördlichen sächsischen Gaue. Der Ort eines Treffens zwischen Karl und Thrasco ist in den fränkischen Annalen überliefert: Es geschah im Jahr 804 in Hollenstedt, zwischen Hamburg und Bremen. Genau dort liegt an der Este eine Burg, die aus einem Ringwall besteht, wie ihn auch die Slawen anzulegen pflegten. Lange war man überzeugt, dass die Elbe die Ostgrenze des slawischen Siedlungsraumes darstellte. Doch immer mehr Anhaltspunkte sprechen dafür, dass sie noch weiter westlich verbreitet waren. Auch in der Burg von Hollenstedt fanden sich Scherben von slawischer Keramik. Das Treffen Karls des Großen mit den Slawen hat jedoch nach neueren Forschungen nicht in der Hollenstedter Burg stattgefunden; die älteste dort gefundene Keramik ist nach dem Urteil der Fachleute jünger.

Bald darauf wurden die Abodriten im Kampf gegen die Dänen besiegt. Als Verbündete Karls des Großen taugten sie nun nicht mehr. Das Frankenreich ging zu einer Politik der Abgrenzung über: Der Limes Saxoniae (die Grenze Sachsens) wurde angelegt. Die Grenzanlage, deren Spuren Kenner bis heute im Gelände entdecken können, verlief von Boizenburg an der Elbe über die Delvenau, an der Trave und der Schwentine entlang bis zur Kieler Förde. Allerdings bestand der Limes Saxoniae weder aus Wall und Graben noch aus Zäunen und Sperren. Vielmehr war er ein Streifen Wildnis, mit Sümpfen, Ödland und Dickicht, eine Grenz- und Pufferzone, die ohnehin schwer zu durchqueren war, gesichert nur durch wenige Burgen.

Bezeichnenderweise ist das deutsche Wort Grenze dem slawischen Sprachraum entlehnt. Es gibt andere slawische Wörter, die bereits im Mittelalter ins Deutsche aufgenommen wurden, darunter Pelztiernamen (Zobel,

Karl der Große, wie Albrecht Dürer ihn sah.

Heinrich der Löwe (Darstellung aus dem 19. Jahrhundert)

Nerz, Biber) oder Begriffe aus dem Verkehrswesen (Peitsche, Prahm), und immer gibt es eine sachliche Erklärung dafür. Pelze wurden aus Russland importiert, und die wichtigsten Handelswege verliefen von West nach Ost, ins Land der Slawen eben. Sollte es einen ähnlichen Grund nicht auch für die Übernahme des Wortes Grenze geben? Offenbar haben die Sprecher altdeutscher Dialekte im Kontakt mit den Slawen erstmals das Bedürfnis gehabt, ein Wort für »Grenze« zu finden. In Urkunden war zwar schon immer von Grenzen die Rede, doch die waren in lateinischer Sprache abgefasst.

Als die westlichen Nachbarn Versuche unternahmen, die Wenden zu christianisieren – ein Prozess, der sich über lange Zeit hinzog –, erwies sich die Nachbarschaft immer wieder als gefährlich. Denn die slawischen Stämme an der Grenze versuchten wiederholt, den Glauben und die Oberhoheit der Christen abzuschütteln. Bei einem der Aufstände, im Jahr 983, zerstörten sie sogar Hamburg und verwüsteten Holstein. Dänemark eroberte im gleichen Jahr das Gebiet zwischen Schlei und Eider – ob es einen ursächlichen Zusammenhang der beiden gleichzeitigen Ereignisse gab, darüber kann man nur spekulieren.

Sie sind verschwunden – doch nicht ganz

Im Jahr 1147 unternahm Heinrich der Löwe, Herzog von Sachsen, einen Kreuzzug gegen die Slawen. Die Kreuzzüge folgten eigentlich einer ganz anderen Idee: Sie sollten die im Heiligen Land gelegenen Stätten der Christenheit aus der Herrschaft der Muslime befreien, aus abendländischer Sicht also dem Zugriff der Ungläubigen entreißen. Papst und Kaiser bereiteten just zu dieser Zeit den zweiten Kreuzzug vor. Heinrich jedoch, der noch ein junger Mann, aber im Umgang mit der Macht bereits sehr geschickt war, hatte eine bessere Idee. Er erreichte es, von der Teilnahme an der Expedition nach Palästina freigestellt zu werden, und unternahm stattdessen einen »Wendenkreuzzug«, also einen Krieg gegen die Slawen, die auch 350 Jahre nach Karl dem Großen noch Heiden waren.

Dem Fürstenhaus der Nakoniden war es gelungen, die abodritischen Stämme unter ihrer Herrschaft zu vereinigen – Keimzelle des späteren Landes Mecklenburg. Heinrich der Löwe zog mit einem Heer nach Norden und belagerte die Abodriten, die sich in die Burg Dobin am Schweriner See zurückgezogen hatten. Nach einiger Zeit gab Heinrich auf: Er sah ein, dass es klüger war, Land und Leute von Mecklenburg nicht zu sehr zu schädigen, denn er sah sie als mögliche Einnahmequelle. Schon ein Zeitgenosse notierte: Es ging nicht um den Glauben, sondern ums Geld. Was Heinrichs Heer nicht gelang, erreichten später die Kirche und politischer

Rechte Seite: Reiterstandbild des Abodritenfürsten Niklot am Schweriner Schloss

NIKLOT
1160
DEN KOENIG MISTIZLA
DIE STAMMBURG BRA
DENZEIT EINE BURG KAMPFBEREIT, DIE BAR
SAN WAR DIESES HAUSES AHN, BEFESTIGT

Druck: Nach und nach wurden die Nachfahren Slawomirs in Mecklenburg christianisiert und mit dem deutschen Kulturraum verbunden.

Gegner Heinrichs des Löwen im Kampf um das Slawenland war der abodritische Fürst Niklot. Dessen Sohn Pribislaw nahm 1167 das Land von Heinrich als Lehen und ließ sich taufen. Quasi als Gegenleistung wurde sein ältester Sohn Borwin mit einer Tochter Heinrichs verheiratet, wenn auch nur mit einer illegitimen.

Von Norden her hatte das dänische Königreich handfeste Interessen im slawischen Ostseeraum, Interessen, die ebenfalls im Gewand der Christianisierung auftraten. Die pommerschen Herzöge Bogislaw und Kasimir, Slawen auch sie, hatte König Waldemar I. bereits unterworfen. Nun zogen sie an der Seite der Dänen in den Krieg, um auch Rügen mit seiner reichen Tempelburg am Kap Arkona zu erobern. Im Jahr 1168 oder 1169 wurde sie zerstört, seitdem ist sie eine Ruine. Den Chronisten der christlichen Herrscher, die die Bekehrung der Slawen zum Christentum, und damit ihre Unterwerfung, vollendeten, verdanken wir das meiste Wissen über die Abodriten und über die Ranen auf Rügen. Es ist die Geschichte aus der Sicht der Sieger, wie so oft.

Chlodwig I., Frankenkönig aus dem Haus der Merowinger

Das Datum der Zerstörung Arkonas steht symbolisch für das Ende der slawischen Eigenständigkeit. Deutsche Kaiser, zeitweise auch dänische, schwedische und polnische Könige, waren nun die Lehnsherren der pommerschen und mecklenburgischen Fürsten. In den folgenden Jahrhunderten wanderten von Westen her neue Bevölkerungsgruppen ein: Holsteiner, Niedersachsen, Westfalen, Flamen und andere. Es fand eine kulturelle Assimilation statt, die Bräuche und die Lebensweisen vermischten sich. Die Slawen übernahmen die niederdeutsche Mundart der größten Einwanderergruppe, aber viele Orte behielten ihre ursprünglichen Namen. Anders als in der Lausitz, wo die Sorben noch als kleine ethnische Gruppe existieren, sind die norddeutschen Slawen ganz in der Mischbevölkerung aufgegangen.

Die Dynastie der Mecklenburger Fürsten, die zu Herzögen, später zu Großherzögen erhoben wurden, regierte noch bis 1918. Sie kann sich lückenlos auf den Slawen Pribislaw zurückführen, jenen ersten christlichen Herrscher im Land, den Vasallen Heinrichs des Löwen, mit dem er seine Familie durch die Heirat der Kinder verbunden hatte. Und ebenso zählen Slawomir und seine Zeitgenossen, Menschen slawischer Abkunft, zu den Vorfahren der heutigen Bewohner von Mecklenburg-Vorpommern, des Wendlands und Ostholsteins.

Christliche Franken gegen heidnische Sachsen

Aus den kurzlebigen Staatenbildungen der Völkerwanderungszeit und den Trümmern des Römischen Reiches war in Teilen Frankreichs und Süddeutschlands ein neuer Machtfaktor entstanden: das Frankenreich der Merowinger. Dessen König Chlodwig I. hatte gegen Ende des 5. Jahrhunderts den christlichen Glauben angenommen. Später kam die fränkische Königswürde an die Dynastie der Karolinger, benannt nach Karl I., dem Großen, ihrem überragenden Vertreter. Er verfügte über großes strategisches Geschick, aber auch über Klugheit im Umgang mit den verschiedenartigen Traditionen: der gallo-römischen, der christlichen und der germanischen. Es gelang ihm, diese Elemente zu einer neuen Einheit zu verschmelzen. Damit wurde Karl der Große nicht nur zum Idealbild eines christlichen Herrschers im Mittelalter, er stellte auch die Weichen für die weitere Geschichte ganz Westeuropas. Nicht umsonst sahen sich lange Zeit die Deutschen und se-

Die Kaiserkrönung Karls des Großen (Darstellung aus dem 15. Jahrhundert)

hen sich bis heute die Franzosen als seine Erben. Unter Karls Herrschaft erwuchs das Reich der Franken zu einer Großmacht, deren Vormachtstellung im westlichen Europa unangefochten war. Der Papst in Rom sah das genauso: Er krönte Karl im Jahr 800 zum Kaiser. Damit galt dieser als höchster weltlicher Schutzherr der lateinischen Christenheit in der Nachfolge der weströmischen Caesaren.

Die Reichsidee Karls I. war zentralistisch und expansiv, ja aggressiv. Er wollte als Erster in der abendländischen Geschichte sein Großreich als Einheitsstaat ausgestalten. Das alleinseligmachende Christentum, das nach Missionierung der Heiden drängte, war seine Staatsreligion. Und die Ersten, gegen die sich der Ehrgeiz Karls richtete, waren die Sachsen, damals noch ein heidnisches Volk, das – im Gegensatz zu den Franken – die römische Zivilisation nur von Ferne kennen gelernt hatte. Der germanische Stammesverband der Sachsen besiedelte ungefähr das heutige Westfalen und Niedersachsen, im Osten die Region bis zur Elbe und Saale, und im Norden das spätere Holstein etwa westlich einer Linie Lauenburg–Kiel. Sie verfügten weder über eine so straffe Führung wie die Franken, noch über ihre militärische Stärke, noch auch über das Gefühl kultureller Überlegenheit, das den Franken mit einigem Recht eigen war.

Es war also ein Kampf Goliath gegen David, als Karl I., gerade dreißig Jahre alt, beschloss, die Sachsen zu unterwerfen. Dennoch sollte es die größte militärische Kraftanstrengung werden, die die Franken zu bestehen hatten. Es dauerte über zehn Jahre, bis die Sachsen militärisch besiegt waren, und noch einmal zwanzig Jahre gingen ins Land, bis der letzte sächsische Aufstand gegen die Frankenherrschaft niedergeschlagen war. Das Schicksal des karolingischen Reiches entschied sich zu wesentlichen Teilen in Norddeutschland.

Kampf um Symbole ...

Das erste Angriffsziel Karls des Großen in seinen Kriegen gegen die Sachsen war nicht das Hauptquartier des Gegners oder sonst ein militärisches Objekt, sondern eine Kultstätte: die Irminsul, ein Heiligtum. Es war im Jahr 772 ein Leichtes für die fränkischen Krieger, es zu zerstören. Ob eine große, uralte Eiche in seinem Mittelpunkt stand, wie einige Quellen berichten, also eine Entsprechung zur Weltesche Yggdrasil aus der Edda, oder ein hölzernes Monument, das symbolisch das Weltall stützte, ist nicht mehr zu entscheiden. Auch die genaue Lage ist umstritten: Entweder stand die Irminsul beim heutigen Obermarsberg an der Diemel oder auf der Iburg bei Bad Driburg, beides nicht weit von Paderborn. Jedenfalls war sie das zentrale Heiligtum der Sachsen, vermutlich auch mit Schätzen ausgestattet, die aus Opfergaben stammten. Doch das war für Karl den Großen nicht entscheidend.

Bei der Wahl des ersten Angriffs könnte eine Rolle gespielt haben, dass in dieser Region einst Varus die Expansionsversuche Roms mit einer schweren Niederlage bezahlt hatte. Karl wollte offenbar den abgebrochenen Versuch wieder aufnehmen, die römische – jetzt die fränkisch-christliche – Hochkultur nach Norden zu tragen, und dabei sozusagen die Scharte auswetzen, die die Niederlage damals hinterlassen hatte. Er stellte sich bewusst in die Tradition der römischen Kaiser.

Karl, selbst germanischer Abstammung, kannte die Mentalität der Sachsen. Er wusste, dass die Zerstörung der Irminsul größten Eindruck auf sie machen musste: Wer ein so bedeutendes Heiligtum zerstört, muss stärker sein als die Götter, die dort verehrt werden. Das traf das Selbstbewusstsein der Sachsen ins Mark. Eine Kultstätte zu schänden war außerdem ein Sakrileg, das schwerste der Verbrechen. Karl konnte sicher sein, dass es sich herumsprach wie ein Lauffeuer. Und schließlich demonstrierte er damit sinnfällig, dass er im Namen seines christlichen Gottes jeden Götzendienst mit Feuer und Schwert verfolgen würde.

Kaiser Karl zerstört die Irminsul. Historistisches Wandbild in der Kaiserpfalz von Goslar

Das »Verdener Blutgericht« brachte Karl den Beinamen »Sachsenschlächter« ein.

... und Demonstration brutaler Macht

In einer Welt ohne Medien, ohne schnelle und sichere Nachrichtenverbindungen hatten derlei symbolische Aktionen höchsten Wert, wenn es darum ging, das Bewusstsein der Menschen zu erreichen. Deshalb wurde Prunk entfaltet, wurden Reichtum und Macht ostentativ zur Schau gestellt oder öffentliche Bußübungen abgehalten. Und die Chronisten trugen das Ihre zur Wirkung bei. Ihre Berichte sind vereinfachte, oft überspitzte Versionen eines Geschehens, das in Wahrheit viel komplexer und weniger eindeutig war. Im ganzen Mittelalter war Politik eine Sache von Inszenierungen, unerhörten Gesten und sakralen Symbolen – nicht weil die Herrscher die Show liebten, sondern weil Kommunikation anders gar nicht möglich war. Die Inszenierungen verselbständigten sich, und sie wirken bis heute fort: Selbst die erwähnte Kaiserkrönung in Rom, oft beschrieben und in vielen Bildern festgehalten, hat es vielleicht in der dargestellten Form nie gegeben.

Karl der Große belässt es nicht bei symbolischen Siegen. Immer wieder sieht er sich gezwungen, gegen die Sachsen in den Krieg zu ziehen. Zwischendurch nimmt er es noch mit vielen anderen Gegnern auf: mit Langobarden, Sorben, Awaren und spanischen Mauren. Doch die Sachsen bleiben ein ständiger Stachel im Fleisch. Dann, zehn Jahre nach seinem ersten Feldzug, ist er wieder im Norden. Auf dem Dachtelfeld am Süntel, nördlich von Hameln, kommt es zu einer Schlacht, an der er selbst nicht teilnimmt. Es wird eine der schwersten Niederlagen des gut trainierten fränkischen Heeres, seit Karl denken kann. Wenn er seine Autorität nicht preisgeben will, muss er massive Vergeltung üben.

Karl zieht mit seinem Heer nach Norden. Unterwegs gibt es kleinere Gefechte. Karl ist entschlossen, den Widerstand der Sachsen zu brechen, und die Franken machen in großer Zahl Gefangene. Dann geschieht etwas, das dem großen Kaiser Karl den Beinamen »Sachsenschlächter« einbrachte. 4500 Sachsen, die es ablehnen, sich taufen zu lassen, werden hingerichtet: das »Verdener Blutgericht«. Die Zahl der Opfer, die fränkische Quellen überliefern, ist vielleicht zu hoch gegriffen. Auch dass der Richtblock für die Massenhinrichtung aus dem Holz der Irminsul geschnitten war, gehört sicherlich ins Reich der Legende. Doch offenbar übertraf die Zahl der Toten alles, was den damaligen Zeitgenossen je zu Ohren gekommen war. Das Blut der Aller soll sich rot gefärbt haben vom Blut des Gemetzels. Es war eine blutrünstige Demonstration der Härte, die sich tief ins kollektive Bewusstsein eingegraben hat. Noch im 20. Jahrhundert wurde der Toten gedacht, indem in einem »Sachsenhain« genannten Wäldchen 4500 Findlinge aufgestellt wurden, einer für jedes Opfer. Der Götzendienst, also die Ausübung der alten Religion, wird nun von Karl I. ganz offiziell mit der Todesstrafe bedroht.

Der Gegenspieler

Die noch heidnischen Sachsen lebten weitgehend so, wie es ihre germanischen Vorfahren seit der Römerzeit gewohnt waren. Dörfer, verstreute Siedlungen und die Burgen der Edlen prägten ihre Lebenswelt. Städte, wie sie im Reich der Römer und jetzt im Frankenreich standen, kannten sie dagegen nicht. Sie hingen an ihrem alten Glauben, nach heutigen Begriffen eine Naturreligion. Lesen und Schreiben war weitgehend unbekannt.

Dennoch ist sicher, dass auch die Sachsen einen bedeutenden Anführer hatten: Widukind, später auch Wittekind genannt. Er war ein Edelmann aus dem westlichen Teil Sachsens, der damals schon Westfalen genannt wurde. Vermutlich lebte er von 743 bis 807, doch vieles, was über ihn berichtet wird, beruht nur auf mündlicher Überlieferung. Sagen füllen die Lücke, die die aus Sicht der Sachsen einseitige fränkische Geschichtsschreibung hinterließ. Noch im 16. Jahrhundert stritten sich deutsche Fürstenhäuser um die Frage, wer berechtigt sei, Widukind unter seinen Ahnen aufzuführen. Und selbst im Niedersachsenlied, der Hymne des nach 1945 geschaffenen Bundeslandes, wird er als Urvater beschworen.

Widukind

Heerführer der Sachsen im Kampf gegen die Franken, entstammte einer angesehenen westsächsischen Familie. Oft als Herzog bezeichnet, doch gab es bei den Sachsen des frühen Mittelalters keine formelle Adelshierarchie und keine feste staatliche Struktur. Geburts- und Todesjahr sind unsicher. Ließ sich 785 in Attigny taufen. Sein Grabmal in der Pfarrkirche Enger stammt aus dem 12. Jahrhundert. Mathilde die Heilige, die Frau des deutschen Königs Heinrich I., stammte von ihm ab.

Widukind unterwirft sich Karl dem Großen.

Dieser Widukind war zur Zeit Karls des Großen der wichtigste militärische Führer der Sachsen. Ein politischer Herrscher war er jedoch nicht, da die Sachsen so etwas wie eine feste staatliche Struktur nicht kannten. Bedeutende Entscheidungen wurden nach alter Väter Sitte vom Thing gefällt, der Versammlung der Freien. Allerdings war Widukind gewiss ein charismatischer Heerführer, dem im Lauf der Kriege gegen die Franken mehr und mehr Bedeutung zukam.

Im Jahre 777, fünf Jahre nach der Zerstörung der Irminsul, unterwarf sich ein großer Teil der Sachsen dem fränkischen Vormachtanspruch. Widukind musste fliehen, und er suchte Sicherheit bei den Dänen, den nördlichen Nachbarn der Sachsen, deren Kultur und Religion der ihren verwandt war. Ein Jahr später entfesselte er den Widerstand seiner Landsleute gegen die fränkischen Besatzer erneut. Es folgten neue Kriege und neue Schlachten, die schließlich im »Verdener Blutgericht« gipfelten. Doch selbst danach dauerte es noch einmal drei Jahre, bis Widukind sich geschlagen gab. Im Jahr 785 ließ er sich in Attigny in Gallien taufen, Karl der Große selbst soll sein Taufpate gewesen sein. Danach gibt es keine sicheren Informationen mehr über ihn; der Sage nach fiel er 807 im Kampf gegen die Schwaben.

In der Pfarrkirche von Enger bei Herford steht Widukinds Grabmal. Doch das wurde

Das Grabmal Widukinds in der Pfarrkirche von Enger

erst 300 Jahre nach seinem Tod errichtet. Im hohen Mittelalter verehrten die Gläubigen Gebeine, die man für die des Widukind hielt, als Reliquien. Sogar wundertätige Wirkung sprach man ihnen zu. Heute weiß man allerdings, dass es in Wahrheit die Knochen einer jungen Frau sind. An anderer Stelle in derselben Kirche fanden Archäologen in jüngerer Zeit menschliche Knochen, die immerhin die Widukinds sein könnten – doch trotz alledem bleibt der Sachsenherzog vor allem eine mythische Figur.

Die »Nordleute« unter der Frankenherrschaft

Am hartnäckigsten widerstanden den Franken nach der Unterwerfung Widukinds noch die sächsischen Stämme in Wigmodien, zwischen Unterweser und Unterelbe, und in Nordalbingien, also nördlich der Elbe. Anfang des 9. Jahrhunderts flammten erneut Revolten auf, die sich gegen die fränkischen Herrscher richteten. Im Jahre 804 griff Karl der Große noch einmal zu einer drakonischen Maßnahme: Er ließ die Bevölkerung der unruhigen Gebiete in großer Zahl zwangsweise ins Frankenreich umsiedeln, wie es bereits nach der Schlacht auf dem Schwentinefeld sechs Jahre zuvor in geringerem Umfang geschehen war. Die fränkischen Annalen behaupten gar, er habe alle Sachsen »mit Weib und Kind« deportiert. Das ist gewiss übertrieben, aber die Zwangsmaßnahme war jedenfalls so wirkungsvoll, dass der Widerstand der Sachsen nunmehr endgültig gebrochen war. Bald wurden auch nördlich der Elbe die ersten Kirchen gebaut, die alle nicht mehr erhalten sind; nur in Schenefeld (Kreis Steinburg) werden Teile einer Kirchenwand mit dem ersten Bau aus dem 9. Jahrhundert in Verbindung gebracht.

Der dänische König Göttrik (Godefrid), in dessen unmittelbarer Nachbarschaft sich die

Hamburg zur Zeit der Karolinger

Tragödie der Sachsen abspielt, ist durch die Expansion des Frankenreichs nach Norden alarmiert. Im gleichen Jahr, als die Sachsen deportiert werden, kommt es zu Verhandlungen zwischen Karl und Göttrik. Offenbar sucht man den Ausgleich; allerdings kommunizieren beide Seiten nur über Gesandte, während die Herrscher mit ihren Heeren respektvollen Abstand wahren: Karl lagert in Hollenstedt, während Göttrik und sein Heer sich in Haithabu an der Schlei aufhalten. Die Verhandlungen verlaufen jedoch ergebnislos, und das Verhältnis zwischen Dänen und Franken bleibt gespannt.

Der Südrand des dänischen Reiches wurde vom Danewerk gesichert, das noch heute als eines der größten archäologischen Denkmäler Europas in der Landschaft zu sehen ist: ein fünfzehn Kilometer langer Wall von Schleswig westwärts bis zu den Sümpfen der Treene, eine Sperre für die Landenge zwischen Nord- und Ostsee. Die Verteidigungsanlage wurde bereits um 700 errichtet, vermutlich gegen die Bedrohung durch slawische Völkerschaften. Göttrik lässt die Befestigung jetzt weiter ausbauen, um dem expansiven Frankenreich einen Riegel vorzuschieben.

Am Zusammenfluss von Alster, Bille und Elbe gibt es zu dieser Zeit bereits eine sächsische Siedlung, die Karl der Große sich zunutze macht. Er lässt eine Kirche errichten und mit einer Burg sichern: die Hammaburg, die Urzelle von Hamburg. Bald entsteht dort ein Missionsbistum, das die Aufgabe bekommt, die heidnischen Gebiete ganz Nordeuropas für das Christentum – und für den Einfluss der Karolinger – zu öffnen. Der erste der Hamburger Missionsbischöfe ist Ansgar, ein Benediktinermönch aus Corvey an der Weser, genannt der »Apostel des Nordens«. Er verdankt seinen Ruhm nicht zuletzt dem Umstand, dass sein Nachfolger als Bischof eine ausführliche Lebensgeschichte Ansgars verfasst hat.

Hamburg ist also keine Gründung Karls, aber die Karolinger stellten doch die Weichen für den Aufstieg des Ortes. Ausgrabungen im Bereich der heutigen Petrikirche, die seit den 50er Jahren des 20. Jahrhunderts mehrfach stattgefunden haben, konnten einiges aus den Anfängen Hamburgs zutage fördern, darunter die Fundamente des Bischofsturms, die im Keller eines Neubaus erhalten blieben.

Ansgar, der »Apostel des Nordens«

Geboren um 801, vermutlich bei Corbie in Nordfrankreich, gestorben 865 in Bremen. Ging 823 ins Kloster Corvey in Westfalen. 830 in Schweden, ab 831 in Hamburg, Bischof des neu geschaffenen Missionsbistums, ab 845 in Bremen. Schlüsselfigur für die Christianisierung Norddeutschlands und Skandinaviens. Wird als Heiliger verehrt.

St. Ansgar, Bischof von Hamburg

Das Christentum breitet sich aus

Die Christianisierung des Nordens blieb ein langwieriger Prozess. Der erste dänische König, der sich taufen ließ, war vermutlich im Jahre 965 Harald Blauzahn, über hundert Jahre nach Ansgars Tagen. Aber auch das Gebiet der Nordalbinger blieb widerspenstig. Zunächst wurden nur die südlichen Teile Holsteins zum Christentum bekehrt. Die Missionare mussten dabei nicht nur religiöse Widerstände überwinden. Natürlich war es für sächsische Kriegernaturen ein großer Schritt, einen Gott anzubeten, der ans Kreuz geschlagen ist, einen »Verlierer«. Aber außerdem war für sie mit der alten Religion auch der ganze soziale Zusammenhalt ihrer Gemeinschaft und die Würde ihrer Stammesführer untrennbar verbunden: Die traditionellen Thingversammlungen waren gleichzeitig kultische Treffen, Gerichtssitzungen und Rats-

Sachsen an ihrer Thingstätte: Ratsversammlung, Gerichtssitzung und kultisches Treffen

versammlungen in politischen Fragen. Und jede Sippe, jeder Stamm hatte spezielle Götter, die die Gemeinschaft repräsentierten.

So ist es wenig erstaunlich, dass der Übergang zur neuen Religion sich nicht schlagartig, nicht einmal gleichmäßig vollzog. Immer wieder gab es, aus Sicht der Missionsbischöfe, Stockungen und Rückschläge, immer wieder fielen große Gruppen wieder vom Glauben ab, kam es zu Aufständen. Im heutigen Schleswig-Holstein gehörten die Bewohner von Angeln wohl zu den Letzten, die nachgaben. Und im östlichen Teil Norddeutschlands sträubten sich die Slawen, wie erwähnt, noch lange gegen das Christentum. Nach der ersten Bekehrungswelle der fränkischen Karolinger gab es eine zweite, die von Dänemark ausging, und bis in ganz Norddeutschland eine stabile Kirchenorganisation aufgebaut war, vergingen, von den Tagen Karls des Großen an gerechnet, fast 400 Jahre.

Rechte Seite: Die Rüstung eines Wikingers: Helm, Kettenhemd und Schild

Neben der Überzeugungskraft der Geistlichen haben auch ganz pragmatische Überlegungen dafür gesorgt, dass die neue Religion sich schließlich durchsetzte. Das Frankenreich und seine christlichen Nachfolgestaaten waren ein Machtfaktor, der sich gut in Szene setzte, ebenso seit dem elften Jahrhundert das Königreich Dänemark. Da war es für manch einen opportun mitzumachen. Nicht nur militärische Überlegenheit, sondern auch die Prachtentfaltung der Religion beeindruckte die Menschen. Die ersten Steinbauten im Norden waren Kirchen – riesige Gebäude nach den Begriffen der Zeit, architektonische Machtdemonstrationen also. Die Kultur der christlichen Reiche und Herzogtümer wurde außerdem als modern und fortschrittlich erlebt; es gab handgeschriebene Bücher, neue Gesänge und Kunstformen. Auch das hatte seine Verführungskraft. Und wer mit jenen Ländern Handel treiben wollte, durfte sie nicht durch Christenverfolgungen vor den Kopf stoßen. So kamen viele Faktoren zusammen, die Nordeuropa und Norddeutschland schließlich für das Christentum öffneten.

Die Wikinger

Seit dem 8. Jahrhundert erscheinen vor den Küsten Westeuropas schnelle, schlanke Schiffe, mit Besatzungen, über die man sich Schreckliches erzählt. Wilde Nordmänner tauchen überraschend in Hafenorten und Klöstern auf, rauben alles Wertvolle, brandschatzen, morden und sind ebenso schnell wieder verschwunden, wie sie erschienen sind: die Wikinger oder Normannen. Wenn sie gnädig sind, lassen sie sich durch hohe Geldzahlungen von der Plünderung und den damit verbundenen Gewaltexzessen abbringen. Aber für lange Zeit verbreiten sie Angst und Schrecken.

Unter den Plätzen, die sie zerstören, ist im Jahr 845 der Bischofssitz Hamburg, der zu

Plündernde und brandschatzende Wikinger, wie sie 845 Hamburg zerstörten

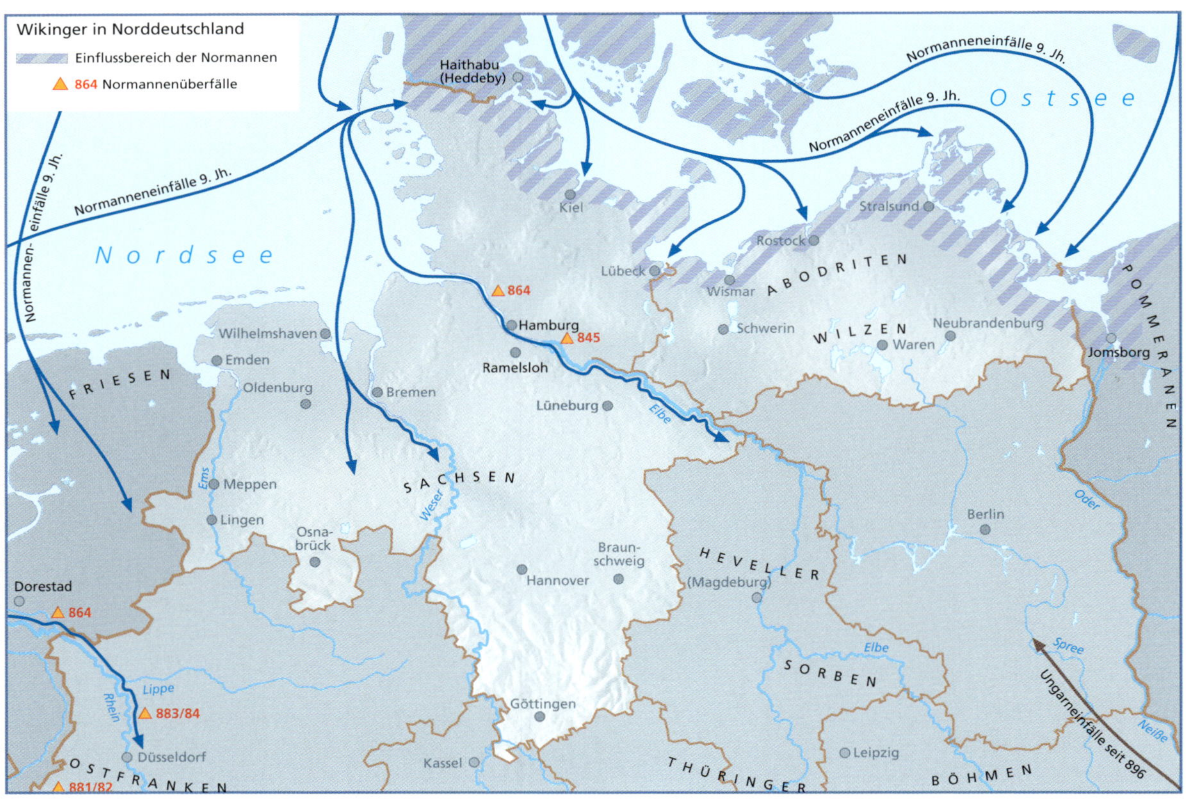

dieser Zeit noch nicht lange existiert. Völlig unvorhergesehen erscheinen sie mit ihren Schiffen auf der Elbe, und als sie wieder abziehen, sind alle hölzernen Gebäude zerstört, all die bescheidenen Schätze der Kirche und der Kaufleute verschwunden, die sich in ihrem Schatten angesiedelt haben. Selbst Bischof Ansgar kann nur knapp entkommen – ohne seine Amtstracht, wie ein Chronist notiert. Die heiligen Reliquien, die unverzichtbar zu seiner Kirche gehören, kann er noch ins Kloster Ramelsloh schaffen; dann begibt er sich nach Bremen. Eine Flucht mit Folgen: Bremen bleibt für Jahrhunderte der Sitz der Hamburger Oberhirten, die bald zu Erzbischöfen befördert werden; auch für die junge Handelsstadt Bremen keine geringe Aufwertung.

Ob der Wikingerüberfall von Hamburg ein Raubzug unter anderen war oder ob er in den größeren Zusammenhang der militärischen Auseinandersetzungen zwischen Dänen und Franken einzuordnen ist, bei dem die Wikinger gewissermaßen als Elitetruppe des dänischen Königs ein Kommandounternehmen ausgeführt haben, darüber sind die Wissenschaftler geteilter Meinung.

Als Seefahrer sind die Nordmänner allen anderen Völkern ihrer Zeit überlegen. Die Ostseeküste, England und Irland, Frankreich, Spanien, auch die Küsten des westlichen Mittelmeers werden von ihnen heimgesucht. Selbst über den Nordatlantik wagen sie sich. Eine zeitweilige Besiedlung in Neufundland ist nicht nur durch historische Quellen, sondern auch durch archäologische Funde belegt. Island, Grönland, die Färöer, die Shetlandinseln und andere werden von ihnen in Besitz genommen. In gewissem Sinn sind sie die Nachhut der Völkerwanderungszeit.

Die Wikinger stammen aus Dänemark, Schweden und Norwegen. Ursprünglich waren sie Ackerbauern und Viehzüchter; durch Bevölkerungswachstum, durch eine Verschlechterung der Lebensbedingungen oder vielleicht auch wegen der Chancen, die ihnen ihre schnellen Schiffe in den Ländern des zerfallenden Frankenreichs eröffneten, wurden sie zu den wilden Seefahrern, als die sie in die Geschichte eingegangen sind. Aber dabei blieb es nicht.

Nach anfänglichen blitzartigen Raubzügen fanden sie Gefallen an ihren Zielgebieten. Sie blieben über Winter, brachten in den schlanken Booten ihre Familien und sogar ihr Vieh mit, siedelten sich allmählich an und bildeten eigene Herrschaftsräume. In der Normandie an der nordfranzösischen Küste – die bis heute nach den Normannen benannt ist – gründeten sie im 10. Jahrhundert ein Herzogtum, von dort aus errichteten sie ihre Herrschaft in Sizilien. Und von Nordfrankreich aus wurde Wilhelm der Eroberer, ein Normannenherzog, König von England. Inzwischen hatten sich die Normannen der fränkischen Kultur angepasst. Durch Wilhelm kam eine neue Oberschicht nach England, die auch ihre Sprache mitbrachte, und infolgedessen hat das Fran-

Norwegische Wikinger auf ihrem Langschiff

Rechte Seite: Die Gaja, Nachbau eines Wikingerschiffes

zösische im englischen Wortschatz seine Spuren hinterlassen.

In den slawischen Gebieten zogen die Wikinger die Wolga und den Dnjepr aufwärts, nach Nowgorod und Kiew, bis zum Schwarzen Meer und nach Byzanz. Im Osten Europas Waräger genannt, vermischten sie sich mit den Einheimischen und hatten einen – in seinem Umfang umstrittenen – Anteil an der Entstehung des Großfürstentums Kiew und des späteren Russischen Reiches.

Aus Räubern werden Kaufleute

Wo sie sich niederließen, wurden aus den wilden Räubern oft wieder friedliche Bauern, geschickte Handwerker und vor allem erfolgreiche Händler. Durch ihre seetüchtigen Schiffe, ihre Unbefangenheit im Umgang mit fremden Völkern und Kulturen, ihre große Anpassungsfähigkeit und Beweglichkeit, und nicht zuletzt durch ihren Mut waren sie für den Fernhandel geradezu prädestiniert. An vielen Orten gründeten sie Stützpunkte, die bald ein Netz von Handelsniederlassungen bildeten; es spannte sich vom Byzantinischen Reich bis nach England.

Rekonstruktion einer Straße von Haithabu

Auch in Norddeutschland haben sie ihre Spuren hinterlassen. Außer der geschilderten Zerstörung von Hamburg unternahmen sie wiederholt Raubzüge auf der Elbe und ihren Nebenflüssen. Vor allem aber gründeten sie die Stadt Haithabu, zu ihrer Zeit die wichtigste Metropole des Nordens. Sie wählten dafür den besten Ort, den sie finden konnten: am westlichen Ende der Schlei und gleichzeitig nur rund fünfzehn Kilometer von Hollingstedt an der Treene entfernt; also ein Standort, der eine direkte Verbindung zur Ostsee hat und gleichzeitig auch von der Nordsee aus gut zu erreichen ist. Die Schleswiger Landenge war für den Handel der Wikingerzeit das, was im 20. Jahrhundert der Nord-Ostsee-Kanal wurde.

Die gleiche geographische Situation hatte die dänischen Könige bei ihrer Ortswahl für das Danewerk geleitet, an deren östlichem Ende Haithabu nun lag. Das von Hügeln umlagerte Haddebyer Noor, in dem sich die Schlei zu einem See erweitert, bot zudem guten Schutz vor Überraschungsangriffen von der Ostsee her – die Wikinger wussten nur zu gut, wie gefährlich unerwartete Überfälle sein konnten. Vor Stürmen und Wellen war der Hafen am binnenländischen Ende der Schlei ohnehin so gut wie sicher. Gleichzeitig lag Haithabu an der Nahtstelle zwischen dem skandinavischen und dem fränkischen Kulturraum. Alles in allem ein Ort, der allein durch seine Lage zum Kreuzungspunkt der Handelsströme in nord-südlicher und west-östlicher Richtung werden konnte.

Gründung einer Kaufmannsstadt

Der Name Haithabu (»Heithabyr« in altnordischer Sprache) bedeutet einfach »Ort auf der Heide«; in dem Dorfnamen Haddeby lebt er noch weiter. Fränkische und sächsische Quellen jener Zeit benutzen für die Stadt meistens den Namen Sliesthorp oder Sliaswich, das heißt: Dorf oder Wik (also Kaufmannssiedlung) an der Schlei. Dieser Name ging später auf das benachbarte Schleswig über.

Aus der Zeit um 800 wird berichtet, dass der dänische König Göttrik den Handelsplatz Reric, an der Wismarbucht im Slawenland gelegen, zerstört und die dortigen Kaufleute nach Haithabu umgesiedelt hat – Wikinger und Slawen, die dort einträchtig miteinander lebten. Ähnlich könnte es auch in den Anfängen von Haithabu gewesen sein. Offenbar ist die Stadt an der Schlei zu dieser Zeit planmäßig angelegt worden, wie die archäologischen Befunde zeigen. In ihrer Blütezeit im 10. Jahrhundert, als nach Schätzungen tausend Menschen und mehr hier wohnten, war die Siedlung mit dem großen halbkreisförmigen Wall

Bronzene Nadel mit Tierkopf

Thorshammer, typisches Amulett der Wikinger (rechts)

Runenstein, 10. Jahrhundert, mit der Inschrift: »König Sven setzte den Stein seinem Gefolgsmann Skarde, der nach Westen gezogen war, aber nun den Tod fand bei Haithabu«.

Wikingerschwert (rechts)

zusätzlich gesichert, der noch heute zu sehen ist. Er umschließt eine Fläche von rund 24 Hektar; das Stadtgebiet war also etwa so groß wie das von Köln zur gleichen Zeit.

Die politische Oberhoheit über Haithabu war zwischen den skandinavischen Königen und dem entstehenden deutschen Reich heiß umkämpft; sicher war diese Lage zwischen den Fronten für den wirtschaftlichen Erfolg Haithabus vorteilhaft, solange die Stadt von den Kämpfen nicht direkt in Mitleidenschaft gezogen wurde. Seit dem 9. Jahrhundert durften in der Wikingermetropole auch Christen ihre Religion ausüben. Das brachte für die guten Verbindungen nach Süden und Westen handfeste Vorteile. Die Handwerker und »Devotionalienhändler« von Haithabu zeigten sich in Glaubensfragen sehr flexibel: Unter den ausgegrabenen Fundstücken finden sich germanische Amulette wie der Thorshammer ebenso wie Schmuckplatten mit dem christlichen Kreuz; ein kleines Indiz dafür, dass sich in der Handelsstadt ein brodelndes multikulturelles Leben entfaltete. Sogar die Anwesenheit arabischer Kaufleute an der Schlei ist bezeugt – nicht anders als, wie erwähnt, auch in slawischem Gebiet. Im Zuge der Christianisierung des Nordens übernahmen die Wikinger dann schließlich die neue Religion.

Die Produkte der Handwerkskunst, die in Haithabu gefunden wurden, sind zum Teil Handelsware, zum Teil wurden sie aber auch

Der halbkreisförmige Wall am Haddebyer Noor, der das Stadtgebiet von Haithabu umschloss

an Ort und Stelle hergestellt. Neben Amuletten finden sich Gebrauchsgegenstände, Schmuck und Waffen, die die Meisterschaft ihrer Urheber verraten. Schwerter mit gehärteten Klingen, mit reich verzierten, manchmal mit Silber eingelegten Knäufen, Gewandnadeln mit Verzierungen im skandinavischen Tierstil oder Goldschmuck mit eleganten Ornamenten gehörten zum Wertvollsten, das man damals besitzen konnte.

Die ersten Schriften Norddeutschlands finden sich auf Runensteinen; mehrere von ihnen erwähnen auch Haithabu. Die Runenschrift, deren Anfänge ins 2. Jahrhundert zurückreichen, wurde in den skandinavischen Ländern entwickelt. Der kulturelle Einfluss des Römischen Reiches spielte dabei eine Rolle, allerdings ist nicht sicher, ob die geheimnisvollen Zeichen stärker von der etruskischen, der griechischen oder der lateinischen Schrift beeinflusst waren.

Im Hafenschlick von Haithabu haben die Forscher ein Wikingerschiff ausgegraben; nicht das einzige seiner Art, aber ein überragendes Werk der nordischen Bootsbauer. Es wird seit einigen Jahren im Wikinger Museum Haithabu teils aus konservierten Originalfunden zusammengesetzt, teils als Rekonstruktion anschaulich vorgeführt. Dreißig Meter lang und ca. 2,70 Meter breit, ist es ein Musterbeispiel der eleganten und schnellen Drachenboote, mit denen die Nordmänner die Weltmeere befuhren. Seine schiere Größe, aber auch Details einer besonders qualitätvollen Verarbeitung und die Verwendung sorgsam ausgewählter Materialien haben die Schiffsarchäologen veranlasst, es als Königsschiff zu klassifizieren.

Vielleicht musste Haithabu, die stolze Wikingerstadt, vor allem einen Feind fürchten: Wikinger anderer, feindlicher Stämme. Bald nach dem Jahr 1000 nahmen die Angriffe zu. Norwegische Krieger unter König Harald dem Harten überfielen die Stadt und brannten sie nieder. Ein schwerer Schlag, nicht nur wegen der materiellen Verluste, denn Handel braucht Sicherheit. Als die nicht mehr gegeben war, ging die überregionale Rolle von Haithabu mehr und mehr auf das benachbarte Schleswig über. Auch die Versandung des Hafens war ein wichtiger Grund für den Niedergang der Stadt. Schließlich versetzte ein slawischer Angriff im Jahr 1066 – im gleichen Jahr, als der Normannenkönig Wilhelm der Eroberer in der Schlacht bei Hastings seinen Anspruch auf den englischen Thron durchsetzte – Haithabu den Todesstoß. Der Ort wurde niedergebrannt und nicht mehr wieder aufgebaut.

Linke Seite: Das Königsschiff von Haithabu

Das hohe Mittelalter

Zur gleichen Zeit, als Haithabu an der Schlei seine Blütezeit hatte, formte sich im Süden das deutsche Reich der Sachsenkaiser, offiziell unter dem Namen »Römisches Reich«, später »Heiliges Römisches Reich Deutscher Nation«. Der Norden westlich der Elbe gehörte innerhalb dieses Reiches zum Herzogtum Sachsen, Friesland zunächst zum Herzogtum Niederlothringen. Der östliche Teil des heutigen Norddeutschland bildete die Mark der Billunger, eines sächsischen Adelsgeschlechts. Die hatten als Markgrafen die Aufgabe, das Reich vor den unruhigen Slawen zu schützen, was – soweit möglich – den Ausbau der christlichen Kirche und die Förderung der Mission einschloss.

Durch eine Verkettung von Zufällen, durch Heiraten und Erbfälle kam die Mark der Billunger mitsamt dem Herzogtum Sachsen an die Adelsdynastie der Welfen. Ein gewisser Lothar, Graf von Süpplingenburg bei Braunschweig und Erbe der Billunger, spielte bei der Entstehung dieser Machtzusammenballung eine Schlüsselrolle. Er wurde einer der mächtigsten Fürsten im Reich und vermählte seine Tochter Gertrud mit dem Herzog von Bayern – Teil eines politischen Kuhhandels,

Kaiser Lothar von Süpplingenburg (Supplinburg)

durch den Lothar schließlich Kaiser wurde. Und sein Schwiegersohn, jener Heinrich der Stolze von Bayern, gewann auf diese Weise das Herzogtum Sachsen hinzu. Lothars letzte Ruhestätte findet sich im Kaiserdom von Königslutter.

Kaiser Lothar von Süpplingenburg setzte Anfang des 12. Jahrhunderts Adolf von Schauenburg als Grafen von Holstein und Stormarn ein; damit war im Norden ein Geschlecht etabliert, das die Geschichte der Region, einschließlich Hamburgs, im gesamten Mittelalter maßgeblich mitbestimmen sollte. Der Stammsitz der Schauenburger liegt an der Weser, unweit Rinteln im heutigen Niedersachsen; sie sind zugleich die Vorfahren des späteren Hauses Schaumburg-Lippe.

Heinrich der Löwe und der Norden

Um das Jahr 1129 bekamen Heinrich der Stolze und Gertrud einen Sohn, der den Norden prägen sollte wie niemand sonst in seiner Zeit. Sie nannten ihn nach seinem Vater Heinrich; bekannt wurde er als Heinrich der Löwe, Herzog von Sachsen und Bayern. Schon in jungen Jahren begann er, seine Macht auszubauen, wobei ihm seine Großmutter Richenza mit der Erfahrung einer Kaiserwitwe die Hand führte. Von seinem Wendenkreuzzug, der die Christianisierung des heutigen Mecklenburg voranbringen sollte, war bereits die Rede. Imponierende Kirchenbauten, die Heinrich veranlasst hat, erinnern an ihn: die Dome von Ratzeburg, Schwerin und Lübeck, bei ihrer Erbauung alle im slawischen Siedlungsgebiet gelegen.

Die spätere Hansestadt Lübeck geht zurück auf die slawische Siedlung Liubice, von der heutigen Altstadt aus gesehen einige Kilometer traveabwärts gelegen, auf einer Halbinsel an der Mündung der Schwartau in die Trave. Feindliche slawische Stämme zerstörten im Jahr 1138 den Ort, der als Handelsplatz bereits Bedeutung hatte; der Schauenburger Adolf II. baute ihn an seinem heutigen Standort wieder auf. Wenige Jahrzehnte später wurde er erneut zerstört, diesmal durch ein Großfeuer. Heinrich der Löwe, der Lehnsherr Adolfs, der mit diesem um die lukrativen Einnahmen aus der Stadt im Streit lag, versuchte zunächst, mit einer Gegengründung auf dem benachbarten lauenburgischen Gebiet dem jungen Lübeck das Wasser abzugraben. Doch der Plan ging nicht auf. Schließlich übte Herzog Heinrich auf Graf Adolf II. so viel Druck aus, dass er ihm den günstigen Ort zwischen Trave und Wakenitz überließ. Dort wurde Lübeck ab 1159 planmäßig neu aufgebaut, und Heinrich der Löwe förderte die Stadt unter anderem durch die Verleihung von Rechten, durch eine aktive Handelspolitik und durch den Dombau – eine symbolische Aktion, die aber wegen der damit verbundenen Aufwertung durchaus handfeste Wirkungen hatte. Er förderte den Zuzug von Siedlern und Kaufleu-

Der Lübecker Dom, ein Bauwerk Heinrichs des Löwen

Der Dom zu Ratzeburg, von Heinrich dem Löwen zur Missionierung der Slawen errichtet

ten und machte den Ort zu einem Zentrum seiner Landesherrschaft. So war Lübeck ein Musterbeispiel für die Städtepolitik Heinrichs, mit der er eine für ihre Zeit ausgesprochen moderne und weitsichtige Strategie verfolgte. Im Süden des Reiches, in seinem Herzogtum Bayern, handelte er ähnlich, als er München gründete.

Eine Stadt aber hat Heinrich der Löwe gestaltet wie keine andere: Braunschweig, seine Residenz. Allein der Ausbau eines Ortes zu einem repräsentativen Herrschaftssitz war, wenigstens nördlich der Alpen, fast avantgardistisch zu nennen. Denn die mittelalterlichen Fürsten herrschten bis dahin im Umherziehen. In einer Zeit, in der reitende Boten das bestmögliche Kommunikationsmittel waren, kam es auf die persönliche Begegnung an, auf Gesten und Symbole. Auch Heinrich war überwiegend unterwegs. Aber sein »Itinerar«, die lange Abfolge seiner Reisen, hatte seit etwa 1160 ein Zentrum: eben Braunschweig. Er fasste vier »Weichbilder«, also rechtlich eigenständige Gemeinden, zu einer Stadt zusammen, ließ sie befestigen und baute mit dem Dom und der Burg Dankwarderode ein imponierendes Ensemble, das im späten 19. Jahrhundert ungefähr in seiner ursprünglichen Gestalt als Stadtmittelpunkt wiederhergestellt wurde. Das Braunschweig des 12. Jahrhunderts war nicht nur ein überragendes Machtzentrum, das eines Königs würdig gewesen wäre, sondern auch eine kulturelle Hochburg, denn Heinrich förderte Dichter, Gelehrte und Kunsthandwerker aller Art.

Aufstieg und Fall

Neben der Fürstenfamilie der Welfen, die in Norddeutschland und weit darüber hinaus den ersten Platz einnahmen, gab es die Staufer mit ihrer Hausmacht im Südwesten. Der Kaiser jener Jahre, Friedrich I. Barbarossa, war mütterlicherseits ein Vetter Heinrichs des Löwen. Lange Zeit bemühten sich beide um Verständigung, doch dann überspannte Heinrich den Bogen. Friedrich war in Norditalien in Bedrängnis geraten und bat Heinrich um militärischen Beistand. Der Kaiser fiel sogar vor dem Herzog auf die Knie – eine unerhörte Geste, die noch bis in die Neuzeit immer wieder auf Bildern dargestellt wurde. Doch der Löwe stellte eine unannehmbare Bedingung: als Gegenleistung für die Entsendung eines Heeres wollte er die Verfügungsgewalt über Goslar und seine Einnahmen.

Die Stadt im Harz verfügte über einen florierenden Kupfer- und Silberbergbau. Dadurch gehörte sie im Mittelalter zu den wohlhabendsten Städten im ganzen Reich. Das Bergwerk am Rammelsberg war noch bis in die 80er Jahre des 20. Jahrhunderts in Betrieb. Barbarossa empfand die Bedingung, die der Herzog stellte, als Erpressung. Es begann ein langer Konflikt, der schließlich zum Sturz

Goslar, Bergwerk Rammelsberg: schon im Mittelalter Quelle unermeßlichen Reichtums

Porträtkopf des Stauferkaisers Friedrich I. Barbarossa aus der Pfarrkirche Cappenberg, vergoldete Bronze, zu Lebzeiten des Kaisers nach seinen Zügen geformt

Linke Seite: Der Burgplatz in Braunschweig

Stammtafel Welfen des Mittelalters

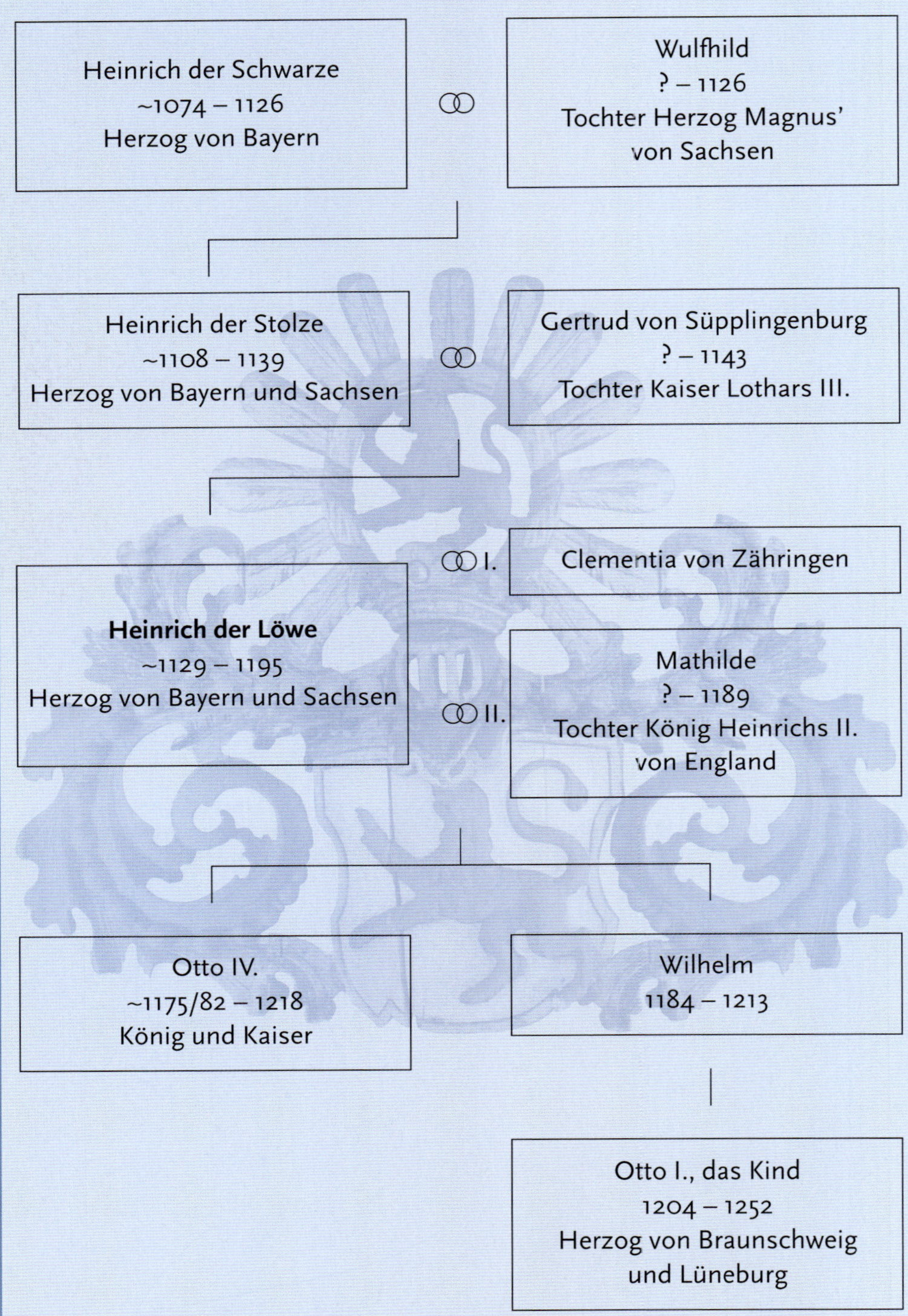

Heinrichs des Löwen führte. Goslar blieb freie Reichsstadt, also direkt dem Kaiser untertan. Heinrich musste zweimal für mehrere Jahre ins Exil, zu seinem Schwiegervater, dem König von England.

Doch über so viel Macht verfügten die Welfen im Norden des Reiches noch, dass Friedrich Barbarossa seinen Cousin nicht völlig vernichten konnte. Seine Eigengüter, ausgedehnte Besitzungen unter anderem in den Regionen um Lüneburg, Braunschweig und im Harz, die aus Heinrichs mütterlichem Erbe stammten, konnte der Kaiser ihm nicht nehmen. Später wurde daraus das neu geschaffene Herzogtum Braunschweig-Lüneburg, die Urform des heutigen Landes Niedersachsen. Und Heinrichs Sohn Otto erwarb, in einem letzten Aufbäumen welfischer Macht, als einziger Welfe sogar die Kaiserwürde. Seine Regierungszeit war wie kaum eine andere von Intrigen, Rivalitätskämpfen bis hin zum Mord, von klugen Plänen, tragischen Überraschungen und vom wechselhaften Glück auf dem Schlachtfeld geprägt. Otto IV. starb 1218, einsam und verbittert, auf der Harzburg.

Das hohe Mittelalter war im ganzen Reich eine Blütezeit der Städte. Nicht zuletzt dank der Politik Heinrichs des Löwen florierte der Handel, und die Bevölkerung nahm zu. Die meisten der Orte, die heute mit ihren Backstein- und Fachwerkbauten an alte Zeiten erinnern, erlebten vom 12. bis 14. Jahrhundert ihren größten Aufschwung. In jenen Jahren entstand eine ganz neue Gesellschaftsschicht: das Bürgertum. Während die Ritter, die bis dahin das Rückgrat der militärischen Auseinandersetzungen gebildet hatten, in die Krise gerieten und zum Teil nur noch als Raubritter überleben konnten, wuchs das Selbstbewusstsein der Handwerker und Kaufleute in den Städten. Nach und nach erwuchs aus ihrer wirtschaftlichen Bedeutung auch politisches Gewicht und ein Mitspracherecht in allen Fragen des Gemeinwesens.

Kaiser Otto IV.,
Sohn Heinrichs des Löwen

Kniefall des Kaisers Friedrich Barbarossa vor Heinrich dem Löwen in Chiavenna (Wandbild in der Kaiserpfalz Goslar)

Die »Salzstadt« Lüneburg

Städte des Mittelalters

Der Reichtum von Lüneburg beispielsweise beruhte auf einem begehrten Rohstoff jener Zeit: den Salzvorkommen. Das benachbarte Bardowick hingegen verlor seine Rolle als Handelsplatz – sie stammte aus der Zeit, als es an der Grenze zum Slawenland lag – an Lübeck, das planmäßig ausgebaut wurde. Oder Einbeck im Leinebergland: Den Braumeistern der Stadt, die schon von Heinrich dem Löwen gefördert wurde, gelang es, ein Bier herzustellen, das nicht nur schmeckte, sondern vor allem über längere Zeit haltbar war und damit für den Handel taugte: ein technologischer Vorsprung, der ausreichte, um eine Stadt erblühen zu lassen. Im Fall von Stade war es die Lage an der Mündung des Flüsschens Schwinge in die Elbe, die aus dem alten Fährort eine blühende Handelsstadt machte. Der Umschlag des Salzes aus Lüneburg spielte dabei eine wichtige Rolle. Stade bekam die Stadtrechte von Otto IV. verliehen, dem Sohn Heinrichs des Löwen. Auch das lauenburgische Mölln, eine Kaufmannsstadt an der Kreuzung zweier wichtiger Handelsstraßen, wurde im 13. Jahrhundert zur Stadt.

Till Eulenspiegel, der Schalk von Mölln

Möllns Ruhm beruhte allerdings weder auf Bier noch auf Salz. Ein Schalk, der den letzten Teil seines Lebens dort verbrachte, sorgte für Bekanntheit: Till Eulenspiegel, der legendäre Narr aus Kneitlingen im Braunschweigischen. Die Art, wie er die Autoritäten, aber auch die schlichten Gemüter seiner Zeit mit Mutterwitz entlarvte, hat bis in die Gegenwart Schriftsteller und Künstler zu immer neuen Werken animiert. Sein Grabstein an der Nikolaikirche ist allerdings nicht authentisch; er wurde errichtet, als im 16. Jahrhundert ein Volksbuch in niederdeutscher Sprache seine Streiche populär machte, denn die »Pilger«, die daraufhin in die Stadt kamen, brauchten ein Ziel.

Das Jahr 1350, das Todesjahr von Till Eulenspiegel, ging aus einem ganz anderen Grund in die Geschichte Norddeutschlands ein. Nun erwiesen sich die blühenden Städte als idealer Nährboden für eine tödliche Epidemie, die in diesem Jahr Norddeutschland erreichte: Die

»Die Pest«, Gemälde von Arnold Böcklin

Hansekogge auf hoher See

Pest. Wenige Jahre zuvor hatte die Seuche von der Hafenstadt Genua aus angefangen, ihre Kreise zu ziehen. Es war die erste und schwerste einer Reihe von Pestwellen, die Europa heimsuchten. Ganze Dörfer wurden entvölkert und verschwanden von der Landkarte, und die Städte wurden besonders schwer getroffen. Die Krankheit, von Rattenflöhen übertragen, kostete in Norddeutschland wohl jeden dritten Einwohner das Leben. Handel und Wirtschaft kamen weitgehend zum Erliegen, Häuser standen leer und verfielen. Und niemand kannte den Grund für die rapide Ausbreitung der Krankheit. Es konnte also nur ein Strafgericht Gottes sein – die Kirche und radikale religiöse Bewegungen verzeichneten entsprechenden Zulauf.

Doch als der schwarze Tod verschwunden, als die Epidemie abgeklungen war, konnten die Städte an ihre bewährten Erfolge wieder anknüpfen. Die Erfolgsgeschichte des Handels im Norden war noch lange nicht zu Ende.

Die Zeit der Hanse: Kaufleute und Seeräuber

Mit der Entwicklung der Kogge wurden die seefahrenden Kaufleute in die Lage versetzt, größere Warenmengen zu transportieren als je zuvor. Aus einem ursprünglich friesischen Schiffstyp weiterentwickelt, wurden die Koggen seit dem 12. Jahrhundert zum vorherrschenden Wasserfahrzeug der Kaufleute. Es gab sie in verschiedenen Größenklassen. Im 13. Jahrhundert konnten die größten von ihnen über zehn Gewichtstonnen tragen, und hundert Jahre später hatte sich die maximale Tragfähigkeit der Koggen verzehnfacht. Die bauchige Form hatte allerdings ihren Preis: Man konnte damit praktisch nur vor dem Wind segeln, also nicht kreuzen. Häufig mussten die Besatzungen tagelang auf günstige Wetterlagen warten; doch das war nicht schlimm, denn man hatte Zeit, und die Handelsspannen waren so gut, dass auch Verzögerungen zu verkraften waren.

Alle Koggen hatten einen Mast und ein rechteckiges Rahsegel. Die frühen Schiffe dieses Typs wurden mit seitlich angebrachten Rudern gesteuert, sogenannten Firrern, die nicht wie ein Paddel, sondern wie ein Seitenschwert wirkten: das luvgierig ausgelegte Schiff konnte damit im Bereich des Hecks mehr Seitenwiderstand bekommen, was einem Steuern in Leerichtung entsprach. Später baute man am Heck ein Stevenruder ein, das durch eine starke Pinne bewegt wurde – eine Aufgabe, die bei starkem Wind nur mehrere Männer gemeinsam bewältigen konnten.

Ein Kaufmannsbund formiert sich

Größere Schiffe und steigende Warenmengen erforderten auch größere Umsicht der Kaufleute: sie schlossen sich zu Interessengemeinschaften zusammen. Jeder Einzelne fuhr zwar

Die Häfen der Hanse waren für die Versorgung der Städte lebenswichtig.

auf eigene Rechnung, aber als Gruppe vertraten sie ihre Interessen, verschafften sie sich Schutzbriefe und sorgten für gemeinschaftliche Stützpunkte, für gegenseitigen Beistand. So gab es Kaufmannsgilden oder Hansen der Kölner Kaufleute in London, die gemeinsam den Stalhof betrieben, es gab eine Organisation der Deutschen im norwegischen Bergen, im schwedischen Gotland und andere Verbände.

Nach und nach schlossen sich die Hansen zu einem Dachverband zusammen. Gleichzeitig gingen die Inhaber der großen Handelshäuser mit wachsendem Umsatz dazu über, nicht mehr selbst zur See zu fahren, sondern ihre Flotten aus dem heimischen Kontor zu dirigieren und ihre Interessen im Rat ihrer Heimatstadt wahrzunehmen. Dadurch wurde aus dem Bündnis der Kaufleute ein Bündnis der Städte, in denen die Kaufleute das Sagen hatten. Das alles war ein längerer Prozess, der in der zweiten Hälfte des 14. Jahrhunderts zum Abschluss kam. Nun war die Hanse ein mächtiges Bündnis, das Handelsinteressen wahrnahm, Kontore im Ausland unterhielt, Streitigkeiten schlichtete und bald auch zu einer politischen Größe wurde.

Auf dem Höhepunkt ihrer Entfaltung, um das Jahr 1400, gehörten der Hanse rund zweihundert Städte an; darunter Lübeck, das eine informelle Hauptstadtfunktion wahrnahm, die großen Hafenstädte wie Bremen, Hamburg, Wismar, Rostock, Stralsund und Danzig, ebenso die wichtigen niederländischen Häfen. Hinzu kamen kleinere wie Kiel, Greifswald und Stettin, aber auch zahlreiche Städte im Binnenland. Braunschweig, Köln, Dortmund, Soest, Lüneburg und Goslar gehörten ebenso dazu wie Stade, Osnabrück, Einbeck, Anklam oder Tangermünde. Der Handel der Hansestädte untereinander sowie mit den ausländischen Plätzen im Nord- und Ostseeraum erfüllte wichtige Versorgungsfunktionen: Getreide, Tuche, Rohstoffe, Wachs und

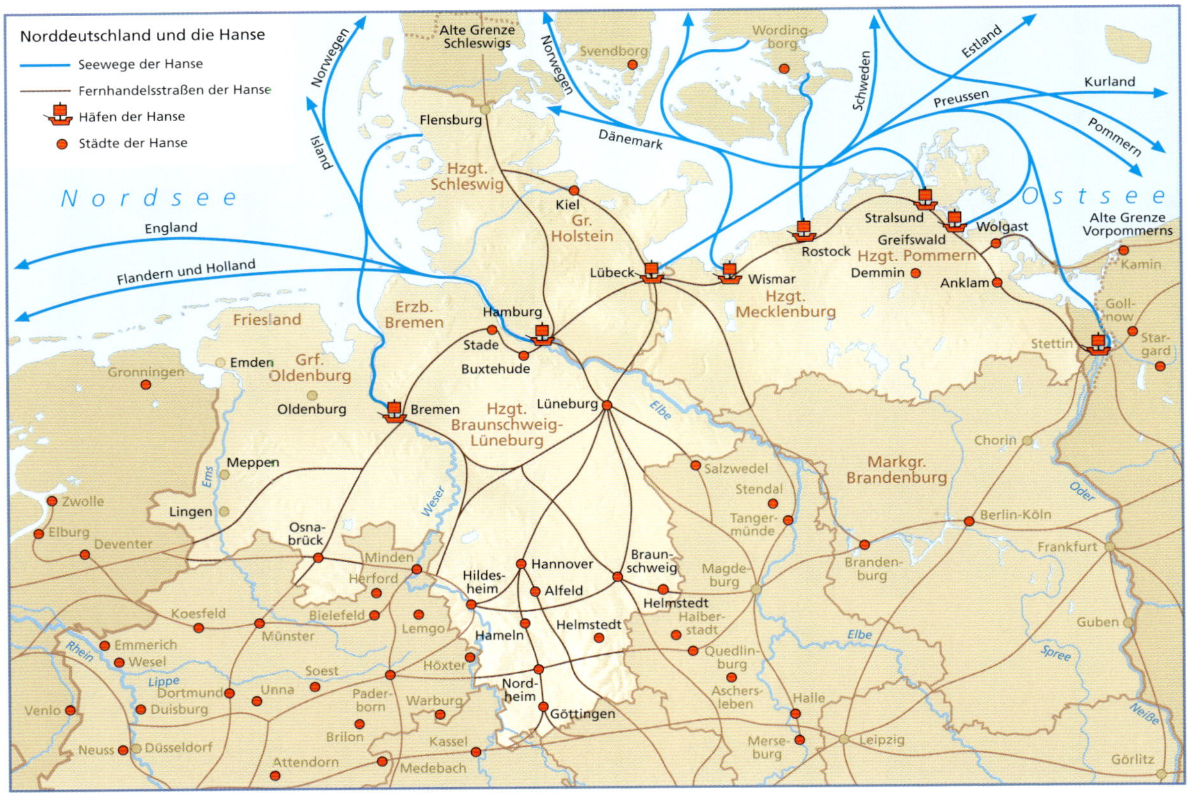

Felle, Fisch, Wein und Salz, aber auch die Produkte des Handwerks standen auf den Listen der Kontore. Im gesamten Raum zwischen London und Nowgorod, zwischen Bergen und Erfurt sorgte die Hanse für die Aufrechterhaltung des Warenstroms. Auch das stärkte ihre politische Macht: Sie war lange Zeit unverzichtbar.

Formell existierte sie noch bis ins 17. Jahrhundert. Doch schon lange vorher gab es Konkurrenz aus England und den Niederlanden. Zu sehr waren die Hansestädte bestrebt, ihre Wirtschaftsräume abzuschotten, zu wenig waren sie bereit, sich rechtzeitig auf veränderte Rahmenbedingungen einzustellen. Im 16. Jahrhundert kamen zudem im Bankwesen Neuerungen auf, und die Hanse erwies sich als zu konservativ. Das Gewicht der Hanse nahm im gleichen Maß ab, wie die süddeutschen Kaufmannsfamilien der Fugger und Welser und die neuen europäischen Handelsmächte an Bedeutung gewannen.

Raubritter zur See

Und es gab noch einen Feind, gegen den sich die Hanse zur Wehr setzen musste: Seeräuber. Aus dem 14. Jahrhundert gibt es eine Reihe von Beschwerdebriefen der Hansestädte, in denen sie den Schaden beschreiben, der ihnen immer wieder von ruchlosen Piraten zugefügt wurde. Die hätten durch ihre Überfälle zur See, schreiben etwa die Ratsherren von Greifswald, vielen Kaufleuten »gegen alle Gerechtigkeit das Leben und die Waren geraubt, und die Waren summierten sich auf einen Wert von mehr als sechstausend Mark reinen Silbers« – die Mark zu 230 Gramm, also über 1300 Kilogramm Silber. Die Stralsunder listen sogar akribisch die Waren auf, die im Einzelnen geraubt wurden, darunter Leinwand, Bier, Hopfen, Brot, Butter, Stockfisch und Häute, alles unter Angabe des Eigentümers, des Geldwertes sowie von Ort und Datum.

Unter den Piraten des späten 14. Jahrhunderts sind die Likedeeler oder Vitalienbrüder die berühmtesten. Klaus Störtebeker, einem ihrer Anführer, gelang es über lange Zeit, seinen Verfolgern immer wieder zu entkommen und sie an der Nase herumzuführen. Über seine Herkunft gibt es mehrere Theorien und Legenden. Sicher ist nur, dass im Verfestungsbuch, also dem Strafregister, der Stadt Wismar im Jahr 1380 ein Nikolaus Stortebeker genannt wird, als Opfer einer Schlägerei. Wenn es derselbe ist, stammte er also aus der Hansestadt. Und er wurde populärer als jeder andere seiner Spießgesellen. Offenbar verkörperte er ein tiefes Bedürfnis seiner Epoche, das noch lange nachwirkte: den Mächtigen ein Schnippchen zu schlagen und sich in einer streng reglementierten Welt als freier Mensch zu behaupten.

Eine ausgeklügelte Hierarchie, fast ein Kastenwesen prägte die städtische Gesellschaft des späten Mittelalters. Zwar hieß es »Stadtluft macht frei«, weil die lehensrechtlichen Bindungen für den Einzelnen in der Stadt erloschen. Doch jeder Stand hatte seine eigene Tracht, seinen zugewiesenen Platz. Jeder hatte den Höherstehenden seinen Respekt zu zollen. In zeitgenössischen Darstellungen sind die reichen Kaufleute und mächtigen Ratsherren abgebildet, ihre Häuser prägten und prägen das Bild der Hansestädte. Doch ein großer Teil der Bevölkerung war arm, lebte in hölzernen Buden, die am Rand der Städte oder in Hinterhöfen standen. Nichts von dem, was auf den Hansekoggen transportiert wurde, konnte sich die Unterschicht der Städte jemals leisten. Hunger, Kälte und Nässe waren an der Tagesordnung. Nur als Knechte, mit körperlicher Arbeit und mit Tätigkeiten, die keinerlei Ansehen genossen, konnten sich diese Menschen ein paar Pfennige verdienen, und oft genug waren sie auf Almosen der Kirche angewiesen. Da war es nur natürlich, dass aus einem solchen

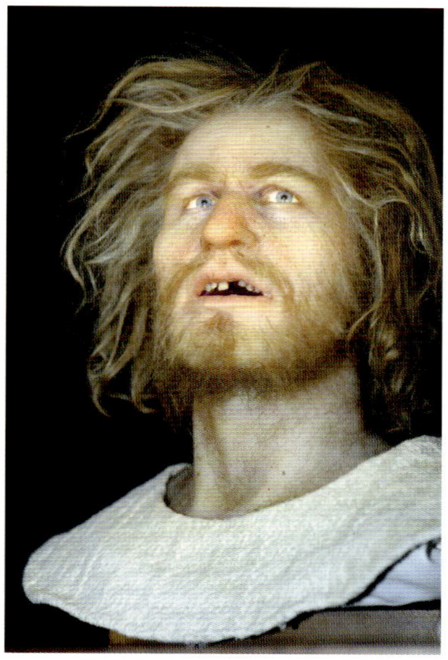

Gesichtsrekonstruktion des »Störtebeker-Schädels«

Volksszene von Pieter Bruegel d. Ä.

Nachfolgende Doppelseite: Stade, die Hafenstadt an der Unterelbe, erhielt von Kaiser Otto IV. Stadtrechte.

REINHARD BOROSKE
Seidentruhe

Stammtafel Mecklenburg

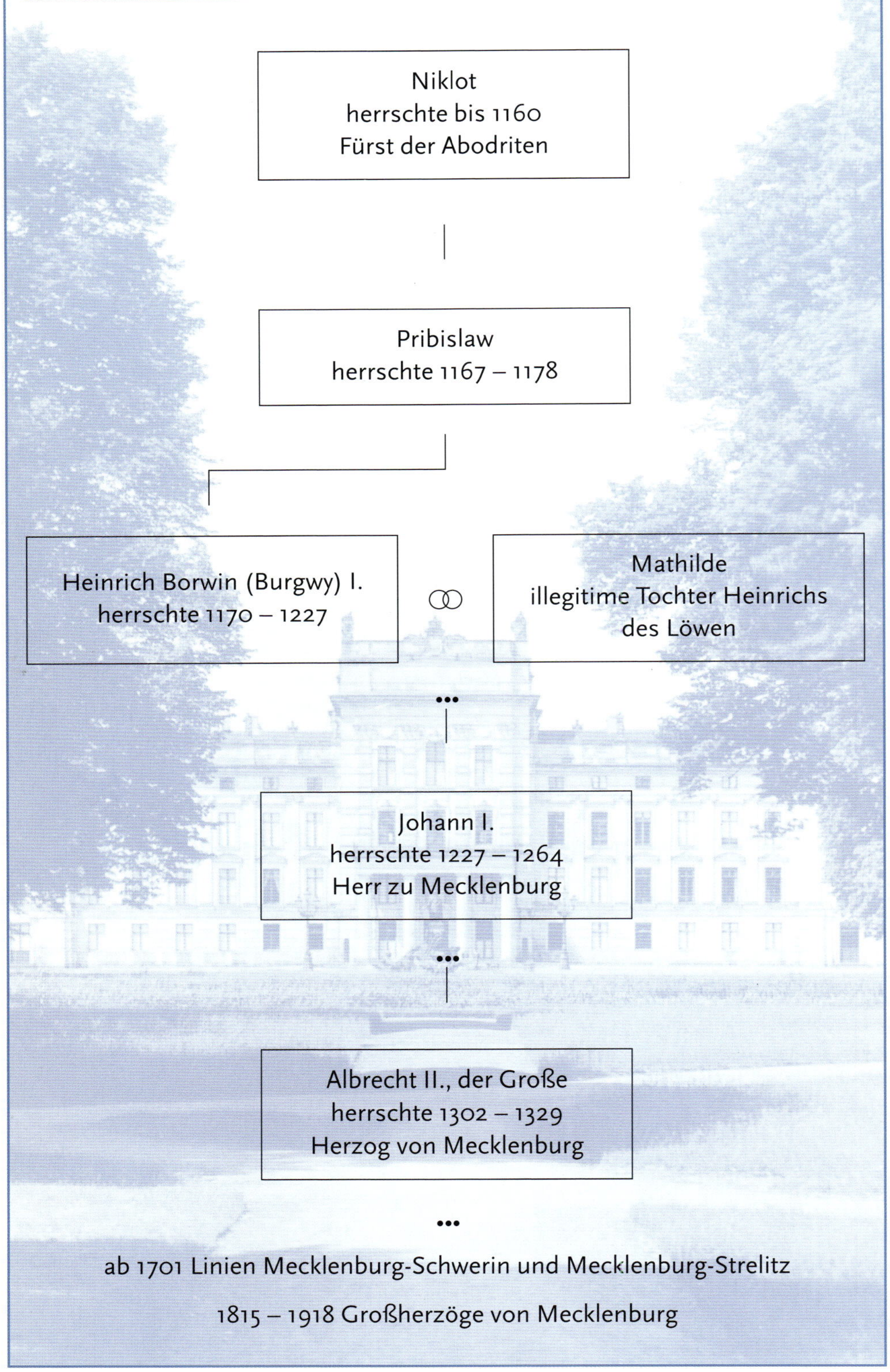

Milieu auch Abenteurer kamen, die davon träumten, am Reichtum der Handelsherren teilzuhaben.

Ein anderer, wichtiger Teil der Piraten rekrutierte sich aus der ländlichen Oberschicht. Unter den Seeräubern waren nicht wenige verarmte mecklenburgische und holsteinische Adelige. Denn mit den Neuerungen der Kriegstechnik, die das Schießpulver brachte, und mit der zunehmenden Bedeutung der Städte wurden mehr und mehr Ritter bedeutungslos. Mancher von ihnen schloß sich, als Raubritter zur See, den Likedeelern an. Der Name erklärt sich daraus, dass sie die Beute unter der gesamten Besatzung ihrer Schiffe zu gleichen Teilen aufteilten; ein egalitäres Element der Brüderlichkeit, das für die Menschen, die täglich mit dem gesellschaftlichen Oben und Unten konfrontiert waren, faszinierend gewesen sein muss.

Handelskrieg auf der Ostsee

Nach dem Tod des dänischen Königs Waldemar 1375 entspinnt sich ein Konflikt um die Macht im Ostseeraum, der zwanzig Jahre dauern wird. Auf der einen Seite steht Waldemars Tochter, Königin Margrethe I., die Gemahlin des norwegischen Königs, bald eine der mächtigsten Figuren des Nordens. Die Gegenpartei bildet das Haus der Herzöge von Mecklenburg, die zugleich schwedische Könige sind und Erbansprüche auch auf den dänischen Thron geltend machen. In diesem Konflikt werden die Piraten zum Bündnispartner: Die Mecklenburger statten sie mit Kaperbriefen aus, das heißt, sie sind nun fürstlich bevollmächtigt, jedes dänische oder mit Dänemark verbündete Schiff zu kapern. Die Seeräuber haben diese Aufgabe mehr als einmal sehr weit ausgelegt, so dass die Hansestädte sich zu äußerst kostenintensiven militärischen Schutzmaßnahmen für ihre Koggen genötigt sahen.

Aus diesen Vorgängen erklärt sich auch die Bezeichnung Vitalienbrüder: Im Verlauf der Ostseekriege wird Stockholm belagert, denn es steht zu seinem König aus dem Hause Mecklenburg, während der Adel Schwedens der Königin Margrethe huldigt. Die Piratenflotte versorgt die Stockholmer heimlich mit Vitalien, also mit Lebensmitteln. Die Mecklenburgischen Hansestädte hingegen sehen sich in einem unlösbaren Konflikt: Sollen sie ihre Häfen den Piraten öffnen, treu dem Landesherrn, der mit den Seeräubern verbündet ist? Oder sollen sie der Aufforderung der Hanse folgen, die Freibeuter mit allen Mitteln zu bekämpfen? Immer wieder müssen sie zwischen den Fronten lavieren.

Endlich, 1395, schließen Königin Margrethe und die Mecklenburger Frieden. Herzog Albrecht III., der glücklose schwedische König, wird aus seiner Gefangenschaft befreit, und die drei skandinavischen Königreiche bilden unter Führung von Margrethe die Kalmarer Union.

Für die Likedeeler ist dies der ungünstigste Ausgang: Ihre Kaperbriefe sind nun wertlos.

Sie verlegen ihre Aktivitäten in die Nordsee, wo sie beim Grafen von Oldenburg und seinen Untertanen, den Häuptlingen Ostfrieslands, neue Operationsbasen finden. Doch gleichzeitig hat die Hanse nun den Rücken frei; sie kann die Piraten bekriegen, ohne auf die komplizierte Lage der mecklenburgischen Hansestädte und des Ostseeraums Rücksicht nehmen zu müssen.

Die Kaiser Leopold und die Wappen von Hamburg: Noch im 17. Jahrhundert baute Hamburg Kriegsschiffe gegen die Seeräuber.

Margrethe I., Königin von Norwegen, Schweden und Dänemark

Das Ende der Likedeeler

Am 22. April 1400 segeln elf »Friedenskoggen« (Vredekoggen) mit 950 Bewaffneten an Bord gegen die Vitalienbrüder. Zunächst geht es nach Emden. In Verhandlungen beugen sich die Ostfriesen größtenteils den Forderungen der Hanse, aber die meisten Seeräuber können entkommen. Störtebeker flieht mit seinen Getreuen nach Helgoland, der friesischen Insel in der Nordsee, die zu dieser Zeit noch weit weg ist von den Herrschaftsstrukturen des Festlands. Im Sommer 1400 sticht die Hanseflotte erneut in See, und die Übermacht der hansischen Kriegsschiffe bezwingt ihren ärgsten Feind. Danach werden auch Gödeke Michels und andere Anführer der Piraten ausgeschaltet. Die Likedeeler sind besiegt. Das Problem der Piraterie allerdings blieb noch lange virulent, auf manchen der Weltmeere bis heute.

Klaus Störtebeker wird vor Helgoland gefangen genommen und mit sechsunddreißig seiner Gesellen nach Hamburg gebracht. Auf dem Grasbrook, nicht weit von der Stelle, an der heute die modernen Bauten der Kehrwiederspitze stehen, damals eine feuchte Elbinsel, liegt die Hinrichtungsstätte. Der Ort ist mit Bedacht gewählt, denn jedes aus- und einlaufende Schiff kommt dort vorbei, und auch von der Stadt aus lässt sich beobachten, was dort geschieht. Die Hinrichtung, die noch im gleichen Jahr vollstreckt wird, ist ein öffentliches Spektakel. Ein Mann namens Rosenfeld, aus Buxtehude gebürtig, fungiert dabei als Scharfrichter. Er verdient ausweislich der Kämmereirechnungen an diesem Tag so viel wie ein einfacher Knecht in mehreren Monaten: 12 Pfund zu je 240 Pfennigen. Die abgetrennten Köpfe der armen Sünder werden zur Abschreckung auf Pfähle gesteckt.

Die berühmte Geschichte, nach der Störtebeker noch einige seiner Gefährten gerettet haben soll, indem er nach seiner Enthauptung an ihnen vorbeilief, gehört selbstverständlich ins Reich der Legende. Immerhin zeigt sie, wie sehr die Nachwelt darauf erpicht war, dem Seeräuberhauptmann übermenschliche Fähigkeiten zuzuschreiben. Und bemerkenswerterweise hat die Stadt Hamburg sechshundert Jahre nach der Exekution die Seiten gewechselt: Ein Denkmal für den Ratsherrn Simon von Utrecht, der an Störtebekers Gefangennahme beteiligt war, wurde durch Vandalismus zerstört. An Störtebeker dagegen erinnert heute im Hafen ein Bronzestandbild.

Bei der ehemaligen Hamburger Hinrichtungsstätte gefundener Schädel: Ist es der Störtebekers?

1878 fanden Arbeiter beim Bau des Freihafens im Schlick einen Schädel. Schon bald munkelte man, es sei der Kopf Störtebekers. Der Fund ist im Museum für Hamburgische Geschichte ausgestellt; seit neuestem findet er Beachtung wie eine Reliquie. Denn wissenschaftliche Untersuchungen haben ergeben, dass es tatsächlich der Kopf Störtebekers sein könnte. Eine fachgerecht ausgeführte Gesichtsrekonstruktion zeigt ihn als wilden Gesellen, schaurig schön.

Linke Seite: Die Gefangennahme Klaus Störtebekers

Im Zeichen des Kreuzes

15. bis 18. Jahrhundert

Der Abschied vom Mittelalter war ein langwieriger Prozess. Das Kreuz, Symbol der Christenheit, schwebte wie ein Damoklesschwert über weiten Teilen Europas. Reformation, Gegenreformation, Glaubenskriege und Hexenjagd hinterließen auch im Norden des Heiligen Römischen Reichs Deutscher Nation tiefe Wunden.

Der Beginn dieser neuen Epoche kündigte sich in Europa schrittweise und mit starken regionalen Unterschieden an. Die neuere historische Forschung ist daher dazu übergegangen, den Anbruch der Neuzeit auf eine »Schwellenzeit« zwischen Mitte des 15. und Anfang des 16. Jahrhunderts zu datieren. In diesen Zeitraum nämlich fie-len die drei folgenden Ereignisse, von denen schon jedes einzelne allein das Potential hatte, ein ganzes Weltbild zu erschüttern:

- Die Eroberung Konstantinopels durch die Türken im Jahre 1453
- die Entdeckung Amerikas im Jahre 1492 und
- der Beginn der Reformation 1517.

Am 5. April 1453 trifft das türkische Heer mit dem Sultan als Oberbefehlshaber vor den Stadtmauern Konstantinopels ein.

Vorhergehende Doppelseite: Burg Bentheim in Bad Bentheim

Mit der Eroberung Konstaninopels weitete sich die türkische Herrschaft über den gesamten östlichen Mittelmeerraum aus und wurde damit zu einem massiven Handelshindernis für die christlichen Seefahrernationen. Auch gelangten durch die Vertreibung der griechischen Gelehrten aus Konstantinopel und ihre Flucht nach Italien die Vorstellungen des Humanismus und mit ihnen die Idee der menschlichen Individualität nach Westeuropa.

Die Entdeckungsfahrten des 15. Jahrhunderts durch Christoph Kolumbus, Vasco da Gama und Amerigo Vespucci offenbarten den Menschen neue Horizonte und eine bis dahin ungeahnte Größe und Weite des menschlichen Lebensraumes. Die Pioniere der Seefahrt und Entdecker bisher unbekannter Welten eröffneten zudem eine neue, mathematisch-naturwissenschaftliche Betrachtungsweise der Erde.

Die Reformation durch Martin Luther schließlich verwies die klerikale Macht in ihre Schranken und trieb die säkulare Bewegung, unterstützt von der Erfindung des Buchdrucks um 1450, entscheidend voran.

Diese drei großen Impulse sollten Europa in der Folgezeit grundlegend verändern und, auch in Norddeutschland, eine neue Zeit einleiten.

An der Schwelle zur Neuzeit

Es ergaben sich politische Veränderungen im Machtgefüge der europäischen Staaten und Neuerungen im internationalen Handel, die sehr nachhaltige Konsequenzen haben sollten und die auch Norddeutschland zu spüren bekam. Auf internationaler politischer Ebene waren dies beispielsweise das Erstarken Englands und der Niederlande, auf regionalstaatlicher Ebene die zunehmende Macht der einzelnen Landesfürsten und ökonomisch gesehen die Verschiebung der großen Handelswege vom Mittelmeer an die Atlantikküste.

Martin Luther (1483–1546) übersetzte das Neue Testament als Erster ins Deutsche.

Diese Faktoren führten zwar letztendlich zum Niedergang der Hanse im 15. Jahrhundert, bedeuteten aber keineswegs den Untergang der Hansestädte im norddeutschen Küstenraum, im Gegenteil: Da sich die europäischen Wirtschaftsaktivitäten zunehmend vom Mittelmeer an den Atlantik und in den Ostseeraum verlagerten, entwickelte sich das Dreieck England–Nordfrankreich–Niederlande immer mehr zu einem Impulsgeber der Neuzeit – mit starker Ausstrahlung nach Norddeutschland. Die Nordsee, in der sich die beiden wichtigen neuen Handelswege nach Amerika und in das Baltikum kreuzten, wurde so zu einem Wirtschaftsraum, in dem die ökonomische Zukunft Europas lag. Norddeutschland gelangte damit von der Peripherie ins Zentrum der politischen und vor allem wirtschaftlichen Entwicklung Europas.

Im Zuge dieses Prozesses begannen Fernhandel, Geld- und Kreditwesen der norddeutschen Handelsstädte bald zu florieren und lösten zusammen mit der raschen Bevölkerungszunahme des 16. Jahrhunderts auch eine Hochkonjunktur für Agrarprodukte aus. Nutznießer dieser Entwicklung war die überwiegend im Ackerbau tätige Landbevölkerung Norddeutschlands, und dazu gehörten zu der Zeit immerhin mehr als 80 Prozent der Einwohner. Während in einigen Regionen Deutschlands durch den erhöhten Nahrungsbedarf das Ackerland knapp wurde, hatte Norddeutschland den Vorteil der Landgewinnung: Mit dem Beginn der Eindeichung der Nordseeküste um 1500 vergrößerte sich allein in Schleswig-Holstein das fruchtbare Marschgebiet im Verlauf des 16. Jahrhunderts um fast die Hälfte von 17 000 auf 25 000 Hektar.

Ein weiterer Eckpfeiler der norddeutschen Wirtschaft waren der Bergbau und das Hüttenwesen. Eine neuartige Holz- und Räderwerktechnologie zum Entwässern ermöglichte es den Bergleuten, noch tiefere Schächte in die Erde zu treiben. Die Erfindung des Seiger-

Gutenbergs Druckerpresse

·Knappiꝰ

Seigerverfahren

Das so genannte Seigerverfahren (s. Abb.), das in den Siebziger Jahren des 15. Jahrhunderts entwickelt wurde, war die bis dahin größte technische Neuerung im Hüttenwesen. Es ermöglichte zum ersten Mal die Trennung von Silber und Kupfer aus silberhaltigem Kupfererz. Unter Beigabe von Blei entstand im Brennofen eine Kupfer-Blei-Silber-Legierung. Die Blei-Silber-Komponente wurde vom Kupfer getrennt, wobei das Silber mit dem Blei legierte. Auf das geschmolzene Blei wurde ein Luftstrom geleitet. Dabei oxidierte das Blei zu »Bleiglätte«, die schichtweise abgegossen wurde, bis das geschmolzene Silber glänzend hervorblickte. Diesen Moment, bei dem das wertvolle Metall zu Tage trat, nannten die Männer am Brennofen den »Silberblick«.

verfahrens machte es zudem möglich, dass man aus bestimmten Erzen, die sich bislang nicht wirtschaftlich hatten entsilbern lassen, nun das wertvolle Edelmetall in hoher Qualität gewinnen konnte. Mit diesen neuen Entwicklungen war man endlich in der Lage, die reichen Erzvorkommen im Harz systematisch auszubeuten.

Die ersten Universitäten im Norden

Mit der starken Entwicklung des Handels, der gewerblichen Produktion und des Finanzwesens in Norddeutschland wuchs der ökonomische und politische Einfluss der Bürger. Als im Jahre 1456 in Greifswald die Universität gegründet wurde, war dies ein erster Triumph des stolzen Bürgertums. Anders als in Rostock, wo knapp vierzig Jahre zuvor die mecklenburgischen Herzöge und die katholische Geistlichkeit die erste Universität im

Linke Seite: Silberbergbau zu Ende des 15. Jahrhunderts

Ostseeraum aus der Taufe gehoben hatten, ging dieses Ereignis in Greifswald auf die Initiative der Bürger zurück.

Im Jahre 1431, die Rostocker Universität war gerade zwölf Jahre alt, verließen einige Professoren wegen innerstädtischer Unruhen die Stadt und verlegten ihren Lehrbetrieb für drei Jahre nach Greifswald. Bei den dortigen Bürgern weckte die Begegnung mit den akademischen Lehrern und deren geistigem Umfeld den Wunsch nach einer eigenen Universität.

Bürgermeister Heinrich Rubenow war es schließlich, der sich der Sache erfolgreich annahm. Er stammte aus einer alteingesessenen Kaufmannsfamilie und verfügte als Gesandter Greifswalds über weitreichende diplomatische Beziehungen. Auf sein und das Betreiben anderer mächtiger Personen aus Bürgertum und Geistlichkeit hin wandte sich Herzog Wartislaw IX. an den Papst in Rom, der Greifswald schließlich das Privileg für eine Universität erteilte.

Weitere Universitätsgründungen in Norddeutschland kamen hinzu: 1576 in der Stadt Helmstedt, 1665 in Kiel, und 1737 wurde in Göttingen die fünfte Universität im Norden gegründet.

Die Abgabe des »Zehnten« (hier: Eier, Brot und Federvieh) in einem Holzstich von 1520

Freiheit, Macht und Unterdrückung

Nachdem sich die norddeutschen Städte im Spätmittelalter von den Machtbefugnissen der Landesherren weitestgehend befreit hatten, konnten sich Bürgermeister und Rat als städtische Obrigkeit etablieren. Die Räte bestanden aus Bürgermeister, Ratsherren und Stadtsekretären; in ihrer Hand lagen Verwaltung, Rechtsprechung, Gesetzgebung und militärische Gewalt. Damit war es dem Bürgertum in der Übergangszeit zwischen Mittelalter und Neuzeit gelungen, in zentralen wirtschaftlich-gesellschaftlichen Bereichen eine einflussreiche Rolle einzunehmen. Dennoch versuchten die Landesfürsten immer wieder die Autonomie der Bürger zu unterminieren und den Städten neben außerordentlichen Steuerforderungen auch einen Landes- oder Huldigungseid abzuverlangen.

Während die Bürger und Einwohner der norddeutschen Städte ihr Leben und ihren Handel annähernd selbst bestimmen konnten, existierten die einfachen Menschen auf dem Lande zum großen Teil als Leibeigene und waren der Willkür ihrer Lehnsherren ausgeliefert. Es handelte sich letztlich um unfreie Personen, von ihrem Herrn persönlich abhängig und zu Frondiensten verpflichtet:

Linke Seite: »Wiesen bei Greifswald«, Gemälde von Caspar David Friedrich

Noch heute sind Spuren aus der Zeit der Husumer Rebellion gegen den dänischen König zu finden: die in Stein gemeißelten so genannten »Rebellenköpfe« der Rädelsführer.

Nordfriesische Landschaft im Gotteskoog bei Niebüll

Leibeigene mussten ihre Arbeitskraft für eine bestimmte Anzahl von Tagen im Jahr ihrem Grundherrn unentgeltlich zur Verfügung stellen. Auch in der Gerichtsbarkeit unterstanden sie ihnen. Sie verfügten über kein Eigentum und waren an das Gut gebunden, zahlten eine Kopfsteuer an den Gutsherrn und waren auf Aufforderung verpflichtet, ihre Kinder als Gesinde zur Verfügung zu stellen, die dann häusliche Arbeiten oder Dienstbotentätigkeiten verrichten mussten. Der Gutsherr hatte die Pflicht, sich um die ärztliche und die Altersversorgung seiner Leibeigenen zu kümmern.

Mit Argusaugen beobachteten die Landesherren die Geschehnisse in den Dörfern und Flecken Norddeutschlands, denn wenn eine dörfliche Gemeinschaft mit Fleckenrechten ausgestattet war, bedeutete dies den ersten Schritt zu ihrer Autonomie. Zu den wichtigsten Errungenschaften des Fleckenrechtes gehörten das Marktrecht, das Recht auf Gewerbeansiedlung und eine eigene niedere Gerichtsbarkeit. Doch wehe dem, der sich darüber hinaus weitere Rechte zu nehmen und sie auch noch gegen den Landesherrn zu verteidigen versuchte!

So kam es 1472 im nordfriesischen Marktflecken Husum zu einer folgenschweren Rebellion gegen König Christian I. von Dänemark, der durch den Vertrag von Ripen auch Herzog von Schleswig und Graf von Holstein war. Auslöser des Aufstands war der Streit Christians I. mit seinem jüngeren Bruder Gerhard. Dieser hegte Gebietsansprüche in der Grafschaft Holstein und im Herzogtum Schleswig. Um sich militärisch zu stärken, ging Christian I. eine Koalition mit den norddeutschen Hansestädten ein. Hamburg erwartete dafür Gegenleistungen: Es forderte, dass die Bauern in den Elbmarschen und in Nordfriesland ihren Direktexport von Weizen in die Niederlande aufgeben sollten. Der dänische König kam dieser Forderung nach und verfügte ein entsprechendes Direkthandelsverbot.

Ochsenweg

Der »Ochsenweg« war zwischen der Bronze- und der frühen Neuzeit eine der Hauptverkehrsadern im Norden Europas. Seinen deutschen Namen verdankt er dem Massentransport von Vieh: Ochsen aus Nordjütland. Vom Militär wurde er für Truppenbewegungen genutzt und daher im dänischen Sprachgebrauch auch Hærvej, also »Heerweg« genannt. Auf diesem Weg wurden unter anderem die für das Metallhandwerk wichtigen Rohstoffe wie Zinn und Kupfer aus Süddeutschland und den Karpaten in den Norden gebracht. Die Route führte, im Norden beginnend, von Viborg über Schleswig und Rendsburg an die Elbe. Bei Rendsburg teilte sich das Wegesystem in eine parallel verlaufende westliche und östliche Route. Dieser Weg war weniger eine Straße im heutigen Sinne als vielmehr ein Gewirr mäandernder, breiter Trampelpfade. In manchen Jahren waren die Viehtreiber darauf mit bis zu 50 000 Ochsen unterwegs. Auf den Wiesen am Elbufer, kurz vor ihrem Ziel, fanden die Tiere genügend Frischfutter, um im Herbst möglichst viel Gewicht auf die Waagen der Viehhändler zu bringen. Auf den umliegenden Ochsenmärkten wurden sie dann meistbietend verkauft und nach Hamburg und in die Städte der Niederlande exportiert.

Doch nicht alle Betroffenen ließen sich das bieten: Etwa siebzig Bauern, Händler und Seeleute aus Husum riefen zum Widerstand auf. Sie hofften dabei auf Unterstützung von Gerhard, dem rivalisierenden Bruder des Königs. Dieser machte sich tatsächlich mit einem Söldnerheer von 200 Mann auf den Weg nach Husum. Als der dänische König jedoch mit 2000 Soldaten dort auftauchte, floh Gerhard mit seinem Heer, und die Husumer ergaben sich ohne Gegenwehr. Der Dänenkönig ließ die siebzig Rädelsführer öffentlich rädern und köpfen. Um der Zerstörung des Ortes durch Niederbrennen zu entgehen, mussten die Einwohner die damals ungeheure Summe von 30 000 Mark aufbringen, zudem wurden dem Ort die Fleckenrechte entzogen. Man konfiszierte die Häuser der Aufständischen und belegte sie mit einer Rebellensteuer, die den Nachfahren erst 1878, also mehr als vierhundert Jahre später, durch den preußischen Staat erlassen wurde.

Spätgotik und Renaissance

Der Übergang zur Neuzeit ist kunstgeschichtlich gesehen der Übergang von der Spätgotik zur Renaissance. Die Zentren der europäischen Kunst der Zeit lagen in Norditalien, Flandern und im Süden der Niederlande, doch ein bedeutendes Kunstwerk dieser Periode entstand in Norddeutschland und steht heute im Dom zu Schleswig: der Bordesholmer Altar. Er gilt als Meisterwerk der Spätgotik und ist in seiner Art im Norden einzigartig. Einflüsse der Renaissance und des aufkeimenden Humanismus zeigen sich in der ausgeprägten Individualität der dargestellten Figuren. Der Erbauer des Altars war der aus Walsrode stammende Hans Brüggemann. Da es im gesamten norddeutschen Raum in dieser Zeit keine derart hoch entwickelten Kunstschulen gab, muss der Bildhauer aus der Lüneburger Heide seine Fertigkeiten außerhalb Norddeutschlands erworben haben.

Figurengruppe des Bordesholmer Altars. In der Bildmitte hat sich der Bildhauer Hans Brüggemann selbst verewigt.

Dom zu Schleswig. Der 112 Meter hohe Hauptturm wurde erst in den Jahren 1888–1894 gebaut.

Nächste Seite:
Der Bordesholmer Altar, 1666 auf dem Ochsenweg nach Schleswig gebracht.

Vermutlich wird Hans Brüggemann als Wandergeselle um 1500 in den Bauhütten der großen Kathedralen, in Utrecht und 's-Hertogenbosch, wo auch Maler wie Hieronymus Bosch wirkten, auf die angesehensten Altarschnitzer getroffen sein. Für die damaligen Bauhütten von zentraler Bedeutung war das unter den Mitgliedern wohl gehütete Wissen über Geometrie. Mit Hilfe dieser Kenntnisse konnten die Künstler der Renaissance die perspektivische Malerei entwickeln und die Illusion eines dreidimensionalen Raumes auf die Leinwand bannen. Von dieser neuen Entwicklung müssen auch Bildhauer wie Brüggemann profitiert haben, da sie nun erstmals in der Lage waren, perspektivische Skizzen für ihre Werke anzufertigen.

Nach seiner Rückkehr nach Norddeutschland ließ sich Brüggemann um 1512 in dem nordfriesischen Küstenort Husum nieder, wo er schon drei Jahre später vor seinem größten Auftrag stand: einen imposanten Altar für die Klosterkirche in Bordesholm zu schaffen. Sein Auftraggeber war Friedrich I., Herzog von Schleswig-Holstein, der die Kirche als Grablege für seine verstorbene Gemahlin bestimmt hatte. In sieben Jahren fertigte Brüggemann den 12,50 Meter hohen dreiflügligen Altar aus Eichenholz an, der 1521 in der Klosterkirche zu Bordesholm geweiht wurde.

Doch schon im Jahr darauf begann der Siegeszug der Reformation in Norddeutschland, was unter anderem zur Verbannung der Heiligendarstellungen aus den Kirchen führte. Bildschnitzer wie Hans Brüggemann, einer der begnadetsten Künstler der Spätgotik, wurden dadurch überflüssig und so gut wie arbeitslos. Brüggemann kehrte schließlich in seine Heimatstadt Walsrode zurück, wo er noch einen letzten Auftrag als Altarschnitzer erhielt. Danach verlieren sich seine Spuren; er starb wohl 1540 in Husum, angeblich in einem Armenhaus.

Die Reformation

Der Eintritt in die Neuzeit und die Epoche der Reformation sind für Norddeutschland untrennbar miteinander verbunden. Bis zum reformatorischen Umbruch bewegte die Menschen vor allem die Frage nach dem ewigen Seelenheil. In ihrer Furcht vor Verdammnis nach dem Tod suchten sie Schutz bei Kirchenheiligen, in teuren Ablassbriefen und kostenpflichtigen Seelenmessen. Nicht zuletzt hinsichtlich dieser auch in Norddeutschland stark verbreiteten Heils- und Glaubenspraxis wurde die von Martin Luther initiierte Reformation zu einer radikalen Abrechnung mit den Grundprinzipien des Mittelalters.

Die Folgen, die die religiös motivierten, fast revolutionären Umwälzungen in der norddeutschen Tiefebene hatten, sind noch heute zu spüren. Kaum ein anderes Geschehnis der Weltgeschichte hatte für die Norddeutschen so einschneidende Konsequenzen wie die Jahre der Reformation. Die Veränderungen gingen weit über das religiöse Leben hinaus und haben das Leben und die Mentalität der Menschen zwischen Jütland und dem Harz stark geprägt.

Von Pfaffenhuren und weißen Mönchen

Während die Eroberung Konstantinopels durch die Türken und die Entdeckung und Kolonialisierung Amerikas Großereignisse mit immenser Fernwirkung waren, fand die Reformation quasi vor der norddeutschen Haustür und bald auch schon in Norddeutschland selbst statt.

Am 7. Dezember 1517, schon sechs Wochen nachdem der Augustinerpater Martin Luther seine 95 Thesen an die Tür der Schlosskirche zu Wittenberg geschlagen hatte, gelangte sein Traktat gegen den Missbrauch des Ablasshandels über einen Kurier des Hambur-

Zeitgenössische Satire zum Zölibat

Vorhergehende Seite: Martin Luther schlägt seine 95 Thesen an die Tür der Schlosskirche zu Wittenberg.

ger Botendienstes an die Elbe. Die Depesche wurde sofort an den im Sterben liegenden Dekan des Hamburger Doms, Albert Krantz, weitergeleitet. Nachdem der alte Kirchenmann, der schon lange nach Reformen in der Kirche verlangt hatte, auf seinem Sterbebett die Schriftrolle aus Wittenberg gelesen hatte, schaute er zufrieden in die Runde der um ihn versammelten Vertrauten. Dann sprach er seine letzten Worte: »*Frater, abi in cellam tuam et dic: Miserere mei Deus.*« – »Bruder, tritt zurück in deine Zelle und sprich: Gott, erbarme dich meiner.« Und mit »Bruder« meinte Dekan Krantz nicht den Augustinerpater Luther, sondern stellvertretend die Mehrheit der damaligen christlichen Geistlichkeit.

Zu den Vertrauten des Dekans gehörte auch Pfarrer Ordo Stemmel, einer der ersten, die in Norddeutschland reformatorisch zu predigen begannen. Zornig wetterte er von seiner Kanzel gegen den Handel mit Ablassbriefen, die denjenigen Sündenerlass versprachen, die der Kirche einen entsprechenden Obolus zahlten. Auch gegen das zuchtlose Leben der Hamburger Geistlichen, von denen sich viele Geliebte hielten, zog Stemmel wütend zu Felde. Die unkeusche Fleischeslust der Domherren hatte schon der verstorbene Dekan Albert Krantz gegeißelt und die geistlichen Brüder ermahnt, ihren »übermäßigen Beischlaf zu unterlassen«. Wegen seiner scharfen Kritik fiel Ordo Stemmel bei den mächtigen Herren des Domkapitels schnell in Ungnade und wurde 1521 aus dem Amt gedrängt.

Ein Jahr später erschien in der Stadt »ein weißer Mönch«, wie in einer Hamburger Kirchenchronik nachzulesen ist. Es handelte sich wohl um einen Prämonstratenser aus dem nahen Stade; in dem dortigen Kloster waren Luthers Reformideen schon sehr früh auf offene Ohren gestoßen. In ihren weißen Kutten waren die Mönche als Wanderprediger in ganz Norddeutschland unterwegs. Dieser Mönch, Johann Widenbrügge, stieß bei der Hamburger Geistlichkeit mit seinem lutherischen Gedankengut auf wenig Gegenliebe. Die Domherren fürchteten vielleicht auch um ihr ausschweifendes Liebesleben und ihre Pfründen im lukrativen Ablasshandel, denn viele Geistliche wirtschafteten dabei in die eigene Tasche. Deshalb blieben Widenbrügge die Kirchen Hamburgs verschlossen.

In den gehobenen Kreisen des Bürgertums hingegen war man offen für seine Ideen. Interessierte und humanistisch orientierte Bürger wie der reiche Kaufmann Friedrich Ostra, der Goldschmied Ostorp und der Englandfahrer Detlev Schuldorp unterstützten Widenbrügge und ließen ihn in ihren Privathäusern predigen. Doch in der Frühphase der Reformation war die Macht der Domherren noch stärker als die des Hamburger Bürgertums. »Auf Geheiß der Älterherren« musste der weiße Mönch die Stadt nach wenigen Monaten wieder verlassen, wie ein Hamburger Kirchenchronist zu berichten wusste.

St.-Johannis-Kloster in Stade

Die Reformation erobert den Norden

Grundsätzlich stieß die Ausbreitung der reformatorischen Bewegung in Norddeutschland jedoch auf günstige Voraussetzungen: Meist waren es humanistische Freundeskreise des gehobenen Bürgertums, die sich in fast allen norddeutschen Orten zu Beginn des 16. Jahrhunderts gebildet hatten, die Luthers Ideen unterstützten. In Ostfriesland und im Oldenburger Land stand der Adel hinter der Bewegung. Und Dank des Fortschritts im Buchdruck waren Luthers Schriften bereits um 1520 überall in Norddeutschland im Umlauf. Die Reformation vollzog sich sukzessiv und regional allerdings sehr unterschiedlich; es handelte sich um einen Prozess, der sich über einen Zeitraum von nahezu fünfzig Jahren erstreckte.

Zum wichtigsten Reformator in Hamburg wurde der ehemalige Franziskaner Stephan Kempe, der 1523 aus Rostock an die Elbe kam. Mit Schlagfertigkeit und Überzeugungskraft gelang es ihm, eine schnell wachsende Zuhörerschaft um sich zu scharen. In plattdeutscher Sprache trug Kempe sein Verständnis vom christlichen Glauben vor. Er erklärte den Bürgern, dass sie sich mit den teuer erworbenen Ablassbriefen keinen Platz im Himmel erkaufen konnten. Den Ablasshandel brandmarkte Kempe als Farce. Er erhob die Bibel, das Wort Gottes, zur alleingültigen Richtschnur für den christlichen Glauben. Die Attacken der Hamburger Domherren waren ihm dafür sicher, und auch der Dominikaner-

Rechte Seite:
Der Rostocker Hafen
mit der Kirche St. Marien
im Hintergrund

Hermann Tast, bedeutendster Reformator im Herzogtum Schleswig

Orden sah in ihm einen gefährlichen Ketzer. Doch Kempe nahm die Anfeindungen gelassen hin und führte seine Predigten unbeirrt fort. Innerhalb von drei Jahren gelang es ihm, die Mehrheit des Hamburger Bürgertums von der Lehre Martin Luthers zu überzeugen.

In Schleswig und Holstein war Herman Tast einer der bedeutendsten Reformatoren. In Husum geboren, hatte er bei Martin Luther in Wittenberg Theologie studiert. Nach der Priesterweihe kehrte Tast in seinen Geburtsort zurück. Als Vikar der Marienkirche predigte er dort 1522 zum ersten Mal im Sinne Luthers. Die alteingesessene Husumer Geistlichkeit war empört: Sie belegte den »ketzerischen Vikar« mit einem Verkündigungsverbot und sperrte ihn aus der Kirche aus. Im Hause des angesehenen Kaufmanns Matthias Knutzen bekam Tast ein neues Forum. Als dort der Platz wegen des großen Andrangs nicht mehr ausreichte, begann er unter freiem Himmel zu predigen, und seine Anhängerschaft wuchs von Woche zu Woche. Bereits 1527 konnte Tast die Reformation in Husum umsetzen; Meldorf, Flensburg und Lübeck folgten.

So begann sich schon dreizehn Jahre nach dem Aushang von Luthers Thesen die katholische Kirche in ganz Schleswig-Holstein aufzulösen. Dennoch lehnte der Bischof zu Schleswig eine lutherische Kirchenordnung ab. Als höchster Prälat im Lande leistete er vermutlich nicht zuletzt wegen der drohenden Säkularisation von Kirchengütern bis zu seinem Tod im Januar 1541 erbitterten Widerstand. Erst nach seinem Ableben konnte Christian III., Herzog von Schleswig und Holstein wie auch König von Dänemark, die Reformation vollenden.

In Mecklenburg und Niedersachsen vollzog sich die Reformation wesentlich später und zögerlicher. Evangelische Prediger konnten nicht vor 1531 in den mecklenburgischen

ZUR KOGGE
SANTA BARBARA ANNA

Städten Rostock, Wismar und Friedland Fuß fassen. Als Trutzburgen des Katholizismus erwiesen sich die Bistumszentren, die Klöster und die Universität Rostock. Erst als sich Mitte des 16. Jahrhunderts Herzog Albrecht I. als Vorreiter der Reformation betätigte, kam es auch in Mecklenburg zu einem offiziellen Konfessionswechsel.

Im Fürstentum Lüneburg sorgte seit 1529 Herzog Ernst der Bekenner für die Errichtung einer evangelischen Kirche. Obwohl die Landesherren des restlichen Niedersachsen, mit Ausnahme der Schaumburger und Oldenburger, alle dem Haus der Welfen angehörten, betrieben sie keineswegs eine einheitliche Kirchenpolitik, so dass sie sich nicht gleichzeitig, sondern erst nach und nach der Reformation anschlossen. Schlusslicht der Evangelisierung im Norden bildete das Herzogtum Braunschweig-Wolfenbüttel, wo sich das neue Gedankengut erst 1569 nach einer vorübergehenden, zwanzigjährigen Rekatholisierung endgültig durchsetzten konnte.

Dass sich die Reformation in Norddeutschland nicht überall unblutig vollzogen hat, zeigt das Schicksal Heinrich von Zütphens. Der Augustinermönch, der in den Niederlanden öffentlich gegen den Ablasshandel gekämpft hatte, floh 1522 vor der Inquisition nach Bremen. Zusammen mit Jakobus Propst wirkte er für die Einführung der Reformation in der Bischofsstadt an der Weser. Zwei Jahre später wurde Zütphen nach Dithmarschen gerufen, einer Exklave des Erzbistums Bremen. Mit seiner Hilfe wollten die Meldorfer Bürger in ihrer Stadt die Reformation vorantreiben. Doch es gab auch Widerstand gegen diese Pläne, vor allem von den Mönchen des Augustinerordens. Als Zütphen in der Stadt eintraf, griffen die Regenten ein. Sie ließen den verhassten niederländischen Reformator überfallen und nach Heide verschleppen. Ohne ordentliches Gerichtsverfahren wurde er auf dem Heider Marktplatz grausam hingerichtet: Der Legende nach hackte man ihm bei lebendigem Leibe mit einem Beil Hände und Füße ab, köpfte ihn und verbrannte ihn anschließend auf dem Scheiterhaufen.

Die Alte St.-Marien-Kirche zu Husum, im Hintergrund das Schloss. Kupferstich von 1588.

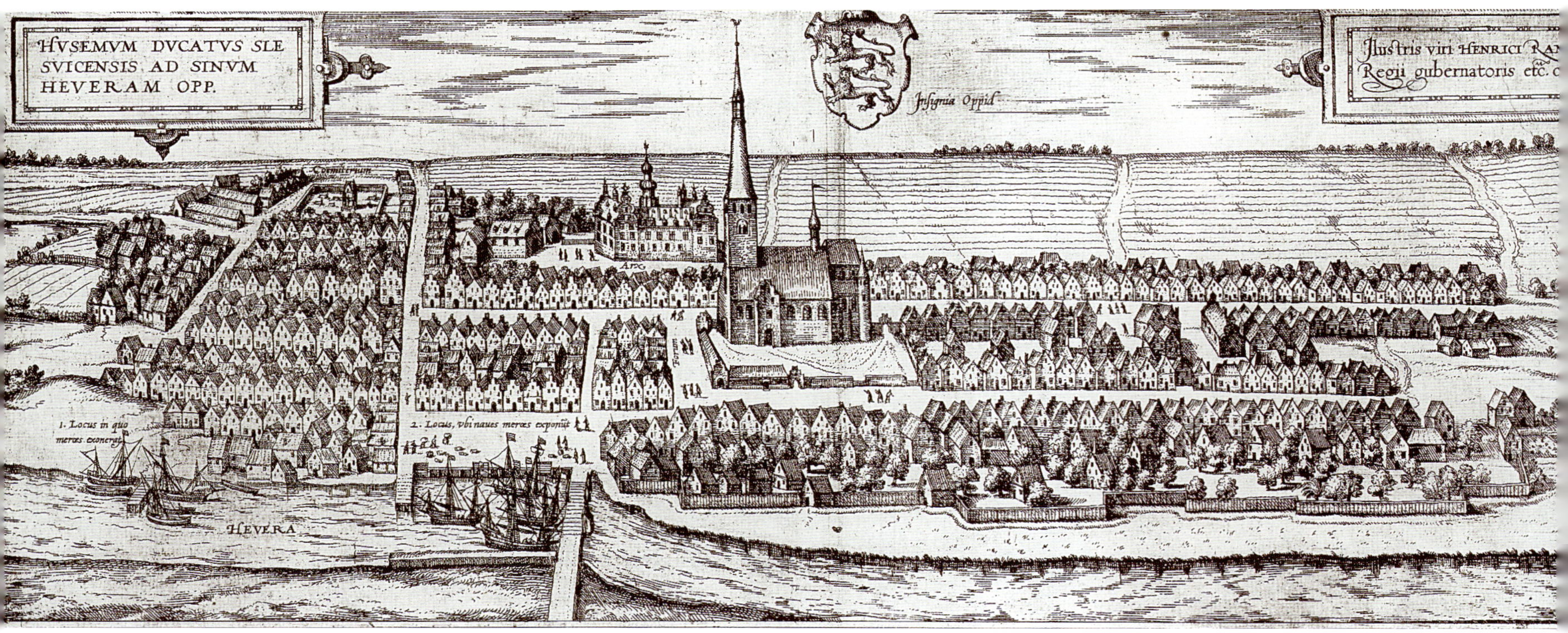

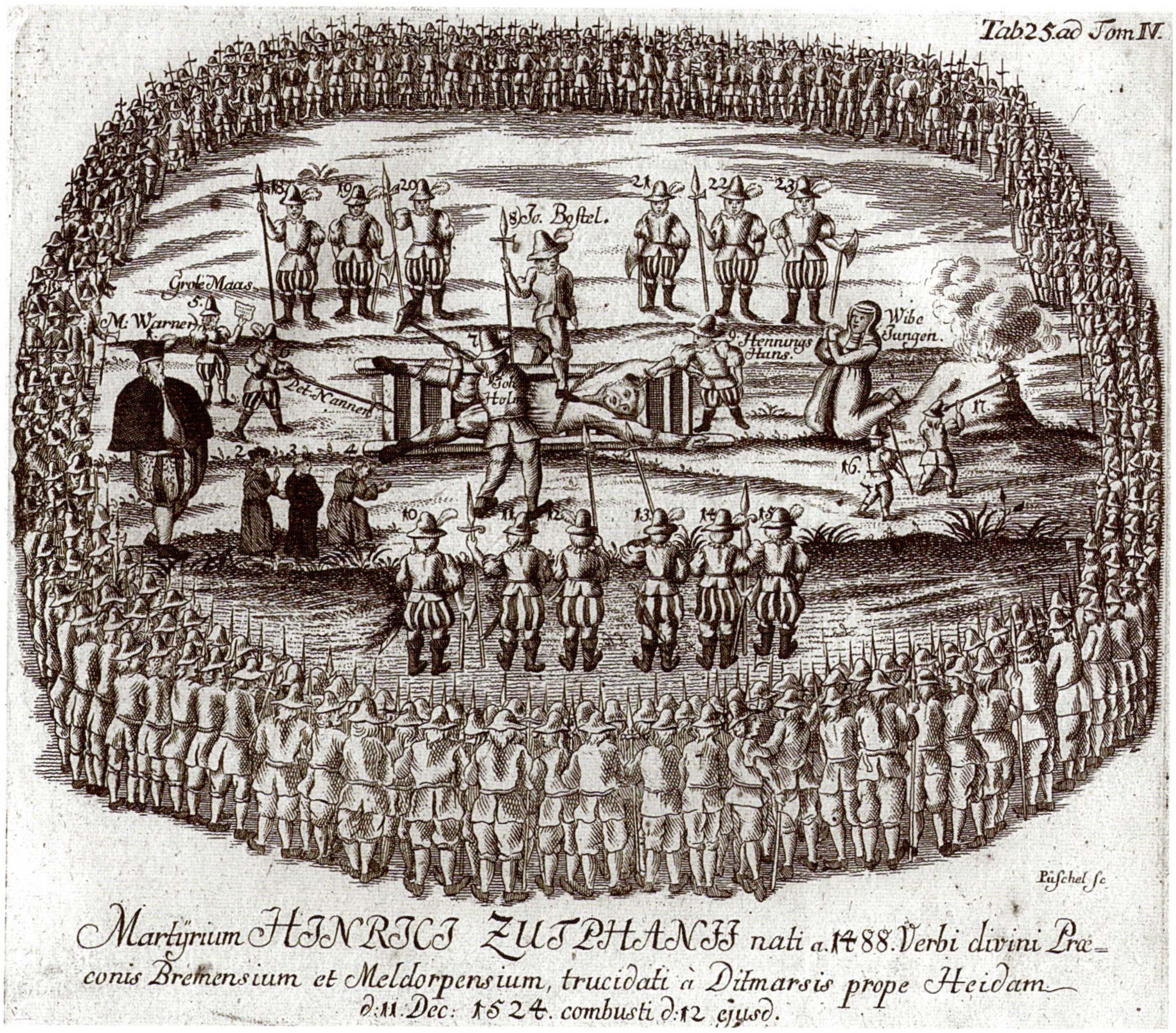

Hinrichtung von Heinrich von Zütphen auf dem Heider Marktplatz in einer zeitgenössischen Darstellung

Neue Ordnungen entstehen

Neben den Umwälzungen im kirchlichen Bereich wurde in Norddeutschland im Zuge der Reformation auch das Schul- und Sozialwesen völlig neu geordnet. Das diakonische Werk der Kirche, ohne das unser modernes Sozialsystem nicht denkbar wäre, hatte seinen Ursprung im sozialen Engagement der Reformatoren, die an das zentrale Gebot der Nächstenliebe appellierten. 1527 gründeten die Gemeindemitglieder der Hamburger St.-Nikolai-Kirche einen so genannten »Gotteskasten«, in dem Spenden gesammelt und von den zwölf Kirchendienern, den Diakonen, an Obdachlose und andere Bedürftige verteilt wurden. Später unterstützte man mit diesem Geld auch Lehrer und kirchliche Einrichtungen.

Um die Neuerungen der Reformation amtlich zu machen, wurde am 9. Oktober 1528 der aus Pommern stammende Johannes Bugenhagen, einer der engsten Mitarbeiter Luthers, nach Hamburg berufen. Bugenhagen erarbeitete neben einer Kirchenordnung auch eine neue Sozial- und Schulordnung für Hamburg und versah dabei den Schulunterricht mit neuen Inhalten. Diente bislang der Schulbesuch vor allem der Rekrutierung des Priesternachwuchses, stand bei Bugenhagen

Johannes Bugenhagen (1485–1558) war einer der engsten Mitarbeiter Luthers und gehörte zu den wichtigsten Reformatoren in Norddeutschland. Er übersetzte das Neue Testament ins Plattdeutsche.

St.-Nikolai-Kirche in Hamburg um 1530

die »Bildung des Geistes« im Mittelpunkt. Neben den alten Fächern Religion und Latein wurden nun Mathematik, Musik sowie die Sprachen Griechisch und Hebräisch in den Unterrichtsplan aufgenommen. Aber auch an die Erholung und Freizeitbeschäftigung der Schüler dachte der Reformator: »Den Mittwochnachmittag sollen die Schüler frei und Ruhe haben, etwas Sonderliches zu studieren oder zu baden.«

Weg vom Almosen, hin zur individuellen Verantwortung – das war Bugenhagens Grundgedanke bei der Neuordnung des Sozialwesens. Die von den Hamburger Diakonen eingeführten Gotteskästen baute Bugenhagen zu einem Sozialfürsorgesystem aus, das in ganz Europa Nachahmer fand. Die Sammlungen für Arme und Bedürftige wurden unter anderem aus Mitteln des umfangreichen Kapitalbesitzes der Kirche ergänzt.

Die Abschaffung der Marienverehrung und der lateinischen Messe gehörten zu den wichtigsten Änderungen der neuen Kirchenordnung. Das Abendmahl, bestehend aus Brot und Wein, war jetzt nicht mehr allein den Geistlichen vorbehalten, sondern durfte auch von den Kirchgängern empfangen werden. Die Predigt, die fortan auf Plattdeutsch gehalten wurde, bildete von nun an den Mittelpunkt des Gottesdienstes.

Außer für Braunschweig, Braunschweig-Wolfenbüttel und Hamburg schrieb Bugenhagen später auch für Lübeck, Hildesheim und Pommern neue Kirchen- und Sozialordnungen. Basierend auf dem bereits durch ihn selbst reformierten dänischen Kirchenwesen verfasste Bugenhagen auch eine neue Kirchenordnung für Schleswig und Holstein.

Hexenjagd

Die Annahme, dass die Hexenverfolgung im protestantischen Norden gemäßigter ablief als im katholischen Süden, gehört in das Reich der Fabeln. Hexen, »Zaubersche« – im Plattdeutschen auch »Toversche« genannt –, mussten ebenso im protestantischen Norden als Sündenböcke für alle nur denkbaren Schäden, Naturkatastrophen, Krankheiten und ungeklärte Todesfälle herhalten. Das protestantische Verständnis von Hexerei und Hexenverfolgung spiegelt sich am besten in Martin Luthers eigenen Worten wider: »Die Zäuberei ist ein schändlicher, gräulicher Abfall, da sich einer von Gott, dem er gelobt und geschworen ist, zum Teufel, der Gottes Feind ist, begibt, so wird sie billig an Leib und Leben gestraft.«

Mit dieser entschiedenen Forderung nach Bestrafung von Zauberei und Hexerei machte sich Luther mit den eifrigsten Hexenjägern der katholischen Kirche gemein. Es kann deshalb kaum verwundern, dass Protestanten wie der Nortorfer Pastor Samuel Meiger im Jahre

»Hexenverbrennung«, Miniatur aus dem 16. Jahrhundert

Hitzacker, Blick vom Weinberg auf die Stadt

1587 die Hexerei für die »Mutter aller Sünden« erklärten, weil sie »gegen die zehn Gebote verstößt«. In seinem Traktat gegen die Zauberei forderte Meiger von der Obrigkeit ein schärferes Vorgehen »gegen das Verbrechen der Toverie«. Der Pastor muss bei den Herzögen Gehör gefunden haben, denn schon drei Jahre später stieg die Zahl der Hexenprozesse in Schleswig-Holstein um ein Vielfaches. Auch die enorme Zahl der Prozesse und Hinrichtungen in anderen Teilen Norddeutschlands spricht dagegen, dass der protestantische Norden von einer massiven und flächendeckenden Hexenverfolgung verschont blieb.

1583 ließ der Osnabrücker Bürgermeister und oberste Hexenjäger der Stadt, Rudolf Hammacher, innerhalb eines Vierteljahres 121 Menschen wegen Hexerei auf dem Scheiterhaufen verbrennen. Im selben Jahr ereilte weitere 34 Frauen im Osnabrücker Land dieses Schicksal. Hammacher kam in seiner Amtszeit auf insgesamt 163 Hexenverbrennungen, was ihm in der Stadt viel Ruhm und Ehre einbrachte. In der Göttinger Chronik von 1561 ist nachzulesen, dass der Magistrat der Stadt so sehr mit den Prozessen beschäftigt war, dass »fast kein altes Weib vor dem Verhör, der Folter und dem Scheiterhaufen sicher war«. Herzog Heinrich von Wolfenbüttel ließ im Jahre 1565 an einem einzigen Tag siebzehn Frauen verbrennen.

Die Chronik der Stadt Hitzacker zitiert einen Pastor, der nach einer großen Hexenverbrennung im Jahre 1610 vermutet, dass der Scharfrichter »betrüglich gehandelt, damit er nur viel verdienen möchte«. Die Pfähle, an denen die Frauen aus Hitzacker nach der Folter verbrannt wurden, waren noch sechzig Jahre später auf dem Galgenberg bei Marwedel zu sehen.

Was vielen Menschen im Zuge der Hexenverfolgung angetan wurde, ist nichts weniger als schrecklich. Doch es sollte alles noch schlimmer kommen, als nun der Dreißigjährige Krieg über Norddeutschland hereinbrach.

Der Dreißigjährige Krieg

Nachdem die Reformation bereits den größten Teil Europas erfasst hatte, leitete die römisch-katholische Kirche ab ca. 1560 eine Gegenbewegung zur Rekatholisierung ein. Die Gegenreformation wurde zunächst mit Mitteln der Überzeugung, später unter Verwendung staatlicher Repression durchgeführt. Zu Beginn des 17. Jahrhunderts wuchsen deshalb die Spannungen zwischen den Konfessionen. Die protestantischen deutschen Fürsten fürchteten eine Übermacht der Katholiken und schlossen sich 1608 zur Union zusammen. Als Gegenbündnis gründete sich ein Jahr später die katholische Liga.

Auslöser der Kriegswirren, die dreißig Jahre dauern sollten, war der Aufstand des calvinistischen Adels in Böhmen, der sich gegen eine katholische Landesherrenschaft zur Wehr setzte. Bei dem so genannten Dreißigjährigen Krieg, von dem Norddeutschland die ersten acht Jahre verschont blieb, handelt es sich streng genommen nicht um einen, sondern um eine Anhäufung von mindestens dreizehn Kriegen mit unzähligen Nebenschauplätzen, zehn Friedensschlüssen und wechselnden Allianzen.

Allerdings waren die Konfessionsstreitigkeiten lediglich der äußere Anlass für den Krieg. In Wirklichkeit ging es vor allem um Gebiets- und Machtansprüche in einem politisch und territorial zerstückelten Europa. Die kriegerischen Auseinandersetzungen entwickelten sich immer deutlicher zu einem gesamteuropäischen Konflikt, in dem sich viele Staaten Europas mit militärischen Mitteln gegen die habsburgische Vormachtstellung zur Wehr setzten.

Die vier großen Kriege zwischen 1618 und 1648

Böhmisch-Pfälzischer Krieg	1618–23
Dänisch-Niedersächsischer Krieg	1625–29
Schwedischer Krieg	1630–35
Schwedisch-Französischer Krieg	1635–48

Norddeutschland während des Dreißigjährigen Krieges

1626 geriet auch Norddeutschland mit der Schlacht bei Lutter in den Strudel der verheerenden Kriege. Um das Vordringen der Gegenreformation wie auch die immer weitere Ausbreitung Habsburgs in Norddeutschland zu stoppen, rückten die protestantischen Verbände unter dem Oberbefehl des dänischen Königs Christian IV. in Richtung Braunschweig vor. Zwischen Hildesheim und Seesen stieß das Heer, unterstützt von England und den Niederlanden, auf die Truppen der katholischen Liga. In Lutter, nahe dem heutigen Salzgitter, kam es zu einer erbitterten Schlacht, aus der die katholische Liga als Sieger hervorging. Daraufhin besetzten die Ligatruppen, unterstützt von der kaiserlichen Armee, weite Teile Norddeutschlands. Die Dänen zogen sich ins Herzogtum Holstein zurück, und Mecklenburg wurde zum Spielball der Kriegs-

Die Belagerung Stralsunds

parteien: Zwar sprach die konfessionelle und auch geografische Situation Mecklenburgs für eine Allianz mit dem protestantischen Dänemark, doch die gegensätzlichen Interessen der Herzöge, der Stände und der Hansestädte ließen eine Koalition gegen den Kaiser nicht zu. Als die mecklenburgischen Herzöge begannen, mit beiden Kriegsparteien gleichzeitig zu verhandeln, wurde es dem deutschen Kaiser zuviel: Er entzog den Herzögen kurzerhand die Macht und ernannte den kaiserlich-katholischen Heerführer Wallenstein zum neuen Lehnsherrn im protestantischen Mecklenburg.

Wallenstein machte das Schloss Güstrow zu seiner Residenz. Hier genoss der Militarist das Hofleben eines Monarchen. Die Steuern, die jetzt nicht mehr nach Rostock, sondern direkt nach Güstrow flossen, gab der neue Lehnsherr mit vollen Händen wieder aus. Wallenstein richtete sich prächtiger ein als der deutsche Kaiser. Aus Frankreich und Italien ließ er sich Möbel, Wein und in Norddeutschland bislang unbekannte Spezialitäten heranschaffen.

Wallensteins nächstes Ziel waren die dänischen Inseln und damit die Eroberung des Ostseeraumes. Im Hafen von Stralsund sah der Feldherr die militärstrategische Basis einer künftigen spanisch-habsburgischen Seemacht; der Kaiser hatte ihn in hoffnungsvoller Erwartung bereits zum »General-Hauptmann im Ozeanischen und Baltischen Meer« ernannt. 1628 zogen Wallensteins Truppen einen Belagerungsring um die Stadt. Schweden und Dänemark schickten ihrerseits Söldnertruppen zur Unterstützung nach Stralsund. Über den Hafen wurden Frauen und Kinder aus der Stadt gebracht, »all die alten Weiber« aber behielt man zurück, wie ein Kriegschronist zu berichten wusste, »zum Kochen heiß Wasser, Pech, Schweffel und anderer Sachen zum Sturme zu bereiten«. Es kam zu erbitterten Kämpfen um die Hansestadt. Soldaten des angreifenden Heeres verbrannten bei lebendigem Leibe, »sie loderten wie gleißend Fakkeln, erhellten gaar die finstre Nacht«.

Stralsund erwies sich, nicht zuletzt durch den dänischen und schwedischen Beistand, als uneinnehmbar, und nach verlustreichen Kämpfen um die Stadt gaben Wallensteins Söldner nach sechs Monaten schließlich auf. Das protestantische Dänemark versuchte noch im selben Jahr seinen Machtbereich in Mecklenburg weiter auszudehnen, doch Wallensteins Truppen konnten den dänischen Angriff auf das mecklenburgische Festland erfolgreich abwehren.

Der Friedensschluss von Lübeck

Nach dieser Niederlage Dänemarks kam es dann 1629 in Lübeck zu Friedensverhandlungen zwischen dem dänischen König Christian IV. und dem deutschen Kaiser. Dänemark erhielt alle verlorenen Gebiete zurück, und Christian IV. verpflichtete sich im Friedensvertrag vom 22. Mai 1629 im Gegenzug, sich nicht wieder in die inneren Angelegenheiten des Deutschen Reiches einzumischen. Der gescheiterte Versuch, neue Territorien in Norddeutschland für die dänische Krone zu erobern und den habsburgisch-katholischen Machtzuwachs in Nordeuropa zu verhindern, hatten den dänischen König acht Millionen Taler und 8000 Söldner das Leben gekostet.

Albrecht von Wallenstein (1583–1634), Herzog von Friedland und kaiserlicher Heerführer im Dreißigjährigen Krieg, auf einem Ölgemälde aus dem 19. Jahrhundert nach einem zeitgenössischen Bildnis von Anthonis van Dyk

Die Schweden kommen

Nun streckte die nächste Ostsee-Macht ihre Fühler nach Norddeutschland aus. Nach seinem Sieg über das katholische Polen war das protestantische Schweden nun mächtigste Nation im Ostseeraum. Der schwedische König Gustav II. Adolf wurde Bundesgenosse der protestantischen Fürsten und landete im Juni 1630 mit seiner Flotte in der Pommerschen Bucht. Die 13 000 Mann starke Truppe, von Wallenstein zunächst unterschätzt, konnte ungehindert bis weit in das Hinterland vordringen. Im Februar des Jahres 1631 nahmen 9000 schwedische Soldaten ohne nennenswerte Gegenwehr die Stadt Neubrandenburg ein, die sich daraufhin sogar mit dem Schwedenkönig verbündete. Doch bereits wenige Monate später wurde diese Kriegskoalition den Neubrandenburgern zum Verhängnis. Die kaiserliche Armee stürmte mit 20 000 Mann die Stadt, und Wallensteins Söldner zogen marodierend durch die Gassen, plünderten, vergewaltigten und brannten ganze Straßenzüge nieder.

Aber das launische Kriegsglück wechselte bald erneut die Seiten, und nach zwei Siegen in den Schlachten bei Breitenfeld und Rain im Jahre 1632 hatte Schweden die kaiser-

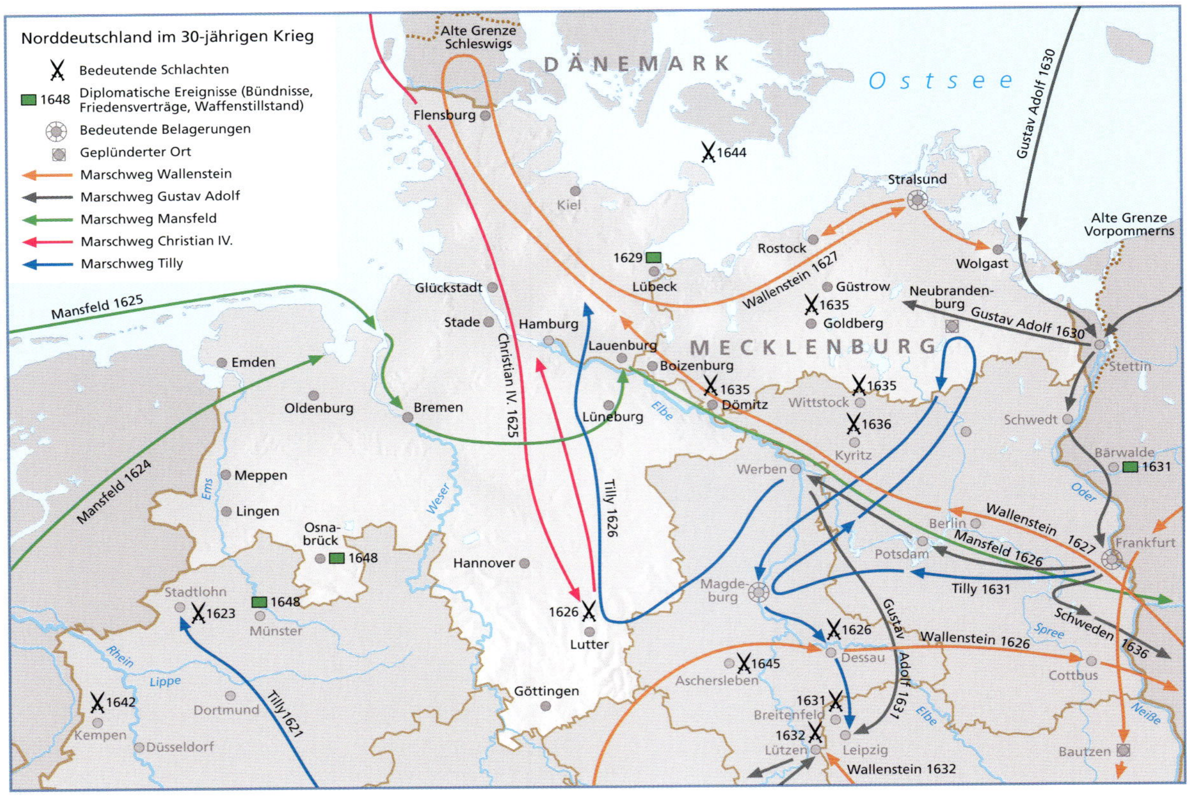

Selbstversorgung und Plünderung

Die Kriegsheere, die aus angeworbenen Söldnern bestanden, mussten sich auf ihren Feldzügen selbst versorgen und verpflegen. Reichte der Sold dafür nicht aus oder blieben die Soldzahlungen über einen längeren Zeitraum ganz aus, musste Beute gemacht werden. Schon auf dem Schlachtfeld fing das Plündern an. Man nahm den Toten, den Verletzten und den sich Ergebenden ab, was irgendwie wertvoll erschien. Größere Beute aber machte man in den Städten. Hatten die Soldaten eine Stadt im Sturm erobert, galt das ungeschriebene Recht auf freie Plünderung. Aber auch hier wirkte die strenge Hierarchie des Militärs. Während die Heeresführer den Bankschatz, Gemäldesammlungen und wertvolles Mobiliar unter sich aufteilten, mussten sich die einfachen Söldner mit Tafelsilber, Schmuck, Zinngeschirr und Kleidungsstücken begnügen.

Zum Tross der Söldnerheere gehörten auch die Marketender und Marketenderinnen. Sie tauschten die geplünderten Wertsachen gegen Nahrungsmittel und andere Dinge des täglichen Bedarfs. Neben dem Handel waren die Marketenderinnen auch für andere Bedürfnisse der Soldaten zuständig und wurden dafür mit reichlich Beute entlohnt.

Plünderung eines Dorfes in Norddeutschland während des Dreißigjährigen Kriegs

lich-katholische Vorherrschaft in Norddeutschland endgültig zerschlagen. Im schwedisch-mecklenburgischen Bündnis vom März 1632 wurde Mecklenburgs Abhängigkeit von Schweden besiegelt: Das Land wurde schwedisches Protektorat und musste monatlich 10 000 Taler Kriegsabgaben an Stockholm zahlen. Auch Pommern und weite Teile Niedersachsens gerieten nun unter schwedische Besatzung. Und die Schweden dehnten ihr Herrschaftsgebiet auf deutschem Boden sogar noch aus. Im Herbst des Jahres 1636 rückten sie, nachdem sie die vereinigte kaiserlich-sächsische Armee in der Schlacht bei Wittstock geschlagen hatten, weiter nach Süden vor, wurden aber dann von den kaiserlichen Truppen gestoppt.

Der Westfälische Frieden

Weite Landstriche waren durch den lang anhaltenden Krieg inzwischen entvölkert und wirtschaftlich ausgeblutet, Seuchen plagten ganze Regionen. Die Kampfmoral der Truppen war durch die desolate Versorgungslage und ausbleibende Entsoldung am Boden, und auch bei den Landes- und Kriegsherren machte sich nach all den Jahren Kriegsmüdigkeit breit. Aufgrund seiner gesicherten Versorgungslage und seiner Neutralität wurde Hamburg zum Verhandlungsort der nun endlich einsetzenden Friedensbemühungen. Hier kam es 1636 und 1641 zu den Vorverhandlungen zwischen den Kriegsparteien, die schließlich in den Friedensver-

Unterzeichnung des Westfälischen Friedens in Osnabrück

handlungen zu Osnabrück und Münster von 1643 gipfelten.

In diesen beiden Städten keimten zwischen 1643 und 1648 alle Hoffnungen auf eine friedliche Zukunft Europas. Etwa 150 Gesandtschaften aus dem Deutschen Reich und ganz Europa trafen hier zu den Verhandlungen zusammen. Einige Abgesandte brachten, wohl auch um Eindruck bei dem politischen Gegner zu machen, gleich ihren ganzen Hofstaat mit, so dass zeitweise in beiden Städten Versorgungsengpässe entstanden.

Nach sechs Jahren zäher und komplizierter Verhandlungen kam es schließlich am 24. Oktober des Jahres 1648 zur Unterzeichnung des Friedensvertrages. Der Westfälische Frieden bestätigte die durch den Krieg geschaffenen Gebietsveränderungen in Norddeutschland. Rügen, Vorpommern, die Hansestädte Wismar und Stralsund sowie die Bistümer Bremen und Verden fielen an das schwedische Königreich. Zudem garantierte das umfangreiche Vertragswerk die Gleichberechtigung der Konfessionen und leitete eine neue Reichsverfassung ein.

Schreckensbilanz des Krieges

Falls es überhaupt Gewinner des Dreißigjährigen Krieges gab, muss man wohl Hamburg dazu rechnen. Durch den Handel mit Kriegsgütern wie Kupfer, Blei, Eisen, Schwefel, Salpeter und Luntenmaterial war die Elbmetropole zur reichsten und wichtigsten Handelsstadt im deutschen Reich aufgestiegen. Der Krieg hatte die Konjunktur angeheizt: Tuchmachereien, Zuckersiedereien, Seildrehereien, Pulver- und Kupfermühlen sowie die exportierenden Brauereien profitierten erheblich von den blutigen Auseinandersetzungen. Hamburg hatte sich wäh-

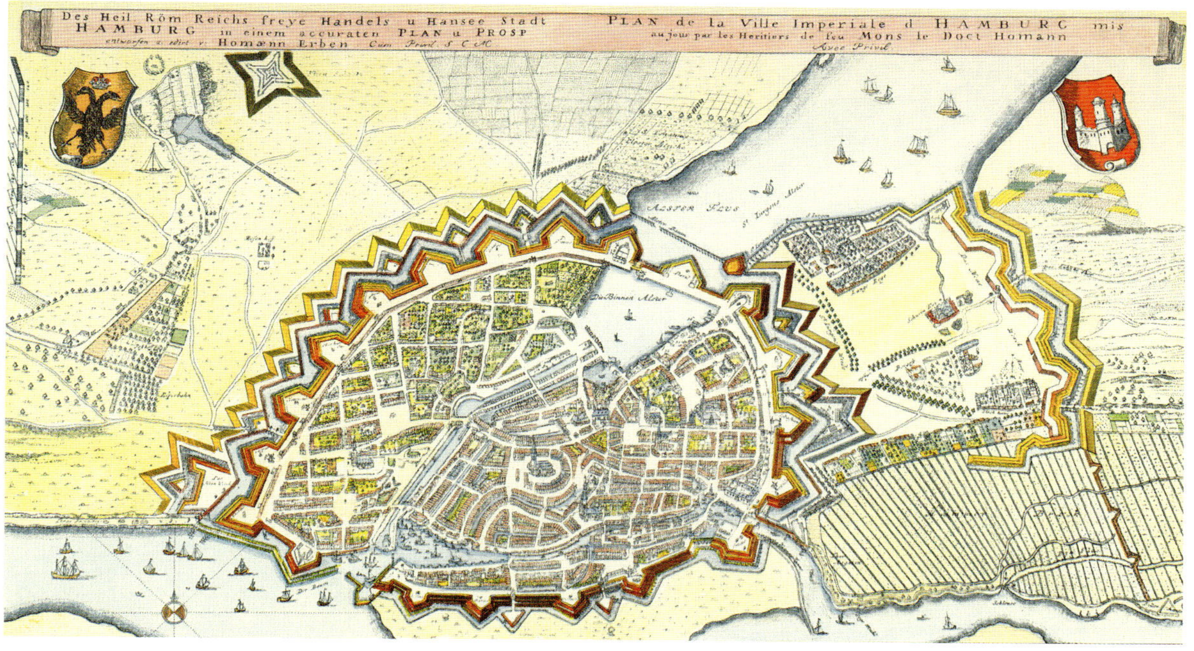

Hamburg mit seinen Festungsanlagen im 17. Jahrhundert

»Leid im Krieg«, Gemälde von Peter Paul Rubens

Parchim in Mecklenburg

rend der dreißig Kriegsjahre Neutralität bewahrt und galt mit den modernsten Festungsanlagen Europas immer noch als uneinnehmbar. Daher hatte es auch keinen militärischen Versuch gegeben, die Stadt zu besetzen.

Ansonsten hatte der Krieg unfassbares Leid über Norddeutschland gebracht. Eine englische Delegation, die zu den Friedensverhandlungen nach Osnabrück gereist war, berichtete nach ihrer Rückkehr von unvorstellbaren Verwüstungen, geplünderten Dörfern und menschenleeren Landstrichen in der norddeutschen Tiefebene. Seuchen wie Pest und Cholera rafften jene dahin, die den Krieg überlebt hatten. Gewaltige Zerstörungen, hohe Menschenopfer, Verarmung und ein Rückgang der Bevölkerung waren zu beklagen.

Besonders Mecklenburg war außergewöhnlich hart vom Krieg getroffen worden. In der Landwirtschaft, die aufgrund des Krieges über Jahrzehnte brachgelegen hatte, fehlten jetzt auch fachkundige Arbeitskräfte. Was daraus folgte, war eine kausale Verkettung des Elends: Missernten, Hunger, Krankheiten, Tod.

In Zeiten wie diesen hatte die Suche nach Sündenböcken wieder Hochkonjunktur. Während des Dreißigjährigen Krieges hatten die Hexenprozesse geruht; nach dem Friedensschluss entwickelte sich Mecklenburg zu einem europäischen Zentrum der Hexenjagd.

Von Mitte des 16. Jahrhunderts bis zum Ende des 17. Jahrhunderts wurden fast 4000 Hexenprozesse geführt; mindestens 2000 Frauen und Männer wurden unter Folter als »Hexen« und »Zauberer« überführt und hingerichtet.

Tatort Parchim

Die Geschichte der Catrina Zeleke, einer alten, zurückgezogen lebenden Frau aus Parchim in Mecklenburg, steht als trauriges Einzelschicksal für unzählig viele. Im Frühjahr 1650 richten einige Bürger eine schriftliche Eingabe an den Rat und den Vogt der Stadt. Darin bezichtigen sie Catrina Zeleke der Hexerei. Dem Schreiben nach soll sie mehrere Kinder des Ortes durch Zauberei getötet haben. Einige wollen sie in einer Vollmondnacht mit einer Hexenmeisterin gesehen haben und beschuldigen sie, die Magd des Müllers an den Teufel verkauft zu haben. Catrina Zeleke wird vor das Gericht in Parchim zitiert und von den Richtern verhört. Nachdem sie alle Anklagepunkte bestritten hat, wird sie in Ketten gelegt, abgeführt und in den Gefangenenturm der Stadt gesperrt.

Der Prozess gegen sie zieht sich über sechs Jahre hin. Um sie der Hexerei überführen zu können, braucht das Gericht ein Geständnis der Angeklagten. Die aber bestreitet weiterhin alle Vorwürfe. Da die Richter zu Mitte des 17. Jahrhunderts keine juristische Ausbildung im heutigen Sinne haben, suchen sie Rat bei Rechtsgelehrten, in diesem Fall bei denen der juristischen Fakultät der Universität Rostock. Die Gelehrten empfehlen schließlich, dass der Scharfrichter die Angeklagte unter Anwendung von Feuer und Schwefel verhören soll. Als der Schwefel auf dem Körper der alten Frau zu brennen beginnt, gesteht sie in ihren maßlosen Schmerzen, dass sie ihre Lehrmeisterin regelmäßig beim Wockersee getroffen und mit dem Leibhaftigen fleischliche Unzucht getrieben habe.

Nach diesem Teilgeständnis soll Catrina Zeleke am Abend noch ein zweites Mal verhört werden. Doch bevor der Scharfrichter die Folter fortsetzen kann, fällt sie in Ohnmacht und stirbt. Die Frage, ob sich die alte Frau der Hexerei schuldig gemacht hat oder nicht, kann nicht mehr beantwortet werden. Die Rostocker Gelehrten raten den Parchimer Richtern, den Leichnam ohne viel Aufhebens und kirchlichen Beistand außerhalb der Stadtgrenzen begraben zu lassen, »ohne Klang, Gesang und andere Ceremonien.«

Der Kampf gegen die Fluten

Während die Mecklenburger mit dem Dreißigjährigen Krieg und den Folgejahren eines der schlimmsten Kapitel ihrer Landesgeschichte erlebten, wurden die Bewohner der Nordseeküste inmitten der Kriegswirren von einer Flutkatastrophe biblischen Ausmaßes heimgesucht. Am 11. Oktober 1634 brach eine gewaltige Sturmflut über die nordwestdeutsche Küste herein, die als Burchardiflut oder auch als »Zweite große Mandränke« in die Annalen einging. Teilweise erreichte die Flut

Folterkammer aus dem 17. Jahrhundert

Rechte Seite: Nordfriesische Deichlandschaft bei Westerhever

eine Höhe von 4,30 Meter über dem mittleren Tidehochwasserstand. Pastor Antonius Heimreich listet einige Opfer der schrecklichen Flut auf: »Persohnen 327, Häuser 159, Pferde 640, Rindtviehe Stück 2552, Schaffe, Schweine und Gänse Stück 1008; an reinem Korn 6538 Tonnen.« Die Burchardiflut riss die Insel Strand in zwei Teile, wodurch die späteren Inseln Nordstrand und Pellworm entstanden. Die Halligen Nieland und Nübbel gingen unter. Allein im nordfriesischen Küstenabschnitt fielen etwa 9000 Menschen der Flut zum Opfer.

Die »Erste große Mandränke«, die zweite Marcellusflut, hatte sich bereits am 16.Januar 1362 ereignet. Wie Chronisten berichten, war die stürmische See an drei Tagen mehr als zwei Meter über die höchsten Deiche gestiegen und hatte unter anderem den Ort Rungholt mitsamt sieben anderen Siedlungen einfach fortgespült. 7600 Menschen sollen damals ertrunken sein.

Leben im Rhythmus von Ebbe und Flut

Kein Gebiet in Europa hat in den letzten tausend Jahren so viele Naturkatastrophen erlebt wie die norddeutsche Küstenregion. Als man um die erste Jahrtausendwende mit dem Deichbau begann, konnte aus damaliger Sicht erstmals ein sicherer Lebensraum in Küstennähe geschaffen werden. Die in der tief liegenden Marsch siedelnden und sesshaft gewordenen Bewohner fühlten sich hinter den Deichen sicher. Doch der im Mittelalter stetig ansteigende Meeresspiegel ließ kein Jahrhundert vergehen, in dem die deutsche Nordseeküste nicht von mehreren katastrophalen Sturmfluten heimgesucht wurde. Denn so paradox es klingen mag – der Bau weiterer Deiche verstärkte die zerstörerische Kraft der Sturmfluten. Die Sturmtiden konnten ihre Wassermassen nun nicht mehr über das offene und flache Küstenland verteilen, sondern

Von der Nordsee bedrohte Halligen

Die Halligen

Die Halligen im nordfriesischen Wattenmeer sind weltweit einzigartig. Sie sind nach den großen Sturmfluten von 1362 und 1634 entstanden, bei denen weite Küstenstriche und größere Inseln untergingen. Über 100 Halligen sollen zwischen dem 14. und dem 19. Jahrhundert existiert haben. Heute sind es noch zehn. Als »schwimmende Träume« im Meer hat sie der Husumer Schriftsteller Theodor Storm einst bezeichnet. Die größeren Eilande sind durch Sommerdeiche geschützt, die nicht eingedeichten gehen während der jährlichen Wintersturmfluten mehrmals »landunter«. Ihre Häuser sind deshalb auf Warften, künstlich aufgeschütteten Erdhügeln, angelegt. Nach der großen Sturmflut von 1962 wurde ein Halligschutzprogramm ins Leben gerufen. Die Halligen wurden mit Steinufern vor der verhängnisvollen Erosion des Meeres geschützt und die Warften verstärkt und erhöht. Schutzräume, die auf tief verankerten Betonstelzen ruhen, wurden für alle Wohnhäuser zur Pflicht. In dieser Zeit entstanden auch neue Anlegebrücken, Zwergschulen und Straßen. Heute leben etwas mehr als dreihundert Menschen auf den Halligen, die seit 1976 an die Strom- und Wasserversorgung des Festlandes angeschlossen sind.

stauten sich an den Deichen zu höheren Wasserständen auf. Die niedrigen und im Mittelalter noch schwachen Deiche hielten dem Druck der Wassermassen und den sich auftürmenden Wellenbergen dann oft nicht stand und brachen. Die Folgen waren dramatisch, denn neben hohen Opferzahlen und der Verwüstung ganzer Dörfer war auch noch die weitflächige Zerstörung des fruchtbaren Marschlandes zu beklagen.

Erst im 18. und 19. Jahrhundert konnte mit Hilfe neuer Erkenntnisse im Deichbau und durch den Einsatz von Maschinen die Küste zwischen den Niederlanden und Jütland zunehmend sturmflutsicher gemacht werden. Heute leben in Norddeutschland mehrere Millionen Menschen im Schutz der Deiche. Ohne diese Wälle wäre der norddeutsche Küstenstreifen noch heute eine amphibische Landschaft, die zweimal täglich weitflächig vom Meerwasser bedeckt wäre.

Wiedergeburt der Welfen

Über Jahrhunderte prägten die Welfen die Geschichte des heutigen Niedersachsen. Ohne sie hätte Braunschweig keinen Dom und Hannover kein Schloss. Die Ursprünge der Welfen-Dynastie liegen zwar in Oberitalien und im süddeutschen Raum, der Grundstein ihres Ruhmes und ihrer Macht aber wurde in Niedersachsen gelegt.

Im 12. Jahrhundert versuchte Welfenkönig Heinrich der Löwe von Braunschweig aus die politischen Geschicke Europas zu beeinflussen. 1168 heiratete er seine zweite Frau Mathilde, die Tochter des englischen Königs, und begründete damit die enge Verbindung zum englischen Königshaus. Mit dem Machtverlust Heinrichs des Löwen durch den Aufstieg Friedrich Barbarossas und den Tod des welfischen Kaisers Otto IV. zerfiel der Besitz der Welfen. Aus einer der mächtigsten Dynas-

Ernst August wurde 1692 Kurfürst von Braunschweig-Lüneburg-Calenberg.

Georg Ludwig als König Georg I. Er regierte Großbritannien von 1714 bis zu seinem Tode 1727 bei Osnabrück (links).

tien Deutschlands wurde ein territorial zerstückeltes Fürstenhaus unbedeutender Provinzfürsten im heutigen Niedersachsen. Erst die Lüneburger Teillinie Calenberg brachte die Welfen wieder an die Macht und im 18. Jahrhundert mit Georg I. sogar auf den britischen Thron.

Motor dieses Machtstrebens war vor allem Ernst August, der jüngste Spross im Haus Hannover. Von seinen verstorbenen Brüdern übernahm Ernst August die Landesherrenschaft in Hannover und den Erbanspruch auf das Fürstentum Lüneburg.

Als Herrscher im Teilfürstentum Calenberg erwachte in ihm der Machthunger: Mit der Rolle als Provinzfürst mochte er sich nicht begnügen, er wollte die einstmals in Europa mächtige Welfen-Dynastie wieder zu politischer Bedeutung führen. Der erste wichtige Schritt auf dem Weg dahin war die Erlangung der Kurwürde. Dazu war es allerdings erforderlich, dass er sein Herrschaftsgebiet erweiterte. Er arrangierte eine Hochzeit zwischen seinem ältesten Sohn Georg Ludwig und der sechzehnjährigen Sophie Dorothea, der Tochter seines älteren Bruders, und erwarb durch diesen Schachzug für seine Nachkommen den Anspruch auf die großen Gebiete der Celleschen Welfen-Linie. Um das beträchtlich gewachsene Herrschaftsgebiet auch in Zukunft in dieser Größe zu erhalten, beschloss Ernst August außerdem, das familiäre Erbrecht zu ändern. Fortan sollten alle Besitzungen ungeteilt an den ältesten Sohn vererbt werden.

Ein Jahr später war Herzog Ernst August bereits am Ziel. Kaiser Leopold I. verlieh ihm 1692 die neunte Kur im Heiligen Römischen Reich Deutscher Nation: Ernst August wurde Kurfürst, und sein Herzogtum bekam den Namen Kurfürstentum Hannover. Ernst Augusts Machtpolitik und der weitere Aufstieg der Welfen wurden allerdings von einer tragischen Liebesgeschichte überschattet.

Das Leineschloss in Hannover

Die Affäre Königsmarck

Nach zwölf Jahren stand nämlich die von Ernst August eingeleitete Ehe des Kurfürstensohns mit Sophie Dorothea vor dem Ende. Georg Ludwig favorisierte seine Mätresse Melusine Gräfin von der Schulenburg, und Sophie Dorothea begann eine Affäre mit Graf Philipp Christoph Königsmarck. Ihr Liebesverhältnis und ein gemeinsamer Fluchtplan wurden 1694 aufgedeckt: Plötzlich gab es eine »Affäre Königsmarck«, die in den europäischen Königshäusern für Aufsehen sorgte. Das pikante Liebesverhältnis seiner Schwiegertochter konnte für Ernst August von großem politischem Schaden sein. Ein Eheskandal im Hause der Welfen? Undenkbar.

Als Königsmarck beschloss, Hannover für immer zu verlassen, begab er sich am 1. Juli 1694 in das Leineschloss, um sich von seiner Geliebten zu verabschieden. Doch der Graf wurde in einen Hinterhalt gelockt und hinterrücks erstochen. Ob Kurfürst Ernst August oder dessen Sohn Georg Ludwig die Ermor-

Die Mätresse:
Melusine von der Schulenburg (1667–1743)

Die Ehefrau:
Sophie Dorothea (1666–1726), Herzogin von Braunschweig-Lüneburg

Rivalinnen am Hofe

Die »Affäre Königsmarck« stellt in der Geschichte des europäischen Adels eine Besonderheit dar. Zwar gab es wohl kaum einen Fürstenhof, in dem sich im Laufe der Jahrhunderte keine Ehetragödie abgespielt hat, aber die Art und Weise, wie Sophie-Dorothea auf ihre Nebenbuhlerin Melusine von der Schulenburg reagierte, ist vor dem Hintergrund der ihr fest zugewiesenen Rolle am Hofe bemerkenswert. Die »betrogene« Sophie-Dorothea fand sich, anders als die meisten höfischen Frauen, nicht damit ab, dass ihr eine Mätresse den Rang als erste Dame des Hofes ablief. Für ihre Zeit erstaunlich selbstbewusst, nahm sie das persönliche Glück mit ihrem Geliebten Graf Königsmarck selbst in die Hand und verstieß damit gegen die ungeschriebenen Regeln des Fürstenhofes. Für Graf Königsmarck allerdings bedeutete der Regelverstoß letztlich den Tod – und für die »Straffällige« die lebenslange Verbannung.

Die Ermordung Graf Königsmarcks im Leineschloss in Hannover in einer zeitgenössischen Darstellung dung angeordnet hatte, wurde nie geklärt. Nach dem Tod von Königsmarck ließ Georg Ludwig die Ehe scheiden und verbannte Sophie Dorothea auf das Schloss Ahlden. Bis zu ihrem Tod durfte die »Prinzessin von Ahlden« das Schloss nicht mehr verlassen. Auch der Kontakt zu ihren beiden Kindern wurde ihr zeitlebens verwehrt.

Die Inthronisierung

Im Jahre 1698 starb Ernst August. Drei Jahre später wurde seine Witwe, Kurfürstin Sophie, mütterlicherseits mit dem britischen Haus Stuart verwandt, durch den »Act of Settlement« zur Anwärterin auf den britischen Thron erklärt; sie starb jedoch im Alter von 84 Jahren, ohne dass sie die Thronfolge noch antreten konnte. Erst ihr Sohn Georg Ludwig bestieg im Jahre 1714 als König Georg I. den britischen Thron und siedelte nach London über, blieb jedoch weiterhin auch Landesherr des Kurfürstentums Hannover, das er immer wieder besuchte. Auf einer dieser Reisen nach Hannover starb er 1727, nach dreizehn Jahren auf dem Thron, in der Nähe von Osnabrück. Georg August, sein Sohn aus der Ehe mit der unter Hausarrest stehenden Sophie Dorothea, folgte ihm als König Georg II. Posthum erfüllte sich damit Ernst Augusts Traum von der großen Macht: Für das Welfenhaus begann eine neue Ära an der Spitze Englands, der größten Weltmacht der Zeit.

Die Blüte der Kirchenmusik

Eine neue Ära war auf kulturellem Gebiet auch für Hamburg angebrochen. Die Hansestadt hatte sich seit der Reformation kontinuierlich zur nordeuropäischen Metropole der Kirchenmusik entwickelt. Jetzt, im Jahre 1721, wurde einer der größten Komponisten der Zeit, Georg Philipp Telemann, zum Kantor am Johanneum und zum Musikdirektor der fünf Hauptkirchen der Stadt berufen. Bis zu seinem Tod am 25. Juni 1767 schuf er hier neben Kantaten, Passionsmusiken, Opern und Festmusiken auch sein bedeutendes Alterswerk, wie »Der Tod Jesu«, »Die Tageszeiten« oder »Der Tag des Gerichts«. Über seine kompositorischen und verlegerischen Arbeiten hinaus initiierte er nach englischem Vorbild ein öffentliches Konzertleben in der Stadt. Bereits 1722 übernahm er die Leitung der Oper und führte das in eine Krise geratene Haus mit einem modernen Konzept zu neuer Blüte. Er setzte sowohl anspruchsvolle Werke als auch unterhaltsame Stücke auf den Spielplan und hatte damit beim Publikum großen Erfolg.

Nach Telemanns Tod trat sein Patenkind Philipp Emanuel Bach die Nachfolge als Kantor und Musikdirektor in der Hansestadt an. Der zweitälteste Sohn Johann Sebastian Bachs war der deutsche Vertreter einer zeit-

Georg Philipp Telemann, einer der bedeutendsten Komponisten seiner Zeit

Schnitger-Orgel in der Hamburger St. Jacobi Kirche

gemäßen Rokokomusik, schrieb über zweihundert Klavierkompositionen und wurde nicht zuletzt für seine spielerisch-galanten Interpretationen bei Konzertauftritten berühmt. Auch er unterstrich mit seinem Wirken Hamburgs Ruf als bedeutendes europäisches Musikzentrum.

Die Kirchenmusik blickte im reformatorischen Norddeutschland bereits auf eine große Tradition zurück. So hatte sich in dieser Region seit dem Anfang des 17. Jahrhunderts eine eigene Stilrichtung in der Orgelmusik herausgebildet, die sich durch häufigen Wechsel der Manuale und eigenständiges Pedalspiel auszeichnete. Zentren dieser »Norddeutschen Orgelschule«, die den jungen Johann Sebastian Bach maßgeblich beeinflussen sollte, waren außer Hamburg vor allem Lübeck, Lüneburg und Stade. Zu ihren wichtigsten Vertretern gehörten Johann Adam Reinken, Georg Böhm, Dietrich Buxtehude sowie Jacob und Hieronymus Praetorius.

Der Orgelmeister Johann Adam Reinken war Organist an der Hamburger St. Catharinenkirche und trat als Komponist von zahlreichen Klaviervariationen, Sonaten, Suiten und Choralbearbeitungen für Orgel hervor. Um seiner Musik zu lauschen und von ihm zu lernen, besuchte ihn auch der junge Johann Sebastian Bach, der in den Jahren 1700 bis 1701 als Schüler an der Lüneburger Michaelisschule war. Insbesondere Reinkens Choral-Improvisationen übten eine starke Faszination auf ihn aus.

Einer der berühmtesten Vertreter der Norddeutschen Orgelschule war auch Dietrich Buxtehude, der seit 1668 als Organist an der Lübecker St. Marienkirche wirkte. 1673 rief er die Abendmusiken ins Leben, eine Reihe vorweihnachtlicher Konzerte, die ihn als Komponisten und Organisten weit über Lübecks Grenzen hinaus bekannt machten. Der virtuose Organist schuf ein umfangreiches Œuvre. Triosonaten und Klavierwerke

Noch erhaltene Schnitger-Orgeln in Norddeutschland

Ort	Kirche	Erbaut
Blankenhagen in Mecklenburg	Dorfkirche	1686
Cappel bei Bremerhaven	St. Peter und Paul	1680
Dedesdorf a. d. Unterweser	St. Laurentius	1698
Ganderkesee i. Oldenburg	St. Cyprian u. Cornelius	1699
Grasberg bei Bremen	Dorfkirche	1694
Hamburg	St. Jacobi	1693
Hamburg-Neuenfelde	St. Pankratius	1688
Hamburg-Ochsenwerder	Ev. luth. Kirche	1708
Hollern bei Hamburg	St. Mauritius	1690
Lüdingworth a. d. Unterelbe	St. Jacobi	1683
Mittelnkirchen bei Hamburg	St. Bartholomäus	1688
Norden in Ostfriesland	St. Ludgeri	1693
Nordseeinsel Pellworm	Alte Kirche	1711
Stade	St. Cosmae	1676
Steinkirchen bei Hamburg	St. Nicolai u. Martini	1687

bestimmen seine weltlichen Kompositionen. Viele seiner Orgelwerke waren sowohl als Vor- oder Nachspiel zum Gottesdienst wie auch für Konzertaufführungen geeignet. Dietrich Buxtehude war das große musikalische Vorbild des jungen Johann Sebastian Bach, der 1705 Unterricht bei ihm in Lübeck nahm.

Mit der Kunst der großen Orgelmeister war die Kunst der Orgelbauer aufs Engste verbunden. Diese hatte in Hamburg ebenfalls eine lange Tradition. Ihren Höhepunkt erreichte sie mit Arp Schnitger, der die Barockorgel zu höchster Vollendung führte. Schnitger unterhielt um 1700 die größte Orgelwerkstatt Europas. Es gelang ihm ein bis heute kaum erreichtes handwerkliches und klangliches Niveau in den mächtigen Instrumenten zu verwirklichen. Bald erstreckte sich sein Wirkungskreis bis nach Dänemark, Schweden, Holland, England, Spanien, Portugal und Russland.

Eroberung der Meere

Bereits im Mittelalter hatten die Norddeutschen durch den Fernhandel Kontakt zu fremden Kulturen aufgebaut und brachten von ihren Reisen nicht nur exotische Waren, sondern auch neue Ideen und Wertvorstellungen in ihre Heimat mit. Das führte in den Hafenstädten zu einer Mentalität, die von Toleranz und Weltoffenheit geprägt war. Diese Lebenseinstellung, heute noch Wesensmerkmal hanseatischer Geschäftskultur, bescherte den Seefahrern und Kaufleuten entscheidende Vorteile in der Frühphase des Welthandels.

Die hoch entwickelte Navigations- und Schiffsbautechnik der Neuzeit begünstigte den Aufschwung der Nord- und Ostseehäfen. Die in Norddeutschland und im übrigen Europa gebräuchlichen Schiffstypen hatten gegenüber der Dschunke im Chinesischen Meer und dem Einbaum in der Südsee zwei

Mit neuen Schiffstypen erobern die Norddeutschen die Meere.

wesentliche Konstruktionsvorteile: den Kiel und das Heckruder, das bereits im 13. Jahrhundert erfunden worden war. Eine entscheidende Innovation kam im Laufe des 15. Jahrhunderts hinzu: die dreimastige Karavelle, auf der das in Europa gebräuchliche quadratische Segel mit dem dreieckigen Lateinsegel des Orients kombiniert wurde. Dadurch konnten die neuen Schiffe härter am Wind segeln und waren weitaus präziser zu navigieren als die Schiffe mit herkömmlicher Takelage. Basierend auf dieser Neuerung gelang der europäischen Seefahrt der Durchbruch.

Im 17. Jahrhundert profitierte die Seefahrt auch von den Fortschritten in Mathematik und Naturwissenschaft. Die nautischen Instrumente wurden verbessert und für genaue Kursberechnungen die mathematischen Voraussetzungen geschaffen – auch wenn das Problem der Längenbestimmung erst mit der Einführung des Harrison-Chronometers im 18. Jahrhundert gelöst werden konnte. In zunehmendem Maße wurden Leuchtfeuer als Ansteuerungspunkte errichtet, Markierungen von Untiefen vorgenommen und die wichtigsten Hafeneinfahrten mit Positionstonnen versehen. In den schnell wachsenden Häfen wie London, Amsterdam und Hamburg baute man außerdem die Hafenbecken aus und errichtete Kaianlagen. Man schuf somit die Voraussetzungen für einen sich rasant ausbreitenden Welthandel.

Für Hamburg war dabei von Vorteil, dass Preußen bis zum 18. Jahrhundert keine eigene Handelsflotte besaß und große Teile des preußischen Kolonialhandels somit über den Hafen der Reichsfreien Stadt abgefertigt wurden. Emden war aufgrund der Nähe zu den Niederlanden seit Mitte des 17.Jahrhunderts ebenfalls ein florierender Handelsplatz. Flensburg, Eckernförde, Kiel, Lübeck und Altona unterhielten ab Anfang des 18. Jahrhunderts eigene Handelsflotten, die sogar Ziele in Westindien ansteuerten.

Traditionelles Biike-Brennen (»Biike« = Feuerzeichen) in Nordfriesland, das die Seeleute auf ihrer Fahrt vor Unheil bewahren soll

Fahrten ins nördliche Eismeer

Der Walfang spielt in der norddeutschen Seefahrtsgeschichte eine nicht unerhebliche Rolle. Die Fahrten ins nördliche Eismeer waren äußerst lukrativ, denn sie warfen hohe Gewinne ab. Das aus dem Speck der Wale gewonnene Öl war im vorindustriellen Zeitalter begehrtes Leuchtmittel. Walöl und Tran bildeten zudem wertvolle Grundstoffe für Seifen, Salben, Farben sowie für Speise- und Schmierfette. Aus dem Horn der Barten, dem Fischbein der Wale, wurden Korsettstangen geschnitzt, Kämme, Knöpfe oder auch Blattfedern für Kutschen hergestellt.

Als sich Anfang des 17. Jahrhunderts niederländische Seefahrer vergeblich nach einer Nordostpassage aufmachten, um auf einem kürzeren und schnelleren Weg nach China und Indien zu gelangen, stießen sie bei Spitzbergen auf eine große Ansammlung von Walen. Schon bald darauf gingen niederländische Schiffe in den eisigen Gewässern des Polarmeeres auf Walfang. Um die Jagd auf die Meeressäuger möglichst effektiv zu gestalten, holte man sich Spezialisten aus dem Baskenland, der Ursprungsregion des Walfangs. Das Wort Harpune, ein mit Widerhaken versehener Speer, leitet sich vom baskischen Wort »*arpoi*« ab, was soviel heißt wie »sich beeilen, schnell«. Als im Jahre 1634 der französische König seinen baskischen Untertanen verbot,

Walfang im nördlichen Eismeer

auf niederländischen Walfangschiffen zu fahren, wollte er mit dieser Maßnahme der wirtschaftlichen Konkurrenz aus Holland schaden. Doch die Niederländer fanden schnell Ersatz.

Neben den Hamburger, Glückstädter und Altonaer Seeleuten stiegen jetzt auch die Fischer der nordfriesischen Inseln in das profitable Walfanggeschäft der Niederländer ein. Für sie kam das neue Tätigkeitsfeld wie ein Geschenk des Himmels. Zum einen war in der Nordsee eine katastrophale Abnahme der Heringsbestände zu beklagen, zum anderen wurden durch die Burchardiflut im selben Jahr weite Teile der norddeutschen Küsten mitsamt der kleinen Häfen und Fischerboote verwüstet. Die Nordfriesen stellten bald schon komplette Besatzungen von Föhr, Sylt oder Amrum. Sie arbeiteten als Kommandeure, Bootsmänner, Harpuniere und Speckschneider.

Die Fangfahrten in das Eismeer konnten nur in den Sommermonaten durchgeführt werden. So verließen die Seefahrer gegen Ende Februar ihre Heimatinseln in Richtung Niederlande. In Amsterdam wurden die Walfangschiffe für die langen Fahrten mit Proviant beladen und mit technischem Gerät wie Harpunen, Lanzen, Leinen, Holzfässern und Fangbooten für den Walfang gerüstet. Anfang April machten sich die Schiffe in Richtung Nordmeer auf. Die Fahrt zu den Fanggründen zwischen Grönland und Spitzbergen dauerte drei bis sechs Wochen, je nach Wind- und Wetterlage.

Die unglaubliche, aber wahre Geschichte des Hark Olufs

Mitte des 18. Jahrhunderts war Amrum eine reichsdänische Enklave im Herzogtum Schleswig. Neben dem Walfang mit den Holländern betrieben die Amrumer auch regen Seehandel unter dänischer Flagge. Die meisten männlichen Bewohner fuhren ab dem elften Lebensjahr zur See. In dieser Zeit wirtschaftlicher Blüte schaffte es der Amrumer Matrose Oluf Jensen bis zum Kapitän und Reeder.

Sein fünfzehn Jahre alter Sohn Hark Olufs fuhr auf einem seiner Segelfrachter als Matrose zur See. Ende Februar des Jahres 1724 ging Hark Olufs an Bord der *Hoffnung*. Das Ziel war Nantes an der französischen Atlantikküste. Im Ärmelkanal unweit der Scilly-Inseln geriet das Schiff in die Hände türkischer Kaperfahrer. Die Piraten enterten die *Hoffnung*, nahmen die Besatzung gefangen und brachten das Schiff samt Ladung in den Hafen von Algier. Hier sollten die Seeleute als Sklaven verkauft werden.

Sklavenkassen

Schon im 17. Jahrhundert wurden im Städtebund der Hanse so genannte »Sklavenkassen« zum Freikauf von Sklaven eingeführt. In Hamburg stellte man beispielsweise vor den Kirchen »Sklavenkassenfiguren« auf: Die mannshohen, aus Holz geschnitzten Figuren trugen keine Schuhe, dafür schwere eiserne Ketten um die Waden. Ihr unterwürfiger Blick sollte bei den Kirchgängern Mitleid erregen, um Spenden in die Kassen zu bekommen. In Dänemark wurde das Geld durch Zwangskollekten in den Kirchen aufgebracht. Diese Art von Sklavenkasse wurde 1716 auch in Schleswig-Holstein eingeführt. Mitte des 18. Jahrhunderts schließlich mussten sich viele Seeleute und Reeder für eine Art Lösegeldversicherung zwangsverpflichten. Die Versicherungsbeiträge richteten sich nach Ranghöhe und Einkommen der Seeleute. Der Freikauf der Sklaven wurde über Mittelsmänner, oft Kaufleute aus den großen Hafenstädten, organisiert.

Nachfolgende Doppelseite: Der Amrumer Kniepsand ist der breiteste Sandstrand Europas.

Die Schlacht um Tunis

Als der Reeder Oluf Jensen auf Amrum von dem Schicksal seines Sohnes erfuhr, hatte er nur eine Möglichkeit: ihn gegen Lösegeld von 800 Mark freizukaufen. Eine enorm hohe Summe, wenn man bedenkt, dass das Jahresgehalt eines Matrosen damals etwa hundert Mark betrug. Selbst für die Amrumer Reederfamilie war der geforderte Betrag zu hoch. Der Vater schrieb ein Bittgesuch an den dänischen König, um einen Kredit aus der dänisch-königlichen Sklavenkasse für das Lösegeld zu erhalten. Kopenhagen lehnte das Amrumer Gesuch jedoch ab, weil die *Hoffnung* nicht unter dänischer, sondern unter Hamburger Flagge ausgelaufen war.

Hark Olufs´ Weg in die Sklaverei war damit besiegelt. Er kam als Lakai an den Hof des Provinzgouverneurs von Constantine, lernte die Sprachen Arabisch, Türkisch und Französisch und konvertierte zum Islam. Nach einer dreijährigen Lehrzeit am Hof des Herrschers ernannte ihn dieser zu seinem Schatzmeister.

Als Hark Olufs' unermüdlicher Vater nach mehr als zehn Jahren die geforderten 800 Mark beisammen hatte, ließ er das Geld über einen Hamburger Kaufmann nach Algier bringen. Schon wenige Wochen später teilte ihm der Kaufmann mit, dass sein Sohn unversehrt in Hamburg eingetroffen sei. Überglücklich reiste der Vater, inzwischen ein alter Mann, in die Elbmetropole. Als er im Hafen eintraf, stand Hark Olufs tatsächlich vor ihm – aber es war nicht sein Sohn, sondern ein Soldat aus Bremen, der zufällig denselben Namen trug. Eine fatale Verwechslung; in Algier hatte man gegen die 800 Mark Lösegeld den Falschen freigelassen. Enttäuscht und gebrochen kehrte der Vater nach Amrum zurück.

Im algerischen Constantine war Hark Olufs inzwischen zum Chef der Leibgarde des Gouverneurs aufgestiegen und wurde sogar Oberkommandeur der Streitkräfte. Vor einer entscheidenden Schlacht gegen Tunis setzte der Gouverneur Hark Olufs als Spion ein, um die gegnerischen Truppen auszukundschaften, und gab ihm das Versprechen, dass er, sollten seine Truppen aus dieser Schlacht als Sieger hervorgehen, nach Amrum zurückkehren dürfe. Es gelang: Noch in derselben Nacht griffen die Truppen des Gouverneurs den Feind an und gewannen nach erbittertem Kampf die Schlacht. Hark Olufs' Herr hielt sein Versprechen und gab ihm die Freiheit zurück.

In Algier verkaufte Hark Olufs seine in den zwölf Jahren erworbenen Besitztümer und traf als wohlhabender Mann am 25. April 1736 endlich wieder auf Amrum ein, zum ungläubigen Staunen des alten Vaters.

Doch zu seiner Überraschung wurde er von den Insulanern zunächst wie ein Fremder behandelt, nicht zuletzt wohl auch deshalb, weil er in der Fremde den christlichen Glauben abgelegt hatte. Erst durch seine Konfirmation und die kirchliche Trauung mit einer jungen Amrumerin gelang ihm die Wiedereingliederung auf der Insel.

Um 1745 begann Hark Olufs seine Autobiografie zu schreiben. Seine Lebensgeschichte wurde in Kopenhagen gedruckt und erschien 1747 in dänischer Sprache, später auch in einer deutschen Übersetzung. Am 13. Oktober 1754 starb Hark Olufs im Alter von 46 Jahren an den Folgen eines Blutsturzes.

Patronymische Namensbildung

In vielen Gegenden Norddeutschlands, insbesondere an der Nordseeküste, wurde der Stammname der Kinder aus dem Vornamen des Vaters gebildet. Hark, der Sohn von Oluf Jensen, hieß demnach Hark Olufs. Durch ein an den Vornamen angehängtes »s«, »en« oder auch »sen« wurde signalisiert, welcher Nachkomme zu welchem Vater gehörte. Die Ehefrauen erhielten durch ihre Hochzeit ebenfalls einen Besitz anzeigenden zweiten Namen. So hieß Antje Lorentzen nach der Eheschließung mit Hark Olufs Antje Harken. Die gemeinsamen Kinder erhielten neben ihren Taufnamen denselben vom Vater abgeleiteten Namen. Erst Mitte des 19. Jahrhunderts setzten sich feste Familiennamen durch, nachdem bereits 1771 der dänische König die patronymische Namensbildung verboten hatte.

Der Grabstein von Hark Olufs steht heute noch auf dem Inselfriedhof St. Clemens in Nebel auf Amrum.

»Einigkeit und Recht und Freiheit« 1789 bis 1900

»La Liberté«, Gemälde von Eugène Delacroix

Vorhergehende Doppelseite: Helgoland, die einzige deutsche Hochseeinsel

Mit der Französischen Revolution von 1789 folgte der nächste epochale Einschnitt in das politische und kulturelle Leben Europas. Die Deutschen lebten damals in einem losen Staatengebilde, dem so genannten Heiligen Römischen Reich Deutscher Nation. Sein Oberhaupt bildete der von den Kurfürsten gewählte Kaiser; zur Zeit der Französischen Revolution waren das Leopold II. und seit 1792 sein Sohn Franz II. Dieses Reich war, anders als Frankreich oder Großbritannien, kein Einheitsstaat, sondern bestand aus etwa hundert Territorien autonomer Reichsstände, wie Fürsten- und Herzogtümern, Reichsrittern oder Reichsstädten. Hinsichtlich ihrer Größe und des politischen Gewichts unterschieden sich die Mitglieder des Reiches stark voneinander. Auf dieses zersplitterte und vom Feudalismus geprägte Staatengebilde trafen nun die Ideen der französischen Revolution.

Schon seit Anfang des 18. Jahrhunderts hatte die französische Aufklärung radikal gegen die ständische Ordnung und die Macht der Kirche gekämpft. Als die neue Nationalversammlung, Haupterrungenschaft der bisherigen bürgerlichen Reformbemühungen, vor ihrer ersten Zusammenkunft mit Waffengewalt aufgelöst werden sollte, stürmten am 14. Juli 1789 die Pariser Volksmassen die Bastille, das Symbol des Absolutismus. In den Folgejahren schafften die neuen

Machthaber Feudalität, Adel und die Monarchie ab und richteten 1793 den König hin.

Die Ziele der Revolution, wie Bauernbefreiung, Gewerbefreiheit, Aufhebung der ständischen Privilegien sowie die Demokratisierung von Verwaltung und Militär, wurden europaweit wenn nicht zum Vorbild, so doch zumindest zur Anregung für weite Bevölkerungskreise, über die vorgeblich gottgewollte Herrschaft ihrer Regenten nachzudenken. So drohten die Ideale der Französischen Revolution jeden absolutistischen Staat und sein Ständesystem zur Disposition zu stellen, auch in Norddeutschland.

Das Echo der Französischen Revolution

Die Menschen in Norddeutschland kamen durch Meldungen in Zeitungen und Zeitschriften mit den Ereignissen und Ideen der französischen Revolution in Berührung. Schon Mitte des 18. Jahrhunderts hatten sich in den norddeutschen Städten Lesegesellschaften gebildet, in deren Lesekabinetten bis zu fünfzig verschiedene politische Zeitungen, gelehrte Zeitschriften und periodische Schriften auslagen. Hier traf sich das Bürgertum zur Lektüre, zum Diskutieren, Essen und Trinken. Diese Salonkultur des öffentlichen Diskurses, eine Erfindung des protestantischen Nordens, sollte sich später auch im süddeutschen Raum ausbreiten.

In Hamburg erschien die damals mit 13 000 Exemplaren auflagenstärkste Zeitung Europas, der *Hamburgische unpartheyische Correspondent*. Er meldete am 25. Juli des Jahres 1789, dass in Paris »große Bewegungen Statt gehabt haben.« Auch andere Zeitungen in Norddeutschland wie die *Göttingischen Zeitungen von Gelehrten Sachen* und das *Politische Journal* aus Altona berichteten

Die dänische Hafenstadt Altona zur Zeit der Französischen Revolution

ausführlich über die Ereignisse des 14. Juli 1789.

Die unmittelbaren Folgen und Reaktionen auf die Umwälzungen in Frankreich waren in Norddeutschland unterschiedlich. In der Universitätsstadt Göttingen rief z. B. ein anonymes Flugblatt »an die hannövrischen Untertanen« zum Umsturz auf, doch die Proteste blieben vereinzelt. In den Kreisen der Lehrer, Pastoren und anderer Gelehrter äußerte man offen seine Sympathie mit den Pariser Aufständen, ohne selbst aber zunächst Handlungsbedarf zu sehen. Anders verhielt es sich mit der Landbevölkerung, insbesondere in den Herzogtümern Mecklenburg-Schwerin und Mecklenburg-Strelitz. Dort kam es in Steinhagen und Bredenfelde zu Protestmärschen und auf den Gütern zwischen Sternberg und Neukloster zu spontanen Arbeitsniederlegungen. Doch diese Aktionen waren nicht koordiniert und blieben die Ausnahme. Auch grenzte sich generell die gebildete Oberschicht in den Städten von den Aufständen der Unterschicht ab, so dass es, anders als in Frankreich, zu keiner gemeinsamen Protestplattform gegen die Herrschenden kam.

In den von Dänemark verwalteten Herzogtümern Schleswig und Holstein war die politisch-soziale Situation um 1789 eine andere. Der reformfreudige dänische Absolutismus gab wenig Anlass zu Kritik an den sozialen Verhältnissen. Selbst unter den radikalen Aufklärern Europas galt Dänemark als moderner Musterstaat, der bereits die ersten Grundlagen für ein System der sozialen Sicherheit geschaffen hatte. Die dänische Stadt Altona, in der praktisch völlige Pressefreiheit herrschte, wurde zum geistigen Zentrum revolutionärer Aktivitäten in Norddeutschland. So veröffentlichte die Altonaer Verlagsgesellschaft bis 1799 mehr demokratische Schriften als die meisten französischen Verlage.

In Hamburg waren einige soziale Entwicklungen, die sich in Frankreich blutig vollzogen,

Die meist adligen Revolutionsimmigranten aus Frankreich brachten mit ihren höfischen Umgangsformen, ihrer Salonkultur und den Pariser Modekreationen neue kulturelle Impulse nach Norddeutschland.

»Terrasse im Restaurant Jacob in Nienstedten an der Elbe«, Gemälde von Max Liebermann.

bereits vorweggenommen. Heftige Unruhen hatte es hier bereits Anfang des 18. Jahrhunderts gegeben, die mit einer kaiserlich verfügten Verfassungsneuordnung beendet wurden. Der im Jahre 1712 neu geschaffene »Hauptrezeß«, ein politisches Ausgleichs- oder Vergleichsverfahren, stellte ein formales Gleichgewicht zwischen dem Rat und den lutherischen, ehelich geborenen Bürgern mit ererbtem Grundbesitz, der »Erbgesessenen Bürgerschaft«, her. Diese städtische Neuordnung erwies sich als stabilisierender Faktor. Dass es in Hamburg innerhalb der Unterschicht relativ wenig sozialen Gärstoff gab, lag auch an der Armenreform von 1788. Neben der nötigen Versorgung der Bedürftigen zielte diese darauf ab, Arbeitsfähigen zur Arbeit und Kindern zu Schul- und Berufsausbildung zu verhelfen. Zudem wurde eine Allgemeine Armenanstalt gegründet, die sich auf eine breite ehrenamtliche Tätigkeit der Bürger stützte. Der Erfolg war messbar. Innerhalb eines Jahrzehnts konnte die Zahl der Armen von über 5000 auf rund 2600 fast halbiert werden. Damit galt die Hamburger Armenpolitik als Inbegriff der aufklärerischen Sozialreformen in Deutschland und in weiten Teilen Europas.

Im August 1791 kam es in Hamburg allerdings zum größten Gesellenaufstand Deutschlands. Anlass war die Bestrafung eines Schlossergesellen, der sich mit seinem Meister zerstritten hatte. Nachdem seine Beschwerde von der Zunft abgewiesen wurde, traten die Hamburger Schlossergesellen in den Ausstand. Daraufhin drohte ihre Zunft ihnen mit dem existenzvernichtenden Entzug der Wanderausweise. Das Geschehen spitzte sich zu, denn nun solidarisierten sich die Gesellen der Maurer, Schuster, Zimmerleute und Grobschmiede nach dem Vorbild der Französischen Revolution mit den Streikenden und legten ebenfalls ihre Arbeit nieder. Es kam somit zu einem Generalstreik, der die

Die Terrasse des Restaurant Louis C. Jacob heute

Versorgung Hamburgs lahm zu legen drohte. Nach acht Tagen kulminierte der Konflikt im bewaffneten Einsatz des städtischen Militärs, bei dem drei Handwerksgesellen getötet und elf verletzt wurden. Daraufhin brach der Aufstand schließlich zusammen.

Trotz der allgemeinen norddeutschen Zurückhaltung hinsichtlich revolutionärer Bestrebungen blieben die Umwälzungen in Frankreich nicht ohne Einfluss: Durch die Verfolgung der französischen Royalisten und Aristokraten kamen etwa 15 000 Emigranten in den Norden. Allein 10 000 von ihnen ließen sich in Hamburg nieder. Die meisten hatten ihr Vermögen verloren und mussten sich nun eine neue Existenz aufbauen. Auf diese Weise brachten sie neue kulturelle Impulse in die Stadt, denn viele der meist adligen Emigranten begannen sich ihr Geld nun als Musik- und Ballettlehrer, Schneider, Hutmacher oder Fechtmeister zu verdienen. Andere gaben Sprachunterricht, gründeten Modegeschäfte oder Parfümerien. Französische Restaurants und Cafés bereicherten bald die Hamburger Speise- und Getränkekarten. Die Sitten in der Elbmetropole verfeinerten sich, und ein Hauch von Luxus legte sich über die Stadt. Einige Zeitgenossen aber beklagten auch den Zerfall der hanseatischen Sittsamkeit und echauffierten sich über extravagante Modeerscheinungen aus Paris, vor allem über die »schamlosen Décolletés.«

So wie es der Konditorin Maria Burmester mit einem französischen Einwanderer erging, könnte es auch in anderen Fällen gewesen sein. Zusammen mit ihrem Mann Nicolaus Burmester betrieb sie im dänischen Nienstedten, nur wenige Kilometer westlich von Hamburg, eine Konditorei. Nebenher ging ihr Mann einem skurrilen Hobby nach: Er begrüßte von der Terrasse seines Hauses am Elbufer die ein- und auslaufenden Segelschiffe mit Böllerschüssen aus einer selbst gebauten Kanone. Je größer das Schiff, desto effekt-

Johann Georg Niederegger, geboren 1777 in Ulm, gestorben 1856 in Lübeck.

Louis Bonaparte (1778 – 1846) wurde von seinem Bruder Napoleon Bonaparte 1806 zum König von Holland erklärt.

voller die Schüsse. Bei der Begrüßung eines besonders großen Frachtseglers am 18. Juni 1790 jedoch war die Explosion so gewaltig, dass sich ein Eisensplitter von der Kanone löste und Burmester an der rechten Schläfe traf. Drei Tage später erlag er seiner Verletzung und ließ seine junge Frau mit sechs Kindern zurück.

Kurz darauf lernte Maria Burmester jedoch den Franzosen Daniel Louis Jacques kennen, einen adligen Landschaftsgärtner aus Paris, der wegen der Revolution das Land hatte verlassen müssen. In Hamburg nannte er sich einfach nur Jacob. Die beiden verliebten sich ineinander und heirateten. Wenig später, am 1. April 1791, eröffnete der Franzose mit königlich-dänischer Schankkonzession die Restauration Jacob, die schnell großen Zulauf von Hamburger Reedern und Kaufleuten erhielt und noch heute besteht.

Die Lübecker Marzipan-Connection

Auch in Lübeck ließen sich zahlreiche Emigranten aus Frankreich nieder, und auch hier scharten sich nicht selten junge Einheimische um sie, um von ihnen zu lernen. So kam der Wandergeselle Johann Georg Niederegger, der in Ulm das Konditorhandwerk gelernt hatte, im Jahr 1802 in die Hansestadt: Er hatte gehört, dass sich hier französische Confiseure und Patisseure niedergelassen hatten. Die Spezialität der vier Lübecker Konditoren Duclot, Maret, Maquinet und Raith: Marzipan.

Der junge Niederegger bekam eine Anstellung bei Maret. Da es der Zunft der Zuckerbäcker nicht erlaubt war, Mehl zu verarbeiten, und sie somit weder Brot noch Kuchen backen durften, verkaufte Maret neben den Konditoreierzeugnissen auch Spielwaren, Parfüms und goldene Damenuhren an die meist weibliche Kundschaft. Allein von dem Geschäft mit den teuren Zuckerwaren hätte Maret weder seine Familie ernähren noch sich einen Gesellen leisten können.

Als der Konditormeister nach knapp zwei Jahren starb, änderte sich das Leben des jungen Niederegger schlagartig. Da Marets Sohn noch minderjährig war, bat die Witwe den Gesellen, die Konditorei zu führen. Niederegger willigte ein. Schon zwei Jahre später konnte er die Konditorei pachten und etablierte sich am 1. März 1806 im Alter von neunundzwanzig Jahren als Konditor und Kaufmann. Die große Karriere von Niedereggers Marzipan, das schließlich eine Art Aushängeschild Lübecks werden sollte, konnte beginnen.

Folgen der Herrschaft Napoleons

Als das revolutionäre Frankreich im April 1792 Österreich den Krieg erklärte, schlug sich Preußen auf die Seite seines Verbünde-

ten Österreich. Die nun folgenden, von Frankreich als Befreiungskrieg deklarierten so genannten napoleonischen Feldzüge überrollten ganz Europa und sollten insgesamt dreizehn Jahre dauern. Napoleon Bonaparte, Oberbefehlshaber der französischen Revolutionsheere, übernahm während dieser Zeit am 8. November 1799 in einem Handstreich die Macht in Frankreich und erklärte die Revolution für beendet; 1804 ließ er sich zum Kaiser ausrufen. Er führte die französischen Truppen in mehreren Schlachten zum Sieg über die Verbündeten und leitete damit den Zerfall des Heiligen Römischen Reichs Deutscher Nation ein: Kaiser Franz II. musste auf Verlangen Napoleons die deutsche Kaiserkrone niederlegen. Damit erlosch 1806 das tausendjährige Kaisertum. Auch das Preußen Friedrich Wilhelms III. brach zusammen. Das neue Königreich Westfalen, Sachsen sowie die mittel- und norddeutschen Kleinstaaten schlossen sich dem Rheinbund an.

Napoleon Bonaparte – Artillerieoffizier, Erster Konsul und Kaiser der Franzosen in einer klassizistischen Darstellung

C´est la vie: Die Franzosenzeit beginnt

Während der napoleonischen Kriege besetzten die Franzosen große Teile Norddeutschlands. Nachdem die französischen Truppen die Niederlande erobert hatten und Louis Bonaparte von seinem Bruder Napoleon 1806 zum König von Holland erklärt worden war, überquerten im Oktober desselben Jahres niederländische Truppen die Ems und nahmen Leer, Emden und Aurich ein. Das gesamte neu gewonnene Gebiet – Ostfriesland, das Jeverland sowie Varel – wurde erst dem Königreich Holland zugeschlagen und im Jahre 1810 dem französischen Kaiserreich einverleibt. Schleswig und Holstein, als Teile der dänischen Monarchie ohnehin mit Frankreich verbündet, blieben von der Besatzung verschont.

Nach der Niederlage der spanisch-französischen Flotte gegen die Briten in der Seeschlacht bei Trafalgar wollte Napoleon Großbritannien wirtschaftlich ausbluten lassen. In dieser Strategie spielte Hamburg eine zentrale Rolle, denn die Elbmetropole war der wichtigste Umschlagplatz britischer Waren auf dem europäischen Kontinent. Unter dem Befehl von Marschall Édouard Mortier besetzten am 19. November 1806 2600 Soldaten die Stadt. Zwei Tage später verfügte Napoleon die Kontinentalsperre. Fortan durften keine britischen Waren mehr auf dem Kontinent eingeführt werden, Elbe und Weser wurden für die Schifffahrt und den gesamten Fernhandel gesperrt, auch der Schiffsbau in Hamburg wurde verboten. Das Postwesen wurde der französischen Kontrolle unterstellt und das Recht auf Meinungsfreiheit eingeschränkt. In den Schulen führte man Französisch als Unterrichtssprache ein, und die Zeitungen, von den Besatzern stark zensiert, mussten zweisprachig erscheinen.

Von 1810 bis 1814 ist Hamburg eine französische Stadt: am Brooktor mit Blick auf Wilhelmsburg.

In Altona, der unmittelbaren Hamburger Konkurrenz, profitierte man von der Kontinentalsperre und dem Verbot des Schiffsbaus in der Nachbarstadt. Auch die an der Eidermündung gelegene kleine Hafenstadt Tönning war Nutznießer von Hamburgs Krise und zog einen Teil des legalen wie auch des illegalen Seehandels an sich.

Das Jahr 1808 markierte den Tiefpunkt des Handels in der Elbmetropole. Die Manufakturen der Hamburger Leinen- und Tuchmachereien waren ebenso ruiniert wie die Zuckersieder und Werften. 1810 erklärte Napoleon Hamburg zu einer französischen Stadt und zum Zentrum des neu gegründeten Départements Bouches-de-l'Elbe. Fortan galten in allen vier französischen Départements Norddeutschlands die französischen Städte- und Gemeindeverordnungen. An die Stelle mancherorts noch mittelalterlich anmutender Gesetze und Herrschaftsstrukturen trat nun eine moderne Verwaltung mit straff organisierten Behörden und einem übersichtlichen Finanzwesen. Auch wurde die Leibeigenschaft mit der Einführung des Code Napoléon, dem französischen Zivilgesetzbuch, in fast ganz Norddeutschland abgeschafft. Die in dem Gesetzbuch enthaltenen und aus der französischen Revolution übernommenen Prinzipien von Gleichheit vor dem Gesetz, Anerkennung der Freiheit der Person und Trennung von Kirche und Staat gelangten so nach Norddeutschland, ebenso wie das rechtsstaatliche Zivilprozessverfahren.

Der Schmuggel blüht

Trotz der modernen Gesetzgebung, einheitlichen Verwaltung und fortschrittlichen Rechtsordnung waren die französischen Besatzungssoldaten in Norddeutschland alles andere als willkommen. Nicht nur die Handelsstädte Lübeck, Hamburg und Bremen

Hamburger Straßenleben während der Franzosenzeit

Tönninger Hafeneinfahrt bei Nacht

hatten unter der Franzosenzeit zu leiden. Auch der Seehandel der Ostfriesen war durch die Kontinentalsperre völlig zusammengebrochen. Von der kargen Viehwirtschaft konnten sich die Ostfriesen nicht ausreichend ernähren. Die schlechten Ernten von 1808/09 verschlimmerten die Situation. Einziger Ausweg war der unter drakonischen Strafen stehende Schleichhandel mit englischen Waren.

Nachdem die Briten aus militärstrategischen Überlegungen die dänische Insel Helgoland besetzt hatten, wurde die Hochseeinsel britische Kolonie. Dadurch avancierte Helgoland zum Knotenpunkt des Schmuggels und zum englischen Brückenkopf im Handelskrieg gegen Napoleon. Dass der Schleichhandel unter harter Strafe stand, konnte keinen Ostfriesen schrecken. Selbst kleine Schiffe, eigentlich nur für das Wattenmeer gebaut, wurden für die Hochseefahrt umgerüstet. Um die napoleonischen Wachposten zu umgehen, suchten die Schmuggelfahrer den Schutz der Nacht und ließen sich nach Einsetzen der Dunkelheit in ihren Booten mit dem Ebbstrom hinaus aufs Meer treiben, um erst auf See die Segel zu setzen. Sie erreichten noch in der Morgendämmerung ihr Ziel und kehrten dann abends in ihre Küstenorte zurück. Die begehrtesten Waren der Schmuggler waren Textilien, Metallwaren sowie Kaffee, Zucker und Tee. Den Großteil ihrer Waren verkauften sie in die Städte; beliebtester Umschlagsort war Hamburg.

Doch auch in der Nähe von Nienburg, im Département der Wesermündungen, blühte der Handel mit britischen Waren. 1811 kam es hier wiederholt zu bewaffneten Auseinandersetzungen zwischen Zollbeamten und Schleichhändlern.

Die Stadt in Norddeutschland jedoch, die am stärksten von Napoleons Blockadepolitik profitierte, war Tönning. Abgesehen vom schwunghaften Anstieg des Seehandels, steuerten täglich etwa 400 mit Kolonialwaren beladene Schiffe von Helgoland aus die kleine Hafenstadt an der Westküste Schleswig-Holsteins an. »Klein-London«, wie die Nordfriesen damals die Insel Helgoland nannten, brachte den Tönningern sieben fette Jahre ein. Von der Eider gelangte das Schmuggelgut dann, wie von den anderen Häfen auch, über Schleichwege zum Verkauf in die Städte, insbesondere nach Altona und Hamburg.

Rien ne va plus: Napoleon hat ausgespielt

Als Russland sich der Kontinentalsperre entziehen wollte, stellte Napoleon im Frühjahr 1812 mit 600 000 Mann die »Große Armee« auf. Auch Norddeutsche aus den vier französischen Départements wurden für den Russlandfeldzug zwangsrekrutiert. Doch Napoleon musste im Dezember 1812 vor Moskau eine katastrophale Niederlage hinnehmen. Jetzt erhoben sich auch Preußen und Österreich gegen Frankreich und gingen mit Russland eine Allianz ein. In der »Völkerschlacht« bei Leipzig siegten 1813 die Alliierten über die französische Armee. Den flüchtenden Truppen Napoleons schlossen sich auch die französischen Besatzungseinheiten Hamburgs an und verließen die Stadt.

Wenige Tage später rückte der russische Oberst Tettenborn mit etwa 1400 Kosaken unter dem Geläute der Kirchenglocken und

Oberst Tettenborn rückt mit seiner Kosakenarmee in Hamburg ein.

Die Hamburger St.-Petri-Kirche wird von den Franzosen als Pferdestall benutzt.

dem Jubel der Bevölkerung als Befreier in Hamburg ein. Doch die Kosakenzeit in der Hansestadt war nur von kurzer Dauer, denn bereits zehn Wochen später standen die französischen Truppen erneut vor den Toren. Nach einem Befehl aus Paris sollte die Elbmetropole unbedingt gehalten werden, um den Briten den Nachschubweg für ihre Armee auf dem Kontinent abzuschneiden. Gegen 20 000 Franzosen, Italiener und Holländer sahen die 1400 Kosaken keine Chance und zogen ab.

Wegen der patriotischen und französischfeindlichen Umtriebe in der Stadt forderte Napoleon von den Bürgern eine Strafzahlung von 48 Millionen Franc. Zudem zweckentfremdeten die Franzosen viele Kirchen als Pferdeställe und bemächtigten sich des Bankschatzes in Höhe von 7,5 Millionen Bancomark.

Da die Besatzer mit einer Belagerung Hamburgs durch die Alliierten rechneten, begannen sie die Stadt zu einer Festung umzubauen. 6000 Hamburger wurden zum Schanzen verpflichtet. Die Stadtgräben wurden vertieft und Wälle aufgeschüttet. Um ein freies Schussfeld nach Westen zu haben, ließen die Franzosen die gesamte Vorstadt am Hamburger Berg abbrennen. Jeder Bürger musste sich einen Verpflegungsvorrat für sechs Monate anlegen. Wer dazu nicht in der Lage war, wurde gezwungen, die Stadt zu verlassen. Für mehr als 30 000 Hamburger war die Forderung völlig utopisch. 20 000 von ihnen verließen freiwillig die Stadt, Tausende wurden vertrieben und kamen ums Leben.

Erst nachdem die Alliierten Ende März 1814 Paris eingenommen hatten und Napoleon abdanken musste, gaben die Franzosen auf und verließen die Stadt. Am 30. Mai 1814 war Hamburg wieder eine freie Stadt.

Norddeutschland atmet auf

Nach der Schreckensherrschaft Napoleons wurden auf dem Wiener Kongress 1815 die politischen Verhältnisse in Mitteleuropa neu geordnet. Die Versammlung setzte sich aus den europäischen Fürsten und Staatsmännern zusammen, die kurz zuvor den Sturz Napoleons erzwungen hatten. Russland, Österreich und Preußen gewannen neue Territorien hinzu. Kriegsverlierer Frankreich erlitt keine Gebietsverluste und blieb als Gegengewicht zu Russland als Großmacht bestehen. Aus Holland und Belgien wurde das Königreich der Vereinigten Niederlande gebildet, und Großbritannien behielt Helgoland und bekam Malta und Gebiete in Übersee hinzu.

39 deutsche Einzelstaaten schlossen sich unter Vorsitz Österreichs zum Deutschen Bund zusammen. Zu den norddeutschen Staaten des Deutschen Bundes zählten das Königreich Hannover, die Großherzogtümer Oldenburg, Mecklenburg-Schwerin und Mecklenburg-Strelitz sowie die Herzogtümer Braunschweig, Holstein-Lauenburg und das Fürstentum Schaumburg-Lippe. Hamburg, Lübeck und Bremen gehörten dem neuen föderalen Staatenbund als freie Stadtstaaten an.

Die alten Zöpfe werden neu geflochten

Ebenso wie die Territorien in Europa neu verteilt wurden, kam es auch zu einer Neuordnung in der Politik: Restauration, Wiederherstellung der alten Herrschaftsstrukturen, war dabei die vorherrschende Devise. Dem Volk, also auch dem wirtschaftskräftigen Bürgertum, wurde nach wie vor das Recht auf Selbstbestimmung verweigert und Widerstand gegen die Obrigkeit unter Strafe gestellt. Zur Abwehr revolutionärer Ideen vereinbarten die Fürsten eine gemeinsame Politik: In der »Heiligen Allianz«, dem Bündnis des protestantischen Preußen, des katholischen Österreich und des orthodoxen Russ-

Hamburger Stadtansicht um 1800

Die Reeperbahn in St. Pauli verdankt ihren Namen den Reepschlägern, die hier Taue herstellten.

land, verpflichteten sich die Monarchen »aus Verantwortung vor Gott und gemäß den Worten der Heiligen Schrift« zur gegenseitigen Hilfe gegen mögliche umstürzlerische Bewegungen. Dieser Allianz traten neben Papst Pius VII. alle europäischen Monarchen bei und so kehrte der Deutsche Bund unter Fürst von Metternich zu den alten Machtverhältnissen zurück.

Im monarchisch geprägten Deutschen Bund nahmen die bürgerlich regierten Stadtstaaten Hamburg, Lübeck und Bremen eine Sonderstellung ein. Um sich im Bund gegenüber den Fürsten zu behaupten, wurde der Geist der alten Hanse mit neuem Leben erfüllt. Die drei Freien Städte errichteten ein gemeinsames Oberes Gericht, vereinigten ihre Truppen in gemeinschaftlichen Heeresverbänden und regelten die außenpolitischen Belange möglichst einheitlich. Innenpolitisch wurden in den drei Hansestädten, so wie im übrigen Deutschland, die vornapoleonischen Herrschaftsverhältnisse wieder eingeführt.

Nach einer kurzen Zeit der Depression begannen sich in Norddeutschland Handel und Wirtschaft von den Auswirkungen der Kontinentalsperre langsam zu erholen. Zwar waren während der Belagerungszeit wichtige Handelspartner in Übersee verloren gegangen, aber als sich in Lateinamerika seit 1818 ein Land nach dem anderen die Unabhängigkeit erkämpfte, erschlossen sich neue Märkte im Welthandel.

Besonders Hamburg, durch die Franzosenzeit am Rande des Staatsbankrotts, bescherte der sich rasant entwickelnde Handel mit Amerika neue wirtschaftliche Impulse. Vor allem durch die Einfuhr von Baumwolle avancierte die Hafenstadt wieder zum wichtigsten Umschlagplatz auf dem europäischen Kontinent. In den dreißiger Jahren des 18. Jahrhunderts machte das steigende Handelsvolumen sogar eine Vertiefung der Elbe, neue Kaianlagen und die Erweiterung des Hafenbeckens erforderlich. Außerdem erhöhten moderne Vorrichtungen zum Laden und Löschen der Waren und bessere Verkehrsanbindungen zum Hinterland die Effizienz des Hafens.

Die große Freiheit

Anfang des 17. Jahrhunderts war das spätere St. Pauli als Vorstadt Hamburger Berg vor den Toren der Befestigungen Hamburgs entstanden. Lange Zeit hatte die Fläche zwischen der Hansestadt und Altona nicht bebaut werden dürfen, damit man im Verteidigungsfall ein freies Schussfeld hatte. Doch nun begannen sich immer mehr Betriebe, die innerhalb der Stadtmauern aus Lärm-, Platz-, Geruchs- und Hygienegründen nicht erwünscht waren, dort niederzulassen. Dazu gehörten unter anderem auch die Seilmacher (Reepschläger), die entlang der Landstraße von Hamburg nach Altona Schiffstaue aus Hanf und Teer herstellten und denen die Reeperbahn ihren Namen verdankt.

Gleich nebenan, in Altona, hatte man zur selben Zeit auf Geheiß des Grafen Ernst von Schauenburg ein städtisches Areal mit dem Namen »Freiheit« eingerichtet, in dem absolute Gewerbe- und Religionsfreiheit herrschten: eine Form der Wirtschaftsförderung für qualifizierte Handwerker, vor allem für Glaubensflüchtlinge wie Juden, Mennoniten, Katholiken und Calvinisten, die hier ihr Gewerbe gegen eine Jahresgebühr unabhängig von den Zünften ausüben konnten. In der »Freiheit« durften sie auch ihre eigenen Kirchen errichten und, anders als im lutherischen Hamburg, ihre Religionen ausüben.

1833, nach teilweisem Abriss durch die Franzosen und Wiederaufbau, erhielt die Vorstadt einen eigenen Namen. Das »Reglement der öffentlichen Verhältnisse« besagte, dass die »Vorstadt, bisher Hamburger Berg benannt, von nun an nach der dortigen Kirche Vorstadt St. Pauli zu benennen ist«.

Die eigentlichen Anfänge des Vergnügungs-

»Vergnügen in der Vorstadt St. Pauli (Hamburgerberg)«, Steindruck von C. Suhr

Hamburger Hafen um 1890

viertels St. Pauli liegen am Spielbudenplatz. Ab Mitte des 19. Jahrhunderts boten hier Gaukler, Feuerschlucker und Jongleure der feinen hanseatischen Gesellschaft Zerstreuung und Kurzweil. Die einst gemiedene Vorstadt der armen Leute wurde von den Hamburger Bürgern nun als sonntägliche Flaniermeile entdeckt.

Ein regelrechter Boom setzte im zweiten Drittel des 19. Jahrhunderts mit dem Aufkommen der Dampfschifffahrt ein. Da der Hamburger Senat in den Dampfschiffen eine Gefahr für die im Hafen ankernden Segelschiffe sah, verfügte er, dass sie draußen am Hamburger Berg festmachen mussten. »Landgang auf dem Hamburger Berg!« hieß nun der Geheimtipp der amüsierwilligen Matrosen aus aller Welt. Nun lösten bald massiv gebaute Figurentheater, Bierhallen und Ballhäuser die bisherige Budenbebauung ab. Kneipen und Bordelle schossen wie Pilze aus dem Boden.

Wie in vielen anderen Hafenstädten der Welt war zwar auch in Hamburg die Prostitution seit dem 17. Jahrhundert verboten; die Bordelle der Vorstadt auf dem Hamburger Berg jedoch wurden, wie ein zeitgenössischer Reiseführer schreibt, vom Senat »mit weisem Stillschweigen« geduldet, da sie der Kanalisierung der »Lüderlichkeit des groben Haufens« und »des Gemeinvolkes« dienten.

Gutsherrenart

Spätestens seit der napoleonischen Besetzung 1806 hatte man die Leibeigenschaft in Norddeutschland weitgehend abgeschafft. Nur in Mecklenburg waren die Bauern und Landarbeiter weiterhin der Willkür der Gutsherrschaft ausgesetzt.

Als erster Gutsbesitzer hob dort Ferdinand Freiherr von Maltzan schließlich am 16. Oktober 1816 freiwillig die Leibeigenschaft auf seinen Gütern auf. 1819 wurde auf dem Landtag in Sternberg die Abschaffung der Leibeigenschaft in Mecklenburg-Schwerin und in Mecklenburg-Strelitz eingeleitet und schrittweise in den vier Jahren von 1821 bis 1824 für jeweils ein Viertel der betroffenen Landbevölkerung verwirklicht. Beabsichtigt war, dass die Bauern Erbpächter des von ihnen bewirtschafteten Landes werden sollten. Wer jedoch geglaubt hatte, dass das Ende der Leibeigenschaft für die Bauern automatisch eine Verbesserung bedeutete, sah sich getäuscht. Komplizierte Erbregelungen und die aus ihnen resultierenden kleinen unrentablen Betriebsgrößen führten einen großen Teil der Bauern entweder direkt in die Arbeitslosigkeit oder mittelfristig in den wirtschaftlichen Ruin. Die Folge davon war, dass sie dann entweder als Knechte und Mägde auf anderen Gutsbetrieben oder als Tagelöhner in der Stadt Arbeit suchen mussten.

Wegen der wachsenden Arbeitslosigkeit und steigenden Armut der mecklenburgischen Landbevölkerung wurde bereits 1817 im ehemaligen Residenzschloss in Güstrow ein Landarbeiterhaus als soziale Auffangstation für »Menschen, welche durch Müßiggang, verbotene Gewerbe und Bettelei der bürgerlichen Gesellschaft beschwerlich oder gefährlich werden« eingerichtet. Mit stetem Anstieg der Bewohnerzahl wurden Aufnahme, Arbeitseinsätze, Aufenthalt und Entlassung zunehmend wie in einer Strafanstalt reglementiert. Vergehen gegen die Hausordnung wurden mit der Knute und anderen harten Strafen wie Essensentzug und Strafbunker geahndet. Als im Jahre 1824 das Landarbeiterhaus hoffnungslos überbelegt war, wurden mehrere hundert Insassen nach Brasilien verbannt.

Im Königreich Hannover war die Arbeitslosigkeit auf dem Land besonders hoch. Seit der Aufhebung der Leibeigenschaft waren hier, anders als in Mecklenburg, die Höfe nicht unter den Erbberechtigten aufgeteilt, sondern einem einzelnen Erben, in der Regel dem Ältesten, übertragen worden. Die anderen gingen leer aus. Im Osnabrücker Land

Rechte Seite: Das Schloss Güstrow diente zeitweise als Notunterkunft verarmter Landarbeiter aus Mecklenburg.

Auswanderer in Bremer Haven im 19. Jahrhundert

Der Emigrant Johann Heinrich zur Oeveste mit seiner Frau Regina Louisa

war nur der jüngste Sohn erbberechtigt. Viele der älteren Bauernsöhne, die sich nicht als Knecht auf dem Hof des jüngeren Bruders verdingen wollten, mussten in der Stadt Arbeit suchen.

Die Verelendung der Landbevölkerung war in Norddeutschland somit flächendeckend – und das zu einer Zeit, als etwa 80 Prozent der Menschen auf dem Land lebten. Ein enormer Bevölkerungsanstieg zu dieser Zeit verschlechterte die Lage der Landbewohner zusätzlich, so dass nun nicht nur die Arbeit, sondern auch die Nahrungsmittel knapp wurden. Die Landflucht in die Städte schien der einzige Ausweg zu sein und nahm immer größere Ausmaße an. Und wer auch dort keine Arbeit mehr fand, hatte nur noch die Wahl, nach Amerika auszuwandern. Allein in der Landdrosterei Osnabrück machten sich zwischen 1832 und 1866 mehr als 60 000 Menschen auf den Weg nach Amerika – bei einer Gesamtbevölkerung von etwa 260 000.

Die Geschichte des Johann Heinrich zur Oeveste

In der Situation eines nicht erbberechtigten Erstgeborenen befand sich auch Johann Heinrich zur Oeveste. Der Bauernsohn aus Rieste bei Osnabrück hatte noch fünf Schwestern und zwei jüngere Brüder. Im Mai des Jahres 1833, er war 32 Jahre alt und hatte sich seinem unglücklichen Schicksal schon fast ergeben, fiel ihm ein Flugblatt in die Hand, das Amerika als »gelobtes Land« pries. Als er sich daraufhin umhörte, erfuhr er von unzähligen Arbeitsplätzen auf dem Land und in den Städten, die es in dem fernen Land angeblich gab, von Löhnen, die sechs- bis zehnmal höher waren als in seiner Heimat, und sogar von der Möglichkeit einer selbständigen, unabhängigen Existenz: Amerika schien tatsächlich ein »gelobtes Land« zu sein, und Johann Heinrich zur Oeveste beschloss, die Gefahren der Überfahrt auf sich zu nehmen und sein Glück in dem fernen, fremden Land zu suchen.

Anfang März verließ er sein Elternhaus. In Bremer Haven, dem damals neuen Seehafen der Stadt Bremen, von dem aus sich zu der Zeit die meisten europäischen Auswanderer nach Amerika einschifften, ging er am Abend des 13. März 1834 zusammen mit rund hundert weiteren Passagieren an Bord der *Magdalene*. Sechs bis acht Wochen sollte die Überfahrt auf dem Zweimaster dauern. Völlig entkräftet erreichten die Passagiere am 18. Mai 1834 das »gelobte Land«. Von Baltimore reiste Johann Heinrich weiter nach Cincinnati. Dort fand er Arbeit auf einer Farm und schloss sich der Plattdeutschen Kirche an, in der »niemand in den Kirchenrath gewählt werden kann, der der Plattdeutschen Sprache nicht mächtig ist«, wie er seinen Eltern nach Hause schrieb.

Hier lernte er auch seine Frau Regina Louisa kennen, mit der er sich im Jahr 1840, gemeinsam mit Osnabrücker Landsleuten, am White Creek niederließ, wenige Meilen südlich von Columbus.

Ruf nach Freiheit und Nation

Neben der Arbeitslosigkeit waren es sicherlich auch die politischen Verhältnisse, die viele Norddeutsche zur Auswanderung bewegten. Nicht jeder war bereit, die restaurative Festschreibung der alten Ordnung hinzunehmen. Auch wenn man sich nach 1815 zunächst des offenen politischen Protests enthielt, hatte der Sieg über Napoleon eine Art gemeindeutsches Erlebnis hinterlassen und nicht nur den Wunsch nach Einheit, sondern auch nach Liberalisierung der politischen Verhältnisse wach gerufen.

Vor allem das Großbürgertum vertrat liberale Ideen, die von der Selbständigkeit des Menschen im Denken, Urteilen und Handeln ausgingen. Die wichtigsten politischen Forderungen, die sich daraus ergaben, waren das Recht auf Glaubens- und Meinungsfreiheit sowie auf persönliche Freiheit und Eigentum.

Hinter dem immer stärker aufkeimenden Interesse an einer deutschen Nation stand nicht nur die Hoffnung, dass ein Nationalstaat die wirtschaftlichen, politischen und sozialen Missstände beseitigen könnte. Das aufsteigende Bürgertum war geradezu berauscht vom nationalen Pathos und träumte vom Kampf eines sich bewusst werdenden Volkes gegen nochmalige Fremdherrschaft.

Neue revolutionäre Impulse

Im Juli 1830 stießen die Franzosen König Karl X., der zur absoluten Monarchie zurückkehren wollte, vom Thron. Diese so genannte Julirevolution brachte neue Impulse in die Länder des Deutschen Bunds.

In Norddeutschland sprang der revolutionäre Funke zuerst in Braunschweig über.

Ernst August (1771–1851), König von Hannover, Herzog von Cumberland und Onkel der englischen Königin Victoria.

1830: Sturm auf das Braunschweiger Schloss

1830 herrschte hier wegen einer durch Missernten bedingten hohen Arbeitslosigkeit und wegen allgemeinen Hungers große Unzufriedenheit. Außerdem hatte Herzog Karl II. mit seinem neoabsolutistischen und selbstherrlichen Regierungsstil die Untertanen gegen sich aufgebracht. Als für den Winter 1830/31 die nächste schlechte Ernte vorauszusehen war, entlud sich der Unmut in der Bevölkerung schließlich in einem Volksaufstand. Handwerker und Arbeiter stürmten das Braunschweiger Schloss des Herzogs und setzten es in Brand. Karl II. blieb nur noch die Flucht. In der Stadt musste die Bürgerwehr die aufgebrachte Menge in Schach halten, bis der jüngere Bruder des Herzogs die Regierung übernahm und wieder für Ruhe und Ordnung sorgte.

Ein weiterer Unruheherd in den 1830er Jahren war Göttingen. Im Königreich Hannover war 1833 unter maßgeblicher Beteiligung des Göttinger Professors Friedrich Christoph Dahlmann nach langwierigen Verhandlungen zwischen Krone und Ständen eine moderne Verfassung zustande gekommen. Sie schränkte die Macht des hannoverschen Monarchen durch eine Ständeversammlung deutlich ein. 1837 übernahm jedoch König Ernst August die Herrschaft im Leineschloss, was für das Volk einen gewaltigen politischen Rückschlag bedeutete: Der konservative König hob die neue Verfassung wieder auf, um die Monarchie mit den alten Machtbefugnissen auszustatten. Dann ordnete er Wahlen zur Ständeversammlung nach der Verfassung von 1819 an.

Die Göttinger Sieben

Gegen diesen Verfassungsbruch des Königs setzten sich sieben Professoren der Universität Göttingen vehement zur Wehr. Die Prominentesten der »Göttinger Sieben« waren Friedrich Christoph Dahlmann sowie Jacob

Die »Göttinger Sieben«: Jakob und Wilhelm Grimm, Friedrich Christoph Dahlmann, Georg Gottfried Gervinius, Heinrich Ewald, Wilhelm Albrecht und Wilhelm Eduard Weber

Göttinger Studentenunruhen im Jahre 1837

Der Dichter Heinrich Heine, geboren 1797 in Düsseldorf, gestorben 1856 in Paris.

Julius Campe, der Verleger des Hamburger Hoffmann und Campe Verlags

und Wilhelm Grimm, die zwanzig Jahre zuvor ihre berühmte Märchensammlung veröffentlicht hatten. Die Gelehrten verfassten eine Protestschrift, die bald in tausenden von Exemplaren in ganz Deutschland kursierte.

Wütend ließ König Ernst August drei Wochen später die Entlassung der sieben Professoren verkünden, doch die Mehrheit der damals über 900 Göttinger Studenten zeigte sich solidarisch und blies zu einem spontanen Protestmarsch auf der Weender Straße. Studentische Unruhen gewohnt, war das Militär alsbald zur Stelle, um die »liberalen Umtriebe« unter Einsatz von Knüppeln und Peitschenhieben im Keim zu ersticken.

Die Grußadressen und Solidaritätsbekundungen, mit denen die Göttinger Professoren aus ganz Deutschland überhäuft wurden, konnte man jedoch nicht verhindern. Die Sympathisanten kamen nicht nur aus dem liberalen Bürgertum, auch Handwerker und Gesellen waren darunter. Die populären Konterfeis der Göttinger Sieben schmückten bald Kinderspielzeug, Biergläser sowie Pfeifenköpfe. Ein Hamburger Reeder taufte sein neu vom Stapel laufendes Schiff sogar auf den Namen *Dahlmann*.

Zu politischen Konsequenzen führte der Protest der Göttinger Sieben allerdings ebenso wenig wie die Aufstände von 1830. Zwar wurde die liberale Öffentlichkeit mobilisiert, doch als der Deutsche Bund seine restriktive Politik mit Zensurbestimmungen und dem Bundesbeschluss »über Maßregeln zur Aufrechterhaltung der gesetzlichen Ordnung und Ruhe in Deutschland« immer weiter verschärfte, fielen die bürgerlich-liberalen Kreise wieder in einen tiefen politischen Winterschlaf.

Die Künstler melden sich zu Wort

Dieser Winterschlaf blieb nicht ohne Folgen für Kunst und Literatur, denn Künstler und Dichter nutzten diese Medien, um ihrem politischen Engagement und Protest Ausdruck zu verleihen. So finden sich in den »schönen Künsten« des 19. Jahrhunderts dezidiert nationale und kritische Töne.

Einer der prominentesten Vertreter dieser Richtung war der Dichter Heinrich Heine, der von 1815 bis 1831 in Hamburg lebte. In »Deutschland, ein Wintermärchen« überzieht der Wahlfranzose Deutschland mit ätzender satirischer Kritik. Das Land befindet sich in einer Art Winter- und mythologischem Tiefschlaf: Es erscheint langweilig, kalt, finster und dumpf. Hamburg hingegen kommt vergleichsweise gut weg, was sicherlich auch an einer leichten Nostalgie Heines liegt. Nicht zuletzt durch seinen deutschen Verleger, den Hamburger Julius Campe, hatte der Dichter zeitlebens eine besondere Beziehung zur Hansestadt.

In der Malerei der Romantik gehört Caspar David Friedrich, 1774 in Greifswald geboren, zu den berühmtesten Vertretern Norddeutsch-

Dichterdenkmal Hoffmanns von Fallersleben auf Helgoland, wo er 1841 das »Lied der Deutschen« schrieb.

»Eismeer«, Gemälde von Caspar David Friedrich

lands. Zwar hatte er an der Kunstakademie in Kopenhagen studiert und 1798 die Residenzstadt Dresden zum Wohnsitz gewählt, doch für sein Werk blieb die norddeutsche Heimat stets von großer Bedeutung: An der Küste fand er Inspiration und Motive für das künstlerische Schaffen, wovon seine zahlreichen Reisen Zeugnis ablegen. In seinem Œuvre belegt u. a. das dramatische »Eismeer« von 1823/24 den starken und bleibenden Eindruck, den die Küstenlandschaft auf ihn machte. Auf politischer Ebene konnte man aus diesem Bild die Resignation des fortschrittlichen deutschen Bürgertums im »vereisten Klima« reaktionärer Tendenzen herauslesen.

Mit sehr viel weiter reichenden Folgen setzte sich der Dichter August Heinrich Hoffmann von Fallersleben mit der politischen Stimmung in Deutschland auseinander. Er hatte bei Jacob Grimm, einem der »Göttinger Sieben«, Philologie studiert, galt als radikaler Demokrat und war Anhänger der so genannten »Freisinnigen«, einer Vorgängerbewegung des deutschen Liberalismus. Zwischen 1837 und 1841 verfasste Hoffmann von Fallersleben als Professor für deutsche Sprache und Literatur seine »Unpolitischen Lieder«, die natürlich alles andere als unpolitisch waren.

Vom 11. August bis zum 5. September 1841 weilte er zur Kur auf der damals noch zu England gehörenden Nordseeinsel Helgoland. Dort dichtete er am 26. August das dreistro-

Der Komponist Joseph Haydn schuf mit seiner Kaiserhymne die spätere Melodie des Lieds der Deutschen.

Erstausgabe des »Lieds der Deutschen« von 1841 (rechts)

phige »Lied der Deutschen«, das die damals fortschrittlich-utopische Idee von der Einheit der Deutschen aufgreift und das heute die Nationalhymne der Bundesrepublik Deutschland ist. Die Melodie, die der Professor für deutsche Sprache und Literatur beim Schreiben für die Vertonung im Sinn hatte, hatte Joseph Haydn bereits 1797 als österreichische Kaiserhymne komponiert.

Drei Tage nach Entstehung des Textes bekam Fallersleben Besuch von seinem Hamburger Verleger Julius Campe, der schon ein Jahr zuvor die »Unpolitischen Lieder« herausgebracht hatte. Fallersleben notiert zu dieser Begegnung:

»Am 29. August spaziere ich mit Campe am Strande. ›Ich habe ein Lied gemacht, das kostet aber vier Louisdor‹. Wir gehen in das Erholungszimmer. Ich lese ihm: ›Deutschland, Deutschland über Alles‹, und ehe ich noch damit zu Ende bin, legt er mir die vier Louisdor auf meine Brieftasche. Ich schreibe [das Lied] unter dem Lärm der jämmerlichen Tanzmusik ab; Campe steckt es ein, und wir scheiden.«

Eine Woche später, am 4. September, erschien der Erstdruck im Hoffmann und Campe Verlag. Auf dem Hamburger Jungfernstieg wurde das »Lied der Deutschen« im Oktober uraufgeführt, als Mitglieder der Turnerschaft und des Hamburger Bürgermilitärs einem badischen Politiker vor dem Hotel Streit's ein Ständchen gaben.

Die Revolution von 1848

Die Februar-Revolution von 1848 in Paris gab dem schlummernden deutschen Liberalismus den entscheidenden Schub. Überall in Deutschland kam es zu Aufständen, deren Ziel neben der politischen Freiheit nun auch die nationale Einheit war.

In Wien erzwang die Revolution am 15. März 1848 die Entlassung des österreichischen Staatskanzlers Metternich, der die restaurative Staatenwelt Europas seit dem Beginn des Jahrhunderts entscheidend geprägt hatte. Daraufhin trat in Frankfurt das Vorparlament zusammen und beschloss die Wahl der Frankfurter Nationalversammlung, die am 18. Mai in der Paulskirche zusammentraf. Sie war das verfassunggebende Parlament der deutschen Revolution; der Bundestag des Deutschen Bundes wurde somit durch eine Versammlung gewählter Volksvertreter ersetzt.

Die Schleswig-Holsteinische Erhebung

Schleswig und Holstein hatten großen Anteil an den Ereignissen in Deutschland. Schon Jahrhunderte schwelte die Problematik ihrer Einheit, ihrer Zugehörigkeit zu Dänemark oder ihrer getrennten Eigenständigkeit. Doch mit dem Zündfunken der 1848er-Geschehnisse in Frankreich setzte sich ein Mechanismus in Gang, der beide Herzogtümer zwischen die Mühlsteine deutsch-nationaler und dänisch-nationaler Einheitsbestrebungen brachte. Sie wurden dadurch gewissermaßen zu einem nationalen Exempel.

Während das Herzogtum Holstein im Jahre 1848 dem Deutschen Bund angehörte, wurde das Herzogtum Schleswig seit dem 15. Jahrhundert vom dänischen König in Personalunion mit Dänemark als Herzog regiert. Am 11. März 1848 forderte eine Volksversammlung in Kopenhagen einen freiheitlichen dänischen Gesamtstaat bis zur Eider, der dann auch den Landesteil Schleswig beinhaltet hätte. In Kiel antwortete man mit der Bildung einer provisorischen Landesregierung Gesamt-Schleswig-Holsteins, um die enge Anbindung an Dänemark zu verhindern.

Damit war ein Bürgerkrieg zwischen Däne-

Am Morgen nach der Schlacht bei Idstedt

mark und Schleswig-Holstein nicht mehr zu vermeiden. Schon am 9. April 1848 kam es nordwestlich von Flensburg zur ersten Schlacht. Die Schleswig-Holsteiner, den Dänen waffentechnisch und zahlenmäßig weit unterlegen, erlitten eine schwere Niederlage und baten Preußen um Hilfe. Unter Billigung des Deutschen Bundestages in Frankfurt entsandte der Deutsche Bund ein Hilfscorps von 9000 Mann, Preußen schickte weitere 12 000 Soldaten. Während die Dänen ihre Dominanz zur See eindrucksvoll mit Hafenblockaden demonstrierten, waren die deutschen Truppen zu Land überlegen und konnten bis weit nach Jütland vordringen. Auf Druck der Großmächte kam es am 26. August 1848 zum Waffenstillstand. Die Provisorische Landesregierung in Kiel wurde durch eine »Gemeinsame Regierung« mit je zwei Mitgliedern von Preußen und Dänemark ersetzt.

Ein Jahr darauf, im März 1849, brach der Krieg erneut aus und endete vier Monate später mit dem Waffenstillstandsabkommen von Berlin. Der am 2. Juli 1850 in Berlin unterzeichnete Friedensvertrag garantierte den Dänen die Oberherrschaft über Schleswig-Holstein. Die Kieler Statthalter fühlten sich deshalb von Preußen verraten und weigerten sich, den Vertrag zu akzeptieren. Mit einem zahlenmäßig weit unterlegenen Heer nahmen die Schleswig-Holsteiner ein weiteres Mal, nun jedoch allein, den Krieg gegen Dänemark auf. In Idstedt kam es am 25. Juli 1850 zur entscheidenden Schlacht, bei der die schleswig-holsteinische Armee gegen die dänische Übermacht eine schwere Niederlage erlitt.

Im Londoner Protokoll vom Mai 1852 wurde Schleswig-Holstein schließlich der dänischen Krone unterstellt, die den beiden Herzogtümern Autonomie und die Unverletzlichkeit ihres Prinzips »Up ewig ungedeelt« zusicherte. Doch von »ewigem« Bestand konnte auch bei dieser Regelung nicht die Rede sein.

Die Mecklenburger proben den Aufstand

In Norddeutschland wurden 1848 durch den revolutionären Schub aus Frankreich die alten Machtstrukturen in den Städten und auf dem Land gleichermaßen in Frage gestellt.

In Mecklenburg reagierte die Bevölkerung mit spontanen antifeudalen Kundgebungen. Das städtische Bürgertum begann sich in demokratischen Reformvereinen zu organisieren. In den Arbeitervierteln von Rostock und Schwerin entstanden radikal-demokratische Arbeitervereine, deren Mitglieder in Zeitungen wie dem *Mecklenburgischen Bürgerfreund* revolutionäre Gedichte, Lieder und Karikaturen veröffentlichten. Auf dem Land kam es zu Aufständen und blutigen Auseinandersetzungen. Als auf einer Massenkundgebung in der Gegend um Waren Tagelöhner den Abbau des Großgrundbesitzes verlangten und Landarbeiter das Recht auf bäuerliches Eigentum einklagten, schlug das mecklenburgische Militär die Versammlung brutal nieder.

Um den revolutionären Bestrebungen den Wind aus den Segeln zu nehmen, signalisierten die mecklenburgischen Regierungen in Schwerin und Neustrelitz konstitutionelle Zugeständnisse. Den Reformern gelang es daraufhin, die Presse- und Versammlungsfreiheit sowie ein demokratisches Wahlrecht durchzusetzen. Doch bevor die verfassungspolitische Entwicklung abgeschlossen werden konnte, beendete der Großherzog von Mecklenburg-Strelitz den Reformprozess mit Gewalt. Von den 1848 bis 1849 realisierten Forderungen blieb lediglich das Recht, auf der Straße öffentlich rauchen zu dürfen.

Hamburg ist nicht Paris

Wie verbesserungsbedürftig das Gemeinwesen Hamburgs war, zeigte der große Stadtbrand von 1842, bei dem 51 Menschen starben und

Hamburger Stadtbrand von 1842

In der Nacht vom 4. auf den 5. Mai 1842 brach im Haus eines Hamburger Tabakhändlers in der Deichstraße ein Feuer aus. Die Nachtwächter schlugen Alarm, und von den Türmen läuteten die Sturmglocken die Feuerwehr herbei. Das trockene Wetter und die in den Nachbarspeichern gelagerten hoch entzündlichen Materialien wie Arrak, Gummi und Lack begünstigten die schnelle Ausbreitung des Feuers. Der zunächst kleine Speicherbrand wuchs sich zu einer Katastrophe aus. Obwohl Hamburg mit über tausend Feuerwehrleuten, 34 Land- und 11 Schiffsspritzen über das modernste Feuerlöschwesen in Norddeutschland verfügte, wütete der Brand vier Tage und vier Nächte lang. Mehr als ein Viertel der alten Stadt wurde dabei in Schutt und Asche gelegt. Soldaten mussten gegen Plünderer vorgehen. In den Flammen starben 51 Menschen, über 20 000 wurden obdachlos. Der verheerende Brand vernichtete mehr als hundert Speicher und fast 2000 Häuser, darunter vier Kirchen, zwei Synagogen, die alte Börse, das Rathaus, die Bank und Teile des Stadtarchivs.

Revolutionäre Umtriebe in Hamburg: 1848 stürmen aufgebrachte Bürger das Steintor und setzen es in Brand.

Politische Versammlung 1848 in der Hamburger Tonhalle

mehr als ein Viertel der Stadt in Schutt und Asche gelegt wurde. Die Feuerwehrleute verirrten sich in den viel zu engen Gassen; die hölzernen Wasserleitungen, die ausreichend Löschwasser hätten transportieren können, brannten lichterloh. In diesem Chaos zeigte sich für die Bürger einmal mehr die Unfähigkeit des alteingesessenen Rates der Stadt. Der Zeitgenosse Dr. Schleiden schrieb in seinem Buch über den großen Stadtbrand: »Reformpläne der verschiedenen Art wurden nun laut und ein lebensfrischer Odem wehte durch unser Gemeinwesen. Es wird niemand in Abrede stellen, dass wir noch anderen Schutt als den der Gebäude aus den Toren hinauszufahren haben und dass aus den Ruinen mittelalterlicher Institutionen sich ein Neubau erheben muss, welcher namentlich fast alle Zweige unserer Verwaltung umfasst.«

Als jedoch auch nach dem Brand keine wesentlichen Veränderungen einsetzten, wuchs der Unmut über das alte System weiter und artikulierte sich bald nicht mehr nur in den politischen Zirkeln und Clubs der Stadt.

Am 9. Juni 1848 kam es zu schweren Unruhen, als aufgebrachte Bürger das Steintor stürmten. Anlass dafür waren die schwierigen Lebensbedingungen, die sich durch die dänische Elbblockade während des Konflikts um Schleswig-Holstein weiter verschlechtert hatten. Zudem entlud sich die Wut der Bürger auf die alten Handelszölle und die Torsperre, die einen freien Waren- und Personenverkehr zwischen Hamburg und den Vorstädten verhinderten. Die Menge überwältigte die Bürgerwache, bemächtigte sich der Sperrmarken, hebelte die schweren Torflügel aus und setzte das Akzisegebäude, in dem die Steuern für Ein- und Ausfuhr zu entrichten waren, in Brand.

Am 13. August fand in der Hamburger Tonhalle eine Versammlung statt: Radikale, das linke und das rechte Zentrum forderten eine tief greifende Verfassungsreform. Um die aufgebrachten Bürger zu besänftigen, versprach der Rat freie Wahlen für Hamburg, von denen allerdings Obdachlose, Bettler und Frauen ausgeschlossen bleiben sollten. Es kam zu einer verfassunggebenden Versammlung, deren Vertragsentwurf eine frei gewählte Bürgerschaft von 300 Abgeordneten vorsah. Diese am 11. Juli 1849 verabschiedete »Verfassung des Freistaates Hamburg« wurde aber nie realisiert. Stattdessen beschloss der Rat, dem »Drei-Königs-Bündnis« von Preußen, Hannover und Sachsen beizutreten, das gegründet worden war, um die vom revolutionären Geist erfasste Frankfurter Nationalversammlung auszuschalten.

Revolutionstheater in Hannover

Im Königreich Hannover verliefen die Tage der Revolution im Unterschied zu Mecklenburg und Hamburg erstaunlich harmlos:

Die Presse und politische Gruppierungen

Die bedeutendsten politischen Zeitungen und periodischen Schriften zu der Zeit waren:
Hamburger Börsen-Halle
= Konservative (rechts)
Deutsche Zeitung
= Gemäßigte Liberale (rechts)
Hamburgischer Correspondent
= Liberale (rechtes Zentrum)
Der Freisinnige
= Fortschrittliche Liberale (linkes Zentrum)
Hamburgischer Beobachter
= Gemäßigte Demokraten (links)
Der Demokrat
= Radikale Demokraten (extrem links)

Die verschiedenen politischen Zirkel und Klubs formierten sich meist im Umfeld der politisch entsprechend ausgerichteten Publikationen. Politische Parteien im heutigen Sinne gab es um 1848 noch nicht.

Protestmärsche ja, aber bitte in geordneten Bahnen und in Begleitung einer freiwilligen Bürgerwehr zum Schutze unbescholtener Bürger. Der Höhepunkt der »revolutionären Umtriebe« war eine tausend Mann starke Bürgerversammlung im großen Saal des Ballhofs. Der Hofrat und Meister vom Stuhl in Hannovers größter Loge, Leibmedicus Holscher, wetterte gegen die Zensur; ein Buchhändler plädierte für die Menschenwürde, und ein stadtbekannter Kaffeehausliterat trat für das »Recht des öffentlichen Tabak- und Biergenusses« ein. Die Menge applaudierte ein wenig hier und echauffierte sich ein wenig da. Niemand brauchte sich Sorgen zu machen, dass die Veranstaltung mit Tumulten endete. Der Abend war offensichtlich nichts weiter als eine Inszenierung.

»Ein Ort mit katzenjämmerlichen Debattisten«, die sich über das »Bier oder nicht Bier trinken« ereiferten, spottete später Wilhelm Busch, der die Jahre 1848/49 in Hannover als Pennäler erlebt hatte. Bis ins hohe Alter bewahrte er sich nach eigener Aussage immerhin zwei »Errungenschaften« der Revolution: »Die Liebe zum Tabak und zum Bier.«

Wieder einmal war, nicht nur in Norddeutschland, auch in anderen Staaten des Deutschen Bundes eine Revolution gescheitert.

Die Industrielle Revolution

Doch im ausgehenden 18. Jahrhundert setzte eine Umwälzung ganz anderer Art ein: Von Großbritannien aus begann die Industrielle Revolution auf Deutschland überzugreifen. Im Inselreich waren die Grundherrschaft und der Zunftzwang früher als in anderen europäischen Ländern gelockert worden. Dadurch bestanden beste Voraussetzungen für eine freie Ausbreitung des Handels, eine größere

Eine Textilfabrik zur Zeit der Industriellen Revolution

Kapitalkonzentration und eine Modernisierung der Technik. Die Erfindungen der Dampf- und Spinnmaschine, der Einsatz des mechanischen Webstuhls und neue Verfahren in der Eisenverarbeitung trugen entscheidend zum Übergang von der Manufaktur- zur Fabrikarbeit bei. Was Handwerker mit ihrer Hände Arbeit verrichtet hatten, wurde innerhalb weniger Jahre durch moderne, zeit- und arbeitseffektivere Techniken abgelöst. Neu geschaffene Infrastrukturen mit Eisenbahnlinien und Chausseen führten zu einer bisher nicht gekannten Mobilität der Menschen und Güter.

Anders als an Saar, Rhein und Ruhr entwickelte sich die Industrialisierung in Norddeutschland aber nur punktuell. Die wichtigsten Produktionsstätten siedelten sich in Hannover, Braunschweig, Bremen, Delmenhorst, Hamburg, Ottensen, Altona, Kiel, Rendsburg, Neumünster und Tondern an. Neben der wichtigen Werft- und Schiffszuliefererindustrie waren es hauptsächlich Fabriken der Textil-, Papier- und Lederindustrie, Eisenbahn- und Maschinenbauwerke, Brauereien, Eisengießereien sowie Konservenfabriken der Fisch und Fleisch verarbeitenden Industrie, die sich in Norddeutschland niederließen.

Die neu gegründeten Industrieanlagen ersetzten mit ihrer kapitalintensiven maschinellen Herstellung die personalintensive Ferti-

Eine »Dampfpfluglokomotive«, Vorbild der heutigen Traktoren, beim Einsatz in der Landwirtschaft

Der Flugpionier Karl Jatho mit seinem »Flugapparat mit Explosionsmotor«, der von einem 12-PS-Einzylinder-Buchet-Motor angetrieben wurde

gungsweise der alten Manufakturen. Wind- und Wassermühlen wurden durch Dampfmaschinen ersetzt. Das Fuhrgespann verlor mit Einführung der Dampfpfluglokomotive und der Eisenbahn immer mehr an Bedeutung. Stählerne Dampfschiffe lösten die aus Holz gefertigten Segelfrachter ab. So konnten die durch die industrielle Produktion verbilligten Waren auch schneller transportiert werden. Für Hamburg und Bremen, die norddeutschen Zentren des Fernhandels, brach eine neue Ära im internationalen Warenaustausch an, denn der Bedarf an Rohstoffen, Nahrungsmitteln und Konsumgütern war weltweit gestiegen.

Auch die Landwirtschaft entwickelte sich in weiten Teilen Norddeutschlands durch Verwendung von Kunstdünger und den Einsatz von Maschinen langsam zu einem Zweig der Industrie. Zudem siedelten sich auf dem Land Zuckerfabriken, Molkereibetriebe und Butterwerke an.

Stunde der norddeutschen Pioniere

Die Epoche der Industriellen Revolution war auch die Stunde der Tüftler und Pioniere. 1851 baute Wilhelm Bauer in Kiel das erste Unterseeboot der Welt, den so genannten Brandtaucher. Alfred Nobel, der in Krümmel eine Sprengstofffabrik besaß, machte bei Experimenten auf einem Elbfloß seine berühmteste Erfindung: das Dynamit, das er 1867 patentieren ließ. 1898 gründete Emil Berliner, der Erfinder der Schellackplatte, in Hannover die erste Schallplattenfabrik der Welt.

1903 gelang einem Norddeutschen der bis dahin größte Luftsprung der Geschichte. Karl Jatho, Beamter der Hannoveraner Stadtverwaltung, nutzte jede freie Minute, um seinem Traum vom Fliegen ein Stück näher zu kommen. Als einer der ersten Flugpioniere erkennt er, dass ein starker Motor Grundvoraussetzung für die Flugfähigkeit der Apparate ist. Am Morgen des 18. August 1903 schiebt Jatho seinen »Flugapparat mit Explosionsmotor« aus einem Holzschuppen auf die freie Fläche der Vahrenwalder Heide. Es herrscht absolute Windstille. Jatho besteigt seinen Flugdrachen und startet den Motor. Unter heftigem Knattern setzt sich der Apparat in Bewegung. Der Motordrachen gewinnt immer mehr an Geschwindigkeit, und dann passiert es: »Der erste Luftsprung bei ganz stillem Wetter. 18 Meter, 3/4 Meter Höhe, große Freude«, notiert Jatho in sein Tagebuch.

Die Gebrüder Wright, die bis in unsere Tage als die ersten Motorflieger der Welt galten, waren zu dieser Zeit noch nicht so weit. Ihr erster Flug gelang ihnen erst zwei Monate später. Somit fand der erste Motorflug der Welt nicht in den Sanddünen von Kitty Hawk statt, sondern auf der Vahrenwalder Heide bei Hannover.

Neue Wege braucht das Land

Das Fernstraßensystem in Norddeutschland südlich der Linie Emden–Altona–Schwerin war Anfang des 19. Jahrhunderts für das damalige Verkehrsaufkommen relativ gut ausgebaut. Mit den für den Postverkehr errichteten Überlandwegen waren die wichtigsten Städte und Marktflecken miteinander verbunden.

Die Durchschnittsgeschwindigkeit der Postkutschen betrug etwa sechs Meilen pro Tag. Noch in den dreißiger Jahren des 19. Jahrhunderts dauerte eine Reise von Greifswald nach Schwerin eineinhalb Tage, von Emden nach Helmstedt vier Tage und von Flensburg nach Göttingen etwa eine Woche. Während die Postkutschen Personen, Briefe, Pakete und kleine Güter beförderten, wurden für größere Transporte vier- bis achtspännige Planwagen eingesetzt.

Entscheidende Impulse zur Modernisierung dieses Wegesystems kamen dann durch

den französischen Straßenbau während der Zeit Napoleons. Von den ehemaligen Besatzern übernahm man für die befestigten Straßen auch das Wort »Chaussee«. Vorbild war die von den französischen Truppen gebaute, etwa 380 Kilometer lange Landstraße, die von Hamburg bis an die niederländische Grenze bei Kleve führte und durchgehend mit einer festen Fahrbahndecke »chaussiert« war. Der schlechte Zustand mancher Postwege zeigte, wie wichtig die Chaussierung war. Oft waren es nur ungepflasterte Sand- oder Heidewege, die Orte wie Amelinghausen mit Lüneburg oder Gifhorn mit Dannenberg verbanden.

Geradezu katastrophale Straßenzustände herrschten in den Herzogtümern Holstein und Schleswig. Vor 1830 gab es in Schleswig-Holstein, von einigen wenigen Steindämmen in den Marschen abgesehen, keine befestigten Straßen. Es existierten lediglich ausgefahrene Wagenspuren, die oft morastig und bei Regen nicht mehr passierbar waren. Die erste befestigte Straße Holsteins war die von privaten Trägern gebaute Chaussee, die Altona mit Blankenese verband, deren Trasse heute noch existiert und jedem Hamburger als Elbchaussee bekannt ist. Erst zwischen 1832 und 1842 wurden in den Herzogtümern Holstein und Lauenburg die ersten 187 Kilometer chaussiert. Der Anschluss an den wichtigen Wirtschaftsraum Hamburg–Altona–Ottensen gelang 1847/48 mit dem Bau der Nord-Süd-Chaussee von Kolding über Rendsburg nach Altona.

Infolge des zunehmenden gesamtwirtschaftlichen Aufschwungs stieg in Norddeutschland der Bedarf an Roh- und Energiestoffen stark an. Das Vorantreiben des Eisenbahnbaus war daher eine logische Konsequenz. Bereits 1826 wurde für den Transport der reichen Erzvorkommen im Harz eine Eisenbahnverbindung zwischen Hannover und Goslar geplant, konnte aber wegen Finanzierungsschwierigkeiten nicht realisiert werden.

Die erste Eisenbahnlinie in Norddeutschland wurde 1838 zwischen Braunschweig und Wolfenbüttel eröffnet und zwei Jahre später weiter nach Bad Harzburg geführt. Im selben Jahr plante die hannoversche Regierung einen Eisenbahnbau von Hannover nach Minden. Doch die königliche Planungskommission sah sich vor unüberwindbare Hindernisse gestellt. Wie sollte eine 65 Kilometer lange Strecke gebaut werden, die größtenteils durch die ausländischen Territorien Preußens und des Fürstentums Schaumburg-Lippe führte? Wie konnte ein Fahrplan erstellt werden, wo doch in den deutschen Staaten noch keine gemeinsame Grundzeit existierte? Die MEZ, die mitteleuropäische Zeit, wurde erst 1893 eingeführt. Erschwerend hinzu kamen die militärstrategischen Überlegungen der einzelnen Staaten, aufgrund deren jeder eine eigene Spurweite für die Bahn geplant hatte. Allen Widrigkeiten zum Trotz konnte 1843 immerhin die Strecke von Hannover nach Peine eröffnet werden, die 1844 nach Braunschweig verlängert wurde.

Der Bahnhof in Braunschweig

In ähnlicher Weise bekamen die Eisenbahnplaner der Hansestädte Hamburg und Lübeck die politischen Differenzen mit Dänemark zu spüren. Da eine Schienenverbindung zwischen den beiden Hansestädten über holsteinisches Gebiet hätte führen müssen, stieß die geplante Trassenführung beim dänischen König auf Ablehnung. Er befürchtete einen Standortnachteil der holsteinischen Städte und zog eine innerdänische Eisenbahnlinie zwischen Kiel und Altona vor, die 1844 in Betrieb genommen wurde. Hamburgs Anschluss ans Schienennetz gelang erst zwei Jahre später mit der Verbindung nach Bergedorf, die von dort weiter über Büchen und das mecklenburgische Ludwigslust nach Berlin führte. 1850 umfasste das Eisenbahnnetz in Norddeutschland eine Gesamtlänge von knapp tausend Kilometern.

Auch die Situation der norddeutschen Häfen veränderte sich durch das stetig wachsende Schienennetz. Während Flensburg, Tönning, Kiel und Altona vom Anschluss profitierten, gerieten die Häfen in Wismar und Rostock in eine Konkurrenzsituation mit der Bahn, denn durch die schnelle, durchgehende Verbindung Hamburg–Berlin (die mecklenburgischen Häfen waren nur über Nebengleise angeschlossen) gewann der Hamburger Hafen an noch mehr Attraktivität. Dabei hatten neben Rostock und Wismar auch Lübeck das Nachsehen. Dem einst prosperierenden Nordseehafen Emden ging es auch nicht besser.

Ohne Eisenbahnanschluss geriet das gesamte Weser-Ems-Gebiet ins wirtschaftliche Abseits, denn in Bremen war wortwörtlich Endstation. Die Hansestadt an der Weser wiederum konnte durch die Anbindung an das Schienenfernnetz ihre Stellung als wichtigster europäischer Auswandererhafen Mitte des 19. Jahrhunderts noch weiter ausbauen.

Bedeutendste künstliche Wasserstraße der Zeit war der Eiderkanal, der später durch den Kaiser-Wilhelm-Kanal ersetzt werden sollte.

Nikolaifleet in Hamburg

Nachfolgende Doppelseite: Der Eiderkanal um 1800

Der Dampffrachter *Helena Sloman*

Die Binnenschifffahrt in Norddeutschland konzentrierte sich hauptsächlich auf Weser, Ems und Elbe. Anders als im südwestdeutschen Raum, wo die neuen Dampfschiffe auf Rhein, Ruhr und Mosel eine echte Konkurrenz zur Eisenbahn darstellten, lag das Schwergewicht der norddeutschen Schifffahrt nach wie vor im Seeverkehr.

Volldampf voraus!

Die neuen, mit Dampf betriebenen Schiffe waren schneller, wendiger und präziser zu manövrieren als die herkömmlichen Segelboote. Ein entscheidender Nachteil allerdings bestand in der sehr beschränkten Ladekapazität der Dampfschiffe der ersten Generation. Auf transatlantischen Einsätzen mussten sie mehr Kohle für den eigenen Antrieb transportieren, als sie Ladung für den Güterverkehr befördern konnten. Sie wurden daher zunächst überwiegend im Personen- und Nahverkehr eingesetzt, insbesondere im Fährverkehr. Hierbei kam es weniger auf Ladekapazität als vielmehr auf Witterungsunabhängigkeit und Fahrplanmäßigkeit an. 1819 wurde die erste Dampffährverbindung zwischen Kiel und Kopenhagen eingerichtet. Die Linie Flensburg–Kopenhagen folgte zehn Jahre später. Nach 1850 wurden auf Nord- und Ostsee alle wichtigen Fähr- und Frachtschiffslinien mit Dampfschiffen befahren.

Die ersten Dampffrachter im transatlantischen Seeverkehr waren eine Kombination aus Dampf- und Segelschiff. In dieser Phase der Schiffsentwicklung sah man den Schraubenantrieb zunächst als eine nützliche Ergänzung zu dem vorherrschenden Segelantrieb.

Erster deutscher Reeder, der eine solche Dampfschifflinie nach Nordamerika einrichtete, war der Hamburger Robert Miles Sloman. Am 29. Mai 1850 brach die *Helena Sloman* auf ihrer Jungfernfahrt nach New York auf. Das

Schiffsbau in den Kieler Howaldtswerken

Rechte Seite: Gängeviertel in Hamburg um 1900

Dampfschiff konnte im Falle eines Maschinenschadens in ein Segelschiff umgerüstet werden. Die Fahrtzeit betrug 23 Tage, während Segelschiffe durchschnittlich etwa 50 Tage brauchten. Ein erheblicher Zeitgewinn, doch der Fortschritt der Technik war nicht ohne Tücken. Bei seiner dritten Reise nach New York geriet das Dampfschiff in einen schweren Sturm und sank, nachdem die Schiffsschraube, die Achillesferse der frühen Dampfschiffe, beschädigt worden und das Schiff zudem leck geschlagen war. Noch waren die frühen Dampfschiffe keine bedrohliche Konkurrenz für die Segelfrachter.

Zeitgleich zur Entwicklung in der Dampfschifftechnik wurde auch die Technik der Großsegler optimiert. Die Klipperschiffe wurden zum Synonym für eine nie gekannte Schnelligkeit auf See und erreichten ein bis dahin ungeahntes Leistungsvermögen im transatlantischen Seehandel. Dennoch löste die Dampfschifffahrt mit fortschreitender Technik die Segelschiffe nach und nach ab. Mit Aufkommen der Stahlbauweise um die Jahrhundertwende war der Niedergang der Segelschifffahrt schließlich nicht mehr aufzuhalten.

Aus der Armut auf dem Land ins Elend der Stadt

Durch die Verbesserungen im Gesundheitswesen und die Steigerung der Lebensqualität im Zuge der Industriellen Revolution wuchs die Bevölkerung der Deutschen zwischen 1880 und 1900 von 45 Millionen auf 56 Millionen an. Aber weder die Industrie noch die Manufakturen, noch die Landwirtschaft oder gar die Handwerksbetriebe konnten den vielen Menschen ausreichend Arbeit und Verdienst geben. Die durch die intensive Landwirtschaft freigesetzten Arbeitskräfte, oft auch Kleinbauern, die mit der Technisierung nicht mithalten konnten, verließen ihre ländliche Heimat.

Arbeiter im Hamburger Hafen um 1900

Die starke Sogwirkung, die Hamburg auf die armen Bevölkerungsschichten aus Mecklenburg und Schleswig-Holstein ausübte, stellte die Stadt vor ernste Probleme. In der Elbmetropole wuchs die Bevölkerung zwischen 1840 und 1890 von 220 000 auf über 600 000. Schulen und Verwaltung waren auf eine derartige Bevölkerungsexplosion nicht vorbereitet. Für viele der 400 000 Neuhamburger gab es weder Arbeit noch Wohnraum. Wenn überhaupt, fanden sie oft nur Unterschlupf in den Gängevierteln der Städte: So nannte man die Labyrinthe aus unzähligen Gassen und Hinterhöfen, in denen verwinkelte alte Häuser dunklen und feuchten Wohnraum mit katastrophalen sanitären Verhältnissen boten. Hier hausten das städtische Proletariat und die Ärmsten der Stadt: Gelegenheitsarbeiter im Hafen, Fabrikarbeiter und Arbeitslose. Oft stand auch sechs- bis achtköpfigen Familien nur ein kleiner Wohnraum von weniger als zwanzig Quadratmetern zur Verfügung.

Die Anzahl der Fabriken und Fabrikarbeiter in Norddeutschland wuchs in Hamburg von Jahr zu Jahr und verdoppelte sich nahezu innerhalb einer Dekade. Waren es im Jahre 1879 noch rund 560 Fabriken mit knapp 16 400 Arbeitern, kletterte die Zahl 1889 auf 1100 Industriebetriebe mit 28 000 Arbeitern. Zehn Jahre später waren bereits 46 000 Fabrikarbeiter in 1400 Betrieben tätig. Die hohe Zahl der Arbeitslosen erlaubte es den Unternehmern, die Löhne in den Fabriken unter das Existenzminimum zu drücken.

Ähnlich war die Situation der Hafenarbeiter in den Hafenstädten. Was die Schauerleute, Kaiarbeiter, Kesselreiniger, Nieter und Speicherarbeiter verband, war die Unstetigkeit ihrer Arbeit. Zwar machten die im Vergleich zu den Fabriktätigkeiten hohen Löhne die Arbeit in den Häfen attraktiv. Wenn man eine Stelle bekam, war dies die beste Möglichkeit, schnell an Geld zu kommen. Aber die wenigsten verfügten über einen festen Arbeitsplatz, das Gros bestand aus Gelegenheitsarbeitern, Tagelöhnern, die nur kurzfristig für das Löschen und Beladen der Schiffe angeheuert wurden. Außer von konjunkturellen Schwankungen und den unregelmäßigen Schiffsankünften waren sie von Wind, Wetter, Ebbe und Flut abhängig. Hinzu kam, dass sich zu dem Heer der Gelegenheitsarbeiter und Beschäftigungslosen immer neue Arbeitskräfte gesellten, denn eine besondere Qualifikation für die Tätigkeit im Hafen gab es nicht: Jeder halbwegs kräftige Mann hatte freien Zutritt zum Arbeitsmarkt.

Wer keine Beschäftigung hatte, den traf man in einer der Hafenkneipen, denn die Wirte fungierten nebenbei als Arbeitsvermittler. Sie hatten oft die besten Kontakte zu den Baasen, den verschiedenen Zwischenunternehmern, oder zu den Vizen, die im Auftrag der Baasen die Hafenarbeiter anheuerten und beaufsichtigen.

Die Situation auf dem Arbeitsmarkt war desolat. Und selbst wenn man Beschäftigung hatte, reichte das im Hafen und in den Fabriken hart verdiente Geld zu einer gesunden Ernährung der Familie nicht aus. Billiges Fleisch war oft verdorben, das Gemüse angefault und die Milch mit Elbwasser gepanscht.

Nationale Einigung und der Norden

Das Ringen um die nationale Einheit sollte nun in eine weitere Runde gehen, denn die Schleswig-Holstein-Frage war 1852 nicht wirklich gelöst worden, man hatte damals lediglich eine momentane, für die Herrschenden akzeptable Regelung gefunden. Die langfristigen Schritte auf dem Weg zur deutschen Nation waren für ihren Chefstrategen, den preußischen Ministerpräsident Bismarck, klar: Schleswig und Holstein mussten deutsch sein, und das politisch-militärische Engagement Österreichs in Deutschland musste beendet werden.

Der nationalen Einigung Deutschlands gingen drei Kriege voraus: der deutsch-dänische Krieg von 1864, in dem es Bismarck auf eine Gebietserweiterung im Norden abgesehen hatte; der deutsche Krieg von 1866, mit dem sich Bismarck des ungeliebten Österreich entledigte, und der deutsch-französische Krieg, der 1870 nach einem deutschen Sieg zur nationalen Einigung führte. In diesen Auseinandersetzungen, zumindest in den ersten beiden, spielte Norddeutschland wieder eine zentrale Rolle.

Der deutsch-dänische Krieg

Als die dänische Regierung in einer Verfassungsänderung beschloss, das Herzogtum Schleswig wieder Dänemark einzuverleiben, sah Bismarck die Chance, aus Anlass dieses Konflikts ganz Schleswig-Holstein für Preußen zu gewinnen. Im Auftrag des Deutschen Bundes besetzten Österreich und Preußen Holstein und Lauenburg. Nach Verstreichung eines Ultimatums rückten am 1. Februar 1864 preußische und österreichische Truppen nach Schleswig ein. Am 18. April erstürmten die Preußen die Düppeler Schanzen.

Nach diesem Teilsieg wurde ein Waffenstillstand mit Dänemark geschlossen, doch die Verhandlungen in London zur Schleswig-Frage führten zu keinem Ergebnis, so dass die preußisch-österreichischen Truppen den Kampf wieder aufnahmen. Erst auf der Insel Alsen gab Dänemark den Kampf schließlich endgültig auf. Im Frieden von Wien wurden Schleswig, Holstein und Lauenburg an die beiden Großmächte abgetreten. Mit dem Abkommen von Gastein unterstellte man Holstein und Lauenburg einer österreichischen und Schleswig einer preußischen Verwaltung. Gegen eine finanzielle Entschädigung trat Österreich noch Lauenburg an Preußen ab, behielt jedoch Holstein.

Nach der Erstürmung der Düppeler Schanzen

Der deutsche Krieg

Solange sich nicht ganz Schleswig-Holstein in preußischen Händen befand, war Bismarcks Machthunger noch nicht gestillt. So verlegte Preußen 1865 seine Ostseeflotte unter Verletzung der Gasteiner Konvention in den unter österreichischer Verwaltung stehenden holsteinischen Hafen Kiel. Im Jahr darauf marschierten preußische Truppen in das von Österreich verwaltete Holstein ein. Nun brach für das Land zwischen Nord- und Ostsee der vierte Krieg innerhalb von achtzehn Jahren aus. Nach der Niederlage in der entscheidenden Schlacht bei Königgrätz musste Österreich das Feld räumen und der Annexion ganz Schleswig-Holsteins durch Preußen zustimmen.

Im Friedensschluss zu Prag billigte Preußen der dänischen Bevölkerung von Nordschleswig eine Volksabstimmung über die nationale Zugehörigkeit zu. Doch de facto setzte sich Bismarck im Folgenden über diesen Paragrafen einfach hinweg. So blieb die Aufteilung Schleswigs nach dem Nationalitätenprinzip die wichtigste Forderung der »Dänischen Bewegung«, die aber erst im nächsten Jahrhundert mit dem Versailler Vertrag von 1920 durchgesetzt werden konnte.

Otto von Bismarck (1815–1898), Gründer und erster Kanzler des Deutschen Reiches

Der Norddeutsche Bund

Nach dem triumphalen Sieg über Österreich annektierte Bismarck 1867 neben Schleswig-Holstein und Mecklenburg auch Hannover, Hessen-Kassel, Nassau und Frankfurt und gründete unter preußischer Führung den Norddeutschen Bund. Lübeck wurde im Jahr darauf aufgenommen.

Das Zoll- und Handelswesen sowie die Steuern waren per neuer Gesetzgebung ab sofort direkt dem Bund unterstellt. Passzwang und Wanderbücher des Handwerks wurden abgeschafft und die Gewerbefreiheit eingeführt. Jeder Bundesbürger konnte sich nun an jedem Ort des norddeutschen Bundesgebietes aufhalten, Grundbesitz erwerben oder einen Gewerbebetrieb gründen. Gleichzeitig wurde das allgemeine gleiche Wahlrecht eingeführt.

Die liberalen Neuerungen waren vor allem ein Entgegenkommen an die süddeutschen Staaten, die nach den Siegen der verbündeten deutschen Heere im deutsch-französischen Krieg im November 1870 dem Norddeutschen Bund beitraten. Durch den Reichstagsbeschluss vom 10. Dezember 1870 nahm der Bund den Namen Deutsches Reich an. Einen Monat später wurde König Wilhelm I. von Preußen im Schloss zu Versailles zum Deutschen Kaiser proklamiert.

Das lang ersehnte Ziel war erreicht: Es gab endlich eine gesamtdeutsche Nation – nur war sie zum Leidwesen vieler keine Republik, sondern eine Monarchie.

Hamburgs unfreiwilliger Zollanschluss

Obwohl die Freie Hansestadt Hamburg seit dem Gründungsjahr Mitglied des Deutschen Reiches war, bewahrte sie sich bis 1888 ihre Zoll- und Handelshoheit.

So war in dieser Zeit das gesamte Hamburger Stadtgebiet aus deutscher Sicht Zollausland. Dieser Status gewährte der Hansestadt den freien Handel mit dem Ausland sowie seinen Bewohnern den Verbrauch zollfreier Waren. An dieser Sonderstellung wollte niemand in Hamburg etwas ändern. Doch nachdem die nationale Einheit hergestellt war, strebte Berlin auch einen einheitlichen deutschen Wirtschaftsraum an. Da Hamburg von sich aus seine Freihafenstellung nicht aufgeben wollte, übte Berlin nach preußisch-wilhelminischer Art Druck auf den Senat aus. Die Reichsregierung beantragte die Integration Altonas und der Unterelbe in das Zollgebiet, um damit den freien Schiffsverkehr nach Hamburg zu unterbinden. Ganz nach dem Motto »Der Klügere gibt nach« signalisierte der Hamburger Senat im Sommer 1880 Verhandlungsbereitschaft, ohne jedoch jemals die vollständige Aufgabe des Zollprivilegs in Erwägung zu ziehen.

Die Verhandlungen endeten aus Sicht der Berliner Reichsregierung mit einem faden Kompromiss, für die gewieften Hamburger Senatoren jedoch mit einem triumphalen Sieg, wie sich später noch zeigen sollte. Ergebnis der Zollverhandlungen war die Errichtung eines Hamburger Freihafengebiets, in dessen weitgesteckten Grenzen der Status des Zollauslandes erhalten blieb. Ein Reichsbaukostenzuschuss von 40 Millionen Mark sollte den Hamburgern die Entscheidung versüßen.

Was hätte den Kaufleuten Besseres passieren können? Die Stadt plante im neuen Freihafengebiet nun den Bau eines neuen Vier-

Die Hamburger Speicherstadt, das weltweit größte Lagerhausquartier

Zollanschluss und feierliche Eröffnung des Freihafens im Jahre 1888

tels, das ausschließlich dem Fernhandel dienen sollte. Mit dem Bau der Speicherstadt wurden die Warenlager aus der Innenstadt direkt an den Elbstrom verlegt. Eine zeitgemäße und rationelle Entwicklung, die hundert Jahre später mit dem Bau der Containerterminals seine konsequente Fortsetzung finden sollte.

1883 begannen die Bauarbeiten. Neben neuen Hafenbecken, Kaianlagen, Straßen- und Eisenbahntrassen entstand mit der Speicherstadt das weltweit größte Lagerhausquartier. Dazu mussten mehr als 20 000 Menschen ihr Wohngebiet auf der Wandrahm-Insel verlassen. Das im 16. Jahrhundert von holländischen Einwanderern errichtete Viertel wurde dem Erdboden gleichgemacht.

Vier Jahre später, am 29. Oktober 1888, eröffnete Kaiser Wilhelm II. unter Jubel zehntausender Bürger den Hamburger Freihafen, der noch heute Garant für einen freien und schwunghaften Welthandel der Hansestadt ist.

Auf zu neuen Ufern

Doch nicht nur im Güterverkehr, auch im Personenverkehr, der Passage, erlebte Hamburg Ende des 19. Jahrhunderts hohe Zuwachsraten: Eine weitere Auswanderungswelle war dafür verantwortlich. Der Bevölkerungsdruck in den Städten und auf dem Land entlud sich im nächsten großen Migrationsschub, der um 1890 seinen Höhepunkt erreichte.

Nachdem eine erste große Auswanderungswelle ihren Zenit ca. 1855 überschritten hatte, kam nun in den 1880er Jahren eine zweite, deutlich größere auf die norddeutschen Häfen zu. Verantwortlich dafür waren neben den politischen, wirtschaftlichen und sozialen Missständen im (nord-)deutschen und europäischen Hinterland, dass die Organisation und Logistik der Auswanderung sich zunehmend professionalisiert hatten. Die Migration war zum Wirtschaftsfaktor geworden. Mehr als insgesamt eine Million Norddeutsche verließen in dieser zweiten großen Welle die Heimat.

Hamburg überholte nun die Konkurrenz aus Bremer Haven und wurde zum größten Auswandererhafen Europas. Eine Schlüsselfunktion dabei hatte die HAPAG inne, die Hamburg-Amerikanische Paketfahrt-Aktien-Gesellschaft.

1886 wurde Albert Ballin Leiter der Passageabteilung und war damit zuständig für das einträgliche Auswanderergeschäft. Sein Ausbau eines Agentennetzes in Südosteuropa zur Anwerbung Emigrationswilliger trug wesentlich dazu bei, dass Hamburg Anfang der 1890er Jahre die europäische Nummer eins der Auswandererhäfen wurde.

1891 drohte die Stadt aus allen Nähten zu platzen. Allein in diesem Jahr wurden in Hamburg über 144 000 Emigranten gezählt. Die HAPAG stellte im Hafen ein ausrangiertes Schiff für obdachlose Auswanderer zur Verfügung, 1892 wurde am Amerika-Kai eine Aus-

Auswanderer warten im Hamburger Hafen auf ihre Ausschiffung nach Amerika

Ärztliche Gesundheitskontrolle der Auswanderungswilligen aus Südosteuropa

Rechte Seite: Desinfektionskolonne in Hamburg während der Cholerazeit (oben)

In Möbelwagen werden die Toten aus der Innenstadt gebracht und in Massengräbern beerdigt. (unten)

wandererbaracke mit Platz für 1400 Personen eröffnet, so groß war der Andrang, so groß das mögliche Geschäft. Reeder, Gastwirte, Schiffsausstatter, Grossisten, die die Schiffe mit Proviant versorgten – sie alle wollten von dem Geschäft profitieren, nicht zuletzt die Stadt Hamburg, die dadurch höhere Steuereinnahmen bekam.

Doch die Hygiene, insbesondere die Trinkwasserversorgung, wurde sträflich vernachlässigt. Dabei waren die für die Wasserversorgung Verantwortlichen so stolz auf ihr vierhundert Kilometer langes Leitungsnetz. Das Wasser wurde der Elbe entnommen und mit dampfbetriebenen Pumpen in die Stadt befördert, doch gereinigt oder gefiltert, wie im benachbarten Altona, wurde es nicht. Da, wo die Rohrleitungen nicht hinreichten, nahmen die Menschen das Trinkwasser direkt aus der Elbe, in die sie auch ihre Aborte entleerten. So wurde der Elbstrom, Hamburgs Lebenselixier, der Stadt und ihren Einwohnern bald zum Verhängnis.

Elend und Tod: Die Cholera in Hamburg

Im heißen Sommer 1892 stank es aus jedem Rinnstein. Die Elbe und die Fleete glichen einer Kloake, in der Bakterien, Bazillen und andere Krankheitskeime auf ideale Bedingungen stießen. Anfang August erkrankten in wenigen Tagen mehr als fünfzig Menschen an der Cholera.

Der eigens aus Berlin angereiste Robert Koch, der Entdecker des Cholera-Erregers, inspizierte die Wohnviertel und die Trinkwasserversorgung und notierte: »Ich habe noch nie solche ungesunden Wohnungen, Pesthöhlen und Brutstätten für jeden Ansteckungskeim angetroffen wie in den so genannten Gängevierteln, die man mir gezeigt hat.« Er war entsetzt über die hygienischen Zustände in Hamburg. »Ich vergesse, dass ich mich in Europa befinde.« Koch regte die Bildung einer Cholerakommission an, deren erste Aufgabe darin bestand, die Bürger über die Wichtigkeit keimfreien Trinkwassers aufzuklären. Wasseraufbereitungsanlagen wurden errichtet und überall in der Stadt abgekochtes Wasser verteilt. Doch die Zahl der Cholerafälle stieg von Tag zu Tag.

Am 27. August erreichte die Epidemie einen traurigen Rekord. Allein an diesem Tag wurden über 1100 Hamburger von der Seuche befallen. Etwa 440 von ihnen überlebten nicht. Krankenwagen und Desinfektionskolonnen rollten rund um die Uhr über das Straßenpflaster der Stadt. Da die Kapazität der Krankenhäuser ausgeschöpft war, wurden »Cholera-Baracken« errichtet.

Die Seuche war auch für Hamburgs Wirtschaft eine Katastrophe. Da der Hafen nicht mehr angelaufen werden durfte, lagen Schifffahrt und Handel mehr als drei Wochen brach. Die Bahnverbindungen nach Köln, Wien, Prag und Kopenhagen wurden eingestellt. Der gute Ruf der Stadt war weltweit ruiniert, und das »Tor zur Welt« wandelte sich zum Umschlagplatz der Cholera. Aus Hamburg in anderen Häfen eintreffende Schiffe wurden unter Quarantäne gestellt.

Geschäftstüchtige Kaufleute und Scharlatane versuchten den verängstigten Menschen allerhand Wundermittel gegen die Seuche zu verkaufen. »Cholerapillen«, »Desinficiersalben« oder »electric-magnetische Leibbinden« waren überall im Angebot.

Die Spirituosenhändler waren besonders findig. Mit Werbeslogans wie »O Publico! O Publicum! Trink Arrac, Cognac, Grog und Rum. Desinficiere Haus und Wagen, vergesse aber nicht den Magen!« wurden die Menschen in dem Irrglauben bestärkt, dass nichts besser vor Ansteckung schütze als möglichst viel Alkohol. Wohl nie zuvor hatte man in Hamburg so viele Betrunkene gesehen.

Erst am 16. November 1892 erklärten die Hamburger Behörden die Stadt für seuchenfrei. Insgesamt wurden knapp 16 600 Erkrankungen und über 8600 Todesopfer registriert.

Arbeiter beim Bau des »Kaiser-Wilhelm-Kanals« (dem heutigen Nord-Ostsee-Kanal)

Der schnelle Weg ins Baltikum

Im Spätsommer 1892 ging auch auf einer Großbaustelle etwa 60 Kilometer nordwestlich von Hamburg die Angst vor der Cholera um. Seit fünf Jahren waren hier mehr als 8000 Arbeiter mit einem militärstrategisch bedeutenden Bau beschäftigt, der im Sommer 1895 vollendet werden sollte: einem modernen, breiteren Kanal zur Verbindung von Nord- und Ostsee. Der Eiderkanal, die bisherige Wasserstraße etwas weiter nördlich, wurde den Ansprüchen der sich rasant entwickelnden modernen Schifffahrt, insbesondere dem geplanten Aufbau einer großen deutschen Kriegsflotte, nicht mehr gerecht. Denn um die neuen Kriegsschiffe möglichst schnell zwischen Wilhelmshaven und Kiel bewegen zu können, war dringend ein breiterer Kanal mit modernen Schleusenanlagen erforderlich.

Nun wurde zwischen Holtenau und Brunsbüttel mit Dampfbaggern, Schaufeln und Spaten ein Kanalbett quer durch Schleswig-Holstein ausgehoben. Hätte in dieser Phase die Cholera, die in Hamburg Wochen zuvor Tausende Menschen dahingerafft hatte, auf den Norden übergegriffen, wäre das zu dieser Zeit wichtigste Bauwerk im Deutschen Reich in Verzug geraten. Doch durch die vom Militärarzt verhängte strikte Quarantäne über die gesamte Baustelle konnte die Seuche erfolgreich abgewehrt und die Arbeit planmäßig fortgeführt werden.

So wurde die veranschlagte Bauzeit von acht Jahren eingehalten, und Kaiser Wilhelm II. konnte am 21. Juni 1895 die Schlusssteinlegung in Kiel-Holtenau vollziehen. Zahlreiche Ehrengäste, auch aus dem Ausland, waren zugegen, als die neue Wasserstraße zu Ehren des verstorbenen Kaisers Wilhelm I. auf den Namen »Kaiser-Wilhelm-Kanal« getauft wurde.

Bis zum Bau der ersten Wasserstraßen, die Nord- und Ostsee miteinander verbanden, mussten die Seefahrer den zeitaufwendigen und äußerst riskanten Kurs um Skagen einschlagen. Die ersten nennenswerten Kanalprojekte waren der Stecknitz- und Alster-Beste-Kanal, die zwischen dem 14. und 16. Jahrhundert den Weg zwischen Hamburg und Lübeck schiffbar machten. Die erste Wasserstraße aber, die nicht nur von Schleppkähnen, sondern auch von hochseetüchtigen Schiffen befahren werden konnte, war der 1784 eröffnete Schleswig-Holsteinische Canal, auch Eiderkanal genannt. Die künstliche Wasserstraße, die sich den natürlichen Lauf der Eider zu nutze machte, war die weltweit modernste der Zeit und galt mit ihren Zugbrücken und Schleusen als technisches Wunderwerk. Ihr Nachfolger, der heutige Nord-Ostsee-Kanal, heißt im internationalen Sprachgebrauch »Kiel Canal« und ist heute die meistbefahrene künstliche Wasserstraße der Welt.

Die Werften – Waffenschmieden des Kaisers

Nach seiner Thronbesteigung im Jahre 1888 erklärte Kaiser Wilhelm II. die Marineangelegenheiten zur Chefsache. Die schnelle wirtschaftliche und industrielle Entwicklung zum Ende des 19. Jahrhunderts, die damit verbundene Nachfrage nach neuen Rohstoff- und Absatzmärkten sowie ein anhaltender Bevölkerungszuwachs veranlassten den Kaiser, die deutschen Kolonialinteressen mit militärischer Macht zu untermauern.

Die aufstrebende Industrienation Deutschland wollte Seemacht werden, und Großadmiral Alfred von Tirpitz sollte den Weg zu diesem Ziel ebnen. In enger Kooperation mit der Rüstungsindustrie, insbesondere den norddeutschen Werften, sollte die Kaiserliche Marine hochgerüstet werden. Das von den Militärs entworfene Szenario sah eine Hochseeflotte vor, die 41 Linienschiffe, zwölf große und 28 kleine Kreuzer sowie 18 Auslandskreuzer und mehrere Torpedobootsflottillen umfasste. Besonders die in Kiel angesiedelte Schwerindustrie sollte davon profitieren.

Neben den 1889 gegründeten Howaldtswerken gab es in Kiel zwei weitere Großwerften: die Kaiserliche Werft, ein reiner Staatsbetrieb, der ausschließlich für die Kriegsmarine produzierte, sowie die Germania-Werft, an deren Spitze ein Konteradmiral als Direktor stand, der unmittelbar der Marine unterstellt war. Seit 1896 gehörte die Germania-Werft zum Krupp-Konzern, der als Produzent von Panzerplatten nun noch effektiver von der Aufrüstung der Kriegsmarine profitierte.

Von der in Hamburg im Jahre 1877 auf der Elbinsel Kuhwerder gegründeten Werft Blohm & Voss wurde mit der *Kaiser Karl der Große* 1899 zum ersten Mal ein großes Kriegsschiff an die Kaiserliche Marine geliefert.

Als im Juni 1900 der Reichstag das »Zweite Flottengesetz« verabschiedete, verschärfte

Großadmiral Alfred von Tirpitz (1849–1930)

Germania-Werft in Kiel

Die Hamburger Werft Blohm & Voss um 1900

sich der Rüstungswettlauf der Nationen. Mit dem Argument der militärischen Abschreckung wurde der Ausbau der Kaiserlichen Marine weiter verstärkt. Für die Werften und Zulieferbetriebe der norddeutschen Schwerindustrie bedeutete das einen enormen konjunkturellen Aufschwung, denn die krisensicheren Rüstungsaufträge warfen hohe Gewinne ab. In Erwartung des baldigen Ernstfalls ließ die Kriegsmarine in den Großwerften in Kiel, bei Blohm & Voss in Hamburg und bei der Bremer Weser Werft im Wettlauf mit Frankreich, Russland und England weiter aufrüsten. Am politischen Horizont Europas zogen dunkle Wolken auf, und die Welt geriet immer stärker an den Rand eines Krieges.

Helgoland wird deutsch

Einhergehend mit dem anhaltenden Wachstum der Bevölkerung, wurde der Ruf nach Expansion in Übersee und nach Sicherung eines »Platzes an der Sonne« immer lauter. Nach Jahren der Kolonialabstinenz trat das Deutsche Reich schließlich 1884 in die Reihe der europäischen Kolonialmächte ein. Doch durch die deutsche Kolonialisierung in Afrika 1884 und 1890 sah Großbritannien seine eigenen Kolonialpläne auf dem Schwarzen Kontinent gefährdet.

Um weitere Interessenkonflikte in Afrika zu vermeiden, schlossen Deutschland und Großbritannien am 1. Juli 1890 den so genannten Helgoland-Sansibar-Vertrag. Dabei handelte es sich nicht, wie immer wieder kolportiert wird, um ein Tauschgeschäft der beiden Inseln. Es war ein Abkommen, in dem strittige Grenzverläufe und die kolonialen Interessensphären der beiden Länder auf dem afrikanischen Kontinent geklärt wurden – und das betraf unter anderem auch Sansibar.

Der Hafen des Sultanats Sansibar war eines der größten Handelszentren des Orients. Einen zum Sultanat gehörenden schmalen Küstenstreifen auf dem Festland hatte der Sultan von Sansibar der Deutsch-Ostafrikanischen Gesellschaft einst zur Verwaltung überlassen. 1884 hatte das Deutsche Reich diesen Küstenstreifen zum deutschen Schutzgebiet erklärt. Doch mit dem so genannten Helgoland-Sansibar-Vertrag erkannten die Deutschen nunmehr das britische Protektorat über Sansibar an. Dafür erhielten sie unter anderem die seit 1807 von Großbritannien besetzte, vormals dänische Nordseeinsel Helgoland. In Gegenwart von Kaiser Wilhelm II. erfolgte am 9. September 1890 die Übergabe der Insel an das Deutsche Reich.

Feierliche Übergabe Helgolands an das Deutsche Reich

Klare Farben, weite Horizonte: Künstlerkolonie Ahrenshoop

Geradezu wohltuend unpolitisch und fern der eigenen industriell geprägten Lebenswelt erschien vielen Künstlern und Kunstinteressierten das »Zurück zur Natur«, das in den europäischen Künstlerzirkeln Ende des 19. Jahrhunderts mehr und mehr um sich griff. Dieses Schlagwort bezeichnete das Motiv vieler Künstler, mit den Gesetzen der Kunstakademien zu brechen und ihre Inspirationen außerhalb der Ateliers direkt in der Natur zu suchen. So entstanden zur Jahrhundertwende überall in Europa Künstlerkolonien, meist in abgelegenen Dörfern und kleinen Küstenorten. In Norddeutschland bildeten sich Worpswede im Teufelsmoor, Dangast bei Varel am Jadebusen und Ahrenshoop an der Mecklenburger Bucht als die bekanntesten Kolonien heraus.

Während meist der aus Oldenburg stammende Paul Müller-Kaempf als Entdecker Ahrenshoops genannt wird, geht aus alten Berichten der Dorfbewohner hervor, dass eine gewisse Eva Stort, ein »Mannweib mit Bartwuchs«, die erste Künstlerin gewesen sein muss, die den kleinen Ort für sich als Freiluftatelier erschloss. Sie war Privatschülerin von Max Liebermann, lebte in Berlin und holte sich in dem Dorf mit dem spröden Ostsee-Charme immer wieder ihre künstlerischen Anregungen. Ihr erstes Modell soll ein Dorfjunge gewesen sein, der mit aufgeschlitzter Hose auf dem Hohen Ufer posierte und dafür ein Honorar von 15 Pfennig bekam.

Der erste Künstler, der sich in Ahrenshoop ganz niederließ, war der besagte Landschaftsmaler Müller-Kaempf, der hier auch eine Malschule gründete und dem eine ganze Schar von Kollegen folgte. Auch Alexej Jawlensky, Mitglied der Künstlergruppe »Blauer Reiter«, und der »Brückemaler« Erich Heckel suchten in der Landschaft auf Fischland Inspiration. Die meisten von ihnen ließen

»Auf dem Darß« von Alexej Jawlensky

sich mobile Malerhäuschen bauen, die sie vor den gewählten Motiven aufstellten. Diese etwa sechs Quadratmeter großen Häuschen waren mit einem Ofen ausgerüstet, was die Maler von der oft rauen Witterung unabhängig machte. Bekannte Bilder wie Jawlenskys »Auf dem Darß« entstanden hier.

Um die Jahrhundertwende hatten bereits sechzehn Maler ihr Haus und Atelier in Ahrenshoop. Zeitgleich mit ihnen kamen, wie schon an vielen anderen norddeutschen Küstenorten zuvor, die Badegäste aus den Städten. Dass die vielen Fremden von den eher zurückhaltenden Dorfbewohnern so bereitwillig aufgenommen wurden, lag wohl auch an der Krise in der Fischereiwirtschaft. Die aufkommende Dampfschifffahrt hatte die Segelschiffe der Ahrenshooper Seeleute überflüssig gemacht. Jetzt brachten die Neuankömmlinge aus den Städten das nötige Geld in den Ort.

Mit dem Badekarren ins Meer

»Warum hat Deutschland noch kein öffentliches Seebad?«, fragte der Physiker und Schriftsteller Georg Christoph Lichtenberg im »Göttinger Taschenkalender« von 1789. Lichtenberg war von den englischen Badeorten an der Kanalküste begeistert und schlug Cuxhaven als erstes deutsches Seebad vor. Doch die Stadt an der Elbmündung brauchte noch mehr als zwanzig Jahre, bis es so weit war.

In Mecklenburg reagierte man schneller und eröffnete schon vier Jahre später in Bad Doberan das erste deutsche Seebad. Der Herzog unterstütze das Vorhaben »am Strand vom Heiligen Damm« von Anfang an. Er hatte erkannt, dass neben der heilsamen Wirkung des Meerwassers für die Menschen ein Luxusbad nach englischem Vorbild auch

Petuhtantendeutsch

Am 31. Mai 1908 nahm der Dampfer *Alexandra* den ersten Liniendienst auf der Flensburger Förde auf. Dies war zugleich die Geburtsstunde eines neuen norddeutschen Dialekts: des Petuhtantendeutschs, einer eigenwilligen Mischung aus dänischem Satzbau, deutschem Vokabular und plattdänischer Einfärbung. Der Dialekt entstand auf den täglichen Ausflugsfahrten mit der *Alexandra*. Das Wort »Petuh« war die plattdeutsche Verballhornung des französischen *partout*. »Partoutkarten« hießen die Dauerkarten, mit denen die Petuh-Tanten, ältere Damen deutsch-dänischer Herkunft, in den Sommermonaten täglich unterwegs waren. Der Fördedampfer steuerte die Orte Gravenstein und Sonderburg an. Am Ausflugsziel angekommen, strömten die redseligen Petuhtanten mit ihren breitkrempigen Hüten in eines der nahe gelegenen Gartenlokale, um bei Kaffee und Kuchen weiter dem Petuhtantenklatsch zu frönen.

wirtschaftliche Vorteile für sein Land bringen würde.

Die ostfriesische Insel Norderney und Travemünde an der Lübecker Bucht folgten. Die neuen Bäder des 19. Jahrhunderts waren für die Besucher eine exklusive Angelegenheit, nicht nur wegen der hohen Kosten für Anreise und Aufenthalt. »Freizeit« war ein neues Luxusgut, über das nur das Bürgertum verfügte. Deshalb waren es zunächst vor allem Beamte und Angehörige des städtischen Großbürgertums, die die Bäder besuchten.

Die Badekarren wurden direkt ins Meer gefahren und dienten gleichzeitig als Umkleidekabine.

Strandleben in Westerland auf Sylt, 1895

In den Wirren der Weltkriege

1900 bis 1945

Abfahrt des deutschen Landsturms im August 1914 an die Westfront

Schützengräben nach der Schlacht an den Masurischen Seen

Nach dem deutschen Sieg 1870/71 über Frankreich war das Deutsche Reich zur größten Exportnation der Welt aufgestiegen. Nun wollte Kaiser Wilhelm II. auch politisch und militärisch eine führende Rolle in der Welt übernehmen. Das internationale Wettrüsten und das allgemeine nationalistische Pathos mündeten nun bald in einen Krieg bisher unbekannten Ausmaßes, eine ungeheure, Menschen verachtende Materialschlacht.

Nach der Ermordung des österreichisch-ungarischen Thronfolgers wurde am 1. August 1914 im Deutschen Reich die allgemeine Mobilmachung angeordnet und Russland und Frankreich der Krieg erklärt. Deutschland war euphorisch: Die Menschen liefen in ihrer Kriegsbegeisterung Fahnen schwenkend durch die Straßen, und der Andrang der Kriegsfreiwilligen war so gewaltig, dass die Behörden zusätzliche Räume bereitstellen mussten.

Mit patriotischem Eifer in den Krieg

Auch in Norddeutschland zogen tausende von Soldaten im Glauben an einen schnellen und triumphalen Sieg in den Krieg. Der 37 Jahre alte Kriegsfreiwillige Julius Boldt, Besitzer eines Kolonialwarenladens in Hamburg, ist einer von ihnen. Er lässt seine junge schwangere Frau Johanna mit der einjährigen Tochter zu Hause zurück und ist sicher, dass er spätestens zum Weihnachtsfest wieder in Hamburg ist. Johanna übernimmt die Leitung des Kolonialwarenladens und schickt ihrem Mann täglich Briefe an die Front.

Am 14. August schreibt sie ihm: »Ich habe mich ins Geschäft nun schon ganz gut hineingefunden; nur eines macht mir noch Schwierigkeiten: das Bestellen und Einkaufen. Da vermisse ich Dich sehr. Gestern war es eine Woche, daß Du weg bist von mir; mich dünkt es schon so lange. Und wenn ich dann daran denke, wieviele Wochen es noch dauern kann …«

Im allgemeinen nationalistischen Furor verschwinden nun britische und französische Namen aus dem Hamburger Straßenbild. Das Café Belvedere nennt sich fortan »Kaffeehaus Vaterland«, aus dem Café Boulevard wird das »Kaffee Braun«; einige Getränkelieferanten lassen sich sogar zu Werbesprüchen wie »Deutsche, trinkt deutsches Wasser!« hinreißen.

Der Boykott ausländischer Waren trifft den Boldt'schen Kolonialwarenladen besonders hart. Fremdländische Artikel sind jetzt verpönt. Cognac, Camembert sowie französische Marmelade und englische Drops werden zu Ladenhütern.

Ende August gelangt Julius Boldt an die Ostfront. Schon wenig später, im Oktober 1914, ist bei den deutschen Soldaten von der anfänglichen Kriegsbegeisterung nicht mehr viel zu spüren. Ahnt Boldt bereits, dass der Einsatz im Osten einem Himmelfahrtskommando gleichkommt?

Während einer Gefechtspause schreibt er an seinen jüngeren Bruder: »Mein lieber August! Nach 60stündiger Bahnfahrt brachte uns ein Eilmarsch von fast vier Stunden direkt auf's Schlachtfeld. Der Krieg ist etwas sehr, sehr Schreckliches. Wenn die Verwundeten jammern, krampft das Herz zusammen. In den Straßen liegen verkohlte Leichname. Schauerlich. Da es für uns Landwehrleute noch viel zu tun gibt, möchte ich Dich bitten, den einliegenden Trauring in Verwahrung zu nehmen und meiner Frau Hanne als letztes Andenken von mir zu übergeben, sobald Du völlige Gewißheit hast, daß ich nicht wiederkomme.«

Mit der geplanten siegreichen Rückkehr nach Hamburg zum Weihnachtsfest 1914 wird es nichts; Julius Boldt kehrt überhaupt nicht zurück. Nach einer verlorenen Schlacht gelangt er in ein Kriegsgefangenenlager in Krasnojarsk in Ostsibirien. Dort erkrankt er an Fleckentyphus und stirbt am 16. April 1915. Johanna Boldt ist mit 23 Jahren Kriegerwitwe. Zu der Trauer um den im Krieg verloren Mann kommt der Kampf ums bloße Überleben mit den beiden Kindern. Ein Schicksal, das sie bald mit 600 000 anderen Frauen in ganz Deutschland teilt.

Vorhergehende Doppelseite: Hamburger Neustadt nach dem schweren Luftangriff im Juli 1943

Der Boldt'sche Kolonialwarenladen in der Hamburger Hoheluftchaussee

Kriegsalltag und Rübenwinter

Innerhalb eines Jahres stiegen die Lebensmittelpreise in Hamburg teilweise auf das Doppelte: Ein Pfund Speck von 90 Pfennig auf 1,80 Mark, Reis von 20 auf 48 Pfennig, Butter von 1,15 auf 1,60 Mark. Als die Lebensmittel sich weiter verteuerten und die Menschenschlangen vor den Brotläden von Tag zu Tag länger wurden, führte man als Bezugsschein die Brotkarte ein. Da viele die steigenden Preise nicht mehr bezahlen konnten, richteten die ärmeren Stadtteile Volksküchen ein, in denen täglich über 30 000 Portionen ausgegeben wurden. Nach der katastrophalen Kartoffelernte von 1916 stieg die Zahl der Küchenbesucher in Norddeutschland auf 150 000.

In manchen Gegenden lag die Kartoffelernte unter 50 Prozent des durchschnittlichen Ertrags. Damit bekam auch die Landbevölkerung die grausamen Folgen des Krieges zu spüren. Als Ersatz gab es nur Kohl- und Steckrüben, die für viele Familien das einzige Nahrungsmittel wurden, morgens, mittags und abends; selbst für die Herstellung von Brot und Marmelade verwendeten sie die Steckrübe.

Um gegen die Lebensmittelnot zu protestieren, versammelte sich am 12. Januar 1917 vor dem Rathaus in Harburg eine Menge von mehreren tausend Menschen, hauptsächlich Frauen und alte Männer. Die Proteste griffen schnell auf das andere Ufer der Elbe über und breiteten sich in Windeseile auch über Schleswig-Holstein aus. In Hamburg wurden über hundert Lebensmittelgeschäfte, in Flensburg sogar eine Brotfabrik geplündert, und auf den Werften in Kiel und Lübeck kam es zu Streiks. Die Kriegsbegeisterung von 1914 schlug spätestens nach dem Hungerwinter von 1916/17 auch in der Heimat in allgemeine Kriegsmüdigkeit und den sehnlichen Wunsch nach Frieden um.

Der Protest gegen die Lebensmittelnot in Hamburg

Matrosenaufstand und die November-Revolution von 1918

Und schon bald sollte der Krieg ein Ende finden. Der vermeintliche deutsche Sieg in der Schlacht am Skagerrak über die britischen Flottenverbände hatte die Oberbefehlshaber der kaiserlichen Marine blind gegenüber der Realität des Kriegs gemacht. Trotz laufender Verhandlungen zum Waffenstillstand sollte die deutsche Marine zu einem letzten »ehrenvollen« Gefecht gegen britische Verbände auslaufen. Aber die kriegsmüden Matrosen weigerten sich, ihr Leben bei einem solch aussichtslosen Kommando aufs Spiel zu setzen.

Im Marinestützpunkt Wilhelmshaven kam es zu einem spontanen Aufstand der Matrosen, einer Meuterei, die sich schnell zu einer massenhaften Gehorsamsverweigerung auswuchs. Obwohl tausend Matrosen der Hochseeflotte verhaftet wurden, gelang es der Marineführung in Wilhelmshaven nicht, die Meutereien zu stoppen. Als der Kreuzer *Straßburg* in See stechen sollte, blieb ein Teil der Heizer einfach an Land, und der Rest der Besatzung versuchte durch das Öffnen der Flutventile das Schiff zu versenken.

Die Rebellion griff auch auf den Marinehafen Kiel über, wo sich die Werftarbeiter den meuternden Matrosen anschlossen. Bei deren Protesten am 3. November 1918 wurden sieben Demonstranten von einer Militärpatrouille erschossen. Am Tag darauf brach in der Stadt an der Förde ein Generalstreik aus. Auf den Schiffen der kaiserlichen Flotte wehte nun statt der Reichskriegsmarineflagge plötzlich die rote Fahne. Selbst Truppen, die zur Unterstützung gegen die Protestzüge gerufen worden waren, schlossen sich dem Umsturz an, der in wenigen Tagen ganz Norddeutschland erfasste. Der in Wilhelmshaven stationierte Matrose Richard Stumpf notierte in sein Tagebuch: »Revolution. Nun ist sie da! Heute Morgen vernahm ich das

Schiffe der deutschen Kriegsmarine in der Kieler Förde

Die spontane Demonstration der Marinesoldaten in Wilhelmshaven

Philipp Scheidemann ruft vom Fenster der Berliner Reichskanzlei die deutsche Republik aus.

erste Rauschen ihrer Flügel. Noch mitten im Erleben, habe ich es noch nicht erfasst, wie schnell an diesem Morgen die Parole durchs Schiff lief: Auf zur Demonstration an Land!«

In den Städten kam es zur Bildung von Arbeiter- und Soldatenräten. Auf dem Lande formierten sich die Landarbeiter zu Bauernräten. Eine Friedensresolution der Sozialdemokraten erhielt in Schleswig-Holstein 70 000 Unterschriften. Am 7. November hatte die Revolution in allen schleswig-holsteinischen Städten und Ortschaften gesiegt, bevor es in Berlin erst richtig losging.

Der Zusammenbruch des Kaiserreichs war nicht mehr aufzuhalten. Paul von Hindenburg erklärte Kaiser Wilhelm II.: »Das Heer hält nicht mehr, die Truppen stehen nicht mehr zu Seiner Majestät. Es gibt keine treuen Truppen mehr. Wollte Gott, Eure Majestät, es stünde anders.«

Vom 8. bis 11. November 1918 fanden bei Compiègne zwischen den alliierten Mächten und dem Deutschen Reich Waffenstillstandsverhandlungen statt, die den Krieg endgültig beendeten. Die Deutschen hatten 15 Millionen Tote zu beklagen, davon eine Million Soldaten aus Norddeutschland.

Die Weimarer Republik

Am 9. November 1918 rief Philipp Scheidemann die Republik aus.

»Der Kaiser hat abgedankt. Arbeiter und Soldaten! Seid euch der geschichtlichen Bedeutung des Tages bewusst. Das Alte und Morsche, die Monarchie, ist zusammengebrochen. Es lebe das Neue! Es lebe die Deutsche Republik.«

Wie in Kiel und in anderen deutschen Städten war der Aufstand der Arbeiter und Soldaten größtenteils spontaner, unorganisierter Ausdruck der Empörung über die alten militärischen und politischen Machthaber gewesen. Zu einer tiefgreifenden Umwälzung kam es somit nicht. Die Arbeiter und Soldatenräte füllten gleich nach dem Umsturz das entstandene Machtvakuum aus, sorgten für Schutz vor Plünderern und hielten das öffentliche Leben aufrecht. Doch de facto blieb die Macht in den Händen der etablierten Bürokraten, des Militärs, der Großindustriellen und der Großgrundbesitzer in der Landwirtschaft.

Die sozialistische Republik Bremen

In Bremen jedoch wollten die Arbeiter-und Soldaten-Räte die überkommenen Verwaltungsorgane endgültig beseitigen, um dadurch die Voraussetzungen für eine sozialistische Politik zu schaffen. Am 10. Januar riefen dort Kommunisten und linke Radikale zu einer großen Kundgebung auf dem Marktplatz auf. Mit den Worten: »Die beste Regierungsform für das Proletariat ist das Rätesystem. Die Entscheidung ist gefallen. Bremen ist eine selbständige sozialistische Republik!« wurde vom Balkon des Rathauses die Bremer Räterepublik ausgerufen. Der Revolutionsrat setzte die Bürgerschaft ab und verhängte eine Zensur über die bürgerliche Presse. Konterrevolutionäre wurden standesrechtlich erschossen.

Aber schon bald kam es zu ernsten Unstimmigkeiten zwischen den Arbeitern und Soldaten. Durch die Bewaffnung der Proletarier fühlte sich die revolutionäre Garnison herabgewürdigt, was zwischen den beiden Parteien zu heftigen Debatten führte. Und es sollte nicht nur bei Wortgefechten bleiben. Die Spannungen brachten die Stadt an den Rand eines Bürgerkriegs, denn kurz darauf lieferten sich Marinesoldaten und Arbeiter heftige Kämpfe. Eine Schießerei endete mit mehreren Toten und Verletzten. Bremen drohte politisch und wirtschaftlich im Chaos zu

Januar 1918: Soldaten aus den Truppen von Oberst Gerstenberg vor dem Bremer Rathaus

Wahlplakat der deutsch gesinnten Schleswiger zur Abstimmung über die Zugehörigkeit zu Deutschland oder Dänemark

versinken. Hinzu kam, dass die der langen hanseatischen Tradition verpflichteten Banken der revolutionären Räterepublik auch noch die nötigen Kredite verweigerten.

In dieser Phase beschloss die Reichsregierung in Berlin, der Bremer Räterepublik mit militärischen Mitteln ein Ende zu setzen. Oberst Wilhelm Gerstenberg wurde mit dieser Operation beauftragt. Dem Angriff seiner Truppen am 4. Februar 1919 hatten die Marinesoldaten und bewaffneten Arbeitertrupps nur wenig entgegenzusetzen. Mehr als siebzig Menschen kamen bei der Militäraktion ums Leben. Eine aus Sozialdemokraten gebildete provisorische Regierung übernahm die Macht und verhängte den Belagerungszustand über die Stadt. Nach nur dreieinhalb Wochen war in Bremen der Traum von Revolution und Räterepublik ausgeträumt.

Deutsch oder Dänisch?

Unterdessen näherte sich die deutsch-dänische Problematik in Schleswig-Holstein endlich ihrer dauerhaften Lösung. Als am 28. Juni 1919 in Versailles der Friedensvertrag unterzeichnet wurde, enthielt er auch die Forderung des amerikanischen Präsidenten Woodrow Wilson nach dem Selbstbestimmungsrecht der Völker. Die Artikel 109 bis 114 setzten eine Volksabstimmung im Norden des ehemaligen Herzogtums Schleswig fest. Damit wurde den dänisch gesinnten Bürgern Nordschleswigs Rechnung getragen. Für sie war ein Selbstbestimmungsrecht bereits im Prager Frieden von 1866 zugesichert worden – das Bismarck allerdings ignoriert hatte.

Unter großem Wahlkampfgetöse und Propagandakampagnen auf deutscher und dänischer Seite kam es Anfang 1920 zur Abstimmung in zwei Zonen. Die nördliche Zone umfasste das Gebiet von der bisherigen Nordgrenze des Deutschen Reiches nach Süden bis zu einer Linie, die nördlich von Flensburg bis zur Westküste südlich von Tondern verlief. Sie beinhaltete unter anderem das Gebiet der Königsau, die Städte Tondern, Apenrade, Sonderburg und Hadersleben wie auch die Insel Røm. In dieser Zone sollte en-bloc abgestimmt werden, in der südlichen Zone, die aus der Stadt Flensburg und aus Teilen der Landkreise Flensburg und Tondern bestand, nach Stimmbezirken der Gemeinden. Dieser durch eine internationale Kommission festgelegte Wahlmodus stieß auf deutscher Seite auf heftige Kritik, da die Einwohner der Städte Tondern, Sonderburg und Apenrade mehrheitlich für den Verbleib im Deutschen Reich waren, die zahlenmäßig überlegene Landbevölkerung jedoch zu Dänemark tendierte.

Am 10. Februar 1920 wurde in der nördlichen Zone abgestimmt. 75 Prozent bekannten sich zu Dänemark und 25 Prozent zu Deutschland. Damit fiel das gesamte Gebiet der Abstimmungszone an das dänische Königreich, obwohl sich die Bürger in den drei Städten mit einer deutlichen Mehrheit für den Verbleib im Deutschen Reich ausgesprochen hatten.

Vier Wochen später wurde in der südlichen Zone abgestimmt. Die Wähler in den Gemeinden entschieden sich im Durchschnitt mit 80 Prozent für Deutschland. Damit wurde die Grenze zwischen den beiden Abstimmungszonen – von der Ostküste nördlich Flensburgs hinüber zur Westküste südlich von Tondern – zur neuen Staatsgrenze zwischen Deutschland und Dänemark, die heute noch Bestand hat.

Das neue Gesicht der Städte: Chilehaus (oben) und Jungfernstieg (unten) in Hamburg

Die Goldenen Zwanziger

Auch die neue Dekade der 1920er begann zunächst nicht vielversprechend. Der Erste Weltkrieg war verloren, und die Reparationsforderungen lasteten als schwere Bürde auf der noch jungen Republik. Außer an der hohen Arbeitslosigkeit litt Deutschland unter einer galoppierenden Inflation, denn die steigende Verschuldung ließ den Kurs der deutschen Währung immer weiter abrutschen und die Notenpressen immer mehr Geld drucken. Ein Laib Brot kostete inzwischen 200 Millionen Mark. Zur Abwicklung des Zahlungsverkehrs wurden mittlerweile riesige Mengen an Scheinen benötigt: Das Geld musste nicht selten in Koffern, Säcken und Wäschekörben transportiert werden.

1923: In Osnabrück spielen Kinder mit Inflationsgeld.

Doch bald nach der Einführung der Reichsmark entwickelte sich ein deutlicher Aufwärtstrend der deutschen Wirtschaft. Dieser Boom leitete das ein, was heute unter dem Begriff »Goldene Zwanziger« bekannt ist und ungefähr von 1924 bis 1929 dauerte. Bogenlampen, Leuchtreklamen und die großen Warenhäuser gaben den Städten ein neues Gesicht. Es war die Zeit des sozialen Wohnungsbaus. Anders als in den früheren Mietskasernen mit ihren dunklen, engen Hinterhöfen wurden nun licht- und luftdurchflutete

Wohnungen mit gehobenen hygienischen Standards gebaut.

In den großen Städten Norddeutschlands entwickelte sich eine Kulturszene, deren freizügige Lebensweise kaum zu überbieten war. Man vergnügte sich und machte – auch Dank der neuen Straßenbeleuchtungen und Neonreklamen – die Nacht zum Tag. Es wurde getanzt und gefeiert; der Charleston avancierte zum beliebtesten Modetanz in Deutschland. In den Großstädten pulsierte das Leben; immer mehr Automobile waren auf den Straßen zu sehen.

Eine neue Körperkultur veränderte das Freizeitleben. An den Stränden und in den Freibädern ging es viel offener zu als noch zur Jahrhundertwende. Nudisten organisierten sich in Vereinen, in denen sie nach dem Motto »Mehr Licht, Sonne und Raum« dem Freikörperkult frönten. In der freien Natur nackt zu baden und unbekleidet Gymnastik zu treiben wurde für die Nudisten zum Inbegriff des freien Menschen selbst, der seinen Lebensraum in der Natur findet und mit ihr eine Einheit bildet.

Die selbstbewusste Frau der zwanziger Jahre

Auch die Rolle der Frau befand sich seit dem Ersten Weltkrieg in einem starken Veränderungsprozess. Ihre Nachkriegsrolle als Ernährerin der Familie hatte sie selbstbewusster gemacht. Frauen setzten sich nicht nur im Sport und auf dem Arbeitsmarkt über alte Vorbehalte hinweg. Sie befreiten sich von unbequemer Kleidung, trugen die Haare kurz und zelebrierten das Rauchen in der Öffentlichkeit als sichtbaren Triumph über die Moralvorstellungen der Kaiserzeit. Die Institution der Ehe wurde in Frage gestellt. Im bürgerlichen Milieu bildete sich eine Boheme-Szene, in der man die freie, außereheliche Liebe praktizierte.

Sport entwickelte sich zum Vergnügen der Massen: Es fanden Flugtage in Hannover, Ruder- und Segelregatten in Kiel und Turnfeste in Hamburg statt. Die Motorradrennen in der Eilenriede und die Boxkämpfe in Immensen waren die Attraktionen und Publikumsmagneten im Großraum Hannover. Die Veranstaltungen waren so begehrt, dass Eintrittskarten kurz davor oft nur noch auf dem schwarzen Markt zu bekommen waren. In den Städten blühte die Kleinkunst. Bars, Nightclubs, Großkinos und Ballhäuser wie die Hamburger »Flora« erlebten ihre Blütezeit. In den Varietés wie im Hannoveraner »Tivoli« traten Nackttänzerinnen auf.

Auch in Kunst und Literatur kam es zu Veränderungen: Avantgardistische Künstlergruppen wie die »Sezession« und die »Hamburger Gruppe« ließen die Handelsmetropole an der Elbe kulturell aufblühen. In Hannover wirkte Kurt Schwitters, Begründer und Vertreter einer eigenen spezifischen Dada-Variante. Höhepunkt seiner »Merzkunst« war die Verwandlung seines Wohnhauses in eine bewohnbare Plastik. Schwitters' Collagen gaben der neuen Welt der Waren, der Reklame und der Filmpaläste einen Logenplatz in der bildenden Kunst.

Auch am Hamburger Millerntor lassen Neonreklamen und elektrische Straßenbeleuchtung die Nacht zum Tag werden.

Inflation 1922/23

Mit dem Ende des Ersten Weltkrieges und den damit verbundenen Reparationsforderungen der Alliierten in Höhe von 132 Milliarden Goldmark setzte ein stetiger Währungsverfall ein, der in den Jahren 1922/23 in eine Hyper-Inflation mündete:

Monat/Jahr	1 Mark im Verhältnis zu 1 US-Dollar
August 1914	4,20 Mark
Januar 1922	192 Mark
Dezember 1922	7600 Mark
Januar 1923	50 000 Mark
Juni 1923	100 000 Mark
Juli 1923	1 Millionen Mark
September 1923	100 Millionen Mark
1. November 1923	100 Milliarden Mark
14. November 1923	1 Billion Mark
20. November 1923	4,2 Billionen Mark

Das bedeutete beispielsweise, dass im Jahr 1914 ein Laib Brot (500 Gramm) 13 Pfennige kostete, 1922 schon 3,50 Reichsmark, im September 1923 zwei Millionen Reichsmark, auf dem Höhepunkt der Inflation im November desselben Jahres 670 Millionen Reichsmark. Allein in der Reichsdruckerei arbeiteten rund um die Uhr 7500 Menschen an der Papiergeldherstellung. Darüber hinaus waren noch 135 private Druckereien mit der Produktion der Inflations-Geldnoten beschäftigt. Insgesamt wurden während der Inflationsphase mehr als zehn Milliarden Geldscheine im Gesamtnennwert von 3900 Trillionen Mark gedruckt.

Der Hannoveraner Dada-Künstler Kurt Schwitters, hier beim Rezitieren eines seiner Texte

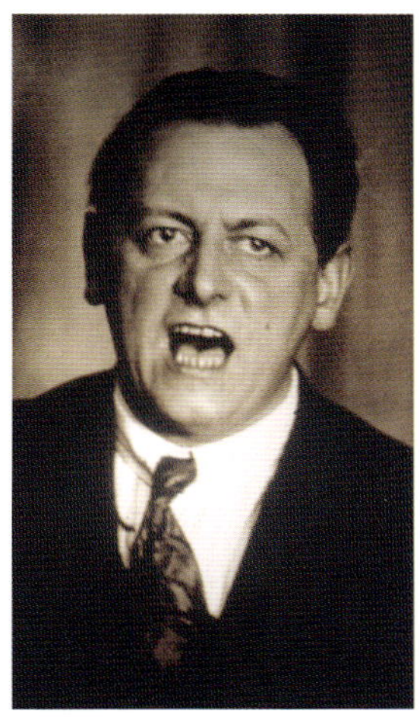

Die Damenmode der Goldenen Zwanziger

Spitzen, Pelze und Pailletten: Die Mode der Zwanziger

Nach dem Krieg war die Berufstätigkeit für viele Kriegerwitwen und ihre Kinder die einzige Überlebenschance. So bildete sich aus dem »Überschuss« von knapp eineinhalb Millionen Frauen im Alter von 25 bis 40 Jahren in Deutschland allmählich der neue Stand der weiblichen Angestellten heraus. Viele dieser Frauen entwickelten aus der Monotonie des industriellen Arbeitslebens neue Ansprüche und Wünsche für die tägliche und abendlich-nächtliche Repräsentation. Couturiers und Textilindustrie versuchten die selbstbewusste und finanziell unabhängige Klientel so gut wie möglich zu bedienen.

Auf welchem Niveau diese modische Neuorientierung nach dem Krieg begonnen hatte, wird beim Lesen einer Ausgabe des Modejournals *Elegante Welt* deutlich: »Es gibt – wieder – Schuhe! Zuallererst zeigt sich der Umschwung unseres Wirtschaftslebens darin, dass die Schuhnot ein Ende gefunden hat …«

Im Laufe der zwanziger Jahre nimmt die Experimentierfreude der Damenschneider, was verwendete Stoffe, Materialien und die Farbpalette angeht, zu. Berlin ist mit fünfhundert von reichsweit sechshundert Konfektionsbetrieben unangefochten das deutsche Modezentrum, doch die neuen Kreationen mit Chiffon, Tüll, Rüschen, Krinoline-Erinnerungen und sogar Spitze, Pailletten oder Pelz trägt man bald überall, auch in Norddeutschland.

Die Orientbegeisterung der Vorkriegszeit lebt spätestens mit der Entdeckung des Grabes Tutanchamuns 1922 und mit den darauf folgenden Filmen wie Fritz Langs »Das Weib des Pharao« und Oskar Strauss' »Perlen der Kleopatra« wieder auf und bringt neue Farben und neue Dekors. Die Frau zeigt deutlich mehr Haut als zuvor, doch ist die Mode weniger figurbetont, woraus eine geradezu körperlos-visuelle Eleganz entsteht: »Man liebt wahrlich nicht mehr die üppigen Gestalten, sondern hat sich mehr und mehr auf eine rassige, schlanke Erscheinung festgelegt«, schrieb die *Elegante Welt*. Auf Modefotos der Zeit kann man sich davon unschwer einen Eindruck machen.

Der Garçonne-Stil kommt auf und erreicht einen Höhepunkt Mitte der 1920er Jahre mit einfachen, geradezu androgynen geraden Linien und mit dem kurzen Haarschnitt *à la mode*, dem Bubikopf. Gegen Ende des »goldenen« Jahrzehnts werden die Linien und Stoffe wieder weicher, und Mode und Frau finden langsam wieder zurück zu mondäner, damenhaft-femininer Eleganz – ohne dass dies am Selbstbewusstsein der Frauen etwas geändert hätte.

Der Bau des Hindenburgdamms

Mit der NORAG, der »Nordischen Rundfunk AG«, entstand nun auch der erste Radiosender in Norddeutschland. Die Journalisten der »Hamburger Nachrichten« Hans Bodenstedt und Kurt Stapelfeld übernahmen die redaktionelle Leitung. Als die NORAG im Mai 1924 auf Sendung ging, lauschten ganze 896 Hörer ihrem Programm und hatten dafür eine Rund-

Technikraum der NORAG in der Kieler Sendeanlage

1. Juni 1927 im nordfriesischen Klanxbüll: feierliche Eröffnung des Eisenbahndamms nach Sylt durch Reichspräsident Paul von Hindenburg

funkgebühr von monatlich zwei Mark zu entrichten. Ab 1926 richtete die NORAG auch in Kiel, Bremen, Hannover und Schwerin Funkstationen ein. In Norddeutschland waren zu dieser Zeit schon über 180 000 zahlende Hörer registriert.

Die Techniker und Reporter der NORAG waren mit ihrem Übertragungswagen auch dabei, als am 1. Juni 1927 der Eisenbahndamm zwischen Sylt und dem Festland eingeweiht wurde. Durch die Abtrennung Nordschleswigs und den Verlust des Fährhafens Hoyerschleuse 1920 an Dänemark gab es keine Fährverbindung mehr zwischen dem deutschen Festland und Sylt.

Nach vierjähriger Arbeit wurde der 11,2 Kilometer lange Eisenbahndamm durch den Reichspräsidenten und Generalfeldmarschall Paul von Hindenburg eingeweiht. Der Damm verkürzte nicht nur den Weg nach Sylt, sondern machte auch die Transitstrecke durch dänisches Staatsgebiet überflüssig.

Schon in den 1920er Jahren wurde Sylt von den Reichen und Schönen entdeckt. Und mit der Bahn kamen die Touristen. Für Hoteliers, Gaststätten, Cafés und Strandkorbvermieter brachen nun auch auf Sylt goldene Zeiten an. Marlene Dietrich, Max Schmeling und Hans Albers flanierten über die Strandpromenade von Westerland und ließen Sylt am Flair der »Goldenen Zwanziger« teilhaben.

Enden sollten die glamourösen Jahre so, wie sie begonnen hatten – in einer Wirtschaftskrise. Nur handelte es sich jetzt um die Weltwirtschaftskrise von 1929, der der Börsenkrach von New York vorausgegangen war. Die erneute rasante wirtschaftliche Talfahrt schürte in weiten Teilen Norddeutschlands das Misstrauen gegenüber den Politikern der Weimarer Republik. Soziale Spannungen brachen wieder auf und verhalfen dem Nationalsozialismus letztendlich zu seinem unaufhaltsamen Aufstieg.

Rechte Seite: Die Insel Sylt aus der Vogelperspektive

Aufmarsch von SA und SS während des Uniformverbotes 1931 in Rendsburg

Adolf Hitler 1929 in Dithmarschen – nach einer Begräbnisfeier für einen Nationalsozialisten, der bei einer Straßenschlacht mit Kommunisten ums Leben gekommen war.

Der Aufstieg der NSDAP

Als am 30. Januar 1933 Reichspräsident Paul von Hindenburg Adolf Hitler, den Führer der NSDAP, zum Kanzler des Deutschen Reiches ernannte und aus der noch jungen Demokratie der Weimarer Republik de facto eine Diktatur wurde, geschah das keineswegs voraussetzungslos. Der Naziterror kam nicht von heute auf morgen, auch und vor allem nicht in Norddeutschland. Schon vor der formalen Machtergreifung gaben in weiten Teilen des Nordens die Nationalsozialisten den Ton an. Besonders die Länder Braunschweig und Oldenburg sowie die Provinz Schleswig-Holstein entwickelten sich früh zu Hochburgen der Nazis. Im Landbund Oldenburg-Bremen waren 1931 etwa 80 Prozent der Bauern Anhänger der NSDAP.

Schleswig-Holstein – Hitlers Mustergau

In keiner anderen Provinz des Deutschen Reiches bekam die NSDAP so früh starken Zuspruch wie in Schleswig-Holstein, insbesondere in den drei großen Städten Flensburg, Kiel und Altona. In diesen städtischen Hochburgen waren die Ortsgruppen der NSDAP aus völkischen Gruppierungen hervorgegangen, die Deutschtümelei und Antisemitismus auf ihre Fahnen geschrieben hatten. Bereits 1926, eineinhalb Jahre nach Neugründung der NSDAP, wurde in einer Sonderbeilage des *Völkischen Beobachters* die Entwicklung der NSDAP in der »Nordmark« gefeiert: »Wir haben die Nordmark von der dänischen Grenze bis hinunter zur Elbe mit Ortsgruppen und Stützpunkten restlos durchsetzt. Der Nationalsozialismus ist in Schleswig-Holstein nicht mehr zu brechen.«

Die Voraussetzungen für den frühen Erfolg der NSDAP in Schleswig-Holstein waren vielschichtig. Großen Anteil an der Verbreitung nationalistischer Tendenzen hatte die Christian-Albrechts-Universität in Kiel, die das antidemokratische Gedankengut weit in die bürgerlichen Schichten trug. Das geistig-politische Klima in den Fakultäten war von jener Prägung, die ganz dem politischen Denken des damaligen rechtsoppositionellen Lagers entsprach. Schon früh bildete sich in Kiel eine bewaffnete Studentenwehr gegen »sozialistisch-revolutionäre Bestrebungen«. Die meisten dieser Studentenverbindungen waren mit rassistisch-völkischen Ideen, Nationalismus und militantem Antisemitismus durchsetzt.

Eine weitere Besonderheit in Schleswig-Holstein bestand in den weit verbreiteten, aus dem lutherischen Protestantismus abgeleiteten »Deutschchristentum«. Diese Glaubensbewegung forderte eine lutherische Reformkirche für »Christen arischer Rasse«. Führender Verfechter war der Flensburger Pastor Friedrich Andersen, der die deutschchristliche Bewegung mit antisemitischen und völkischen Ideen verknüpfte. Von der Kanzel predigte Andersen »die Festhaltung des Christentums für das Deutschtum, aber unter Ausscheidung alles Jüdischen«.

Eine dritte wesentliche und vom Reich abweichende Eigenheit zeigte sich in der politischen Entwicklung auf dem Land. Während sich die Parteiführung in Berlin in ihrer Gründungsphase vorwiegend auf Stimmenzuwachs im städtischen Arbeitermilieu und Kleinbürgertum konzentrierte, richtete die NSDAP in Schleswig-Holstein schon sehr früh ihr Augenmerk auf die ländliche Bevölkerung.

Dithmarschen machte den Anfang. Bereits 1926 hatten die Nazis in Lunden, Wesselburen und Albersdorf mitgliederstarke Ortsgruppen aufgebaut. Als sich Ende der zwanziger Jahre in Schleswig-Holstein wegen des Preisverfalls landwirtschaftlicher Produkte eine bäuerliche Protestbewegung formierte, gelang es der NSDAP, auch in anderen Kreisen des Landes Fuß zu fassen. Vielerorts passierte dies über den Umweg der »Land-

Rechte Seite: Adolf Hitler bei der ersten großen Massenkundgebung der Nazis vor dem Braunschweiger Schloss am 18. Oktober 1930

wirtschaftlichen Liste«, die bei den Kreistagswahlen 1929 antrat. Allein in Südtondern errang sie über 30 Prozent der Stimmen. Mit ihrer antidemokratischen und antisemitischen Agitation hatte die radikale Wählerliste die Gunst der Marschbauern gewonnen.

Aber es waren nicht nur die Landwirte, die für republikfeindliche Ideen empfänglich waren. Unter den Bewohnern der nordfriesischen Inseln gab es aufgrund der neuen Verkehrsanbindungen und des aufkommenden Tourismus starke Modernisierungsängste. Die Pastoren warnten vor dem Verfall der guten alten Sitten und dem Verlust der einfachen friesischen Lebensweise. Fluchtburg vor der Moderne war der »Nordfriesische Verein«, der gegen »Verstädterung, Technisierung und für die Abwehr alles Art- und Blutfremden« kämpfte. Die Ideologie der Nationalsozialisten fiel bei Insulanern und Marschbauern gleichermaßen auf fruchtbaren Boden. Die Landbevölkerung sah in der NSDAP einen politischen Verbündeten in ihrem »Kampf gegen das Weimarer System«, der sich auf eine diffuse Blut- und Boden-Mystik stützte.

Die Partei marschiert voran

Stadt und Land in Schleswig-Holstein gerieten so gleichermaßen in den festen Griff der Nationalsozialisten. Bereits 1931 errang die NSDAP in einigen Bezirken 45 Prozent der Wählerstimmen.

Die Tagebücher und Lebenserinnerungen des 1911 geborenen Otto Gubitz aus Bad Segeberg geben einen guten Einblick in die damaligen politischen und gesellschaftlichen Verhältnisse im ländlichen Norddeutschland. Am 27.8.1929 gründete eine Handvoll Nationalsozialisten die NSDAP-Ortsgruppe Bad Segeberg. Durch Anwerbungen in deutschnationalen Kreisen wuchs ihre Mitgliederzahl rasch an. Auch der achtzehnjährige Edeka-Lehrling Otto Gubitz, bislang Mitglied der republikfeindlichen Bismarckjugend, ließ sich auf einer Mitgliederversammlung der NSDAP von der neuen Partei begeistern und trat ihr spontan bei. Im Dezember zählte die Ortsgruppe Bad Segeberg bereits über achtzig Mitglieder. Gubitz notierte in sein Tagebuch: »In straffer Marschordnung marschierten erstmalig Nazis durch Segeberg, und der Erfolg war offensichtlich. Die jungen und auch älteren Leute begannen, sich mit uns zu beschäftigen.«

Um ganz der Partei zu dienen, kündigte Gubitz seine Anstellung bei Edeka und wurde hauptamtlicher Mitarbeiter der Geschäftsstelle der NSDAP. Er nahm an Propagandasternfahrten und Schießübungen der SA teil und tat sich als eifriger Wahlkampfaktivist der bevorstehenden Reichstagswahl hervor. Bei der Wahl am 14.9.1930 stieg der Stimmenanteil der NSDAP von 2,6 auf 18,3 Prozent.

Großaufmärsche und Saalschlachten

In Bad Harzburg formierte sich am 11. Oktober 1930 ein Zusammenschluss von nationalkonservativen Gegnern der Weimarer Republik und der NSDAP zur so genannten Harzburger Front. Eine Woche später ließ Hitler in Braunschweig 100 000 SA-Leute aufmarschieren, die aus dem ganzen Reich angereist waren. Am Rande des Aufmarsches

Oktober 1930: Aufmarsch der Nationalsozialisten in Braunschweig (unten)

SA- und SS-Männer nach einer Saalschlacht in Rendsburg (rechts)

stürmten SA-Trupps die Arbeiterviertel der Stadt. Es gab Tote und Verletzte. Die zuständigen Stellen hatten keinerlei Sicherheitsvorkehrungen getroffen.

Der verantwortliche Innenminister Dietrich Klagges war Mitglied der NSDAP. Klagges war es auch, der dem staatenlosen Hitler zur deutschen Staatsbürgerschaft verhelfen wollte, die für die geplante Kandidatur zur Reichspräsidentenwahl notwendig war. Der Braunschweiger Innenminister plante, Hitler zum Honorarprofessor für »organische Politik und Gesellschaftslehre« der Technischen Hochschule zu ernennen. Doch das scheiterte an den Abgeordneten der Bürgerlichen Einheitspartei und der DVP. Schließlich schlug Klagges vor, den Nazi-Führer zum Regierungsrat zu machen. Die Bürgerliche Einheitspartei stimmte zu. Hitler wurde eingebürgert und erhielt als Regierungsrat pro forma den Auftrag, an der Braunschweigischen Gesandtschaft in Berlin zur Förderung der Wirtschaft für den Freistaat tätig zu werden. Die Braunschweiger Nationalsozialisten feierten dieses Ereignis mit großen öffentlichen Kundgebungen.

Wie unerbittlich und brutal sich die politischen Lager in dieser Zeit gegenüberstanden, zeigte sich in den zahlreichen Saalschlachten zwischen Nationalsozialisten auf der einen, Kommunisten und Sozialdemokraten auf der anderen Seite. Diese Form der politischen Auseinandersetzung fand in den Städten ebenso wie auf dem Land statt.

So wie am 19. Februar 1932 in dem Ort Quaal im Kreis Segeberg: Im Dorfkrug veranstaltete die SPD einen Tanzabend, bei dem es zu Tätlichkeiten mit einem Mitglied der NSDAP kam. Um sich an den Sozialdemokraten zu rächen, rief der Mann Otto Gubitz in der Parteizentrale in Bad Segeberg an, der daraufhin einen Gegenangriff organisierte:

»Als wir in zwei Autos mit zwölf Mann im Dorf erschienen, riegelten die im Lokal Anwesenden alle Türen und Fenster zu. Nach Verabredung sprang der neben mir stehende SA-

Polizisten am »Altonaer Blutsonntag« auf dem Weg zum Einsatz

Mann durch das kleine Seitenfenster und entriegelte von innen die Tür. Wir stürmten das Lokal und haben furchtbar aufgeräumt.« Bei der Saalschlacht wurde ein SPD-Mitglied mit einem Schlagwerkzeug so schwer am Kopf getroffen, dass er einseitig gelähmt blieb.

Otto Gubitz notiert dazu lakonisch in seinem Tagebuch:

»Wahrscheinlich hat einer der Unsrigen aus der Schmiede von nebenan eine Eisenstange oder ähnliches geholt und damit zugeschlagen. Als der Saal leergefegt und durch Sachschaden von uns zugerichtet war, verschwanden wir ebenso schnell wie wir gekommen waren.«

Altonaer Blutsonntag

Am Vormittag des 17. Juli 1932 kamen etwa siebentausend SA- und SS-Leute aus ganz Schleswig-Holstein mit Lastwagen und Sonderzügen in das seit 1867 ebenfalls zu Preußen gehörende Altona. Gemeinsam mit SA-Männern aus Hamburg wollten sie einen Marsch durch das kommunistisch und sozialdemokratisch geprägte Arbeiterviertel veranstalten. Vergeblich versuchte die KPD beim Polizeipräsidenten ein Verbot des Provokationsmarsches zu erwirken. Die Kommunisten beschlossen, die Herausforderung anzunehmen und sich den braunen Horden entgegenzustellen. Der zuständige Polizeileutnant Schieritz und zweihundert weitere Polizeibeamte waren zum Geleitschutz des SA-Marsches beordert, der um 17 Uhr die Schaumburger Straße passierte. Es kam zu Tumulten, Schüsse fielen. Als ein SA-Mann tot zusammenbrach, war die Polizei zur Stelle. Schieritz gab den Befehl, sofort zurückzuschießen. Die Auseinandersetzungen dauerten bis tief in die Nacht. Es gab achtzehn Tote.

Der »Altonaer Blutsonntag« hatte weitreichende Folgen. Bereits am Folgetag, am 18. Juli 1932, wurde im ganzen Deutschen Reich ein Demonstrationsverbot erlassen. Und zwei Tage später leitete Reichskanzler Franz von Papen in Preußen einem Staatsstreich ein. Er nahm die Geschehnisse in Altona zum Vorwand, um die in seinen Augen dafür verantwortliche preußische Regierung, bestehend aus SPD und Zentrum, per Notverordnung abzusetzen.

Um den »Blutsonntag« zu sühnen, sollten die Nazis ein gutes Jahr später in Hamburg zum ersten Mal ihr berüchtigtes »Sondergericht« einsetzen. Vier Kommunisten wurden dabei zum Tode verurteilt und hingerichtet.

Das Dritte Reich

Die Ereignisse, die zu Hitlers Machtergreifung führen sollten, nahmen weiter ihren Lauf. Bei den vorgezogenen Neuwahlen zum Reichstag am 6. November 1932 verlor die NSDAP, die noch bei den Wahlen im Juli mit 37,3 Prozent stärkste Partei gewesen war, eine Million Wähler. Deutschland und die Welt atmeten auf – zu früh. Zwar wurde Franz von Papen vom neuen Reichstag als Reichskanzler entlassen und Kurt von Schleicher am 3. Dezember zu seinem Nachfolger ernannt, doch der abgesetzte von Papen nutzte die noch verbleibenden Tage seiner Amtszeit und verhandelte mit Hitler über die mögliche Bildung einer Koalitionsregierung. Der NSDAP-Führer versicherte dem scheidenden Reichskanzler, dass eine Regierung unter seiner Führung sich aus acht konservativen und nur drei nationalsozialistischen Ministern zusammensetzen würde. So kam es, dass Hitler von Reichspräsident Paul von Hindenburg mit der Regierungsbildung beauftragt wurde.

Ein letztes Aufbäumen

Unmittelbar unter den Eindrücken des »Altonaer Blutsonntags« vom 16. Juli 1932 entstand ein Aufruf Altonaer Pastoren zum Ungehorsam im Fall der Bildung einer totalitären Regierung. Am 11. Januar 1933 verkündete Propst Georg Heinrich Sieveking von der Kanzel der Hauptkirche zu Altona das »Wort und Bekenntnis Altonaer Pastoren in der Not und Verwirrung des öffentlichen Lebens«. Sieveking wandte sich entschieden gegen den

Die Altonaer Hauptkirche St. Trinitatis war Ausgangspunkt des christlichen Widerstands gegen den Nationalsozialismus.

Rassismus und den Allmachtsgedanken der Nationalsozialisten. Unter Berufung auf das christliche Gewissen richtete sich das Altonaer Bekenntnis gegen »jede Vergöttlichung des Staates« und gegen eine deutsche Nationalkirche, wie sie die »Deutschen Christen« – von den Nationalsozialisten stark gefördert – anstrebten. Sievekings Äußerungen sorgten über die Grenzen des Deutschen Reichs hinaus für Aufsehen. Die Unterzeichner waren einundzwanzig evangelisch-lutherische Pastoren aus Altona. Sie gehörten zur Keimzelle der ein Jahr später vom Berliner Pastor Martin Niemöller gegründeten christlichen Widerstandsbewegung der »Bekennenden Kirche«.

Hitlers Machtergreifung

Doch trotz des Widerstandes war es bald so weit: Am 30. Januar 1933, einen Tag vor der Wiederzusammenkunft des Reichstages, ernannte Reichspräsident Paul von Hindenburg Adolf Hitler zum Reichskanzler.

Nach dem Reichstagsbrand am 27. Februar und dem Ermächtigungsgesetz vom 24. März 1933, das Hitler mit diktatorischen Vollmachten ausstattete, war der Rechts- und Verfassungsstaat der Weimarer Republik vollständig ausgehebelt. Meinungs-, Presse- und Versammlungsfreiheit existierten nicht mehr. Deutschland war eine Diktatur.

Die Wiederkehr der Scheiterhaufen

Noch vor der groß angelegten Bücherverbrennung am 10. März 1933 in Berlin fand eine erste Bücherverbrennung in Braunschweig statt. Am Abend des 9. März stürmte eine Gruppe Nazis die Volksbibliothek, um sie von Büchern mit »undeutschem Geist zu säubern«. Auf dem Ackerhof wurden die verfemten Bücher »im Fegefeuer undeutscher Literatur« verbrannt. Die Bücherverbrennungen waren Teil einer vierwöchigen Kampagne des Deutschen Studentenbundes. Über die gezielte Hetze gegen »undeutsche« und jüdi-

Bücherverbrennung in Braunschweig am Abend des 9. März 1933

sche Schriftsteller hinaus forderten die Studenten auch die »Säuberung« der Professorenschaft.

Aber nicht nur in den Universitätsstädten brannten die Scheiterhaufen. Ob auf der Bremer Nordstraße, dem Schleswiger Stadtfeld oder auf dem Hof der Forstschule in Hannoversch-Münden, überall zwischen Flensburg und Göttingen gingen die Bücher von Schriftstellern wie Heinrich Mann, Alfred Döblin, Artur Schnitzler, Franz Kafka, Heinrich Heine, Kurt Tucholsky oder Erich Maria Remarque nach einem mittelalterlich anmutenden Ritual in Flammen auf. Dazu gehörte auch das Singen des Horst-Wessel-Lieds und von »Flamme empor«, das die Völkerschlacht bei Leipzig zum Heldenepos verklärte.

Jüdisches Leben unter dem Hakenkreuz

Schon in ihrem 25-Punkte-Programm von 1920 hatte die NSDAP keinen Hehl aus ihrer antisemitischen Haltung gemacht. Unter Punkt vier hieß es darin: »Staatsbürger kann nur sein, wer Volksgenosse ist. Volksgenosse kann nur sein, wer deutschen Blutes ist, ohne Rücksichtnahme auf Konfession. Kein Jude kann daher Volksgenosse sein.« Eine Ahnung davon, was ihnen noch bevorstand, bekamen die Juden beim Bombenanschlag auf die Kieler Synagoge am 3. August 1932. Auf einer Mauer gegenüber der Synagoge hinterließen die Bombenleger ihre Botschaft: »So behandelt Hitler die Juden!« Die Täter wurden nie gefasst.

Die jüdische Gemeinde Kiel hatte in den dreißiger Jahren rund sechshundert Mitglieder. Sie bestanden zur Hälfte aus Ostjuden, die im Gängeviertel unter ärmlichsten Bedingungen wohnten und sich ihren Lebensunterhalt in der Regel mit Gelegenheitsarbeit verdienen mussten. Die andere Hälfte, die deutschen Juden, hingegen hatte sich in den

Das berühmte Foto von Rosi-Rachel Posner vom Chanukkafest 1933

besseren Wohnvierteln der Stadt niedergelassen. Sie waren als Kaufleute, Rechtsanwälte, Ärzte und Professoren tätig. Unter ihnen befand sich auch die Rabbinerfamilie Posner, die sich seit dem Anschlag auf die Synagoge besonders bedroht fühlte.

Im Dezember, am Chanukkafest, dem achttägigen jüdischen Lichterfest, inszenierte Rosi-Rachel Posner, die Ehefrau des Rabbiners, ein Foto, das Jahrzehnte später um die Welt gehen sollte. Sie stellte den Chanukka-Leuchter ins Fenster ihrer Wohnung. Auf der Straßenseite gegenüber befand sich das mit einer Hakenkreuzfahne geschmückte Gebäude der NSDAP …

Kurz nach Hitlers Ernennung zum Reichskanzler mehrten sich im Ausland die Proteste gegen den Antisemitismus und die Terrormaßnahmen der neuen deutschen Machthaber. Die Nationalsozialisten sprachen von Gräuelpropaganda und nutzten den Anlass, um am 1. April 1933 zum Boykott jüdischer

Der von den Nazis in Kiel ermordete Rechtsanwalt Friedrich Schumm

Geschäfte aufzurufen. Die Parteizeitungen der NSDAP veröffentlichten am Vorabend Listen der jüdischen Geschäfte.

In Kiel kam es an diesem Tag des »reichsweiten Judenboykotts« zu einem besonders schweren Vorfall vor dem Möbelhaus Schumm. Schon vor neun Uhr morgens bezogen SS-Leute Posten vor dem Geschäft, um den Boykott zu überwachen. Als der Rechtsanwalt Friedrich Schumm, ein Jude deutsch-nationaler Gesinnung, das Geschäft seiner Eltern betreten will, kommt es zu einem Handgemenge. Ein Schuss fällt, einer der SS-Posten stürzt zu Boden. Friedrich Schumm flüchtet zunächst, stellt sich dann aber freiwillig und wird ins Polizeigefängnis eingeliefert.

Unterdessen verwüsten und plündern SS-Leute das Möbelgeschäft seiner Eltern. Falschmeldungen heizen die Stimmung an, es wird verbreitet, dass der SS-Mann tot sei. NSDAP-Kreisleiter Walter Behrens wird beim Polizeipräsidenten vorstellig und verlangt, ihm

Der Boykott jüdischer Geschäfte wird von Posten der SA und SS überwacht.

Schumm auszuliefern. Als er mit dieser Forderung keinen Erfolg hat, lässt Behrens auf dem Exerzierplatz eine Gruppe von hundert SA- und SS-Männern antreten und das Gefängnis stürmen. Kurze Zeit später wird Friedrich Schumm in seiner Zelle durch 25 Schüsse getötet. SA und SS ziehen unbehelligt wieder ab.

NSDAP-Kreisleiter Behrens kann sogar durchsetzen, dass Schumm nicht in Kiel beerdigt wird. Sein Leichnam wird nach Westerrönfeld bei Rendsburg überführt und dort auf dem jüdischen Friedhof beigesetzt.

»Wir sind die Moorsoldaten«

Was die Strafanstalt Fuhlsbüttel für Hamburg war, das waren für die Provinz Hannover die Konzentrationslager im Emsland und in der Grafschaft Bentheim. Im Sommer 1933 wurden die Lager Börgermoor, Esterwegen und Neusustrum eingerichtet. Insgesamt umfasste das »Emslandlager« zwischen 1933 und 1945 fünfzehn Lager mit wechselnden Funktionen in der NS-Strafverfolgung. Nach dem Muster des bisher einzigen Vorläufers, des KZ in Dachau, wurde auch in den Emslandlagern eine straff organisierte, menschenverachtende Lagerordnung erlassen und besonders »geschultes« Personal eingesetzt. 1934 war das Emslandlager mit 4000 Häftlingen neben Dachau das größte KZ in Deutschland. Die ersten Inhaftierten waren meist politisch Verfolgte aus der Arbeiterbewegung, die nun zur Kultivierung der Großmoore eingesetzt wurden; darunter befand sich auch der in Hamburg geborene Journalist Carl von Ossietzky. Zusammen mit Kurt Tucholsky war er Herausgeber der *Weltbühne*, der Zeitschrift der Linksintellektuellen, die seit dem März 1933 verboten war. Hier im KZ Esterwegen des Emslandlagers entstand das Lied »Die Moorsoldaten«, das traurige Berühmtheit erlangte.

Die Lager Neusustrum und Börgermoor

schloss man 1934. Auch das KZ Esterwegen, das im Kriegsfall zu nah an der Westgrenze gelegen hätte, wurde im September 1936 aufgelöst und nach Sachsenhausen verlegt.

»Nordisch, arisch, gut«

Die Nordfriesen, insbesondere die Bewohner der Inseln Sylt, Amrum und Föhr, galten mit ihren blonden Haaren, blauen Augen und ihrer Hellhäutigkeit als »Edelgermanen« und »Musterbeispiel der arischen Rasse«. Und die Inselfriesen waren stolz darauf. Hatten sie doch schon im Jahr 1932 dem »Führer« ihre Hingabe bewiesen, als sich 150 Insulaner von Föhr und Amrum mit Dampffähre und Sonderzug nach Flensburg aufmachten, um gemeinsam mit 40 000 Schleswig-Holsteinern ihrem »Heilsbringer« zu huldigen.

Die Nazis hatten die norddeutsche Tiefebene zum »Kernland des deutschen Bauerntums« ernannt. Als zentrale Feierstätte des Reichserntedankfestes wurde im Jahr 1933 der Bückeberg bei Hameln auserkoren. Die neuen Machthaber verstanden es, geschichtliche Ereignisse des Nordens mit mystisch verklärten Massenspektakeln zu vermengen. Das stieß besonders bei der Jugend und der norddeutschen Landbevölkerung auf große Resonanz. Bei mitternächtlichen Fackelaufmärschen im Braunschweiger Land wurden Heinrich der Löwe und Sachsenherzog Widukind als Verteidiger »alter germanischer Bauernerde gegen fremden Geist und fremde Willkür« gepriesen. Auf dem »Blutfeld« in Verden an der Aller wurden Sonnenwendfeiern aufwendig in Szene gesetzt. Am Bookholzberg bei Hude zelebrierten die Nazis unter starker Beteiligung der Bevölkerung altgermanische Weihefeste. In ganz Norddeutschland wurden »Thingstätten« eingeweiht, die den Nationalsozialisten als feierliche Versammlungsorte dienten.

Bauersfrauen beim Reichserntedankfest 1933 auf dem Bückeberg bei Hameln

Das Olympische Feuer auf einem Segelschiff auf der Kieler Förde

Olympische Segelwettbewerbe in Kiel

Auch die Olympischen Spiele wurden der Nazi-Dramaturgie angepasst, die Sportarenen zu Kultstätten hochstilisiert.

Passend dazu das Olympische Feuer, das 1936 zum ersten Mal im »Heiligen Hain von Olympia« mit Hilfe eines Hohlspiegels an der Sonne entfacht und in einem Fackellauf zu den Austragungsorten gebracht wurde. Schöpfer dieses Feuerkults, heute noch fester Bestandteil der Olympischen Spiele, war der nationalsozialistische Sportfunktionär Carl Diem.

20. Juli 1936: Die Olympische Flamme wird im heiligen Bezirk von Olympia mittels Sonnenstrahl und Hohlspiegel entfacht.

Rechte Seite: Kundgebung der Hitlerjugend 1934 in Hannover

Am 3. August 1936 wurden mit pompösem Militärzeremoniell die Segelwettbewerbe auf der Kieler Förde eröffnet. Um die Lichtwirkung der Scheinwerfer und Fackeln voll zur Geltung zu bringen, legte man die Eröffnungsfeier in die Abendstunden. Die Kulisse glich einer tempelartigen Kultstätte, und der Fackelläufer, der das olympische Feuer entzündete, verkörperte den Hohepriester, der auf dem Altar das Opfer darbrachte.

Mit Hakenkreuzfahnen begrüßte Kiel die Sportler und Journalisten aus aller Welt. Der nationalsozialistische Kieler Oberbürgermeister Walter Behrens – der ehemalige NSDAP-Kreisleiter – verkaufte den Gästen die Spiele als »Künder des großen Friedenswillens unseres Führers und seines Volkes«. Sportler aus

26 Nationen nahmen an den Regatten teil. Die Mitglieder der Hitlerjugend und zwangsverpflichtete Schüler bildeten dabei die jubelnden und Fahnen schwenkenden Kulissen.

Swingkids und die Hitlerjugend

Im Zuge des Aufbaus der nationalsozialistischen Diktatur gliederte man die deutschen Jugendverbände zwangsweise in die Hitlerjugend ein. Damit waren zu Beginn des Jahres 1934 mehr als fünf Millionen Kinder und Jugendliche im Alter von zehn bis achtzehn Jahren in der HJ organisiert. 1939 wurde die Mitgliedschaft für alle Jugendlichen verbindlich.

Die uniformierte Hitlerjugend war militärisch organisiert. Feierlich anmutende Fackelzüge, Propagandamärsche und Paraden, Ausflüge und geselliges Lagerleben machten die HJ für viele Jugendliche attraktiv. Neben der Vermittlung der nationalsozialistischen Ideologie mit ihrem Wertesystem von Gefolgschaftstreue, Kameradschaft und Pflichterfüllung erfolgte bei der HJ auch eine paramilitärische Ausbildung, die immer offensichtlicher der späteren Rekrutierung von Soldaten diente.

Einige Hamburger Jugendliche, die sich durch die nationalsozialistische Gesellschaftsordnung ihrer individuellen Freiheit beraubt sahen, protestierten, indem sie der HJ die kalte Schulter zeigten und demonstrativ einen anglophilen Lebensstil pflegten. Eine zentrale Rolle nahm dabei die von den Nazis bekämpfte Jazz- und Swingmusik ein.

Einer von ihnen war der elfjährige Günther Discher. Statt Schlager von Michael Jary bevorzugten die Swingkids, wie sie sich selbst nannten, Musik von Duke Ellington, Nat Gonella und Artie Shaw. Sie scherten sich nicht darum, dass diese Musik bei den Nazis als »jüdisch entartet und dem Urwald entsprungenes Niggergedudel« galt. Sie wollten

Die Musik der Hamburger Swingjugend galt bei den Nazis als »jüdisch entartetes Niggergedudel«.

provozieren, trugen längere Haare und kleideten sich betont lässig. In aller Öffentlichkeit begrüßten sie sich untereinander statt mit »Heil Hitler« nur mit englischen Vornamen oder einfach mit »Hello Big« und spielten Swing auf ihren Koffergrammophonen, was ihnen nicht nur Ärger bei den Erwachsenen einhandelte, sondern auch bei der straff organisierten HJ-Führung Hamburgs.

»Kraft durch Freude«

Das gesamte gesellschaftliche Leben wurde mehr und mehr von der Partei bestimmt. »Zuckerbrot und Peitsche« gilt in allen Diktaturen als probates Mittel, das Volk gefügig und kontrollierbar zu halten. Den Arbeitern machte man mit verschiedenen sozialpolitischen Maßnahmen das Regime schmackhaft. Dazu zählten die Einführung eines Mindesturlaubs von sechs Tagen und der Aufbau der Urlaubsorganisation »Kraft durch Freude«.

Das erste KdF-Seebad sollte in Prora auf Rügen entstehen. Seit dem Frühjahr 1935 beschäftigte sich der Architekt Clemens Klotz mit den Entwurfsarbeiten. Der Plan für das Seebad sah einen viereinhalb Kilometer langen Gebäudekomplex vor, der in der Form eines offenen Bogens dem Strandverlauf folgte. Hier sollten 20 000 Arbeiter mit ihren Familien in acht baugleichen, je einen halben Kilometer langen Hotelblöcken ihren Urlaub verbringen. Die Grundsteinlegung erfolgte am 2. Mai 1936. Zur Fertigstellung aber kam es nie, da viele Arbeitskräfte schon bald wegen des Kriegsausbruchs abgezogen wurden.

Rechte Seite: Urlaub auf Norderney im Sommer 1940

Arbeitsbeschaffungsmaßnahmen und neue Industrieprojekte

Durch andere werbewirksame Großprojekte wie den Bau der Autobahnen konnten sich viele Menschen dem Hitlermythos nicht mehr entziehen. Dabei verschwiegen die Nationalsozialisten, dass der Bau des Autobahnnetzes schon von der Regierung der Weimarer Republik geplant worden war.

Der Maschsee in Hannover entstand aus einer gewaltigen Arbeitsbeschaffungsmaßnahme. Um möglichst viele Menschen beschäftigen zu können, verzichteten die braunen Machthaber auf Bagger und andere Baumaschinen. Nur mit Spaten ausgerüstet, hoben Tausende von Arbeitslosen zwei Jahre lang bei einem Hungerlohn von 64 Pfennig pro Stunde den künstlichen See aus. Der 1935 entstandene Park »Planten un Blomen« in Hamburg entstand auf ähnliche Weise. Bis zu 1800 meist erwerbslose Arbeiter waren acht Monate lang damit beschäftigt, über 150 000 Kubikmeter Boden umzugraben und mehr als 300 000 Sträucher, Bäume und Blumen zu pflanzen.

Diese publikumswirksamen Projekte kamen bei der Bevölkerung gut an. Hitler war für viele der Politiker, »der die Autobahnen baute und die Arbeitslosen von der Straße holte.« Anscheinend ein Image mit Langzeitwirkung, denn noch heute steht am Nordufer des Maschsees ein NS-Denkmal, das ohne jeglichen Kommentar die Aufschrift trägt: »Wille zum Aufbau gab werkfrohen Händen den Segen der Arbeit«.

Um die Arbeiterschaft ganz auf seine Seite zu ziehen, trieb Hitler in den späten dreißiger Jahren zwei Großprojekte der Industrieansiedlung und des Städtebaus voran: zum einen die Eisenhüttenwerke in Salzgitter, zum anderen das Volkswagenwerk zwischen Goslar und Wolfenbüttel. Am 26. Mai 1938 legte Hitler den Grundstein für das Volkswagenwerk. Die neue Arbeiterstadt, die heute Wolfsburg heißt, erhielt den programmatischen Namen »Stadt des KDF-Wagens«. Hitler wollte »eine vorbildliche deutsche Arbeiterstadt« entstehen lassen. Der von Ferdinand Porsche konstruierte Volkswagen sollte zum Symbol der schrankenlosen Gesellschaft werden und zugleich die Fähigkeit der Nationalsozialisten unter Beweis stellen, die Errungenschaften der Technik allen Bevölkerungsschichten zur Verfügung zu stellen. 300 000 Kaufwillige zahlten zur Finanzierung des KDF-Wagens ihre Spargroschen ein. Hitlers

Für den Bau des Volkswagens entsteht neben der Autofabrik auch die »Stadt des KDF-Wagens«, das heutige Wolfsburg. (links)

Adolf Hitler nach einer Probefahrt mit dem von Ferdinand Porsche (Bildmitte) konstruierten Volkswagen (rechts)

Bau der 1937 eröffneten Reichsautobahn Hamburg–Lübeck

Kostenvorgabe für den Volkswagen war ein Verkaufspreis von 998 Reichsmark. Realistische Kalkulationen gingen von mindestens 2000 Mark aus. Der Kriegsausbruch verhinderte schließlich die Massenproduktion des Volkswagens.

Kreuz gegen Kreuz

Im Emsland und im Oldenburger Münsterland stießen die Nationalsozialisten jedoch auf unerwarteten Widerstand. Hier waren es nicht die Sozialdemokraten oder Kommunisten, die ihnen die Gefolgschaft verweigerten, sondern die konservative und katholische Bevölkerung zwischen Meppen, Cloppenburg und Vechta. Das zeigte sich bereits bei den Reichstagswahlen von 1933. Während die NSDAP in den umliegenden Wahlkreisen Ammerland und Wittmund über 70 Prozent der Stimmen erhielt, waren es im Emsland nur knappe 20 Prozent. Von den vierzehn Gemeinden, die reichsweit mit unter zehn Prozent für die Nationalsozialisten gestimmt hatten, lagen allein fünf im Amt Vechta.

Im Herbst 1936 kam es zur Kraftprobe mit den Nationalsozialisten. Als die Oldenburgische Regierung für die Schulen und öffentlichen Gebäude im Gau Weser-Ems die Entfernung aller Kruzifixe anordnete, entstand ein Sturm der Entrüstung. Bürgermeister, Pfarrer und Kapläne überschütteten die staatlichen Stellen mit Protestschreiben. Abordnungen »katholischer Landfrauen« und »christlicher Soldaten und Familienväter« fuhren nach Oldenburg, um dort gegen den Kruzifix-Erlass zu protestieren.

Als sich die Bevölkerung auch nach mehreren Wochen nicht beruhigt hatte, kam es am 25. November 1936 in Cloppenburg zu einer Veranstaltung, auf der Gauleiter Carl Röver die Massen besänftigen wollte. Doch gegenüber 7000 Menschen, die fortwährend

Gebetshäuschen in Damme im Oldenburger Münsterland

»Zur Sach' – dat Krüz!« skandierten, musste Röver schließlich kapitulieren und zugeben, »einen Fehler gemacht« zu haben. Noch am selben Abend wurden die Kruzifixe wieder aufgehängt.

Dies war reichsweit wohl der einzige erfolgreiche Massenprotest während der gesamten Zeit des Nationalsozialismus.

Der November-Pogrom

Ansonsten aber verfinsterten sich die Verhältnisse zusehends. In der Nacht vom 9. auf den 10. November 1938 brannten überall in Deutschland die Synagogen, wurden jüdische Wohnungen und Geschäfte geplündert und zerstört. Die Nazis nannten diese Nacht der Zerstörung und der Judenverhaftungen beschönigend »Reichskristallnacht«.

Im Oktober 1938 schoben die Nationalsozialisten im ganzen Reich etwa 12 000 von ungefähr 60 000 polnischen Juden nach Polen ab. Unter ihnen befanden sich auch einige hundert Juden aus Hannover, auch der Schneider Sendel Grynszpan, seine Frau Ryfka und deren Kinder Markus und Esther; ihr Sohn Herszel hatte sich bereits vorher nach Paris absetzen können.

Als sie am 27. Oktober 1938 auf die Polizeistation gerufen wurden, mussten die Grynszpans, wie die anderen polnischen Juden auch, ihre Ausweisung unterschreiben. Dann wurden sie mit den anderen Juden durch die Straßen Richtung Bahnhof getrieben. Viele Hannoveraner standen Spalier und riefen »Juden raus nach Palästina!«. Am Bahnhof angekommen, brachte man sie mit einem Zug zur polnischen Grenze.

In Paris erfuhr der siebzehnjährige Herszel Grynszpan durch einen Brief seiner Schwester und durch die Zeitungen von der Ausweisung. Um sich für die Abschiebung seiner Familie und der Landsleute zu rächen, verübte er am 7. November 1938 in Paris ein Attentat auf den Gesandten der deutschen Botschaft, Ernst vom Rath. Der Anschlag löste eine heftige Pressekampagne in Deutschland aus. Die *Nordische Rundschau* in Kiel forderte, dass »das Judentum in Deutschland für diesen Mord zur Verantwortung gezogen wird«. Propagandaminister Joseph Goebbels nahm den Vorfall sogleich zum Anlass, in der Nacht vom 9. auf den 10. November im ganzen Deutschen Reich durch SA und SS den »spontanen Volkszorn« zu inszenieren.

Am Abend des 9. November fand in Hannover eine Großveranstaltung der SS statt, die dem Marsch der Nationalsozialisten auf die Münchner Feldherrenhalle am 9. November 1923 gewidmet war und auf der die neuen SS-Anwärter vereidigt wurden. Am Ende der Veranstaltung erging der Befehl, sich zu fünf Abteilungen zu formieren. Kurz nach ein Uhr nachts stürmten die braunen Horden los.

Ihr Ziel waren die Synagoge in der Bergstraße, jüdische Geschäfte und Wohnungen. Sie plünderten und steckten die Gebäude in Brand. Knapp dreihundert der in der Nacht verhafteten Hannoveraner Juden wurden zum Hauptbahnhof gebracht und in das KZ Buchenwald deportiert. Morgens gegen acht Uhr sprengten Arbeiter der Technischen Nothilfe die Kuppel der Synagoge wegen angeblicher Einsturzgefahr. Im Abschlussbericht des Polizeipräsidenten heißt es: »Synagoge und Friedhofskapelle niedergebrannt, 94 Geschäfte und 27 Wohnungen zerstört. Deutsches Leben und Eigentum wurde nicht gefährdet.«

Wie in Hannover gingen im ganzen Reich, in ganz Norddeutschland in dieser Nacht die Synagogen in Flammen auf, wurden jüdische Einrichtungen, Geschäfte und Wohnungen zerstört; so auch in Papenburg, Peine, Esens, Jever, Wilhelmshaven, Hamburg, Hildesheim, Altona, Wandsbek, Harburg, Salzhemmendorf, Bad Segeberg, Kiel und Bremen.

Rechte Seite: Ausgebrannte Synagoge in Hannover am Tag nach der Pogromnacht

Stapellauf der *Bismarck* in der Hamburger Werft Blohm & Voss

Der Zweite Weltkrieg

Der Zweite Weltkrieg kam für viele Menschen in Norddeutschland nicht überraschend. Bereits im Januar 1939 fanden überall im »Rahmen des probeweisen Luftschutzes« Feuerlöschübungen statt. Im Februar lief in der Hamburger Werft Blohm & Voss im Beisein von Adolf Hitler und der gesamten Prominenz aus Partei, Staat und Wehrmacht die *Bismarck*, damals eines der größten Schlachtschiffe der Welt, vom Stapel. In seiner Taufrede hob Hitler hervor, dass Deutschland mit dem Bau dieses Schiffes »erneut seinen Anspruch auf Weltmacht« anmelde. Bei einem groß angelegten Übungsalarm im Mai und Juni probten in Kiel, Hamburg, Hannover und Bremen Angehörige des zivilen Luftschutzes den Ernstfall. Im August wurden in den Städten Bezugsscheine für Grundnahrungsmittel verteilt und Merkblätter ausgegeben, wie in den Kellern der Häuser behelfsmäßige Luftschutzräume eingerichtet werden konnten. Ende August 1939 boten Kaufhäuser Verdunklungspapier, Feuerpatschen, Spritzen und Notapotheken an. Am 28. August beschlagnahmte die Deutsche Luftwaffe den Zivilflughafen Hamburg-Fuhlsbüttel, der in den Folgetagen aufwendig getarnt wurde.

Am frühen Morgen des 1. September 1939 eröffnete in der Ostsee das Linienschiff *Schleswig-Holstein* das Feuer auf polnische

Stellungen auf der Westerplatte. Mit dem Überfall der deutschen Wehrmacht auf Polen begann der Zweite Weltkrieg. Am 3. September erklärten Frankreich und England Deutschland den Krieg. Noch am selben Tag erfolgte ein erster britischer Luftangriff auf die vor Wilhelmshaven liegenden Kriegsschiffe. Dabei schlug ein abgeschossener britischer Bomber in die Bordwand des Kreuzers *Emden* und forderte mit elf Toten die ersten deutschen Opfer bei der Kriegsmarine.

Am 9. April überschritten deutsche Truppen ohne Kriegserklärung zwischen Aventoft und Krusau die Grenze zu Dänemark. Gleichzeitig erfolgte eine Invasion von See aus. Ohne auf nennenswerte Gegenwehr zu stoßen, rückten die Deutschen nach Jütland vor. Viele deutschstämmige Nordschleswiger meldeten sich zum Dienst in der Wehrmacht, der Waffen-SS oder zum zivilen Wachdienst.

Im August begannen die Angriffe auf London, die die Royal Air Force mit Vergeltungsschlägen auf deutsche Städte beantwortete. In Norddeutschland wurden die Kieler Werften im Juli 1940 erstes Ziel britischer Bomber. Zahlreiche der hier eingesetzten italienischen und dänischen Fremdarbeiter verließen daraufhin die Stadt.

Als Folge der Einberufung vieler Werktätiger zur Wehrmacht nahm der Arbeitskräftemangel zu. Vor allem die Rüstungsproduktion erforderte Massen von Beschäftigten. Deshalb verschleppte man Menschen aus den eroberten Ostgebieten, vor allem Polen, und setzte sie z. B. in den Kieler Rüstungsbetrieben ein. In Wolfsburg wurde das Volkswagenwerk in die Rüstungspläne integriert. Ab 1940 produzierte die Automobilfirma den Kübelwagen zur Motorisierung der Waffen-SS. Das zum Bau erforderliche Erz, das ursprünglich aus Salzgitter kommen sollte – aber auch hier fehlten Arbeitskräfte –, wurde nun aus den eroberten Erzgruben in Lothringen herbeigeschafft.

Statt des geplanten Volkswagens laufen Kübelwagen für die Kriegsproduktion vom Band des Werks.

Die zerstörte historische Innenstadt von Lübeck nach dem britischen Luftangriff von 1942

Bomben auf Lübeck und Rostock

Mit der Ernennung von Arthur Harris zum Befehlshaber des *Bomber Command* im Februar 1942 änderte sich die Taktik der britischen Luftangriffe. Harris setzte auf die systematische Bombardierung reiner Wohnviertel fernab von Militär- und Industrieanlagen. Ziel war es, damit den Lebens- und Verteidigungswillen der Bevölkerung zu brechen.

Mit dem britischen Bombenangriff auf Lübeck in der Nacht vom 28. auf den 29. März 1942 erprobten die Alliierten zum ersten Mal den Flächenangriff auf Wohnviertel einer deutschen Stadt. Die mittelalterliche Fachwerkbauweise der historischen Innenstadt mit ihren engen Straßen und Gängevierteln machte Lübeck aus Sicht der Angreifer zu einem idealen Versuchsobjekt. Zudem wies die Altstadt mit knapp 15 000 Einwohnern pro Quadratkilometer eine hohe Wohndichte auf.

Nach drei Angriffswellen war die gesamte Innenstadt gegen zwei Uhr nachts ein einziges Flammenmeer. Erst am Nachmittag des 30. März waren die letzten Brände gelöscht. Es gab über 300 Tote und mehr als 700 Verletzte. Etwa ein Fünftel der Altstadt wurde in der Bombennacht zerstört. 15 000 Lübecker waren nun obdachlos.

Einen Monat später folgte das viertägige Bombardement Rostocks. Schon nach der ersten Nacht verließen viele Menschen die Stadt. Ziel der massiven Luftangriffe war die Zerstörung des Hafens, der U-Bootwerft und der Heinkel-Flugzeugwerke. In der dritten Nacht griffen die britischen Bomber die Wohngebiete in der Innenstadt an. Mehr als 3600 Brandbomben fielen auf die historische Innenstadt, über tausend Gebäude wurden dabei völlig zerstört. Am Morgen des 26. April standen etwa 40 000 Rostocker ohne Wohnung auf der Straße. Erst in der vierten Angriffsnacht galt das Hauptaugenmerk der Briten den Flugzeugwerken. Bei der Bombardierung der Heinkel-Werke wurden 150 Flugzeuge, eine Monatsproduktion, zerstört.

Insgesamt forderte der Viertagesangriff 220 Menschenleben und über achthundert Verletzte. Zu diesem Zeitpunkt war Rostock die am schwersten bombardierte Stadt Deutschlands.

Rationierung und Rohstoffverknappung

Je länger der Krieg dauerte, desto stärker arbeitete die Wirtschaft für die Erfordernisse des Krieges und die Abdeckung der allernotwendigsten Bedürfnisse der städtischen Bevölkerung. Nicht nur Luxusartikel verschwanden aus dem Alltag. Es war die Zeit der Surrogate: Ersatzkaffee aus Gerste, Marmelade aus Steckrüben und Kuchen aus

Karotten. Die Versorgung mit Lebensmitteln wurde laufend reduziert und rationiert. Die Deutsche Arbeitsfront organisierte die Ausgabe von Lebensmittelkarten. Damit wurden die wöchentlichen Pro-Kopf-Rationen für die Grundnahrungsmittel festgelegt: 2000 Gramm Brot, 300 Gramm Fleisch, 206 Gramm Fett. Kinder, Juden und Zwangsarbeiter bekamen deutlich geringere Rationen. Schwangere Frauen, stillende Mütter und Schwerstarbeiter erhielten Extrazulagen.

Neue Kleidung gab es kaum noch zu kaufen. Auch Töpfe, Pfannen und andere Haushaltsgeräte waren Mangelware, da das Metall fast ausschließlich den Rüstungsbetrieben zugeteilt wurde. Nachdem die deutschen Behörden zu Metallspenden aufgerufen hatten, wurden sogar Eisenzäune, Kandelaber, Sportpokale und Kirchenglocken für die Rüstungsindustrie eingeschmolzen.

Die allgemeine Materialverknappung war für Günther Discher und die anderen Swing-Kids in Hamburg eher ein Glücksfall. Weil der Rohstoff für Schellack nahezu versiegt war, musste jeder, der eine neue Platte kaufte, zwei alte beim Händler abgeben. Viele Bürger, die Angst vor der Gestapo hatten, gaben nun beim Kauf einer Walzer- oder Operettenplatte zwei der inzwischen verbotenen Swing-Scheiben zum Einschmelzen ab. Günther Discher, der die meisten Plattenhändler kannte, bot ihnen vier Platten gegen eine der abgegebenen Swing-Scheiben. So hatten die Händler mehr Rohstoffe und Günther Discher die heiß geliebten Schallplatten, die nicht mehr zu kaufen waren. Mit dieser Idee stieg der Siebzehnjährige zum größten Schwarzmarkthändler dieser Zeit für Swing-Platten in Hamburg auf.

Im Jahr 1942 geriet Discher jedoch ins Visier der Gestapo, die ihm »Handel mit Feindware« vorwarf. Per Schutzhaftbefehl kam er ohne Gerichtsverhandlung in die Haftanstalt Fuhlsbüttel. Drei Monate später wurde er in das Jugend-KZ Moringen verlegt.

Das Jugend-KZ Moringen im Weserbergland

Brennendes Wohnhaus nach dem Luftangriff auf Rostock

Die Verfolgung und Deportation der Hamburger Juden

Die allgemeine Verfolgung und Entrechtung der Juden verschärfte sich. In Hamburg lösten die Nazis ab 1940 viele Hausgemeinschaften zwischen Juden und Nichtjuden auf und wiesen die jüdischen Familien in Häuser ein, die anderen Juden gehörten. Auf diese Weise entstanden in Hamburg – überwiegend im Grindelviertel, in dem sich auch die Hauptsynagoge befand – knapp hundert so genannte »Judenhäuser«. Diese Ghettoisierung ging mit einer Einschränkung der Bewegungsfreiheit und der Überwachung der Bewohner einher. Später sollte dies den Ämtern die Deportation und Vernichtung erleichtern.

In Norddeutschland begann die systematische Abschiebung deutscher Juden in Deportationszügen im Oktober 1941. Die Züge bestanden aus Viehwaggons, die restlos überfüllt waren. Es gab weder Sitze noch Fenster. In den Ecken standen offene Kübel, die als Toilette dienten. Im Winter gab es keine Möglichkeit, die Waggons zu beheizen. Oft dauerte die Fahrt mehrere Tage.

Aus Hamburg wurden fast 5300 Juden deportiert. Ende Juni 1942 erhielten etwa achthundert Hamburger Juden einen »Evakuierungsbefehl«. Unter ihnen befand sich auch das Ehepaar Schumm, die früheren Eigentümer des Kieler Möbelhauses. Georg und Hedwig Schumm waren zehn Jahre zuvor nach der Ermordung ihres Sohnes nach Hamburg umgezogen. Mit dem »Befehl« mussten sie sich am Morgen des 19. Juli 1942 in der zentralen Sammelstelle neben der Universität einfinden. Ihr »volks- und staatsfeindliches Vermögen« wurde beschlagnahmt. Mit anderen, überwiegend alten Menschen mussten sie auf die bereitstehenden Lastwagen klettern. Von der Polizei begleitet, ging es im Konvoi zum hannoverschen Güterbahnhof am Grasbrook. Endziel war Theresienstadt. Georg und Hedwig Schumm überlebten das KZ nicht.

»Operation Gomorrha«

Zwanzig britische Luftangriffe mit gewaltigen Schäden und mehr als zweitausend Toten hatte Hamburg schon hinter sich, als der Großangriff vom 27. Juli 1943 über die Stadt hereinbrach.

Es war ein ungewöhnlich warmer Sommertag. Aus den engen Häuserschluchten des Arbeiterviertels Hamburg-Hammerbrook zog es die Menschen in Parks, Kneipen und an die Kanäle. Man wähnte sich in trügerischer Sicherheit. Gerade zwei Nächte zuvor waren die westlichen Stadtteile Eimsbüttel und Altona sowie der Hafen schwer getroffen worden.

Stunden später brach die Hölle los. Mit drei nächtlichen Großangriffen führten Bomberflotten der Royal Air Force die »Operation Gomorrha« durch. Erklärtes Ziel war es, die zweitgrößte Stadt Deutschlands dem Erdboden gleichzumachen. Begünstigt durch wochenlange Hitze und Trockenheit, ergrif-

Wegen Seuchengefahr eingemauert: die durch den Feuersturm zerstörten Hamburger Wohngebiete

fen die Flammen in kürzester Zeit -ganze Straßenzüge. Rettungskräfte konnten weder Brände löschen noch Verletzte bergen. Menschen verbrannten auf den Straßen oder erstickten in den Luftschutzkellern. Kilometerlange Straßenzüge wurden zu Schutthalden, die auch nach Tagen noch glühten.

Die Evakuierung der norddeutschen Großstädte

Die Gefahr britischer Luftangriffe beeinflusste immer stärker den Alltag in den Städten, denn man musste jederzeit mit weiteren massiven Bombardierungen rechnen. Das NS-Regime versuchte der alliierten Kriegstaktik der Demoralisierung entgegenzuwirken. Unter dem Begriff »Kinderlandverschickung«, im Nazi-Jargon kurz KLV genannt, begannen schon 1940 die ersten Evakuierungen schulpflichtiger Kinder. Nach den schweren Luftangriffen auf Lübeck und Rostock wurden bis Ende 1942 mehr als 150 000 Hamburger Schulkinder mit ihren Lehrern in die von Luftangriffen nicht gefährdeten ländlichen Regionen, wie Schleswig-Holstein und Mecklenburg, aber auch nach Süddeutschland gebracht. Dort lebten die Kinder vorwiegend in extra dafür hergerichteten Lagern. Vormittags wurden sie von ihren Lehrern unterrichtet, nachmittags unter Kontrolle der HJ-Führer zu Ernteeinsätzen und paramilitärischen Übungen herangezogen. Nachdem die Royal Air Force ihr Bombardement auf deutsche Städte weiter verschärft hatte, leiteten auch Kiel, Bremen und Hannover Evakuierungsmaßnahmen ein. Insgesamt brachte man in Norddeutschland allein im Jahr 1943 mehr als 850 000 Schüler und Lehrer sowie Kleinkinder mit ihren Müttern im Rahmen der »erweiterten Kinderlandverschickung« aus den Städten.

Nach der »Operation Gomorrha«: brennende Industrieanlagen in Hamburg-Harburg

Hitlers geheime »Wunderwaffen«

Bereits 1936 zog der Entwicklungschef im deutschen Raketenbau, Wernher von Braun, mit seinen Mitarbeitern aus dem brandenburgischen Kummersdorf nach Peenemünde. In dem Fischerdorf auf der dünn besiedelten Insel Usedom fand er die passenden Voraussetzungen, um seine Entwicklungen voranzutreiben. Vor dem Krieg waren sämtliche Raketenversuche fehlgeschlagen. Die Flugkörper der ersten Serie explodierten bereits wenige Sekunden nach dem Start. Jetzt sollten die neuen Raketen V1 und V2 den »Endsieg« bringen. Das »V« stand für Vergeltung. Die Reichweite der viel beschworenen »Wun-

Nachfolgende Doppelseite: Sommeridylle an der Mecklenburgischen Ostseeküste? Im Zuge der »Kinderlandverschickung« evakuierte Hamburger Schulkinder

Evakuierungen norddeutscher Großstädte im Jahr 1943

Evakuierte Städte	Anzahl der evakuierten Menschen	Aufnahmegebiete
Kiel	89 250	nördliches Schleswig-Holstein, Mecklenburg, Süddeutschland
Hamburg	563 250	nördliches Schleswig-Holstein, Mecklenburg, Ost-Hannover, Ost- und Süddeutschland
Bremen	108 750	Weser-Ems, Niederlande, Ost- und Süd-Hannover, Süddeutschland
Hannover	101 250	Hannover

Rechte Seite:
Mit mehreren tausend KZ-Häftlingen an Bord wird die *Cap Arkona* irrtümlich zum Ziel eines britischen Luftangriffs.

»Wunderwaffen« V1 und V2

V1 und V2 waren gegen Kriegsende die populären Bezeichnungen für zwei Sonderwaffen des Dritten Reiches. Die V1 war im Gegensatz zu ihrer »Schwester« V2 im streng technischen Sinn keine Rakete, sondern arbeitete mit einem Verpuffungstriebwerk und ähnelte äußerlich eher einer Bombe mit Antrieb und Flügeln.
Der erste Kriegseinsatz der V1 erfolgte am 16. Juni 1944, der der V2 drei Monate später im September 1944. Die Zielgebiete beider Waffen waren in der Hauptsache England, Frankreich und Belgien, angegriffene Städte waren vor allem London und Antwerpen. Viele der Abschussbasen der Raketen, die teilweise auch von mobilen Rampen abgeschossen wurden, befanden sich in Norddeutschland, neben Peenemünde z. B. in Zempin auf Usedom.
Im Dezember 1944 wurden im Durchschnitt täglich vierzehn Raketen abgefeuert, an manchen Tagen über dreißig. Während die V1 im Anflug auf die Städte den Fliegeralarm auslöste, schlug die V2 aufgrund ihrer höheren Fluggeschwindigkeit ohne jede Vorwarnung ein.
Die Wirkung der Raketen war verheerend: Fast 13 000 Menschen wurden durch sie getötet und 35 000 Häuser zerstört. Doch auch Hitlers »Wunderwaffen« konnten das Blatt in den letzten Kriegsmonaten nicht mehr wenden.

Raketenproduktion in Peenemünde

Montage der V2 in »Dora-Mittelbau« durch Zwangsarbeiter des KZ Buchenwald (rechts)

derwaffe« betrug 800 Kilometer. Mit ihr setzten massive Angriffe auf England, Frankreich und Belgien ein.

Nach der alliierten Bombardierung der Raketenversuchsanstalt Peenemünde im August 1943 wurde im Südharz ein unterirdisches Rüstungszentrum mit dem Decknamen Dora-Mittelbau eingerichtet. 30 000 Menschen, zum größten Teil Zwangsarbeiter und KZ-Häftlinge aus Buchenwald, mussten dort für die Waffenproduktion arbeiten.

Auch die Insassen des Jugend-KZ Moringen wurden als letzte Arbeitskraftreserven für den Munitionsnachschub mobilisiert. Im nahe gelegenen Volpriehausen hatten die Nazis ein Außenlager des Konzentrationslagers errichtet. Hier mussten die Jugendlichen, unter ihnen auch Günther Discher, in unterirdischen Stollen Granaten und Kartuschen für Infanteriegeschosse montieren.

Ein Ende mit Schrecken

Als Anfang 1945 die Fronten immer näher rückten, ergingen in den Konzentrationslagern Evakuierungsbefehle. Die Gefangenen sollten den Alliierten nicht in die Hände fallen. Bei den Todesmärschen aus den KZs kamen noch in den letzten Kriegstagen Tausende Menschen um. Auf Fußmärschen wurden sie über hunderte von Kilometern ins Reichsinnere getrieben. Häftlinge, die vor Schwäche nicht mehr laufen konnten, wurden von SS-Männern erschossen.

Anfang April ordnete man auch die Räumung des Jugend-KZ Moringen an. Für Günther Discher und die anderen Häftlinge begann ein hundert Kilometer langer Marsch in den Harz nach Appenrode. Als die SS-Männer dort vor den amerikanischen Truppen fliehen mussten, ließen sie die Häftlinge dort zurück.

Das Konzentrationslager Bergen-Belsen in

der Lüneburger Heide war ursprünglich für zehntausend Gefangene ausgelegt. Nach den Evakuierungen der Lager an der Ostfront erhöhte sich die Zahl der Insassen um das Fünf- bis Sechsfache. Bis zum April 1945 kamen hier mehr als 35 000 Menschen ums Leben. Bei der Befreiung durch die Briten befanden sich noch 60 000 Häftlinge im Lager.

Auch das KZ Neuengamme bei Hamburg war mit 10 000 Menschen hoffnungslos überlegt. Bei der Evakuierung trieb man etwa 5000 Häftlinge an Bord des in der Lübecker Bucht liegenden Passagierdampfers *Cap Arkona*. Die Nationalsozialisten planten, das Schiff auf der Ostsee zu versenken. Am 2. März setzte das schweizerische Rote Kreuz die Alliierten über diesen Plan in Kenntnis. Die britische Luftwaffe allerdings versäumte es, alle Piloten darüber zu informieren. Am 3. Mai wurden so die *Cap Arkona* und ein weiteres mit Flüchtlingen besetztes Schiff, der Frachter *Thielbeck*, irrtümlicherweise von britischen Bombern angegriffen. Nur wenige Menschen überlebten die Tragödie.

Der Untergang

Nach Hitlers Selbstmord am 30. April 1945 trat Großadmiral Dönitz die Nachfolge als Reichspräsident an. Anfang Mai gab es längst keine Front mehr, vielmehr waren die deutschen Truppenteile auf mehrere isolierte und von den Alliierten umkreiste Gebiete verteilt. Am 3. Mai 1945 überquerten britische Panzer die Elbbrücken bei Hamburg. Am 4. Mai erfolgte in einem britischen Militärcamp in der Nähe von Lüneburg die Teilkapitulation deutscher Truppen in Dänemark und Norddeutschland, die der Kapitulation am 8. Mai vorausging. Mit Ausnahme von Schleswig-Holstein war Norddeutschland nun von der Naziherrschaft befreit. Flensburg allerdings

Britische Panzer überqueren die Elbbrücken bei Hamburg.

wurde Fluchtpunkt der nationalsozialistischen Führungsspitze.

Am 3. Mai erreichte Großadmiral Dönitz Flensburg-Mürwik. Über den Reichssender Flensburg wandte er sich am 8. Mai an die Bevölkerung im ganzen Reich: »Deutsche Männer und Frauen! Es ist nun meine Aufgabe, das Leben deutscher Menschen zu retten. Um dieses Ziel zu erreichen, habe ich dem Oberkommando der Wehrmacht den Auftrag gegeben, die bedingungslose Kapitulation zu erklären. Am 8. Mai, 23 Uhr, schweigen die Waffen.«

Tausende Soldaten gerieten in Gefangenschaft. Ein gewaltiger Flüchtlingsstrom aus dem Osten zog sich durch Norddeutschland. Ziel der Flüchtlinge waren die von den alliierten Angriffen verschonten Dörfer und Kleinstädte in Schleswig-Holstein und Niedersachsen.

Am 23. Mai wurde Hitlers Nachfolger Karl Dönitz von den Alliierten verhaftet und der ausländischen Presse vorgeführt. 1946 verurteilte ihn der internationale Militärgerichtshof in Nürnberg zu zehn Jahren Haft.

Jahre des Schreckens und des Grauens lagen nicht nur hinter Norddeutschland. Noch nie zuvor hatte Europa, hatte die ganze Welt etwas Vergleichbares erlitten und erlebt. Es sollte in ganz Deutschland Jahrzehnte dauern, bis die Verarbeitung dieses Traumas beginnen konnte.

Ein deutscher Flüchtlingstreck zieht im Januar 1945 aus Schlesien in Richtung Westen.

Großadmiral Karl Dönitz wird im deutschen Marinestützpunkt Flensburg-Mürwick verhaftet. (unten)

Teilung und Vereinigung

1945–1990

Die Elbe bei Hitzacker: uralte Lebensader zwischen Ost und West, vierzig Jahre lang undurchdringliche Grenze

Vorhergehende Doppelseite: Wachtürme waren bis 1990 die Wahrzeichen der knapp 1400 Kilometer langen innerdeutschen Grenze. Mehr als die Hälfte davon verlief durch Norddeutschland.

Nirgends in Deutschland waren die Menschen in Ost und West einander in ihren Traditionen so verbunden wie im Norden – eine Verbundenheit, die sich aus einer jahrtausendelangen gemeinsamen Geschichte erklärt. Im Harz etwa sind die Bewohner der Ost- und der Westhälfte kaum voneinander zu unterscheiden. Die Holsteiner und die Menschen in Mecklenburg-Vorpommern sprechen ein Plattdeutsch, das nur geübte Ohren auseinander halten können. Sie sind einander schon immer näher gewesen als die Heidjer den Allgäuern, als die Friesen den Berchtesgadenern, näher auch als die Bayern den Sachsen. Die alten Ost-West-Handelswege zu Wasser und zu Lande hatten immer eine größere Rolle gespielt als die zwischen Nord und Süd, sie bestimmten das Straßennetz der Vorkriegszeit. Die Elbe war lange ein Verkehrsweg gewesen, der Zusammenhänge stiftete. Und die Küste, die Nähe zum Meer hat einen Menschenschlag hervorgebracht, der in Usedom ähnlich »tickt« wie in Ostfriesland. Fast überall war man evangelischer Konfession. Und von der Mitte des 19. bis zur Mitte des 20. Jahrhunderts kam hinzu, dass der größte Teil der Region zu Preußen gehörte; nicht immer freiwillig, aber dennoch nicht ohne Folgen für eine gemeinsame Mentalität.

So ist die Teilung Deutschlands, die 1990 ihr plötzliches Ende fand, im Norden wohl besonders schmerzlich empfunden worden.

Die Vereinigung der beiden deutschen Staaten machte folglich alte Gemeinsamkeiten wieder sichtbar. Doch am Anfang des jüngsten Kapitels der norddeutschen Geschichte stehen die Folgen eines Krieges, der von Deutschland ausgegangen war.

Neubeginn in Ruinen

Irgendwann im Mai 1945 setzte sich Heinrich Himmler aus Flensburg-Mürwik ab, dem letzten Zufluchtsort der so genannten Reichsregierung des Großadmirals Karl Dönitz. Der Marine-Befehlshaber war von Hitler kurz vor dessen Selbstmord für die letzten Tage des Krieges als Nachfolger eingesetzt worden. SS-Chef Himmler, einer der Hauptverantwortlichen für die schlimmsten Verbrechen der Nazis, versuchte mit einigen verbliebenen Helfershelfern unter falschem Namen im Strom der versprengten Soldaten und der umherirrenden Heimatlosen unterzutauchen. Eine Zeit lang gelang es ihm. Ungesicherten Berichten zufolge fand er auf seiner Flucht durch Schleswig-Holstein und Niedersachsen zwei oder drei Wochen lang Unterstützung durch Gesinnungsgenossen. Bei Bremervörde in Niedersachsen wurde er schließlich gefasst. In Lüneburg, im Hauptquartier der Briten, sollte er wenig später einer Leibesvisitation unterzogen werden. Gerade als der Arzt die Giftampulle in einer Zahnlücke entdeckte, zerbiss Himmler sie und tötete sich auf diese Weise selbst. Seine Leiche wurde an unbekanntem Ort verscharrt.

Sichtbare und unsichtbare Kriegsschäden

Augenscheinlich waren die Ruinen des Krieges die schwerste Hypothek für die Zukunft.

Heinrich Himmler, SS-Chef, versuchte 1945 im Flüchtlingsstrom unerkannt zu entkommen.

Ruinen und menschliches Elend bestimmten nach dem Krieg das Bild Hamburgs und anderer Städte.

Die Innenstadt Rostocks, ein Meer von Trümmern

In der Tat waren die meisten großen Städte des Nordens – Kiel, Lübeck, Rostock, Neubrandenburg, Hamburg, Bremen, Braunschweig, Hannover, Hildesheim – und viele andere Orte durch den Bombenkrieg in Trümmerwüsten verwandelt worden. Jahrzehnte sollte es dauern, bis die Wunden im Gesicht der Städte verheilt waren. Erstaunlicherweise funktionierte dennoch – bis auf eine kurze Unterbrechung in den letzten Tagen des Krieges und den ersten Tagen der Besatzungszeit – vieles weiter, etwa die Post und große Teile der Verwaltung.

Schwerer noch als die offensichtlichen wogen wohl die unsichtbaren Schäden: menschliches Leid, traumatisierende Erfahrungen, zerrissene Familien, Heimatlosigkeit und der Verlust moralischer Maßstäbe. Gewiss, Himmler war nicht mehr da. Doch die Folgen seiner Taten ließen sich nicht, wie seine Leiche, heimlich in den Wäldern bei Lüneburg beerdigen. Nun konnte allerdings kein Gericht mehr für die Aufklärung seiner Verbrechen sorgen. Seine Unterstützer der letzten Wochen sind ebenso unbekannt geblieben wie viele der vorangegangenen Jahre. In der modernen Mediengesellschaft kaum vorstellbar: Den Zeitgenossen blieben Informationen über viele Einzelheiten des NS-Staates erspart; so hatten sie keine Chance, sich ein zutreffendes, realistisches Gesamtbild von ihrer unmittelbaren Vergangenheit zu machen. Und zugleich entgingen sie der Beantwortung der Frage, wie es zu den Untaten Himmlers und der anderen Naziführer kommen konnte.

Derlei Lücken füllte man mit Legenden, nicht nur um Himmlers Flucht und sein Ende. Ein Schwarz-Weiß-Denken war die Regel: Demnach gab es die bösen Nazis, die an allem schuld waren – allen voran Hitler selbst –, und andererseits die guten, die, wie Dönitz, der Hamburger Gauleiter Karl Kaufmann oder auch Rüstungsminister Albert Speer, im letz-

Linke Seite:
Vom Festsaal des Alten Rathauses in Hannover waren nur noch die Außenmauern übrig

4. Mai 1945, auf dem Timeloberg bei Wendisch Evern: bedingungslose Teilkapitulation der deutschen Nordarmeen. Am Tisch Field-Marshal Viscount Bernard Montgomery, dahinter sitzend Generaladmiral Hans-Georg von Friedeburg

ten Augenblick noch Schlimmeres verhinderten; ein Bild, das in dieser Form nicht stimmt, wie die Geschichtsforschung erwiesen hat. Weder Dönitz noch Kaufmann oder Speer waren frei von schwerer Schuld.

Auch Himmlers fixe Ideen fanden unerwartete Nachfolger: Der ehemalige SS-Führer und Innenminister hatte den aussichtslosen Versuch unternommen, einen Separatfrieden mit den Westmächten zu schließen, um an ihrer Seite den Krieg gegen die Sowjetunion fortzusetzen – und um auf diese Weise auch seine eigene Haut zu retten. Als nun der britische Oberkommandierende Montgomery mit den Resten der deutschen Armee zunächst – aus deren Sicht – überraschend fair umging, kamen Gerüchte auf, die verbliebenen Wehrmachts-Truppenteile in Schleswig-Holstein sollten von britischer Seite für einen Vorstoß »gegen die Russen« bereitgehalten werden. Noch in der Zeit des Kalten Kriegs wurde diese Legende gepflegt.

Hypotheken der Vergangenheit

Unrealistische Vorstellungen dieser Art ersetzten einen Aufarbeitungs- und Selbstreinigungsprozess der Gesellschaft, die stattdessen vieles mit einverständigem Schweigen zudeckte. So konnten, besonders in Schleswig-Holstein, aber auch andernorts noch lange nach dem Krieg Netzwerke ehemaliger Nazis funktionieren. Ein Beispiel von vielen: der ehemalige SS-Arzt Prof. Dr. Werner Heyde, der für mehrere tausend Morde an Behinderten verantwortlich war und steckbrieflich gesucht wurde. Er war mit stillschweigender Duldung der Behörden unter dem falschem Namen Fritz Sawade in Flensburg noch jahrelang unbehelligt als Arzt und Gerichtsgutachter tätig.

Die so genannte Entnazifizierung war demgegenüber ein eher bürokratisches Verfahren, das teils ausgehebelt werden konnte, teils neue Ungerechtigkeiten hervorbrachte.

Das Dilemma, den Mangel verwalten zu müssen, stellte die Besatzer in Ost und West vor unlösbare Aufgaben: Deutsche Fachleute waren auf vielen Gebieten unersetzlich. Infolgedessen gab es schließlich in Behörden und Unternehmen mehr Kontinuität, als offiziell zugegeben wurde. Die meisten Menschen – das hatten die Opfer mit den Tätern gemeinsam – waren außerdem so sehr mit ihrem Überleben von Tag zu Tag beschäftigt, dass für Fragen nach der Vergangenheit wenig Raum blieb. Doch gleichzeitig ging ein tiefer Riss durch die Traditionen der Gesellschaft, ein Riss, der erst Jahre später deutlich werden sollte.

Allerdings führte die britische Besatzungsmacht von 1946 bis 1948 im Hamburger Curiohaus die ersten Prozesse gegen Nazi-Verbrecher. Dabei wurden Verbrechen unter anderem in den Konzentrationslagern Neuengamme, Bergen-Belsen und Kiel-Nordmark aufgeklärt. Auch zwei Verantwortliche der Firma Tesch & Stabenow, die Giftgas für die Vernichtungslager geliefert hatte, wurden verurteilt. Die Prozesse hatten, im Gegensatz zu späteren, den Vorzug, dass man Zeugen leicht finden konnte und dass deren Erinnerung frisch war. Auch wurde in Presse und Rundfunk ausführlich darüber berichtet. Dennoch blieben die Verfahren für das Klima in der Gesellschaft erstaunlich folgenlos; sei es, weil man sie als »Siegerjustiz« abtat, sei es, weil die verhandelten Fälle eher subalterne Täter betrafen oder weil die Einzelheiten, die dabei bekannt wurden, einfach zu schrecklich waren, um eine ernsthafte Auseinandersetzung anzustoßen. Jedenfalls schien die breite Öffentlichkeit von alledem seltsam unberührt.

1949 fand, nunmehr vor einem deutschen Gericht, in Hamburg der einzige Prozess gegen einen prominenten Künstler der NS-Zeit statt, Veit Harlan. Der Regisseur des antisemitischen Propagandaspielfilms »Jud Süß« wurde wegen Verbrechens gegen die Mensch-

Prof. Dr. Werner Heyde alias Fritz Sawade: Vertreter einer »Medizin ohne Menschlichkeit«, nach dem Krieg in Flensburg als braver Bürger getarnt

Im Hamburger Curio-Haus fanden die ersten Prozesse der Alliierten gegen Kriegsverbrecher statt.

Veit Harlan, Regisseur, 1949 freigesprochen

Harlans Film von 1940, ein antisemitisches Propagandamachwerk (rechts)

lichkeit angeklagt, aber freigesprochen. Der Vorsitzende Richter dieses Landgerichtsprozesses hatte selbst wenige Jahre zuvor als Staatsanwalt an einem Sondergericht Todesstrafen erwirkt, auf der Grundlage unmenschlicher Nazi-Gesetze. Doch dieser Skandal bewegte nur einen kleinen Teil der Öffentlichkeit.

Die Welt der Überlebenden

Viele Opfer der Nazidiktatur, soweit sie überlebt hatten, mussten sich am Ende des Krieges auf eigene Faust durchschlagen. Nach Deutschland verschleppte ausländische Zwangsarbeiter, so genannte Displaced Persons, und befreite Lagerinsassen waren tausendfach zu Fuß auf den Landstraßen unterwegs, die von den Fahrzeugen der Besatzungsmächte verstopft wurden. »Es war chaotisch auf den Straßen«, erinnert sich Günther Discher, damals zwanzig Jahre alt. Er war vom Konzentrationslager Moringen im südlichen Niedersachsen, wo er als »Swing Kid« die letzten Jahre in Haft verbracht hatte, unterwegs nach Hamburg. »Die Leute plünderten die Speisekammern verlassener Häuser. Pferde lagen auf der Straße, die waren von Panzern überrollt worden, im Straßengraben lagen Tote. Überall lagen weggeworfene Funkgeräte und Gewehre.« Schließlich gelang es ihm, seine Familie in Hamburg wiederzufinden. Als er sich polizeilich anmelden wollte, um Lebensmittelkarten zu bekommen, sagte ihm der Beamte: »Wieso waren Sie denn im Konzentrationslager? Da waren doch nur Juden und Zigeuner!« Für Günther Discher bedeutete das langersehnte Leben in Freiheit immer wieder auch Konfrontation mit dem alten Ungeist.

Jüdische Überlebende des Naziregimes versuchten einen unauffälligen Neuanfang, oder sie wanderten aus, etwa nach Palästina. Doch das war schwierig, denn dort hatte bis

Das Drama der *Exodus*

Im Morgengrauen des 8. September 1947 legen drei Schiffe mit rund 4500 Passagieren im Hamburger Hafen an. Am 10. Juli waren diese in Sète am Mittelmeer an Bord der *Exodus* gegangen, um nach Palästina zu emigrieren. Eine Woche später in Haifa hatte die Britische Mandatsmacht die Flüchtlinge festgenommen und auf Gefängnisschiffe gebracht. Jetzt, in Hamburg, schaffen britische Soldaten die heftig protestierenden Menschen zum Teil mit Gewalt von Bord. Kaum jemand will freiwillig das Land der Konzentrationslager betreten. Unter strenger Bewachung transportiert man sie nach Lübeck ins Internierungslager Pöppendorf auf der Herreninsel, das mit Stacheldraht und Wachtürmen gesichert ist. Die Internierten werden mit DDT desinfiziert und in Doppelstockbetten auf Strohsäcken einquartiert, teilweise in Zelten. Am 6. Oktober wird das Lager nach langem Tauziehen in jüdische Selbstverwaltung übergeben. Die Insassen können sich jetzt frei bewegen. Anfang November bringen die Briten sie in neue Quartiere nach Emden und Wilhelmshaven. Von dort aus suchen sich die meisten neue Wohnorte in Europa oder Palästina. Mit der Gründung des Staates Israel am 14. Mai 1948 entfallen die Einwanderungsbeschränkungen, so dass die Lager in Ostfriesland im Juli aufgelöst werden. Über Marseille machen sich die verbliebenen Passagiere der *Exodus* erneut auf den Weg in das Land ihrer Hoffnung. Ihr Schicksal hat den Weg zur Gründung Israels geebnet.

Die *Exodus*: 1947 stand das Auswandererschiff im Mittelpunkt eines Dramas zwischen Haifa und Hamburg

Exodus-Passagiere in Lübeck-Pöppendorf: wieder hinter Stacheldraht

zur Gründung des Staates Israel 1948 die britische Mandatsmacht das Sagen, und die ließ keine Immigranten ins Land. Einstweilen ging es nur illegal – ein Betätigungsfeld für Menschen wie Benjamin Gruszka in Lübeck. Er war aus dem Warschauer Ghetto entkommen und schließlich in den Ruinen der alten Hansestadt gelandet. Von hier aus verhalf er im Auftrag einer jüdischen Untergrundorganisation tausenden ehemals Verfolgter zur Emigration mit falschen Papieren, und er vermittelte die illegale Einreise nach Palästina. Auch im Drama um das Auswandererschiff *Exodus* spielte er eine Rolle.

1947 versuchten 4500 Holocaust-Überlebende mit der *Exodus* nach Palästina zu kommen. Nach einer langen Irrfahrt landeten die Passagiere im September des Jahres schließlich in Hamburg und wurden in das Internierungslager Lübeck-Pöppendorf gebracht. Ihnen kam es vor wie die Rückkehr ins Konzentrationslager; Benjamin Gruszka verhalf auch aus dieser Gruppe vielen Menschen zu einer neuen Identität und zur illegalen Einwanderung nach Palästina.

Neubeginn im Osten

Während in der britischen Besatzungszone noch vor Gründung der Bundesrepublik die späteren Bundesländer gebildet wurden –

Schleswig-Holstein, Hamburg und Niedersachsen –, dazu als Exklave der amerikanischen Zone Bremen mit Bremerhaven, ließ auch die sowjetische Besatzungsmacht zunächst die alten Länder neu erstehen. Darunter Mecklenburg, das um den diesseits der Oder gelegenen Teil Pommerns vergrößert wurde. Die Hoffnung auf eine bessere Zukunft war unter seinen Bewohnern ebenso verbreitet wie unter den Landsleuten im Westen; allerdings gab es gegenüber den sowjetischen Besatzern größere Sorgen und Vorbehalte als gegenüber den Westmächten. Massenhafte Vergewaltigungen durch Rotarmisten hatten Angst und Schrecken verbreitet.

Für den künftigen Status der Menschen in Mecklenburg war weniger wichtig, ob sie Täter oder Verfolgte waren; es kam entscheidend darauf an, ob sie sich positiv zu den von Anfang an betriebenen sozialistischen Plänen der Besatzer und ihrer deutschen Parteigänger verhielten. Nazi-Opfer waren nur genehm, wenn sie loyal zur sowjetischen Ideologie standen. Der Antifaschismus war offizielle Doktrin, aber er konnte im Einzelfall sehr pragmatisch ausgelegt werden. Die neuen Machthaber im Osten bemühten sich auf ihre Weise, die vielen ehemaligen Mitglieder der Nazi-Partei und Wehrmachtssoldaten in den entstehenden neuen Staat zu integrieren. Für sie wurde 1948 eigens die NDPD gegründet, die Nationaldemokratische Partei. Sie stand allerdings unter politischer Vormundschaft der Kommunisten, das heißt der künftigen Staatspartei SED, die aus der Zwangsvereinigung von SPD und KPD entstanden war. Im Volksmund ging damals das Wort um: »Die SED – der große Freund der kleinen Nazis.« Andererseits wurde mancher zum Kriegsverbrecher gestempelt, allein um seine Enteignung zu rechtfertigen; oftmals wurde bei der Schaffung neuer Eigentumsverhältnisse auf eine Begründung auch ganz verzichtet.

Plakat der Nationaldemokratischen Partei Deutschlands in der DDR

Horst Pätzold und das Gutshaus seiner Eltern in Bookhorst bei Rostock

Horst Pätzold, damals keine zwanzig Jahre alt, war Ende 1945 noch in Kriegsgefangenschaft. Sein Elternhaus, das Gutshaus in Bookhorst bei Rostock, hatte der Vater – ebenfalls noch in Gefangenschaft – vor dem Krieg mit den zugehörigen Ländereien gekauft. Er war kein ostelbischer Edelmann, kein »Junker« und Leuteschinder, auch kein Kriegsverbrecher, sondern ein hart arbeitender Landwirt. Dann kam die Enteignungswelle, die nach dem Ende der DDR noch lange die Gerichte beschäftigt hat. Noch vor den Industriebetrieben wurde Grundeigentum ab 100 Hektar enteignet, wie es vor allem in Mecklenburg vorkam.

Am 1. Oktober 1945 eröffnete man Horst Pätzolds Mutter ohne weitere Rechtfertigung, dass sie den Hof sofort zu verlassen habe. Vor der Tür wartete schon das Fuhrwerk, das sie mit wenigen Möbeln und einem Koffer persönlicher Dinge zur nächsten Bahnstation fuhr. Sie und ihre Familie durften dem Gut künftig nicht mehr näher kommen als dreißig Kilometer. Als Horst Pätzold 1948 aus der Kriegsgefangenschaft entlassen wurde, beschaffte er sich eine landwirtschaftliche Ausbildungsstelle in einem Nachbardorf, nur zwölf Kilometer von Bookhorst entfernt – niemand hat es bemerkt. Und nachts ging er manchmal heimlich zum Elternhaus, um das Grab seines früh verstorbenen Bruders zu pflegen.

Bodenreform in der DDR 1945

Schwarzmarkt vor der Währungsreform: fliegender Zigarettenhändler in Hamburg

Leben in zerstörten Städten

In den Städten beiderseits der Demarkationslinie unterschied sich der Alltag zunächst wenig. Es gab kein Wasser, keinen Strom, oft fehlten Dachziegel und Fensterscheiben. Die beiden ersten Nachkriegswinter waren bitter kalt, man heizte in primitiven Öfen mit dem Holz abgesägter Bäume und mit gestohlenen Kohlen. Die Lebensmittelzuteilung funktionierte nur auf niedrigstem Niveau, also musste man hamstern, das heißt bei Bauern gegen letzte verbliebene Wertgegenstände einen Rucksack voll Kartoffeln oder Steckrüben eintauschen. Jeder »organisierte«, das heißt beschaffte sich illegal, was er konnte, und der Schwarzmarkt florierte.

Günther Discher, der seiner Liebe zum Swing treu geblieben war, handelte mit Schellackplatten; das nötige Kapital dafür stammte aus dem illegalen Zigarettenhandel. »Ich bin jede Woche zweimal nach Frankfurt am Main gefahren. Dort kostete die Zigarette bei einem Großschieber, den ich kannte, 3,50 Reichsmark und in Hamburg 6 Mark, das war natürlich ein kleiner Unterschied. An manchen Tagen haben wir in Flüchtlingslagern tausend Stück davon verkauft.« Vom Erlös kaufte er auch Lebensmittel auf dem Schwarzmarkt, zum Beispiel das Pfund Butter für 500 Mark.

Flüchtlinge und Vertriebene – das waren Millionen von Menschen aus den ehemaligen deutschen Ostgebieten, die seit den letzten Kriegsmonaten unaufhörlich nach Westen strömten. Hinzu kamen die ehemaligen Soldaten, die nach und nach aus der Gefangenschaft zurückkehrten; viele von ihnen als Invaliden, die versorgt werden mussten. Im Westen gab es außerdem Flüchtlinge aus der sowjetischen Zone, die wegen der Enteignung und andere Schikanen geflohen waren. Nirgends war der Anteil der Neuankömmlinge so hoch wie in den Ländern des Nordens: in Schleswig-Holstein war in den Jahren nach dem Krieg jeder Dritte Vertriebener, in Niedersachsen mehr als jeder Vierte, und in Mecklenburg waren zeitweise über 40 Prozent der Bevölkerung »Neubürger«, wie es dort hieß. In der Integration dieser Menschen, die von den Einheimischen vielfach als Eindringlinge betrachtet wurden, sahen zeitgenössische Beobachter die größte Leistung der deutschen Nachkriegsgesellschaft.

Anteil der Vertriebenen an der Bevölkerung

Stand 1950 (teilweise geschätzt)

Mecklenburg	38 %
Schleswig-Holstein	35 %
Niedersachsen	25 %
Bremen	8 %
Hamburg	7 %
Bundesrep. gesamt	15 %
DDR gesamt	20 %

In den ersten Nachkriegsjahren stark schwankende Werte wegen großer Bevölkerungsverschiebungen. In Mecklenburg z. B. anfangs vorübergehend Anteile von über 50 Prozent. Die Verlässlichkeit statistischer Daten in der Nachkriegszeit ist allerdings begrenzt.

Wohnungsnot: ein Wohnraum im Keller für fünfzehn Personen

Millionen Menschen mussten untergebracht werden, und das, obwohl es ohnehin viel zu wenig Wohnraum gab. Flüchtlingslager aus eilig aufgestellten »Nissenhütten« und Unterbringung in ehemaligen Luftschutzbunkern waren die ersten Notlösungen. Wer keine Freunde hatte, bei denen er Unterschlupf fand, wurde in fremde Wohnungen zwangseingewiesen. Henning Voscherau, der spätere Hamburger Bürgermeister, verlebte seine Kindheit nach dem Krieg mit den Eltern und einem Bruder in einem schwer beschädigten Hamburger Einfamilienhaus: »Wir hatten eine Einquartierung, Gila aus Stolp in Hinterpommern, ein junges Mädchen; im Keller wohnten meine Großeltern, ebenso ein Freund

Nach Hause in die Notunterkunft, wie sie noch auf Jahre hinaus in Hamburg und anderswo standen

Nissenhütten und dahinter Holzfässer mit Sauerkraut: Hamburg 1947

meiner Eltern, den wir Onkel Hans nannten, der stieß sich ständig den Kopf; also dieses kleine Haus für drei oder vier Personen war völlig überbelegt.«

Der Wiederaufbau beginnt

Aus Ruinenfeldern wurden Städte mit neuem Gesicht. Trümmerfrauen, die in langen Ketten wiederverwendbare Mauersteine aus dem Schutt wühlten und Mörtelreste abklopften, hatten in Ost und West einen großen Anteil daran. Nach und nach kamen Maschinen zum Einsatz; aus einem Teil der Trümmer ließ sich neues Baumaterial gewinnen, mit einem anderen Teil schüttete man Gruben oder Fleete zu, und der Rest wurde zu Hügeln aufgetürmt, wo gerade Platz war. Neue Häuser wurden in großer Eile errichtet, manchmal sogar ohne Bauplan. Aber der Mangel an Wohnraum war eben immens, und da erschien jedes Richtfest wie ein kleiner Sieg über das Elend.

Viele Entscheidungen beim Wiederaufbau hat man später bedauert oder als städtebauliche Sünden gebrandmarkt; die nüchterne Bauweise hat Straßenzüge und Quartiere hervorgebracht, die späteren Generationen

Wiederaufbau Ost: Rostock-Lütten-Klein, 1969 (rechts)

Wiederaufbau West: Hamburg, Grindelhochhäuser, 1953 (links)

vor allem spießig vorkamen. An prominenten Stellen der entstehenden DDR, wie etwa in der Langen Straße von Rostock, wurde »sozialistischer Städtebau« betrieben, also die Imitation sowjetischer Vorbilder, auch »Zuckerbäckerstil« genannt. Ende der fünfziger Jahre kam hier das industrielle Bauen auf, aus dem die Plattenbauweise hervorging, bald prägender Baustil. Der Ersatz zerstörten Wohnraums zog sich im Osten noch bis in die siebziger Jahre hin.

Auch im Westen gab es standardisierte Baustile, anfangs oft schlichte Wohnhäuser in Ziegelbauweise, später Hochhaussiedlungen am Stadtrand. Die Architektur drückte eine Absage sowohl an die dekorative Überladenheit des späten 19. Jahrhunderts aus wie auch an das Pathos der Nazi-Bauten, auch wenn die neuen städtebaulichen Entwürfe manchmal, wie in Hamburg oder Kiel, Planungselemente der Vorkriegs- und frühen Kriegsjahre aufgriffen. Gleichzeitig herrschte große Begeisterung für neue Tendenzen aus dem Westen; die »Grindelhochhäuser« in Hamburg waren die ersten ihrer Art in Deutschland und wurden als Zeichen einer neuen Zeit gefeiert – heute muten sie bescheiden an.

Im Norden Schleswig-Holsteins gewann das Nachbarland Dänemark große Sympathien. Einige zehntausend Angehörige der dänischen Minderheit, aber auch viele andere hofften auf eine Abtrennung Südschleswigs von Deutschland. Dabei spielte die bessere Versorgungslage in Dänemark eine Rolle, ebenso der als Last empfundene Zuzug der Vertriebenen diesseits der Grenze, aber auch mangelndes Vertrauen in die entstehende Demokratie Schleswig-Holsteins und der Bundesrepublik. Im Ergebnis der starken prodänischen Bewegung blieb der Landesteil zwar bei Deutschland, die Minderheitenrechte wurden jedoch abgesichert, und mit dem Südschleswigschen Wählerverband SSW bekam die Bevölkerungsgruppe eine politische Stimme.

Unterschiedliche Startbedingungen

Jeder half sich selbst, so gut er konnte. Wohnungen wurden provisorisch geflickt, und in vielen Betrieben warteten die Belegschaften nicht auf Anordnungen von oben, sondern brachten die Produktion in Eigeninitiative wieder in Gang. Das war in Mecklenburg nicht anders als in Niedersachsen. Doch im Westen floss das Selbstbewusstsein der Arbeiter, das daraus entstand, in die neu entstehende Gewerkschaftsbewegung ein. Im Osten dagegen beanspruchte die kommunistische SED das Monopol auf Arbeiterbewusstsein.

Am Hafen von Stralsund standen 1948, unter militärischer Bewachung, lange Züge mit verpackten Maschinen, die darauf warteten, in die Sowjetunion verschifft zu werden:

Linke Seite: Trümmerverwertung 1948: Voraussetzung für den Wiederaufbau

Kipp-Loren in der stark zerstörten Kirche St. Jacobi in Hamburg (rechts)

Nachfolgende Doppelseite: Der Hafen von Stralsund, in den Nachkriegsjahren Drehscheibe für die Verschiffung von Demontagegütern

SHL
SHL

Wiederaufbauhilfe für den Westen: Marshallplan 1948

Aus der DDR wurden ganze Industrieanlagen in die Sowjetunion abtransportiert. (unten)

die Demontage war angelaufen. Ganze Stahlwerke und andere Fabriken wurden abgebaut, als Entschädigung für die Verluste der östlichen Siegermacht. Entsprechend schwierig war der Neubeginn der wenigen Industrie, die es in Mecklenburg gab, denn neue Anlagen waren kaum zu beschaffen.

Auch im Westen hatte es anfangs Demontagen gegeben. Doch bald erkannten die Alliierten, dass es in ihrem eigenen Interesse lag, dem besiegten Land eine wirtschaftliche Perspektive zu eröffnen. Der von den USA initiierte Marshallplan (European Recovery Program, ERP) sorgte in vielen Bereichen für Anschubfinanzierung. Seit 1947 waren die britische und die amerikanische Zone zum einheitlichen Wirtschaftsgebiet der Bizone vereinigt; das erleichterte unter anderem auch den Verkehr zwischen Bremen und seinem Umland. Die Währungsreform des Bizonen-Wirtschaftsdirektors Ludwig Erhard 1948 hatte dann eine immense psychologische Wirkung: Er schaffte die Bezugsscheine ab, eine normale wirtschaftliche Entwicklung kam in Gang. Zuerst ganz langsam, dann immer schneller steuerte der Westen auf das Wirtschaftswunder zu.

Demontagen und Reparationen in der SBZ/DDR

Die Besatzungsmacht ließ über 1000 Betriebe abbauen und in die Sowjetunion schaffen: vor allem Maschinenbau, chemische und optische Industrie. Ebenso wurde das zweite Gleis der wichtigen Bahnstrecken demontiert. Außerdem wurden aus der laufenden Produktion Reparationen entnommen, zum Beispiel Schiffe von den Ostseewerften. Rund 200 wichtige Betriebe gingen als Sowjetische Aktiengesellschaften (SAG) in das Eigentum der Sowjetunion über.

Im Osten, wo man zunächst mit einer eigenen Währungsreform reagierte, wurden stattdessen die Weichen für ein Wirtschaftssystem nach sowjetischem Vorbild gestellt. 1949, wenige Monate nach der Bundesrepublik, wurde die DDR gegründet. Die deutschen Küstenländer gehörten nun zu zwei verschiedenen Staaten in verfeindeten politischen Systemen.

Sozialismus an der Ostseeküste

Auf der 2. Parteikonferenz der SED verkündete deren Generalsekretär Walter Ulbricht im Juli 1952 eine neue Politik: den »planmäßigen Aufbau des Sozialismus in der DDR«. Dass nun, als Zeichen der Absage an »feudale« Traditionen und zur Ausschaltung der föderalen Selbstverwaltung, an die Stelle des alten Landes Mecklenburg die Bezirke Schwerin, Rostock und Neubrandenburg traten, war noch das Harmloseste. Vielerorts wurden unter der Parole »Aufbau des Sozialismus« schlicht Baumaßnahmen subsumiert, also Wohnungsbauten und Industrieanlagen – auch dagegen konnte niemand etwas haben. Aber hinter dem neuen Kurs verbarg sich nicht nur eine Parteitagsparole, sondern ein Bündel von Maßnahmen, die tief in das Leben der Menschen einschnitten.

Die Bauern, die erst vor wenigen Jahren durch die Bodenreform zu Herren auf eigener Scholle geworden waren, darunter viele Vertriebene aus den alten Ostgebieten, bekamen es als Erste zu spüren. Mit der für totalitäre

SED-Generalsekretär Walter Ulbricht im Gespräch mit Bauern

Werbung für die Zwangskollektivierung (links)

Aufbau des Sozialismus

Walter Ulbricht am 9. Juli 1952:
»In Übereinstimmung mit den Vorschlägen aus der Arbeiterklasse, aus der werktätigen Bauernschaft, aus anderen Kreisen der Werktätigen hat das Zentralkomitee der Sozialistischen Einheitspartei Deutschland beschlossen, der Zweiten Parteikonferenz vorzuschlagen, dass in der Deutschen Demokratischen Republik der Sozialismus planmäßig aufgebaut wird.«

Konkrete Folgen waren u. a.:
- Förderung der Schwerindustrie auf Kosten der Konsumgüter-Produktion
- Kollektivierung der Landwirtschaft
- Schaffung der Kasernierten Volkspolizei, aus der später die Nationale Volksarmee (NVA) hervorging
- Ausschaltung des Mittelstandes
- Verstärkung von Repressionen und ideologischem Druck, um die Gesellschaft »auf Linie zu bringen«
- Bereits seit Mai: Abriegelung der innerdeutschen Grenze

Staaten typischen Mischung aus Versprechungen, Drohungen und Einschüchterung wurden sie dazu bewegt, ihre gerade erst gewonnene Selbständigkeit wieder aufzugeben. Nach dem Vorbild der sowjetischen Kolchosen wurden Landwirtschaftliche Produktionsgenossenschaften gegründet, kurz LPG. Mit großem Propagandaaufwand wurde der Schritt in die Kollektivierung als Modernisierung, als Schritt in die Zukunft gefeiert. Zwar war es wirtschaftlich sinnvoll, größere Flächen bewirtschaften zu können, analysiert Horst Pätzold, der inzwischen auf dem Weg vom enteigneten Gutsbesitzerssohn zum Agronomieprofessor war. »Aber psychologisch war es eine schwere Backpfeife, die das

Vertrauen der Menschen in ihre neue Regierung nachhaltig erschütterte.« Viele von ihnen wichen der Zwangskollektivierung durch Flucht in den Westen aus, wie zuvor schon Opfer der Bodenreform.

Der Effizienzgewinn durch die Zusammenlegung der Felder wurde durch die ideologischen Fesseln und die lähmende Bürokratie mehr als wettgemacht. Die mecklenburgischen Landwirte waren nun Mitarbeiter eines Kollektivs. Das war durchaus beabsichtigt: So waren sie durch den Staat wirtschaftlich, aber auch politisch leichter zu kontrollieren. Und zugleich konnte die DDR damit gegenüber der Führungsmacht Sowjetunion ihre Musterschülerrolle unterstreichen.

Enteignungswelle an der Küste

Kurz nach dem Beginn der Zwangskollektivierung, im Frühjahr 1953, lief eine neue Enteignungswelle an: Jetzt hatte es der Staat auf die Hotels, Pensionen und Ferienheime an der gesamten Ostseeküste abgesehen, mit Schwerpunkten auf Rügen und Usedom. Die »Aktion Rose«, so der euphemistische Deckname, war von langer Hand vorbereitet, und das Vorgehen der Behörden war in der Regel noch niederträchtiger als bei den bisherigen Zwangsmaßnahmen. Die Beamten, die eines Tages bei den Eigentümern der Beherbergungsbetriebe erschienen, hatten den Auftrag, Vorwände zu konstruieren. In der Regel wurden so genannte Wirtschaftsverbrechen »aufgedeckt«. Manchmal versteckten die Ermittler auch verbotene westdeutsche Zeitschriften, nur um sie dann als Belastungsmaterial wieder hervorzuzaubern.

Irmgard Hellwig am Reddevitzer Höft auf Rügen wurde ein Anbau zum Verhängnis, den sie in Eigeninitiative errichtet hatte. Sie war die Inhaberin einer kleinen Pension, die sie in den Nachkriegsjahren der staatlichen »Volkssolidarität« für erholungsbedürftige Kinder zur Verfügung stellte. In dem Anbau waren Waschräume für die Kinder untergebracht. Bauholz war schwer zu bekommen – der Architekt hatte es auf inoffiziellen Wegen beschafft, unter Umgehung der schwerfälligen Zwangsbewirtschaftung.

Eines Morgens im Winter erschienen vier Männer in Zivil bei ihr, die sich sofort daranmachten, das Haus auf den Kopf zu stellen. Die Durchsuchung dauerte den ganzen Tag – und irgendwann bekamen die Beamten die Sache mit dem Anbau heraus. Sie waren zufrieden: ein »Wirtschaftsverbrechen« war gefunden.

Irmgard Hellwig und ihr Mann wurden abgeführt, das Haus wurde enteignet, es folgte ein Schnellverfahren. Die Inhaberin der Pension kam nach einigen Wochen Untersuchungshaft, unter anderem im berüchtigten Zuchthaus Bützow-Dreibergen, mit

Irmgard Hellwig und ihre Pension am Reddevitzer Höft auf Rügen

Eine Zelle im Zuchthaus Bützow-Dreibergen (rechts)

»Aktion Rose«

447 Festnahmen
219 Betroffene flohen in den Westen
440 Hotels und Pensionen sowie
181 Gaststätten, Wohnhäuser und Wirtschaftsbetriebe beschlagnahmt
527 strafrechtliche Ermittlungsverfahren
408 Personen verurteilt
30 Mio. DM (Ost) an Immobilien beschlagnahmt
1,7 Mio. DM (Ost) an Bargeld eingezogen
500 000 DM (Ost) an Schmuck und Wertsachen eingezogen

einer Geldstrafe davon. Für ihren Mann, der rechtlich gar nicht Miteigentümer war, lautete das Urteil auf drei Monate Strafhaft, und dafür musste er auch noch 180,24 DM (Ost) an entstandenen Kosten begleichen. In anderen Fällen wurde ein Sack Mehl oder eine Dose Kaffee gefunden, die private Gastronomen sich beschafft hatten, um die Versorgung ihrer Gäste sicherzustellen – an den Haaren herbeigezogene Begründungen für politische Willkür.

Über vierhundert Menschen wurden auf solche Art abgeurteilt; die verhängten Strafen reichten bis zu zehn Jahren Zuchthaus. Mehr als sechshundert Hotels, Pensionen, Wohnhäuser und andere Gebäude wurden bei der »Aktion Rose« beschlagnahmt. Die bisherigen Eigentümer durften teilweise als staatliche Angestellte in ihren eigenen Häusern weiterarbeiten; man konnte offenbar nicht ganz auf sie verzichten. Im Handstreich sicherte sich der Staat die Verfügungsgewalt über die Urlaubskapazitäten an der Ostsee, die er dann als Gratifikation an loyale Arbeiter verteilen konnte. Mindestens ebenso wichtig war aus der Sicht der SED die gewollte gesellschaftliche und politische Ausschaltung des Mittelstandes.

Revolte im Juni

Der 17. Juni, der Tag des Arbeiteraufstandes in der DDR, ist den Bewohnern der alten Bundesrepublik hauptsächlich als Feiertag in Erinnerung. In Ost-Berlin dagegen rollten am 17. Juni 1953 Panzer, und für einen kurzen Augenblick schien es, als ob die Zukunft des ostdeutschen Staates auf dem Spiel stünde. Außerdem war hinter den Kulissen zwischen Berlin und Moskau ein Machtspiel im Gange, das kurz davor war, in der Absetzung des DDR-Machthabers Walter Ulbricht zu kulminieren. Dessen Fehlentscheidungen auf wirtschaftlichem Gebiet waren der Sowjetunion nicht verborgen geblieben.

Auch in der Provinz gärte es wegen der erhöhten Arbeitsnormen und wegen der menschenverachtenden Politik des Regimes. Im heutigen Mecklenburg-Vorpommern gab es vor allem unter den Werft- und Hafenarbeitern von Stralsund und Rostock spontane Streiks und Demonstrationen. Und in Glowe auf Rügen streikten rund zehntausend Bauarbeiter auf der Großbaustelle eines geplanten sowjetischen Militärhafens. Zu deren Unzufriedenheit hatte indirekt auch die gerade erst vollzogene Prozess- und Enteignungswelle der Hotels an der Küste beigetragen. Vor allem eines aber löste die heftigen Proteste aus: Der westdeutsche Sender NWDR, der Vorgänger des NDR, verbreitete Nachrichten über den Aufstand in Berlin und seine Niederschlagung. In den Küstenstädten vollzog sich das Drama deshalb nicht am 17., sondern vorwiegend am 18. und 19. Juni.

Wie im ganzen Land, so wurde die Bewegung der unzufriedenen Arbeiter auch hier rücksichtslos unterdrückt. Wegen der dünnen Besiedlung und der im Verhältnis stärkeren Präsenz sowjetischen Militärs war es in den Bezirken Rostock, Schwerin und Neubrandenburg leichter als in Berlin, den Aufstand niederzuschlagen. Deutsche Polizei- und sowjetische Militäreinheiten marschierten an

17. Juni 1953: Arbeiteraufstand in Warnemünde

den neuralgischen Punkten auf, beispielsweise an der Warnow-Werft in Warnemünde, und beendeten die Proteste. Anführer der Streikenden wurden verhaftet.

Die Ereignisse im Juni hatten eine weltpolitische Dimension, denn Moskau konnte es nicht gleichgültig sein, wenn die Stabilität an der Westfront des sowjetischen Machtbereichs in Frage gestellt wurde. Wären die Ereignisse außer Kontrolle geraten, hätte womöglich eine militärische Krise zwischen den Supermächten daraus resultiert. Die Entscheidungen, die jetzt fielen, waren daher vom Kreml diktiert: Zwar konnte Ulbricht nun nicht mehr fallen gelassen werden – das wäre einem Gesichtsverlust gleichgekommen –, aber die Politik der Repressionen und Zwangsmaßnahmen musste abgemildert werden.

Folgen des Aufstands

Der politische Schwenk bekam den Namen »Neuer Kurs«; statt die forcierte Umgestaltung der Wirtschaft und der Gesellschaft an erste Stelle zu setzen, wurde nun stärker auf die Einstellung der Menschen zu ihrem Staat geachtet. Die Loyalität der Bürger zur DDR blieb für die Regierung in den Folgejahren das zentrale Problem, ohne dass sie es je hätte lösen können.

Für die meisten gerichtlich verurteilten Opfer der »Aktion Rose« führte der politische Kurswechsel dazu, dass sie vorzeitig freigelassen wurden. Viele bekamen auch ihre Hotels

Mit dem FDGB an der Ostsee

Rechte Seite: Mit dem Wirtschaftswunder hielten neue Elektrogeräte Einzug in die Küche der »modernen Hausfrau«.

und Pensionen zurück; zunächst nur zur Nutzung, später auch als Eigentum. Natürlich waren alle von der Rückgabe ausgeschlossen, die sich der Verfolgung durch Flucht in den Westen entzogen hatten, im Umfeld der »Aktion Rose« mehr als zweihundert Betroffene. Das Ziel, den Mittelstand als gesellschaftliche Größe auszuschalten, wurde allerdings beibehalten; entsprechend schikanös war die Behandlung der Hoteleigentümer in der Folgezeit. Benachteiligungen bei der Zuteilung dringend benötigter Dinge, Behördenwillkür und eine nicht kostendeckende Preisgestaltung seitens der staatlichen Stellen bewegten zahlreiche Inhaber später dazu, ihre Pensionen und Hotels ganz aufzugeben: eine zweite Enteignung auf kaltem Weg. Statt individueller Ferien, wie sie im Westen bei wachsendem Wohlstand mehr und mehr üblich wurden, war der DDR-Führung der kollektive Urlaub in den Ferienheimen des FDGB (»Freier Deutscher Gewerkschaftsbund«) lieber, die nun überall entstanden.

Wirtschaftswunder im Westen

Wenn man Bilder von den Schuttbergen in den deutschen Städten der Nachkriegszeit sieht, kann man sich kaum vorstellen, wie es möglich war, innerhalb weniger Jahre wieder einen funktionierenden Lebensraum herzustellen. Der Wandel von totaler Zerstörung zur Wohlstandswelt, der im Westen in gut zehn Jahren gelang und der aus dem Osten mit neidischem Staunen verfolgt wurde, war erstaunlich genug. Zwar kann man die Gründe benennen – die Tüchtigkeit der am Wiederaufbau beteiligten Menschen, die Kapitalspritzen der USA und günstige politische Rahmenbedingungen –, doch die pure Geschwindigkeit der Verwandlung rechtfertigte das Wort vom Wirtschaftswunder.

Ida Ehre, die Prinzipalin der Hamburger Kammerspiele

Der Schriftsteller Wolfgang Borchert (rechts)

Hunger nach Kultur

Zeitzeugen jener Jahre berichten übereinstimmend, wie sehr auch inmitten von Hunger und allseitigem Mangel zunächst ein kulturelles Nachholbedürfnis bestand. Jede Gelegenheit, eine Theatervorstellung, ein Konzert oder eine Ausstellung zu besuchen, bedeutete für viele den Kontakt mit geistigen Welten, die ihnen zwölf Jahre lang verschlossen waren. Vor allem im Westen, wo keine neue Ideologie mit totalitärem Anspruch an der Macht war, blühten bis zur Währungsreform die kulturellen Angebote. Wolfgang Borchert brachte mit seinem Theaterstück »Draußen vor der Tür« das Lebensgefühl einer ganzen Generation auf den Punkt. Die Uraufführung 1947 in den ungeheizten Hamburger Kammerspielen unter der Prinzipalin Ida Ehre – der Autor starb am Tag zuvor – wurde zu einem der Gründungsmythen der Kulturszene in der Bundesrepublik. Jazz war nicht nur erlaubt, er war durch die Sender der Alliierten jetzt sogar im Radio zu hören. Komponisten, die lange nicht gespielt, Bilder, die nicht gezeigt, und Autoren, die nicht gedruckt werden durften, gab es genug. Auch im Kino waren endlich Produktionen aus dem Ausland zu sehen.

Mit der Währungsreform in den westlichen Bundesländern, als die Schaufenster plötzlich wohl gefüllt waren, trat das alles wieder in den Hintergrund. Der Geschmack des Publikums orientierte sich zurück auf Wohlbekanntes. Im Kino liefen Heimatfilme, der deutsche Schlager begann seinen Höhenflug. Jazz dagegen blieb ein Minderheitenprogramm, von der Mehrheit nach wie vor als »Negermusik« verfemt. Die verfolgten Autoren und Künstler der Nazizeit hatten es zum Teil noch immer schwer. Gustaf Gründgens jedoch, ein großer Künstler, aber auch umstrittener Theaterstar während des Dritten Reiches, wurde 1955 Intendant des Deutschen Schauspielhauses in Hamburg.

Mit der Währungsreform füllen sich im Westen Schaufenster und Geschäfte

Ausgabe von D-Mark-Scheinen am 20. Juni 1948

Medien der Nachkriegszeit

Jürgen Roland (Mitte), Rose Marie (»Röschen«) Schwerin (stehend) und Heino Landrock (links), NWDR-Reporter für das »Echo des Tages« 1946

Der Informationshunger der Menschen blieb auch nach der Währungsreform so groß wie am Ende des Krieges. Bereits 1948 übergaben die Briten den Vorgänger von NDR und WDR, den Nordwestdeutschen Rundfunk (NWDR) mit seiner Zentrale in Hamburg, in deutsche Hände. Die Besatzungsmacht schuf damit, nach dem Muster der BBC, das Vorbild für die Organisationsform des öffentlich-rechtlichen Rundfunks in Deutschland: idealerweise von der ganzen Gesellschaft getragen, gleichermaßen weit entfernt vom Gewinnstreben privater Unternehmen wie vom direkten Zugriff des Staates. Bevor der NWDR anfing, ein Fernsehprogramm auszustrahlen, und noch lange danach, war sein Hörfunk das wichtigste aktuelle Medium im Norden, wenn man von Radio Bremen absieht, das als Sender der US-Enklave Bremen und Bremerhaven eine Sonderrolle spielte.

Der Zeitungsverleger Axel Springer (2. v. r.) in seiner Setzerei

Fernsehen auf dem Weg zum Massenmedium: das »Gläserne Studio der Nordschau«, 1957

Bis weit nach Mecklenburg hinein wurde der NWDR gehört, und einige seiner Macher, wie Peter von Zahn, Axel Eggebrecht oder Jürgen Roland, wurden berühmt für Jahrzehnte.

Für die Presse waren die Jahre seit 1945 eine Aufbruchs- und Gründerzeit von historisch einzigartigem Ausmaß. Die Zeitungs- und Zeitschriftenverlage der Gegenwart wurden zum großen Teil in den ersten Jahren nach Kriegsende gegründet. Mit dem Pressehaus am Hamburger Speersort, in dessen Erdgeschoss die Rotationsmaschinen dröhnten, stand ein weitgehend intaktes Gebäude zur Verfügung. Die Nazis hatten es errichtet, und jetzt wurde es zur Keimzelle der überregionalen demokratischen Presse. *Der Spiegel*, von Rudolf Augstein zunächst in Hannover gegründet, hatte hier seine erste Hamburger Adresse, ebenso die improvisierten Anfänge anderer Blätter, darunter Henri Nannens *Stern* und *Die Zeit* des Verlegers Gerd Bucerius, die bis heute dort gemacht wird.

Der junge Axel Springer reüssierte als Verleger des *Hamburger Abendblatts* und landete mit der Radio-Programmzeitschrift *Hör Zu!* seinen ersten Millionenerfolg, bevor er die *Bild*-Zeitung erfand und *Die Welt* aufkaufte, ursprünglich eine Zeitung der britischen Besatzungsmacht. Auch für Buchverlage und Unternehmen der Schallplattenindustrie wurde Hamburg ein Zentrum, nachdem die alte Medienhauptstadt Berlin wegen der politischen Unsicherheiten der Teilung und der Insellage West-Berlins ihre Rolle nicht mehr im alten Umfang wahrnehmen konnte.

Gyula Trebitsch gründete 1947 mit einem Partner auf der grünen Wiese in Hamburg-Wandsbek ein Filmstudio, in dem Spielfilme wie »Des Teufels General« oder »Der Hauptmann von Köpenick« gedreht wurden; daraus entstand ein stetig wachsender Atelierbetrieb, der dann unter dem Namen »Studio Hamburg« zum Dienstleister für das Fernsehen wurde. Die Anfänge des Fernsehprogramms waren allerdings bescheiden: Seit Dezember 1952 sendete der NWDR nach längerem Versuchsbetrieb ein regelmäßiges Programm, zunächst zwei bis drei Stunden am Tag, unter anderem von Anfang an die »Tagesschau«. Wenige Tage zuvor hatte das DDR-Fernsehen von Berlin aus die Parallelveranstaltung des Ostens gestartet. Das erste Hamburger Fernsehstudio lag in einem Betonkoloss, der als Luftschutzbunker errichtet worden war. Ein Empfangsgerät kostete mehrere Monatslöhne, und die neue Veranstaltung wurde zunächst vor allem belächelt. Nur Springers *Hörzu* widmete ihr eine Rubrik namens »Zauberspiegel«. Doch bereits Ende der fünfziger Jahre wurde aus der Flimmerkiste ein Massenmedium mit Einfluss, für das sich auch Politiker zu interessieren begannen.

Operation »Big Bang«: Sprengung Helgolands am 18. 4. 1947

Konflikt um Helgoland

Gesellschaftliche Kämpfe von der Schärfe, wie sie die Bevölkerung von Mecklenburg und Vorpommern um Zwangskollektivierung, Hotel-Enteignungen und Arbeitsnormen führte, gab es im Westen nicht. Doch auch hier trafen die Siegermächte nicht immer die rechte Balance zwischen Selbstherrlichkeit und deutschen Belangen. Helgoland, die Insel in der Deutschen Bucht, seit Hoffmann von Fallersleben mit nationalem Symbolgehalt aufgeladen, hatte im Krieg als Marinestützpunkt und U-Boot-Basis gedient. Nach zwei schweren Luftangriffen im April 1945 mussten die Bewohner das Eiland verlassen, fortan diente es britischen Bomberpiloten als Übungsziel. Sämtliche Gebäude der Insel waren bereits zerstört, der Felsen eine Kraterlandschaft, als die Operation »Big Bang« am 18. 4. 1947 ein Übriges tat: Die Briten zündeten mit 6700 Tonnen Sprengstoff die größte nichtatomare Explosion der Geschichte.

Die militärischen Anlagen und Bunker, die in den Fels getrieben worden waren, sollten für alle Zeiten unbrauchbar gemacht werden, und wenn die Insel dabei ganz verschwand, so nahm es die Siegermacht billigend in Kauf. Die symbolische Bedeutung des roten Felsens auf dem Seeweg zwischen Deutschland und England spielte dabei eine große Rolle. Doch Helgoland überstand die

Sprengung, wenn auch schwer ramponiert. Die Helgoländer, die auf dem Festland lebten, hatten auf allen Wegen versucht, die endgültige Zerstörung ihrer Heimat zu verhindern; nun kämpften sie darum, zurückkehren zu dürfen.

Es schien lange, als seien ihre Bemühungen vergeblich. Doch im Dezember 1950 ließen sich die Heidelberger Studenten Georg von Hatzfeld und René Leudesdorff mit Unterstützung einiger vertriebener Helgoländer heimlich auf die Felseninsel bringen, die militärisches Sperrgebiet war. Sie hissten, in Anwesenheit von Journalisten und eines Kameramanns der Wochenschau, bei klirrender Kälte die deutsche, die europäische und die Helgoländer Flagge – eine spektakuläre Protestaktion, die endlich die nötige Aufmerksamkeit brachte. Die Briten gaben nach, und am 1. März 1952 wurde Helgoland den Deutschen zurückgegeben. Bis die Räumung der Minen und Blindgänger abgeschlossen und der Wiederaufbau vollendet war, vergingen noch einmal über zehn Jahre.

Hissung der deutschen und der Europa-Flagge auf Helgoland am 20. 12. 1950

Konsum ist Trumpf

Man konnte sich wieder etwas leisten – das war das beherrschende Gefühl des Wirtschaftswunders, das in den fünfziger Jahren an Fahrt gewann. Spätere Chronisten haben von Konsumwellen gesprochen: die Fresswelle, die Reisewelle, die Einrichtungswelle. Doch das wichtigste Produkt für die Wirtschaft wie für die Wünsche des kleinen Mannes wurde innerhalb kurzer Zeit das Auto. War es bisher ein Luxusprodukt gewesen, so begann mit den fünfziger Jahren die Ära der Massenmotorisierung.

Anfangs waren für Otto Normalverbraucher (eine sprichwörtlich gewordene Figur aus dem Nachkriegsfilm »Berliner Ballade«) nur Kleinwagen wie der Lloyd erschwinglich. Dessen mit Kunstleder überzogene Sperrholzkarosserie trug ihm den Spitznamen »Leukoplastbomber« ein; sein Zweitaktmotor leistete anfangs 10 PS. Die Lloyd-Werke in Bremen gehörten zur Borgward-Gruppe, einem Unternehmen, das neben dem Dreirad-Lieferwagen Goliath vor allem seit 1954 den legendären Personenwagen Isabella fertigte. Die Firma war im alleinigen Eigentum von Carl F. W. Borgward, einer patriarchalischen und charismatischen Unternehmerfigur alten Schlages. Er setzte zwar als Autoproduzent Meilensteine, als Manager seines Imperiums war er aber zu wenig lernfähig, um seine Fabriken unter sich wandelnden Rahmenbedingungen erfolgreich führen zu können. Sein Konkurs 1961 traf die Öffentlichkeit wie ein Schock.

In vielen Familien war die Anschaffung des ersten Autos ein großes Ereignis, das ein Leben lang im Gedächtnis blieb. »Mein Vater hatte keinen Führerschein, meine Mutter machte ihn 1952«, erinnert sich Henning

Ausdruck eines neuen Stilgefühls: der Ford 12 M von 1952

Tanz ums Auto: Feier für den Käfer 1955 in Wolfsburg

Voscherau, damals elf Jahre alt. »Unser erstes Auto war ein Ford 12 M.« Das war der Wagen mit der Weltkugel im Kühler-Chrom; ein magisches Symbol, das sich Kinderaugen tief einprägte. Das Auto stand nicht nur für den sozialen Status seines Besitzers, sondern auch für ein Lebensgefühl. »Dass man einfach hinfahren konnte, wo man wollte, dieses Gefühl war mit Worten gar nicht zu beschreiben«, sagt Günther Discher, der einen Teil seiner Jugend in Gestapo- und Lagerhaft verbracht hatte.

In einer ganz eigenen Dimension spielte sich der Aufstieg des Volkswagenwerks in Wolfsburg ab. Der Name des Autos, das Fabrikgebäude, sogar die Gründung der Stadt ging auf Hitlers Vorstellung von einer staatlich gelenkten Motorisierung breiter Bevölkerungsschichten zurück. Aus der Propagandaidee, die schon von Haus aus einige Geburtsfehler hatte und die unter den Bedingungen der Kriegswirtschaft ganz unrealistisch geworden war, ergaben sich ironischerweise nach 1945 Chancen für eine reale Erfolgsstory. Von den Briten frühzeitig zum Export zugelassen, wurde der VW bald auch für den deutschen Markt in großen Stückzahlen produziert, Inbegriff des westdeutschen Wirtschaftswunders. Bereits 1955 lief das einmillionste Fahrzeug vom Band, und Volkswagen-Generaldirektor Heinrich Nordhoff ließ es – und sich selbst – auf eine Weise feiern, die quasireligiöse Züge annahm.

Streik in Schleswig-Holstein

Bald darauf zeigte sich, dass die Industriearbeiter nicht nur ihren Anteil am Wohlstand verlangten – den sie nach und nach bekamen –, sondern dass sie auch auf gesellschaftliche Anerkennung nicht mehr verzichten wollten: im längsten Streik der deutschen Geschichte von Oktober 1956 bis Februar 1957. Die Metallarbeiter Schleswig-Holsteins waren sechzehn Wochen im Ausstand; vordergründig ging es vor allem um die Lohnfortzahlung bei Krankheit. Dahinter stand jedoch mehr: Die Arbeiter der Werften, allein 13 000 bei den Kieler Howaldtswerken, und anderer Betriebe forderten ihre Gleichberechtigung mit den Angestellten. Die bekamen für sechs Wochen ihr Gehalt weitergezahlt, wenn sie krank wurden. Das bedeutete zugleich ein Vertrauensvotum, denn es wurde vorausgesetzt, dass die Angestellten die Regelung nicht durch »Blaumachen« missbrauchten, sondern sich verantwortungsbewusst verhielten.

Diese Verantwortlichkeit sprach man den Arbeitern ab, indem man ihnen, nach drei Karenztagen, nur 50 Prozent ihres Grundlohns zugestand, ausgezahlt von der jeweiligen Krankenkasse. Bei durchschnittlichen Monatslöhnen um 400 DM konnte eine Krankheit die wirtschaftliche Existenz ganzer Familien aufs Spiel setzen. Die Ertragssituation der Unternehmen hätte damals durchaus eine großzü-

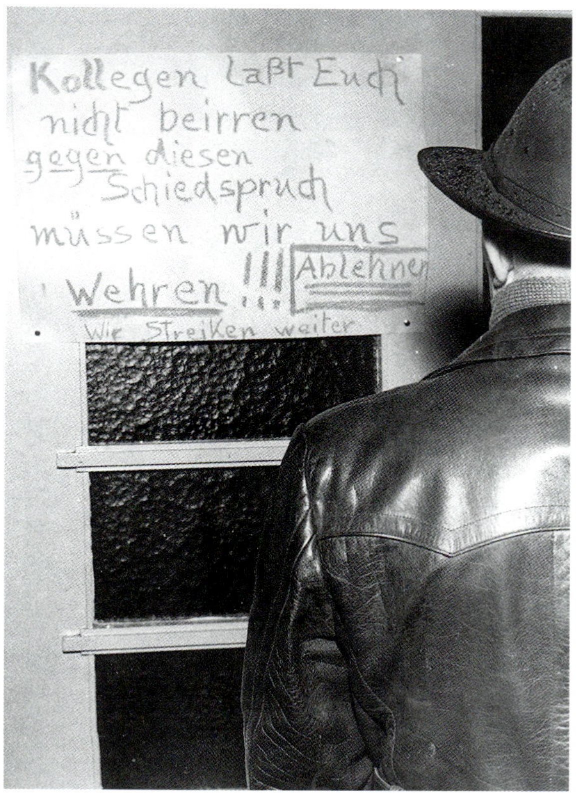

Der Streik der Metallarbeiter 1956/57 ging als längster Arbeitskampf in die Geschichte ein (oben vor den Kieler Howaldtswerken, unten ein improvisiertes Streiklokal).

gigere Regelung erlaubt; die Arbeiter sahen sich zu Recht diskriminiert und missachtet.

Die konservativen Unternehmer hatten unterschätzt, wie groß die Unzufriedenheit, ja Wut ihrer Belegschaften war. Die Metall-Gewerkschaft taktierte äußerst geschickt, setzte neuartige Kampfmaßnahmen wie den Schwerpunktstreik ein und bot den Streikenden vielfältige Hilfe und Betreuung an, bis hin zu Unterhaltungsprogrammen und Weihnachtsgeschenken. So entwickelte sich ein erbitterter Arbeitskampf. Er endete schließlich mit einem Kompromiss, der den Forderungen der Arbeiter weit entgegenkam. Die Arbeitgeberseite verklagte die Gewerkschaft danach auf Schadensersatz in Millionenhöhe, bekam nach jahrelangem Prozess auch Recht, verzichtete aber schließlich auf ihre Forderung. Und die Gleichstellung der Arbeiter mit den Angestellten bei der Lohnfortzahlung wurde in mehreren Schritten bis 1969 durch Bundesgesetz allgemein verbindlich.

Spiegel-Affäre: Herausgeber Rudolf Augstein (links) wird ins Hamburger Untersuchungsgefängnis gebracht.

Das Jahr 1962

1962 ist das Jahr der Fußballweltmeisterschaft in Chile. Deutschland scheitert im Viertelfinale, aber der Star der Nationalmannschaft, ein bescheidener »Hamburger Jung« namens Uwe Seeler, klassischer Mittelstürmer mit dem Talent, aus jeder Lage ins Tor zu treffen, bleibt der populärste Spieler Norddeutschlands. Die Autos werden immer größer, schneller und zahlreicher. Auf St. Pauli in Hamburg eröffnet der »Star Club«, in dem wilde Beatgruppen auftreten, darunter eine unbekannte Band aus Liverpool, die sich »The Beatles« nennt, aber auch einheimische Gruppen wie die »Rattles« mit ihrem Frontmann Achim Reichel. *Spiegel*-Herausgeber Rudolf Augstein wird wegen eines kritischen Artikels über die Bundeswehr inhaftiert; die *Spiegel*-Affäre entwickelt sich jedoch zu einem Triumph der freien Presse über alle Versuche staatlicher Einschüchterung.

Am tiefsten aber hat sich die große Sturmflut ins kollektive Gedächtnis eingegraben. In der Nacht vom 16. auf den 17. Feruar 1962 erreicht das Hochwasser Hamburg. Zwar hatte es seit Tagen gestürmt, und die Pegelstände waren bereits bedrohlich hoch, aber es gab weder Warnungen an die Bevölkerung noch Vorbereitungen der Behörden. Erst wenige Stunden vor dem Höhepunkt der Flut erkennen die Verantwortlichen den Ernst der Lage. Da ist es für vorbeugende Maßnahmen allerdings zu spät.

Der knapp zehnjährige Matthias Flemming wohnte mit seinen Eltern in Hamburg-Neuenfelde, an der Mündung der Este in die Elbe, in einem Haus nur wenige Meter hinter dem Deich. Mitten in der Nacht wird er geweckt: »Der Deich bricht gleich!« Matthias muss sich anziehen, die Familie flieht ins höher gelegene Nachbarhaus. Kurz darauf gehen die Eltern noch einmal zurück, um die Einrichtung auf den Dachboden zu schleppen – so hoch droht das Wasser zu steigen. Auf ein tosendes Ge-

Länderspiel gegen Frankreich 1962: Mittelstürmer Uwe Seeler beim Kopfball

Eine unbekannte Band im Hamburger »Star Club«: The Beatles bei einem ihrer ersten Auftritte in der endgültigen Besetzung

Die große Flut 1962: Land unter im Hamburger Stadtteil Neuenfelde

räusch hin lassen sie alles stehen und liegen und rennen zum Deich. Das Wasser steht schon bis zu dessen Krone, aus den Rattenlöchern am Deichfuß sprudelt das Wasser. Kurz darauf ist der Deich gebrochen; eine meterhohe Welle rast, sich überschlagend, auf das Haus zu. »Meine Eltern haben ungeheures Glück gehabt. Wäre die Welle nur Sekunden eher gekommen ...« Noch heute fällt es Matthias Flemming schwer, den Gedanken zu Ende zu bringen. Am nächsten Tag jedenfalls stand das Wasser in der Stube noch einen Meter hoch. Nur seine elektrische Eisenbahn war zu retten, weil sie mit ihrer Holzplatte auf dem Wasser schwamm.

Szenen wie diese haben sich in der Nacht tausendfach abgespielt. Schäden gab es an der gesamten Nordseeküste, doch die Katastrophe trifft allein Hamburg. Wie Neuenfelde ist vor allem der Stadtteil Wilhelmsburg betroffen, nur ungleich dramatischer, denn dort wohnen 80 000 Menschen. Am Ende stehen fast zwanzig Prozent des Stadtgebietes unter Wasser. Bis in die Innenstadt, bis zum Rathaus und in die Keller der Geschäftshäuser dringen die Fluten vor. Am Morgen nach der Sturmflut sind sechzig Deichbrüche zu vermelden, in weiten Teilen der Stadt ist der Strom ausgefallen. Ganze Viertel sind von der Außenwelt abgeschnitten, an vielen Orten sitzen Menschen bei Winterkälte durchnässt auf ihren Dächern und in Bäumen.

Hilfe in höchster Not

Helmut Schmidt, damals Hamburger Polizeisenator, legt in diesen Tagen den Grundstein für seinen Ruf als Krisenmanager und für seine Popularität im Norden. Da er an diesem Wochenende als einziger Verantwortlicher zur Stelle ist, reißt er alle Kompetenzen an sich und bemüht sich über seine persönlichen Kontakte zu Politikern im In- und Ausland

Rechte Seite: In den überfluteten Stadtteilen konnten sich viele nur durch die Flucht aufs Dach retten (Hamburg-Wilhelmsburg).

Übung für den Ernstfall: Landeoperation sowjetischer Panzer an der Ostseeküste während eines gemeinsamen Manövers mit der DDR-Volksmarine

um sofortige Unterstützung. Innerhalb von Stunden sind Hilfsorganisationen und militärische Verbände am Ort der Katastrophe. Schmidt koordiniert alle Rettungsmaßnahmen mit militärischer Präzision. Viele Eingeschlossene können gerettet werden, hunderte von Hubschraubereinsätzen werden geflogen, Boote, Lebensmittel und medizinische Hilfe treffen ein. Allerdings sind, als Bilanz gezogen wird, mehr als dreihundert Todesopfer zu beklagen. Fast jeder Hamburger in den betroffenen Gebieten hat Bekannte oder Verwandte unter den Toten, so auch Matthias Flemming.

Ihm ist außer der beherzten Organisation der Hilfsmaßnahmen, dem selbstlosen Einsatz der Soldaten und der ungezählten freiwilligen Helfer noch etwas anderes unvergesslich geblieben: die Solidarität der Menschen untereinander. »Die Hilfsbereitschaft war Sonderklasse. Man fühlte sich nicht allein«, sagt er mit leuchtenden Augen. Spontan half jeder, wo er konnte: mit Notquartieren, mit trockenen Schuhen, warmer Kleidung oder mit etwas zu essen.

Auch die Behörden haben aus der Katastrophe gelernt. Die Deiche wurden modernisiert und erhöht, die Warnsysteme verbessert. Bei der nächsten großen Flut 1976, sie fiel noch höher aus, hielten die Deiche.

Grenzregime

Die Demarkationslinie zwischen der britischen und der sowjetischen Zone verlief vom Priwall bei Lübeck nach Lauenburg, dann die Elbe entlang und weiter zum Harz. Anfangs hatte sie den gleichen Charakter wie die Grenze zwischen der britischen und der amerikanischen Zone: Man durfte sie nur mit Sondergenehmigung und entsprechenden Papieren überschreiten. Das änderte sich bald.

Die Teilung war nicht von langer Hand geplant, sondern eine Folge der Uneinigkeit zwischen den Siegern. Seit dem Kriegsende trat der Gegensatz zwischen ihnen immer deutlicher hervor. Es lag in der Logik der Konfrontation, dass die Drohgebärden zunahmen. Die Grenze zwischen den West- und den Ost-Ländern wurde zur möglichen Frontlinie in den Kriegsszenarien, die die Generäle beider Seiten bald ausarbeiteten. Kalter Krieg – ein treffendes Wort für das Verhältnis der Supermächte zueinander, und seine Auswirkungen betrafen nicht zuletzt Norddeutschland. Die Folgen gegnerischer Angriffe an der Grenze wurden durchgespielt, und NATO-Planspiele rechneten selbst hinter Fehmarn, in der Hohwachter Bucht, mit Landungsoperationen des Gegners. Denn die Ostsee war seit den fünfziger Jahren Operationsgebiet verfeindeter Seestreitkräfte: der Bundesmarine und der Volksmarine, die anfangs etwas verschämt »Kasernierte Volkspolizei (See)« hieß.

So war jedes Ereignis an der Grenze politisch ungeheuer aufgeladen: ein neuralgischer

Die deutsch-deutsche Grenze zwischen Zarrentin und Gudow

Die Grenzsperranlagen der DDR an der Elbe bei Schnackenburg, Ausbauzustand 1980

Die innerdeutsche Grenze

Entstand 1949 mit der Gründung der beiden deutschen Staaten, entwickelte sich aus der Westgrenze der sowjetischen Besatzungszone. Länge insgesamt: 1378 Kilometer, rund 720 davon in Norddeutschland. 1952 und 1961 Phasen verstärkten Ausbaus der Grenzsicherung. 916 Menschen kamen laut Zentraler Erfassungsstelle Salzgitter an der Grenze ums Leben, davon auf der Ostsee 189. Seit 1949 flohen über drei Millionen Menschen in die Bundesrepublik.

Punkt an der Nahtstelle der Blöcke. Der Westen wurde nicht müde, die Unmenschlichkeit dieser Grenze zu geißeln, doch das war eher hilflose Rhetorik. Und die DDR sah sich mehr und mehr gezwungen, die Abwanderung nach Westen, die »Republikflucht«, zu stoppen.

Seit 1952 wurde die Grenzsicherung schrittweise ausgebaut. Gab es anfangs noch Punkte, an denen man unbemerkt auf die andere Seite gelangen konnte, sei es zur Übersiedlung nach Westen oder auch zum Kurzbesuch im Osten, so wurde das Grenzregime mit den Jahren immer schärfer. Zunächst wurden Stacheldrahtzäune und hölzerne Wachtürme aufgestellt, dann Minenfelder angelegt, Betontürme und mehrreihige Streckmetallsperren

Anfangs war es vielerorts noch möglich, die Grenze im Alleingang zu überwinden (Helmstedt).

gebaut. Der Schießbefehl, die Todesstreifen und die berüchtigten Selbstschussautomaten vom Typ SM 70 sorgten schließlich für hermetische Abschottung. Dörfer wurden zerschnitten und Familien zerrissen, der grenznahe Raum verödete. Im Osten gab es sogar Zwangsumsiedlungen, um freies Schussfeld zu schaffen.

Das Dorf Rüterberg bei Dömitz in Mecklenburg liegt an einer Elbschleife; weil die Grenztruppen hier besonders günstige Bedingungen für Flüchtlinge vermuteten, oder einfach zum Zweck der »Frontverkürzung«, wurde es seit den sechziger Jahren durch Zäune und Kontrollen besonders wirksam vom DDR-Hinterland abgeschottet. Die Bewohner brauchten spezielle Passierscheine für die Aus- und Einreise in ihr Dorf und mussten sich an strenge Zeiten der Ausgangssperre halten. Wer sie aus benachbarten Dörfern besuchen wollte, brauchte eine Art Visum, einen Stempel im Pass – und das innerhalb der DDR.

Zweimal Ost–West und zurück

Wie massiv die Teilung individuelle Lebensläufe beeinflusste, zeigt die Geschichte von Hildegard Kruse aus Elbingerode im Harz. Hier verlief die Grenze knapp unterhalb des Brocken, des sagenumwobenen höchsten Berges in der Nordhälfte Deutschlands, dessen Gipfel vierzig Jahre lang im militärischen Sperrgebiet des Ostteils lag. Der Verlauf des

Im Harz verlief die Grenze unterhalb des Brocken.

Eisernen Vorhangs nahm in diesem Teil Deutschlands nicht allzu viel Rücksicht auf historische Grenzen und zerschnitt Gebiete, die einst überwiegend braunschweigisch und hannoversch, später preußisch waren.

Hildegard Kruse konnte sich nie mit der Teilung abfinden und musste teuer dafür bezahlen. Alles begann mit der Zwangskollektivierung in den fünfziger Jahren: Ihr Großvater nimmt sich aus Verzweiflung das Leben. Ihr Mann übernimmt den Hof. Die Staatssicherheit versucht bald darauf, ihn dazu zu bringen, dass er Spitzeldienste gegen unwillige LPG-Bauern übernimmt. 1961 dann, bei einem – kurz vor dem Mauerbau noch möglichen – Familienbesuch im Westen eröffnet er seiner Frau noch auf dem Bahnhof in Hannover, dass er nicht in die DDR zurückkehren werde, weil er sich in dem kleinen Ort, in dem jeder jeden kennt, nicht zum Verräter machen lassen will. Als Flüchtlingsfamilie sind die Kruses im Westen willkommen, finden Arbeit und ein Zuhause in Ostfriesland. Doch Hildegard Kruse hat Sehnsucht nach ihren Verwandten im Osten des Harzes; besonders, als die dorthin zurückgekehrte älteste Tochter heiratet und Zwillinge bekommt. Ihre beiden kleinen Enkel will sie unbedingt einmal sehen.

Also beschließt sie 1964, ohne Wissen ihres Mannes, illegal in den Osten zu gehen, denn ihre Besuchsanträge sind sämtlich abgelehnt worden. Sie findet bei Braunlage eine Stelle, an der sie nächtens unter dem Grenzzaun hindurchkriechen kann. In einem abenteuerlichen siebzehnstündigen Fußmarsch gelangt sie in ihren Heimatort. Als sie nach ein paar Wochen ihre Fußverletzungen auskuriert hat, will sie zurück in den Westen zu ihrer eigenen Familie – das Ganze sollte ja nur ein Besuch sein. Doch ein zweites Mal gelingt der heimliche Grenzübertritt nicht. Kaum ist sie in der Sperrzone, als Lichter aufflammen und sie von DDR-Grenzsoldaten festgenommen wird.

Es folgt eine Odyssee durch Stasi-Haftanstalten mit endlosen Verhören, weil man sie verdächtigt, zu einer professionellen Schleuserbande zu gehören. In zehn verschiedenen Gefängnissen, schließlich zu einem Jahr Haft verurteilt, lernt sie die ganze Härte des DDR-Strafvollzugs kennen. 1965 hat sie ihre Strafe abgesessen; inzwischen ist sie 40 Jahre alt. Sie erreicht nach langen Bemühungen, dass sie in den Westen entlassen wird.

Dort erkennt sie in wenigen Monaten, dass sie sich ihrem Mann entfremdet hat. Nun stellt sie den offiziellen Antrag, wieder in die DDR zu übersiedeln. Nach einigen Formalitäten, neuen Verhören und Überprüfungen und unter der Bedingung, dass sie sich scheiden lässt, kommt sie schließlich wieder zu Hause in Elbingerode an. Bis zum Fall der Mauer hält sie sich mit politischen Äußerungen zurück, macht gute Miene zum bösen Spiel. Sie führt ein unauffälliges Leben als Kranführerin, allerdings von der Stasi zwanzig Jahre lang observiert. Den Mauerfall erlebt sie als Befreiung. Besonders glücklich ist sie, weil ihr Vater, neunzigjährig, kurz vor seinem Tod die gute Nachricht noch erfährt, dass die unmenschliche Grenze durch den Harz endgültig verschwindet.

Der Harz bei Braunlage, wo Hildegard Kruse eine Lücke im Grenzzaun fand

Blick von Bad Harzburg (West) zum Brocken (Ost) (unten)

Ein Patrouillenboot der DDR-Grenztruppen auf der Elbe bei Lütkenwisch (1987)

Zwischenfälle

Der Verlauf der deutsch-deutschen Grenze an der Elbe war jahrelang ein Streitpunkt. Aus den Protokollen über die entsprechenden Vereinbarungen zwischen den Siegermächten ging nicht zweifelsfrei hervor, ob die Strommitte die Grenze bildet – so die Auffassung der DDR – oder das östliche Ufer, wie der Westen mit guten Argumenten behauptete. Das führte immer wieder zu Konflikten, sogar noch, als die Entspannungspolitik bereits angelaufen war. Die Bewohner von Rüterberg bei Dömitz erlebten jede dieser Konfliktphasen als eine Verschärfung ihrer käfigartigen Lebenssituation.

1976 machte ein junger Mann namens Michael Gartenschläger Furore. Zweimal gelang es ihm, Selbstschussanlagen vom Typ SM 70 abzumontieren und der Öffentlichkeit zu präsentieren; die DDR hatte deren Existenz offiziell immer bestritten. Doch beim tollkühnen dritten Versuch wurde er an der Grenze bei Büchen von DDR-Soldaten eines Sonderkommandos erschossen.

Es war lebensgefährlich, der Grenze zu nahe zu kommen. Doch andererseits war sie für viele Menschen so inakzeptabel, dass DDR-Bewohner auf die abenteuerlichsten Ideen kamen, um sie zu überwinden. Die ständige Beobachtung und Bespitzelung, die Fluchten verhindern sollte, verschärfte bei vielen noch den Wunsch, dem ungeliebten Oststaat zu entkommen. Mehr als vierhundert von ihnen bezahlten ihren Freiheitsdrang mit dem Leben. Nur selten gab es erfolgreiche spektakuläre Fluchten wie die einer Familie aus Gadebusch, die 1973 mit einem Agrarflugzeug nach Lübeck entkam, oder den Fall eines Schwimmers, der in 48 Stunden im Taucheranzug nach Dänemark gelangte.

Die Ostsee als Fluchtroute zu wählen war verlockend. Surfbretter, selbstgebaute Mini-U-Boote und Faltboote wurden dazu benutzt, doch fast 90 Prozent der Fluchtversuche scheiterten, nicht selten mit tödlichem Ausgang. Zu den relativ wenigen erfolgreichen Ostsee-Flüchtlingen gehört das Ehepaar Lorenz aus Rostock. Die Vorbereitungen dauerten sieben Jahre: Sie beschafften sich ein Boot, dann über Verwandte einen stärkeren Motor, den es nur im Westen gab. Sie traten dem Anglerverband bei, um die Genehmigung »PM 18« zum Befahren der Küstengewässer zu bekommen. Sie kundschafteten die Gewohnheiten der Patrouillenboote aus und lernten, jedes Geräusch vor der Küste richtig zu deuten. Dann warteten sie auf den Tag, an dem alle Voraussetzungen stimmten. Und während all der Jahre durfte niemand etwas von ihrem Plan auch nur ahnen, nicht einmal der eigene zehnjährige Sohn.

Selbstgefertigte Hilfsmittel für die Flucht über die Ostsee: primitive Mini-U-Boote (Stasi-Fotos)

Protokoll eines Neuanfangs

Am 8. Oktober 1978 ist es schließlich so weit. Frühmorgens fahren sie mit dem Sohn zum Angeln und melden sich ordnungsgemäß beim Kontrollpunkt im Hafen ab. Sie nehmen nicht mehr mit an Bord ihres Motorbootes, als sie für den Fischfang brauchen – nur einen Extrakanister mit Benzin, aber noch nicht einmal das Lieblingsspielzeug des Sohnes. Denn sie haben schon erlebt, dass Anglern sogar die Wurmdose nach verdächtigen Wertsachen durchwühlt wurde. »Diese kleine Chance, die wir uns mühselig über Jahre aufgebaut hatten, wollten wir nicht aufs Spiel setzen«, erinnert sich Margarethe Lorenz. Die Sicht ist nicht zu gut und nicht zu schlecht, auch Wind und Wellen sind optimal.

Die Besatzungen der Küstenwacht-Boote, so ist zu hoffen, werden nach den Feiern zum Jahrestag der DDR am Vorabend nicht allzu eifrig sein. Auch die russischen Kriegsschiffe liegen untätig im Hafen. Zunächst wird geangelt, immer hart an der Grenze der erlaubten Drei-Meilen-Zone. Dann entdecken sie eine Lücke im üblichen Rhythmus der Küstenpatrouille, füllen den Tank nach und werfen den Kanister und alle Metallgegenstände über Bord, um auf Radarschirmen unsichtbar zu sein. Gerd Lorenz schaltet auf Vollgas. Jetzt gibt es kein Zurück mehr. Ein DDR-Tonnenleger, der plötzlich aus dem Dunst auftaucht, sorgt noch einmal für angsterfüllte Momente. Hat er vielleicht Bewaffnete an Bord? Werden sie schießen? Doch das winzige Fluchtboot mit seinem neuen Motor macht dreißig Knoten, niemand hat eine Chance, es zu verfolgen. Nach fünfundvierzig endlosen Minuten erreichen sie Gedser in Dänemark, und noch am Abend desselben Tages sind sie bei Verwandten in Bad Bramstedt. Zuerst fühlen sie sich ziemlich fremd. Aber in den folgenden Jahren bauen sie sich in Schleswig-Holstein eine neue Existenz auf. Ihre Entscheidung haben sie nie bereut.

Gerd und Margarethe Lorenz mit dem Boot, das sie in den Westen bringen wird

Neue Töne

Willy Brandt, Bundeskanzler 1969–1974, ein Sohn Lübecks

Die Wiedervereinigung war im Westen ein Thema für Sonntagsreden; lange Zeit taten die Politiker jedoch nicht mehr dafür, als freie Wahlen in ganz Deutschland zu fordern und das Selbstbestimmungsrecht der Völker zu beschwören, beides ohne realistische Chance auf Verwirklichung. Für die DDR war die Wiedervereinigung bis 1955 ebenfalls offizielles Staatsziel, allerdings unter sozialistischem Vorzeichen. Danach verstand sie sich als Staat quasi für die Ewigkeit. Das militärische Gleichgewicht des Schreckens und die gegenseitige Blockade der Supermächte sorgten für Stillstand auch in der Deutschlandpolitik.

Sicher war es kein Zufall, dass zwei Politiker aus der unmittelbaren Nähe der innerdeutschen Grenze Bewegung in die festgefahrene Situation brachten: Willy Brandt, geboren in Lübeck, und Egon Bahr aus Treffurt an der Werra. Sie entwarfen die Entspannungspolitik, die Brandt ab 1969 als Bundeskanzler gegen Widerstände sowohl im eigenen Land wie auch bei den westlichen Verbündeten in die Tat umsetzte. Eine Reihe von internationalen und deutsch-deutschen Verträgen, erweiterte Besuchsmöglichkeiten, wirtschaftliche und kulturelle Kontakte sowie der Austausch von Journalisten waren die Folge.

Güstrow wurde während des Besuches von Bundeskanzler Helmut Schmidt 1981 in eine Festung verwandelt.

Legendäre Szene des Studentenprotestes in Hamburg 1967

Die Politik des Dialogs wurde von Brandts Nachfolgern fortgesetzt. Als Bundeskanzler Helmut Schmidt, der frühere Hamburger Senator, 1981 die DDR besucht, kommt er auch nach Güstrow, in die Stadt des Bildhauers Ernst Barlach. Um Szenen wie bei Brandts Besuch in Erfurt elf Jahre vorher zu verhindern, bei dem es ungeplanten Jubel für den West-Gast gegeben hatte, verwandelt die Staatssicherheit die Stadt jedoch in eine Festung, mit endlosen Postenketten, die jede spontane Regung der Einheimischen verhindern. Trotz allem lässt, nach Schmidt, auch Bundeskanzler Helmut Kohl den Dialog mit dem Osten nicht abreißen – eine der Voraussetzungen für die Einheit Deutschlands.

Die Achtundsechziger

Ende der sechziger Jahre hat sich im Westen das gesellschaftliche Klima geändert, und zwei neue Lager entstehen. Die Studenten jener Jahre revoltieren gegen die Vätergeneration; mit zwanzig Jahren Verspätung erfolgt eine radikale Absage an alle obrigkeitsstaatlichen Traditionen und Konventionen, die mit der Nazi-Vergangenheit in Verbindung gebracht werden. Willy Brandts Aufstieg zum Bundeskanzler ist eine Folge dieses Klimawechsels, denn er ist nicht nur Sozialdemokrat, er war auch Emigrant, Untergrundkämpfer, und er hat als bisher einziger Bundeskanzler nicht die Weihen einer akademischen Bildung.

Viele innenpolitische Reformen folgen, etwa in der Bildungspolitik mit einer Reihe von Universitätsgründungen, zum Beispiel in Bremen. Doch noch sind die Hochschulen ein Hort alter Traditionen.

Bei der Rektoratsübergabe an der Hamburger Universität 1967 breiten zwei Studenten vor den in vollem Ornat einmarschierenden Ordinarien und Magnifizenzen ein Spruchband aus: »Unter den Talaren Muff von 1000 Jahren« – eine Anspielung auf das »Tausendjährige Reich«, das Adolf Hitler errichten wollte. Schlagartig sind die alten Autoritäten der Lächerlichkeit preisgegeben, und die neue, originelle Protestform bringt den Studenten Sympathien ein. Nicht jedoch bei der Springerpresse; vor allem die *Bild*-Zeitung mobilisiert den Volkszorn gegen die Protestler und macht sie auf demagogische Weise verächtlich. Als im Jahr darauf ein Attentat auf Rudi Dutschke, den Wortführer der rebellischen Studenten, verübt wird, sehen die in Axel Springer und seinen Blättern den eigentlichen Urheber der Tat. Demonstranten versuchen, in Hamburg die Auslieferung der *Bild*-Zeitung zu verhindern, Autos werden in Brand gesteckt, es kommt zu bürgerkriegsartigen Szenen.

Die Bewegung der »Achtundsechziger« folgte keinem einheitlichen Programm, sie war sehr facettenreich. Die außerparlamentarische Opposition (»APO«), inspiriert von der US-amerikanischen Bürgerrechtsbewegung, die aus dem Protest gegen den Vietnamkrieg entstanden war, wandte sich gegen die Notstandsgesetze sowie die verkrusteten Strukturen in Universität und Gesellschaft und hatte deshalb viele Nachfolger. Ulrike Meinhof und die ersten Terroristen der »Rote Armee Fraktion« gehen ebenso aus ihr hervor wie maoistische Sekten. Ein anderer Teil der APO geht zur SPD, zur neu gegründeten kommunistischen DKP oder später zu den Grünen. Kommunen und Wohngemein-

Ein Auslieferungs-LKW des Springer-Verlags hat sich zum Schutz vor Steinewerfern mit Zeitungen »gepanzert«.

schaften bilden sich, die alternative Formen des menschlichen Zusammenlebens erproben.

Kleine Fluchten

Von den privaten Experimenten gehen neue, individualistischere Lebensentwürfe aus und eine Umwälzung der Moral, die »sexuelle Revolution«, möglich geworden durch die »Pille«, das neue Verhütungsmittel. Derlei Umbrüche der Alltagskultur haben es im protestantischen Norden leichter als im katholischen Süden, werden aber bald prägend für weite Teile der Gesellschaft. Und nicht wenige der »Revoluzzer« von damals machen später als Beamte und Professoren (so die beiden Transparentträger von 1967), als Journalisten, Anwälte, Politiker oder Unternehmer Karriere.

Literatur, Film und Theater erfahren in dieser Zeit neue Impulse, etwa die Städtischen Bühnen Bremen, die von 1962 bis 1973 unter Kurt Hübner für das Theater im deutschsprachigen Raum stilbildend werden. Die Rock-Musik nimmt in der Jugendkultur jetzt einen zentralen Platz ein. Im nordfriesischen Fresenhagen lässt sich die Polit-Rock-Gruppe »Ton Steine Scherben« nieder, Freiluft-Festivals wie seitdem in Scheeßel oder das »Festival der Liebe« auf Fehmarn 1970 haben große Anziehungskraft. Zwar protestieren Anwohner gegen die »Hippies«, auch lassen das Wetter und die Organisation oft zu wünschen übrig, aber Ereignisse wie der letzte Auftritt von Jimi Hendrix, auf Fehmarn, bleiben in Erinnerung.

In der DDR lässt die Staatsmacht vor 1989 wenig Raum für neue gesellschaftliche Bewegungen. Vorsichtige Aufbruchsversuche in der Rockmusik, in der Literatur oder auch in der Mode entwickeln sich vor allem in den großen Städten wie Berlin und Leipzig. In der »Nischengesellschaft« sucht jeder seinen privaten Bereich, in dem er dem allgegenwärtigen Zugriff des Staates ausweichen kann. Ferien an der Ostsee eröffnen so eine Nische, und sicher steht die große Popularität der FKK-Bewegung dort in Zusammenhang mit dem Wunsch, der erzwungenen Konformität zu entgehen. Der Bau des Atomkraftwerkes in Lubmin bei Greifswald Anfang der siebziger Jahre hingegen stößt, anders als bei vergleichbaren Projekten im Westen, auf keinen Widerstand.

Rockstar Jimi Hendrix bei seinem letzten Auftritt, Fehmarn, September 1970

Neue Proteste

Auch im Westen ist die Mehrheit noch bereit, sich für technische Fortschritte und Errungenschaften zu begeistern. Die Eröffnung der Fehmarnsundbrücke 1963, neue Autobahnen, die Hamburger Köhlbrandbrücke und der Elbtunnel 1974 werden in einer Weise gefeiert, die wenig später nicht mehr möglich ist. Denn Bürgerinitiativen und andere Gruppen bilden sich, um die Natur und die Umwelt zu schüt-

Linke Seite:
Freiheit in der »Nische«:
FKK in Juliusruh auf Rügen

Eine neue Protestbewegung: Hüttendorf (»Republik Freies Wendland«) an der Tiefbohrstelle 1004 der geplanten nuklearen Entsorgungsanlage bei Gorleben 1980

zen und gefährliche Technologien aufzuhalten. Das Kernkraftwerk von Brokdorf und die geplante Endlagerstätte für Atommüll in Gorleben werden zu Kristallisationspunkten eines tiefen gesellschaftlichen Konfliktes. Es geht dabei um das Für und Wider der Atomkraft, aber in der Konsequenz auch um die Zukunft der etablierten Parteien.

Die Frage, ob der Polizeieinsatz bei der Räumung einer großen Platzbesetzung (»Republik Freies Wendland«) in Gorleben 1980 und bei Großdemonstrationen in Brokdorf angemessen war oder nicht, spaltet die Öffentlichkeit. Kritiker mutmaßen, dass die Hubschrauber- und Schlagstockeinsätze gegen überwiegend friedfertige Demonstranten vor allem für die Medien inszeniert sind, um die Gefährlichkeit des Protestes zu unterstreichen, die Angst vor Unruhen und Chaos zu schüren und so die amtierenden Landesregierungen zu stärken. Welches Lager kann die öffentliche Meinung auf seine Seite ziehen – das ist die politische Frage, die mit dem Streit um die Atomkraft verbunden ist. Zunächst siegen bei den Landtagswahlen Anfang der achtziger Jahre Gerhard Stoltenberg in Schleswig-Holstein und Ernst Albrecht in Niedersachsen, beide CDU.

Doch der Preis, den sie dafür bezahlen, ist der Aufstieg der Grünen Partei, die aus dem Milieu der so genannten Alternativen entsteht. Das Parteiengefüge ändert sich damit von Grund auf, die angestammten politischen Lager beginnen sich aufzulösen. Mit der »Nachrüstungsdebatte«, die gleichzeitig mit den Anti-Atom-Demonstrationen stattfindet, hat das Milieu der Grünen sein zweites großes Thema. Es geht dabei um die Frage, ob neue Mittelstreckenraketen der Sowjetunion, die europäische Ziele bedrohen, ein Gegengewicht durch gleichartige Waffen der US-Armee auf deutschem Boden bekommen sollen. Großdemonstrationen in Bonn, aber auch in norddeutschen Städten wenden sich entschieden dagegen.

Das Konzept der NATO bekommt vor allem dadurch politische Sprengkraft, dass es der westdeutschen Öffentlichkeit bewusst macht, wie sehr ihre Situation dem Leben auf einem Pulverfass gleicht. Der Versuch der Regierung Schmidt, darauf mit unbedingter Loyalität zur Führungsmacht USA zu antworten, reizt zum Widerspruch. Die Friedensbewegung findet Anhänger weit über das alternative Lager hinaus und stärkt die Grünen, die sich 1980 zur Bundespartei formieren. Zwischen 1979 und 1982 ziehen sie in alle norddeutschen Landesparlamente mit Ausnahme Schleswig-Holsteins ein, 1983 auch in den Bundestag.

Erich Honecker, Staats- und Parteichef der DDR, mit Friedenstaube

Friedensbewegung West: Protest gegen Mittelstreckenraketen

Protestdemonstration gegen das Atomkraftwerk Brokdorf und massiver Polizeieinsatz, 1977

Der Weg zur Einheit

Auch am Anfang der Opposition in der DDR stand die Friedensbewegung. Die Voraussetzungen dafür hatte ausgerechnet die Sowjetunion geliefert. Sie hatte schon lange eine Konferenz über Sicherheit und Zusammenarbeit in Europa gefordert, wobei sie das strategische Ziel verfolgte, ein europäisches Paktsystem zu schaffen, um die Bundesrepublik aus dem militärischen Block des Westens herauszulösen. Außerdem wollte sie die wirtschaftliche und technologische Zusammenarbeit mit dem Westen ausweiten. Im Zuge der von Willy Brandt initiierten Entspannungspolitik griffen westliche Politiker diese Idee auf, bestanden aber darauf, die Frage der Menschenrechte mit auf die Tagesordnung zu setzen. So kam es 1975 zur KSZE-Schlussakte von Helsinki, auch von der DDR unterzeichnet. Auf die Prinzipien, die darin verbrieft waren, konnte sich nun die Friedens-, Umwelt- und Bürgerrechtsbewegung von Dresden bis Rostock berufen.

Vor dem Hintergrund des Helsinki-Dokuments entwickelten sich die Kirchen während der achtziger Jahre zum Hort einer neuen Opposition, die nicht mit Streiks, sondern mit Friedensgebeten und Andachten auf sich aufmerksam machte. Evangelische Pfarrer wie Joachim Gauck in Rostock wurden, ob sie es wollten oder nicht, zu Leitfiguren einer Bewegung, von der noch niemand ahnen konnte, dass sie das Ende der DDR herbeiführen würde. Dabei stand die Opposition immer im Verdacht, die Sache des Gegners zu betreiben; wohl einer der Gründe, warum es zunächst kaum gegenseitige Berührungspunkte zwischen den Friedensbewegungen in Ost und West gab.

Schwerter zu Pflugscharen: Die Plastik vor dem UNO-Gebäude in New York wurde zur Ikone der Friedensbewegung in der DDR.

Im Westen warfen konservative Politiker der Friedensbewegung vor, von Moskau und Ost-Berlin gesteuert zu sein; tatsächlich versuchten kommunistische Geheimdienste, Einfluss auf deren Gruppierungen zu bekommen, doch im Ergebnis ohne Erfolg. Auch die Protestbewegung in der DDR war von Spitzeln und Agenten des Staates durchsetzt, auch sie konnten den Gang der Ereignisse nicht bestimmen. Die Oppositionellen der DDR, in Rostock und anderswo, waren in der offiziellen Lesart Agenten des »Klassenfeindes«; zwar war das Symbol der Bewegung, der Aufnäher »Schwerter zu Pflugscharen«, einer Bronzeplastik nachgebildet, die der »Bruderstaat« UdSSR vor dem UNO-Gebäude in New York aufgestellt hatte, doch das änderte daran nichts. Aufwind verspürten die Bürgerrechtler im Norden durch die Gründung der freien Gewerkschaft Solidarność im polnischen Danzig, einer alten Hansestadt wie Rostock.

Krise im Osten

Ohne innere Probleme der DDR hätten die kritischen Pastoren jedoch nicht die Wirkung gehabt, die schließlich von ihnen ausging. Zu den Ursachen der neuen Entwicklung gehörte die Aufweichung der starren Fronten im Gefolge der Entspannung; doch auch die Hardliner in Ost und West hatten ihren Anteil daran, denn sie trieben die Rüstungsausgaben in die Höhe und verschärften die wirtschaftliche Schwäche des Ostblocks. Die wichtigste Ursache für die Krise lag jedoch woanders: Die staatliche Kommandowirtschaft, gesteuert von starrsinnigen alten Männern, war nicht lernfähig genug, um sich an immer wieder gewandelte ökonomische Rahmenbedingungen anzupassen. Infolgedessen gab es nicht

Der Hafen von Sassnitz auf Rügen, einst Heimathafen eines Teils der DDR-Fischereiflotte

nur wachsende Unzufriedenheit in der Bevölkerung, sondern auch finanzielle Schwierigkeiten bis hin zum mühsam kaschierten Staatsbankrott. Die Hochseefischerei der DDR war ein typisches Beispiel dafür.

Ein ganzer Wirtschaftszweig war aus dem Nichts aufgebaut worden. Die Fischereiflotten in Saßnitz und Rostock spielten seit 1949 eine wichtige Rolle bei der Selbstversorgung der DDR mit Lebensmitteln, denn Devisen waren und blieben knapp. Auf die Kutter der Anfangsjahre folgten Trawler, dann die Flottillenfischerei, die sich jedoch als Irrweg erwies. 1960 stellte der VEB Hochseefischerei Rostock mit der »Bertolt Brecht«, gebaut in Wismar, eines der ersten europäischen Fabrikschiffe in Dienst; der Fang wurde unter Deck gleich bis zum tiefgekühlten Filet weiterverarbeitet. Dennoch war die Hochseefischerei hoch defizitär, denn der Staat setzte den Preis für Fisch fest und subventionierte ihn mit bis zu einer Milliarde Mark jährlich.

Die zunehmende Überfischung der Weltmeere schuf neue Probleme: Die Schiffsreisen wurden länger – manchmal dauerten sie bis zu zwei Jahren –, und die Anrainerstaaten der Fanggründe forderten hohe Lizenzgebühren. Bis zum Ende der DDR erfolgte jedoch keine Kurskorrektur. Statt einer öffentlichen Debatte über die Schwierigkeiten gab es nur Schönfärberei, die Probleme wurden unter der Decke gehalten und stauten sich immer weiter auf. Umso größer war der Schock, als die Hochseefischerei des Ostens ab 1990 fast vollständig »abgewickelt« wurde: Von 5000 Arbeitsplätzen auf See blieben noch 250 übrig.

Krisen auch im Westen

Ähnliche Entwicklungen gab es auch an der Nordsee. Die westdeutsche Hochseefischerei, in Bremerhaven und Cuxhaven bis in die achtziger Jahre eine tragende Säule der Wirt-

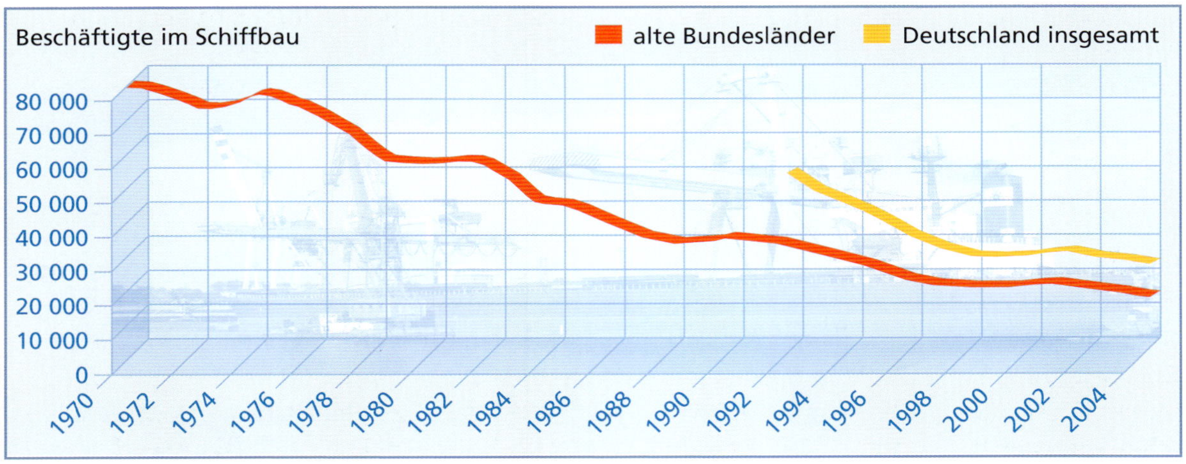

schaft, ist verschwunden und mit ihr tausende von Arbeitsplätzen. Die Umstellung auf Tourismus, Forschung und allgemeine Lebensmittelverarbeitung ist nicht einfach, aber immerhin ist ein Anpassungsprozess im Gang. Ebenso dramatisch war die Krise der Werftindustrie in den siebziger und achtziger Jahren. In Kiel, Hamburg und Bremen mussten reihenweise Traditionswerften schließen oder fusionieren, weil neue Schiffsbauer in Fernost mit niedrigeren Preisen auf dem Markt erschienen; erste Auswirkungen der Globalisierung, die bis in die Gegenwart andauert. Für den Norden war das Werftensterben der Anfang vom Ende der Industriegesellschaft. Die Arbeitslosigkeit stieg auf Rekordwerte, mit schweren Folgen für jeden einzelnen Betroffenen und seine Familie.

Uwe Barschel bei der »Ehrenwort-Pressekonferenz« am 18. September 1987

Zur wirtschaftlichen kamen politische Krisen hinzu. 1987 schien es fast, als ob auch westliche Politiker sich das Arsenal schmutziger Mittel zur Machterhaltung um jeden Preis als Vorbild nehmen wollten, das bei den SED-Machthabern gang und gäbe war. Dabei waren sie selbst mehr als einmal Opfer von Maßnahmen der Stasi geworden. Ministerpräsident Uwe Barschel, CDU, beauftragte seinen Mitarbeiter Reiner Pfeiffer, während des Wahlkampfes den Gegenkandidaten Björn Engholm von der SPD mit illegalen Mitteln zu bekämpfen. Bespitzelung, fingierte Telefonanrufe, Einschüchterung und öffentliche Denunziation waren die Mittel der heimlichen Zersetzungskampagne. Kurz vor der Landtagswahl wurde die Aktion allerdings bekannt. Barschel musste zurücktreten, nachdem er vergeblich versucht hatte, mit einem öffentlichen Ehrenwort den Verdacht von sich zu weisen. Wenig später starb er unter ungeklärten

Umständen in einem Genfer Hotel; die Schweizer Behörden stellten Selbstmord fest, doch an der offiziellen Version gab es Zweifel, bis hin zu spekulativen Verschwörungstheorien.

Erst später kam heraus, dass Engholm bereits vor der Wahl von den Machenschaften gewusst, aber öffentlich das überraschte Opfer gespielt hatte. Er hatte in diesem Punkt vor einem Landtags-Untersuchungsausschuss gelogen, und Pfeiffer hatte aus SPD-Kreisen Geld bekommen, das als Schweigegeld gedeutet werden konnte. Auch Engholm, inzwischen Ministerpräsident und Kanzlerkandidat der SPD, musste deshalb sechs Jahre nach der ersten Affäre zurücktreten. Das Ergebnis war vor allem ein immenser Vertrauensverlust der beiden großen Parteien. Verdrossenheit der Öffentlichkeit gegenüber der Politik schlechthin breitete sich aus. Doch trotz aller tiefen Krisen blieben Staat, Wirtschaft und Gesellschaft der Bundesrepublik stabil genug, um für die Nachbarn im Osten attraktiv zu sein.

Die DDR-Opposition formiert sich

Während die Opposition im Süden der DDR, die sich 1989 zu formieren beginnt, vor allem darauf setzt, ihren Staat von Grund auf zu reformieren und menschlicher zu machen, gibt es im Norden bereits Stimmen, die auf eine staatliche Vereinigung mit der Bundesrepublik hinarbeiten, darunter Joachim Gauck. Die Norddeutschen brauchen einige Wochen länger als die Leipziger, bis Volksmassen auf der Straße der allgemeinen Unzufriedenheit Nachdruck verleihen. Doch dann verfolgen sie ihre Ziele mit umso größerer Beharrlichkeit. Nach der Ausreisewelle des Sommers, der Besetzung bundesdeutscher Botschaften durch DDR-Bürger etwa in Prag und der Öffnung der Grenzen in Ungarn am 11. September finden die Rostocker Umwelt- und Friedensgruppen in den vier Kirchen der Innenstadt ein Forum.

Immer donnerstags werden Andachten

Demonstration der Bürgerrechtsbewegung in Rostock

Seit dem Tag der Grenzöffnung im November 1989 strömten die Trabis in die grenznahen Städte des Westens (Hamburg, Reeperbahn).

abgehalten, aus denen sich am 2. November die bis dahin größte Demonstration mit 40 000 Teilnehmern entwickelt. »Ein Bläserquintett hat das Deutschlandlied intoniert«, erinnert sich Ingo Richter, einer der Begründer der SPD in Mecklenburg-Vorpommern. »Ich hatte es seit der Fußballweltmeisterschaft 1954 nicht mehr öffentlich spielen hören. Ich habe geweint wie ein Schlosshund.« Die Ereignisse überschlagen sich. Örtliche Gruppen des Neuen Forums, der Ost-SPD und anderer demokratisch orientierter Organisationen werden gegründet. Dann, am 9. November, die überraschende Öffnung der Mauer und der innerdeutschen Grenze.

Die Grenzen sind offen

Von Lübeck bis Helmstedt spielten sich an den Schlagbäumen der Grenzübergänge ähnliche Szenen ab wie gleichzeitig in Berlin an der Bornholmer Brücke oder dem Brandenburger Tor. Thomas Harder, damals Zollbeamter in Lübeck-Schlutup: »Die Leute haben getanzt auf den Straßen, man hat sich umarmt, man hat auf die Trabis geschlagen, die Leute sind aus den Autos ausgestiegen, es gab unter den Leuten eine richtige Verbrüderung, und alle waren glücklich und zufrieden.«

Henning Voscherau war 1989 Erster Bürgermeister von Hamburg. Er hatte nicht mehr daran geglaubt, die Überwindung der deutschen Teilung noch zu erleben. Selbst im Sommer 1989, bei seinen regelmäßigen Besuchen in der Partnerstadt Dresden, war für ihn, wie für die meisten Landsleute, die Entwicklung noch nicht abzusehen. »Ich wusste, da bewegt sich etwas Großes«, sagt er im Rückblick, »aber nicht, was die Menschen wirklich wollen.« Es ergreift ihn noch immer, wenn er über die hunderttausende von Mecklenburgern berichtet, die an den folgenden Tagen in die

Freudenfest an der geöffneten Grenze in Lübeck-Schlutup

Stadt kamen, und darüber, wie ihm auf dem Rathausmarkt vor Glück weinende Menschen um den Hals fielen. Auch Meinhard Schmechel, lange Bürgermeister der eingesperrten DDR-Gemeinde Rüterberg, erlebt bei seinem ersten West-Besuch in Lauenburg bewegende Szenen. »Für mich war klar: jetzt werden wir eins«, sagt er lapidar.

Für die Bürgerrechtler im Osten fängt die Arbeit mit der Öffnung der Grenzen allerdings erst richtig an. Jetzt können sie freier agieren, und einmal sind sogar die Kameras des West-Fernsehens dabei, die einen gewissen Schutz vor Übergriffen der Staatsmacht gewähren: In Kavelstorf bei Rostock, so heißt es, gebe es ein geheimes Waffenlager. Manche vermuten, es seien Waffen, die gegen die eigene Bevölkerung eingesetzt werden sollen. Am 2. Dezember wollen einige Rostocker Näheres darüber wissen. Axel Peters vom Neuen Forum, von Beruf Bildhauer, schon physisch eine eindrucksvolle Erscheinung, wird ihr Wortführer. Er lässt sich nicht mit der Auskunft abspeisen, dort seien nur Kühlschränke für den Export gelagert. Die Gruppe wird schließlich hineingelassen. Die DDR, so stellt sich heraus, belieferte weltweit Kriegsparteien mit militärischem Gerät – ihre verlogene Friedens-Propaganda ist entlarvt. Eine Besetzung des Lagers verhindert, dass die Waffen heimlich beiseite geschafft werden.

Das letzte Kapitel der Teilung

Zwei Tage später beginnt eine Mahnwache vor der Stasi-Zentrale in der Rostocker August-Bebel-Straße. Im Laufe des Abends verschafft sich eine Gruppe Einlass in das Gebäude, wieder ist Axel Peters der Wortführer. Die Vernichtung von Akten, die bereits angelaufen ist, soll gestoppt werden. Die Beamten sind bewaffnet, und rund um den riesigen Gebäudekomplex haben sich inzwischen 40 000 Demonstranten versammelt. Deren

Angespannte Momente bei der Stasi-Besetzung in Rostock am 5. 12. 1989: Axel Peters (mit Hand am Ohr) und Ingo Richter (einen halben Schritt hinter ihm)

Ungeduld wächst, während drinnen die Verhandlungen laufen, die Stimmung wird immer gereizter. »Unsere größte Angst war, dass plötzlich Gewalt eskaliert«, sagt Axel Peters. »Als ein Freund von mir die Stimmung draußen noch anheizte, hab ich ihn einfach niedergebrüllt. Es war knapp.« Ingo Richter, damals Oberarzt an einer Klinik, wird sicherheitshalber hinzugezogen. Im weißen Kittel, mit Notfallkoffer, lässt ihn der Wachhabende ins Gebäude. Richter wundert sich noch heute, wie die Stasi-Beamten die Autorität von Axel Peters akzeptierten: »Er sagte zu dem leitenden Beamten: ›Können Sie nicht mal die Hand aus der Hosentasche nehmen, wenn Sie mit mir reden?‹ Und der nahm auch seine Hand pflichtgemäß aus der Tasche. Er hatte die ganze Zeit seine Pistole umklammert.«

Die Besetzung ging friedlich zu Ende, die Forderungen der Bürgerrechtler wurden erfüllt, die Räume mit den Akten konnten versiegelt werden. Es folgten Runde Tische mit den Verantwortlichen des Bezirks, und der weitere Verlauf der Ereignisse ergab sich aus der Politik des Bundeskanzlers und der Regierungen der Vier Mächte, das Zeitfenster für die Wiedervereinigung zu nutzen. Der vergebliche Versuch von Ingo Richter, bereits im Januar 1990 den Beitritt des Bezirkes Rostock, also der gesamten DDR-Ostseeküste, zur Bundesrepublik zu erwirken, war nicht mehr als eine Fußnote der Geschichte; aber er ist ein Beleg für die tief im Bewusstsein der Menschen verankerte Verbundenheit der Norddeutschen in Ost und West.

Am 3. Oktober 1990 endete die Teilung Deutschlands durch den Beitritt der DDR zur Bundesrepublik. Manche Folgen der unterschiedlichen Entwicklung in Ost und West werden bleiben, viele soziale Härten für die Menschen in Mecklenburg-Vorpommern sind schwer zu ertragen. Auch Horst Pätzold hat das Gut seiner Eltern nicht zurückbekommen, aber seine Begeisterung für die friedliche Revolution ist geblieben. 1990 wurden zwar falsche Hoffnungen geweckt, meint er, doch der unvergleichlich viel höhere Lebensstandard heute stimmt ihn zufrieden, selbst als Rentner.

Die gemeinsame Geschichte ist stärker als die künstliche Grenzziehung des Jahres 1945, wie ein Blick auf die Landkarte zeigt. Rüterberg, das Dorf an der Elbe, lebt nicht mehr im Käfig; über die wieder errichtete Elbbrücke bei Dömitz ist es heute von allen Seiten bequem zu erreichen. Auch an vielen anderen Orten wurden die Verkehrswege wiederhergestellt, die den Osten mit dem Westen verbinden. Die Elbe hat Chancen, sich erneut zu der internationalen Wasserstraße zu entwickeln, die sie schon einmal war. Die Ostsee ist kein potentielles Kriegsgebiet mehr. Sie kann an ihre Rolle als Brücke zwischen den nordosteuropäischen Nationen wieder anknüpfen, die sie seit den Tagen der Hanse innehatte. Und die Grenze, die die Norddeutschen vierzig Jahre lang trennte, ist in der Landschaft nur noch an wenigen Stellen zu erkennen.

Die zerstörte Elbbrücke bei Dömitz, jahrzehntelang Symbol der gewaltsam unterbrochenen Ost-West-Verbindungen

Rechte Seite: Seit 1993 verbindet bei Dömitz wieder eine Brücke das östliche mit dem westlichen Ufer der Elbe.

Schlusswort

400 000 Jahre Geschichte Norddeutschlands, von den Speeren des Homo erectus bis zum Verschwinden der innerdeutschen Grenze: Rund 16 000 Generationen haben in dieser Zeit gelebt, eine schwindelerregend lange Ahnenreihe. Alle diese Menschen haben das Land zwischen der Ems und Usedom, zwischen der dänischen Grenze und Hedemünden mit Leben gefüllt, und sie haben vielfältige Spuren hinterlassen. Sie haben sich, so gut sie konnten, die Natur untertan gemacht, haben gegen wirkliche und eingebildete Feinde gekämpft, schreckliche Untaten begangen, aber auch Großes geschaffen. Sie bauten Schiffe und Wagen, suchten den Kontakt mit fernen Kulturen, trieben Handel und brachen immer wieder zu neuen Horizonten auf – ein Prozess, der noch lange nicht an seinem Ende angekommen ist.

Vieles von dem, was im Norden geschah, gab es anderswo auch, doch hat es in dem Land zwischen den Meeren und den Mittelgebirgen in stürmischen Zeiten seine spezifische Ausprägung erfahren. Aus den Landschaften, die die Eiszeit geformt hat, wurde ein gemeinsamer Kulturraum, in dem Bodenständigkeit und Fernweh eine charakteristische Verbindung eingegangen sind. Es ist ein Raum ohne feste natürliche Grenzen, aber er hat einen gemeinsamen Schwerpunkt: die Menschen mit ihren Erfahrungen, mit einer gemeinsamen Mentalität und ähnlichen plattdeutschen Dialekten. Es ist kein Zufall, dass das Gebiet ungefähr den fünf heutigen Bundesländern entspricht, die an der Küste liegen oder über die großen Ströme mit ihr verbunden sind.

Die Geschichte der Norddeutschen war nicht allein eine Abfolge von Reichen, Staaten und Herrscherdynastien, sondern vor allem auch die Entwicklung ihres Erfindungsreichtums, ihrer Religion, Phantasie und Einbildungskraft. Die »Nordlichter«, wie sie oft spöttisch genannt werden, haben tatsächlich Licht in den Norden gebracht. Der Traum von einer schöneren und besseren Welt, sei es hier und jetzt, sei es in der Zukunft oder in einem mythologischen Jenseits, war eine Triebkraft, die Erstaunliches ermöglicht hat: von den Megalithgräbern der Jungsteinzeit über die Bildwerke eines Hans Brüggemann bis hin zur Überwindung einer Grenze, die auf die Wünsche der Menschen, ihre Traditionen und ihr Gefühl der Zusammengehörigkeit keine Rücksicht nahm.

Von Schöningen, dem Fundort der paläolithischen Speere, bis nach Rüterberg, dem Dorf an der Elbe, sind es nur gut hundert Kilometer Luftlinie. Geschichte, das ist offenbar nicht die kürzeste Verbindung zwischen zwei Punkten, sondern der weiteste denkbare Umweg.

Linke Seite:
Das Meer, die verheißungsvolle Ferne und ein weiter Horizont – feste Größen für den Greifswalder Maler Caspar David Friedrich und für die Menschen der Geschichte Norddeutschlands (»Auf dem Segler«, 1818/19)

Chronik der Geschichte Norddeutschlands

ZEIT	EREIGNIS
Seit ca. 2,5 Mio Jahren	**Eiszeitalter (Pleistozän)** **Altsteinzeit (Paläolithikum)** Noch keine Menschen in Norddeutschland
Vor 400 000 Jahren	**Die Urmenschen leben als nomadische Jäger und Sammler, benutzen Steinwerkzeuge.** Erste Spuren menschlichen Lebens in Schöningen bei Helmstedt. Am Rande des Braunkohletagebaus wurden ab 1995 acht Wurfspeere des Homo erectus gefunden, des gemeinsamen Vorfahren der Neanderthaler und der modernen Menschen.
12 500–12 000 v. Chr.	**»Hamburger Kultur«**
10 700–9700 v. Chr.	**»Ahrensburger Kultur«** Späteiszeitliche Jäger lagern in wärmeren Zwischenphasen der späten Eiszeit im Stellmoorer Tunneltal zwischen Hamburg-Meiendorf und Ahrensburg. Hier lauerten sie vorbeiziehenden Rentierherden auf.
9600 v. Chr.	**Ende der letzten Eiszeit** **Die Mittelsteinzeit (Mesolithikum) beginnt.**
Ab 6000 v. Chr.	**Durch schmelzwasserbedingtes Ansteigen des Meeresspiegels nimmt die Ostsee allmählich ihre heutige Form an.** Die Küstenbewohner entwickeln Fertigkeiten im Fischfang. Steinzeitliche Siedlungsplätze vor der heutigen Insel Poel.
Ab 5400 v. Chr.	**Ertebølle-Kultur** Die Menschen an der Ostseeküste leben in der Übergangszeit zum Neolithikum vom Fischfang, Sammeln und Jagen. Funde in Ellerbek bei Kiel.
Ab 4000 v. Chr.	**Das Neolithikum (die Jungsteinzeit) erreicht allmählich Norddeutschland.** **Megalithkultur (steinerne Großgräber)** **Trichterbecherkultur** Neuerungen wie der Übergang zu Ackerbau und Viehzucht, Vorratshaltung, Herstellung von Keramik, Nutzung von Rad und Wagen, Einführung der Arbeitsteilung verändern die Lebensweise der Menschen grundlegend.
4000 v. Chr.	Einbäume aus dem frühen Neolithikum, gefunden bei Stralsund

ZEIT	EREIGNIS
Ca. 3500 v. Chr.	Älteste Fahrspuren eines Wagens, gefunden bei Flintbek
3000 v. Chr.	Erste Rodungen, Dörfer, Weiden und Äcker nachweisbar. Domestizierung des Pferdes.
Ab 2800 v. Chr.	In Norddeutschland leben nun neben den Mitgliedern der Megalith-Kultur auch Menschen, die ihre Toten in Einzelgräbern bestatten, die Streitäxte haben und mit Schnüren verzierte Keramik herstellen (aus der Schnurkeramiker-Kultur).
Ab 1500 v. Chr.	**Bronzezeit in Norddeutschland** Erste Waffen und Werkzeuge aus Metall. Auch Goldschmuck.
Ab 500 v.Chr.	**Eisenzeit** **Jastorf-Kultur** Verhüttung des sog. Raseneisenerzes in Norddeutschland
Ab 120 v. Chr.	**Klimaverschlechterung in Norddeutschland** Kimbern, Teutonen und Ambronen ziehen mit 300 000 Menschen von Jütland nach Süden und bedrohen das Römische Reich.
1. Jh. v. Chr.	**Germanische Stämme in Norddeutschland** Die Römer gebrauchen erstmals den Begriff »Germanen«, der von einem Stamm am Rhein auf alle Völker nordwestlich des keltischen Siedlungsgebietes übertragen wird.
9 n. Chr.	Varusschlacht bei Kalkriese, nördlich von Osnabrück: Eine der größten Schlachten zwischen dem Römischen Reich und den germanischen Völkern. Der römische Feldherr Varus wird mit seinen Legionen von germanischen Stämmen unter Arminius »niedergemetzelt« (Tacitus).
1. Jh. n. Chr.	Besiedlung des Ems-Weser-Gebietes durch die Sachsen. Bis ins 7. Jh. n. Chr. Ausdehnung über ganz Nordwestdeutschland. Der westgermanische Stamm der Friesen besiedelt West- und Nordfriesland.
150	Vertreibung der Germanenstämme an der jütischen Küste durch verheerende Überschwemmungen
Ab 375	**Völkerwanderung** Angeln und Sachsen verlassen Siedlungsgebiete an Nord- und Ostsee und besiedeln England.

ZEIT	EREIGNIS
5. Jh.	Slawen siedeln östlich der Elbe, später auch in Ostholstein.
7. Jh.	Beginn der Christianisierung Nordwestdeutschlands. Schleswig-Holstein ist erst im 12. Jh. christianisiert, das Gebiet östlich der Elbe noch später.
8. Jh.	Der germanische Stamm der Sachsen dringt bis nach Holstein vor.
Um 700	Danewerk, die erste Befestigungsanlage, mit der die Dänen ihr Herrschaftsgebiet nach Süden hin schützen. Wenig später schützt sich das Fränkische Reich mit dem »Limes Saxoniae« von der Elbe bei Lauenburg bis etwa Kiel gegen die Slawen.
8. Jh.	Gründung der Wikingerstadt Haithabu als Handelszentrum
768–814	**Karl der Große** Unterwerfung der Sachsen, erzwungene Christianisierung, Eingliederung ins Frankenreich Auch die Friesen, zwischen Rheinmündung und Weser, werden von den Franken christianisiert.
772	Beginn der Sachsenkriege
782	Blutgericht bei Verden/Aller, 4500 Hinrichtungen
798	Schlacht bei Bornhöved (Schwentinefeld): die Verbündeten des fränkischen Königs Karl des Großen schlagen die Sachsen.
804	Karl der Große empfängt in Hollenstedt zwischen Hamburg und Bremen verschiedene Slawenfürsten zu Verhandlungen.
Um 800	Erbauung der Hammaburg, Keimzelle des späteren Hamburg
Ende 8. / Anfang 9. Jh.	**Zeit der Wikingerüberfälle** Hamburg wird 845 durch einen Wikingerüberfall zerstört.
919	**Herrschaft der Ottonen in Deutschland** Der Liudolfinger Heinrich wird zum König der Deutschen gewählt. Die Pfalz Grona bei Göttingen gewinnt an Bedeutung (953 erste urkundliche Erwähnung Göttingens, als »Gutingi«). Blütezeit der Baukunst: Hildesheimer Dom
10. Jh.	Goslar wird für die nächsten Jahrhunderte Kaiserpfalz im Norden und Zentrum des christlichen Glaubens. Fundort für Silber. Blütezeit Haithabus

ZEIT	EREIGNIS
1047–1074	Sven Estridsen gelangt auf den dänischen Thron. Sein Geschlecht beherrscht für dreihundert Jahre Dänemark und Schleswig.
1066	Nach der endgültigen Zerstörung Haithabus durch einen Wikingerangriff übernimmt Schleswig immer mehr dessen Rolle.
1106	Beginn der Ära der Schauenburger als Grafen in Holstein
12. Jh. bis Hansezeit	Entwicklung der Kogge (Lastsegler), des wichtigsten Schiffstyps Nordeuropas
Ab 12. Jh.	Backstein wird als Baumaterial genutzt.
1189	Hafenprivileg für Hamburg (»Geburtsurkunde« des Hafens)
Ca. 1130	Geburt Heinrich des Löwen. Er bekämpft die Wenden (Slawen), fördert Ostsiedlung und errichtet die Bistümer Ratzeburg, Oldenburg (Sitz in Lübeck), Mecklenburg (Sitz in Schwerin).
1181	Kaiser Friedrich Barbarossa nimmt Lübeck ein.
1203	Holstein wird dänisch.
1200–1227	Auch Mecklenburg und (seit 1185) Vorpommern unter dänischer Hoheit
1218–1284	Rostock, Hannover, Kiel, Flensburg erhalten Stadtrecht.
1227	Schlacht bei Bornhöved: Eine Koalition norddeutscher Fürsten unter Graf Adolf IV. von Schauenburg schlägt die Dänen unter Waldemar II. und verhindert die Ausdehnung des dänischen Reiches bis zur Elbe.
1235	Das Herzogtum Braunschweig-Lüneburg, Keimzelle des späteren Landes Niedersachsen, wird gegründet.
Um 1280	**Zeit der Hanse** Die Hanse entsteht aus einem lockeren Zusammenschluss von Kaufleuten, der sich seit dem 12. Jahrhundert gebildet hat.
1284	Der Sage nach Rattenplage in Hameln
1300–1350	Till Eulenspiegel, geboren bei Braunschweig, gestorben in Mölln
1319	Erster Dithmarscher Krieg: Der holsteinische Angriff wird zurückgeschlagen.
1326–1329	Auf Betreiben Graf Gerhards III. von Holstein wird der minderjährige Herzog von Schleswig König von Dänemark. Von diesem erhält Gerhard das Herzogtum Schleswig als Lehen und vereinigt erstmals Schleswig mit Holstein.

ZEIT	EREIGNIS
1350	Pest in ganz Norddeutschland
1356	Die Hanse wird zu einem förmlichen Zusammenschluss von Handelsstädten.
1362	»Große Mandränke«: Sturmflut an der Nordseeküste verändert den Küstenverlauf, der Hafenort Rungholt versinkt mitsamt einem Teil der Insel Strand vor Husum.
1377	Der Pfennig wird in zahlreichen Städten Währung.
1398	Eröffnung des Stecknitz-Kanals zwischen der Elbe und der Trave
14. Jh.	Blütezeit mittelalterlicher Städte: Bergbau in Goslar, Salzgewinnung in Lüneburg, Brauwesen in Einbeck, Tuchhandel in Göttingen und Osnabrück, Schifffahrt in Emden und Stade
1401	Klaus Störtebeker wird geköpft, Legende um seine Hinrichtung.
1404	Zweiter Dithmarscher Krieg. Der holsteinische Angriff wird zurückgeschlagen.
1407	In Lübeck wird erstmals Marzipan hergestellt.
1419	Gründung der Universität Rostock, der ersten im Ostsee-Raum. 1456 Gründung der Universität Greifswald
1453	**Eroberung Konstantinopels durch die Türken**
1460	Die Ritterschaft Schleswigs und Holsteins wählt König Christian I. von Dänemark zum Herzog von Schleswig und Grafen von Holstein. Ripener Freiheitsbrief: Schleswig und Holstein »up ewig ungedeelt«.
1472	Rebellion der Husumer gegen den dänischen König. Die siebzig Rädelsführer werden hingerichtet und ihre Häuser mit einer Rebellensteuer belegt.
1475	Eröffnung der ersten Druckerei in Lübeck
1492	**Entdeckung Amerikas durch Christoph Kolumbus**
1500	**Dritter Dithmarscher Krieg (»Dithmarscher Bauernkrieg«)** In der Schlacht bei Hemmingstedt besiegen die dithmarscher Bauern Herzog Friedrich von Schleswig-Holstein und die berüchtigte »Schwarze Garde« des Junkers Slentz.
1514–1521	In siebenjähriger Arbeit erschafft Hans Brüggemann in seiner Werkstatt in Husum den Bordesholmer Altar.

ZEIT	EREIGNIS
1517	**Luther veröffentlicht seine 95 Thesen.**
Um 1520	**Beginn der Reformation in Norddeutschland**
1522	In der Husumer Marienkirche predigt Hermann Tast 1522 zum ersten Mal im Geiste Martin Luthers.
1523	Der ehemalige Franziskaner Stephan Kempe kommt nach Hamburg und beginnt auf Plattdeutsch zu predigen. Er gewinnt die Mehrheit des Hamburger Bürgertums für die Lehre Luthers. Herzog Friedrich I. wird dänischer König mit Sitz auf Schloss Gottorf in Schleswig.
1524	Im November wird der Reformator Heinrich von Zütphen von Mönchen aus Meldorf nach Heide verschleppt. Dort wird er erschlagen und auf dem Scheiterhaufen verbrannt.
Ab 1529	Hamburg und viele norddeutsche Fürsten- und Herzogtümer erhalten durch Johannes Bugenhagen eine evangelische Kirchenordnung und eine neue Sozialordnung.
1549	Der Landtag beschließt nach Zustimmung der Stände Reformation für Mecklenburg.
1530–1735	**Hexenverfolgung in Norddeutschland, Schwerpunkt in Mecklenburg**
1560	**Beginn der Gegenreformation**
1576	Gründung der Universität Helmstedt (bis 1809)
1616	Der dänische König Christian IV. gründet Glückstadt als liberalen dänischen Gegenentwurf zu Hamburg.
1618–1648	**Dreißigjähriger Krieg**
1619	Hamburg wird durch starke Zuwanderung europäischer Juden und Kaufleute größte Stadt des Reiches.
1626	Der Krieg erreicht den Norden. Schlacht bei Lutter, aus der die katholische Liga als Sieger hervorgeht. Nach und nach wird fast ganz Norddeutschland von den kaiserlichen Truppen besetzt. Der kaiserliche Heerführer Wallenstein wird anstelle der vom Kaiser abgesetzten Herzöge neuer Lehnsherr der beiden mecklenburgischen Herzogtümer. Güstrow wird neue Residenz.
1628	Stralsund trotzt dank schwedisch-dänischer Unterstützung einer sechsmonatigen Belagerung durch kaiserliche Truppen. Dänemark greift erneut in das Kriegsgeschehen ein, wird aber auf Usedom von den Liga-Truppen geschlagen.

ZEIT	EREIGNIS
1629	Nach Friedensverhandlungen in Lübeck muss Dänemark einen Teil Holsteins an die kaiserliche Krone abtreten.
1634	Die Burchardiflut, eine schwere Sturmflut, verwüstet die Westküste Schleswig-Holsteins. Rund 15 000 Tote, die Insel Strand wird in die Teile Nordstrand und Pellworm auseinandergerissen.
1636	Hannover wird Residenz der Welfen.
1636–1641	In Hamburg finden die Vorgespräche zu den späteren Friedensverhandlungen statt.
1648	**Der Westfälische Friede: Ende des Dreißigjährigen Krieges** Die endgültigen Friedensverhandlungen und der Friedensschluss finden im protestantischen Osnabrück und im katholisch geprägten Münster statt.
1648 ff.	Nach dem Friedensschluss: neue Welle der Hexenverfolgung
Ab Ende des 17. Jh.	**Aufstieg des Welfenhauses**
1665	Gründung der Kieler Universität
1677	Stadtbrand von Rostock
1692	Hannover wird Kurfürstentum.
1694	Liebesdrama um Sophie Dorothea und Graf Königsmarck
1701	Welfen erhalten Anwartschaft auf die engl. Königskrone. Teilung Mecklenburgs in Schwerin und Strelitz
1714–1837	Personalunion zwischen Hannover und Großbritannien: Kurfürst Georg Ludwig wird als Georg I. König von England.
1721	In Hamburg wird Georg Philipp Telemann zum städtischen Musikdirektor und Kantor am Johanneum gewählt. Nach seinem Tod 1767 tritt Philipp Emanuel Bach seine Nachfolge an.
1730	Kartoffeln kommen – aus Holland – nach Hamburg, ab 1746 Anbau in Vierlanden.
1734	Gründung der Universität Göttingen
1752–1796	Freiherr v. Knigge (geb. in Bredenbeck bei Hannover, gest. in Bremen) veröffentlicht 1788 »Über den Umgang mit den Menschen«.
1772	Lessings »Emilia Galotti« wird in Braunschweig uraufgeführt.
1774	Geburt Caspar David Friedrichs in Greifswald

ZEIT	EREIGNIS
1777–1784	Bau des »Schleswig-Holsteinischen Canals«, 1853 in Eiderkanal umbenannt.
Mitte des 18. Jh.	Aufhebung der Leibeigenschaft in vielen norddeutschen Gemeinden
1789	**Französische Revolution** In Folge der Franz. Revolution kommen 15 000 royalistische Emigranten nach Norddeutschland. Allein 10 000 von ihnen lassen sich in Hamburg nieder.
1793	In Hamburg kommt es zum größten Handwerkerstreik Deutschlands. Ein Generalstreik legt für acht Tage die Versorgung der Stadt lahm.
1798	Fremdenverkehr: In Bad Doberan wird das erste deutsche Seebad eröffnet. Norderney und Travemünde folgen 1797 und 1802.
1802	Offizielle Abschaffung der Prügelstrafe in Mecklenburg
1803	Das Fürstentum Hannover wird von den Franzosen besetzt
1806	Napoleons Truppen besetzen weite Teile Norddeutschlands. Der »Code Napoléon« wird eingeführt. Abschaffung der Leibeigenschaft in allen französisch besetzten Gebieten.
1806–1812	Kontinentalsperre. Napoleon verfügt eine Handelsblockade des europäischen Festlandes gegen England.
1806–1813/14	Hamburg von Frankreich besetzt.
1807	Helgoland wird von den Engländern erobert und zum Knotenpunkt für den Schmuggel englischer Waren.
1810	Napoleon erklärt Hamburg zu einer französischen Stadt und zum Zentrum des neu gegründeten Départements Bouches-de-l'Elbe.
1812	Die große Armee Napoleons unterliegt in Russland. Napoleon zieht sich zurück.
1813	Völkerschlacht bei Leipzig zwischen Franzosen, Preußen, Russen, Österreichern und Schweden. Schwere Niederlage Napoleons. 1400 Kosaken marschieren nach dem Abzug der Franzosen als russische Armee in Hamburg ein. Zehn Wochen später wird die Stadt erneut von französischen Truppen eingenommen. Schwere Repressalien gegen Hamburger Bürger und ihr Eigentum.

ZEIT	EREIGNIS
1814	Der Hamburger Berg (das spätere St. Pauli) wird von den Franzosen niedergebrannt. Nach dem Abzug der Franzosen baldige Neubesiedlung und Beginn des Aufstiegs des Hamburger Berg zum Vergnügungsviertel. Hannover wird Königreich.
1814/1815	**Wiener Kongress. Preußen wird als Großmacht wieder hergestellt. Restaurativ-konservative politische Neuordnung Norddeutschlands bei der Gründung des Deutschen Bundes.**
1815–1831	Heinrich Heine mit Unterbrechungen in Norddeutschland
1819	Erste Dampffährverbindung zwischen Kiel und Kopenhagen
Um 1820	Aufhebung der Leibeigenschaft in Mecklenburg führt zu einer Auswanderungswelle bei der Landbevölkerung.
1827	Bremen kauft wegen der zunehmenden Versandung der Weser dem Königreich Hannover das Landgebiet um die Wesermündung ab und errichtet einen seetüchtigen Hafen: »Bremer Haven« entsteht.
1830	Auswanderungswelle aus verschiedenen Gegenden Deutschlands und Europas in Richtung Amerika führt Tausende Menschen in das neu gegründete Bremer Haven. **Französische Juli-Revolution** In Braunschweig stürmen Handwerker und Arbeiter das Schlosss und setzen es in Brand. Herzog Karl II. bleibt nur noch die Flucht.
1833	Die Hamburger Vorstadt Hamburger Berg wird nun nach der dortigen Kirche St. Pauli benannt.
1837	»Göttinger Sieben«. Nach dem Ende der Personalunion mit England setzt der neue König Ernst August von Hannover die reformierte Verfassung außer Kraft. Sieben Professoren, die dagegen protestieren, werden entlassen.
1838	Gründung der Firma Scheffel und Howaldt, aus der 1889 die Kieler Howaldtswerke hervorgehen. Zwischen Braunschweig und Wolfenbüttel wird die erste Eisenbahnlinie Norddeutschlands eröffnet.
1840	Im Zuge der Landflucht, u. a. aus Mecklenburg und Schleswig-Holstein, verdreifacht sich die Einwohnerzahl Hamburgs.
1841	Hoffmann von Fallersleben verfasst auf Helgoland das »Lied der Deutschen«, die spätere deutsche Nationalhymne.

ZEIT	EREIGNIS
1842	5.–8. Mai: Stadtbrand in Hamburg. Ein Drittel der Stadt wird dabei in Schutt und Asche gelegt. Fotografie: Am Tag nach dem Brand entstehen die ersten Daguerrotypien von Hamburg. Es sind zugleich die ersten Reportagefotos der Welt.
1843	Die Hannoveraner Maschinenfabrik Hanomag wird zu einem der größten Maschinenhersteller Europas. Die erste, 1846 gebaute Lokomotive wird nach König Ernst August benannt.
1848	**Februar-Revolution in Paris. Paulskirchen-Parlament in Deutschland** Revolution auch in Norddeutschland. Politische Freiheit und nationale Einheit werden als die Hauptziele formuliert und führen zu Unruhen, teilweise zur Verabschiedung neuer Verfassungen und zur Gründung von Landtagen und Abgeordnetenhäusern.
1848–51	**Schleswig-Holsteinische Erhebung gegen die Eingliederung in Dänemark** Die entscheidende Schlacht bei Idstedt am 25. Juli 1850 endet mit einer Niederlage der Schleswig-Holsteiner.
1850	Der Hamburger Reeder Robert Miles Sloman richtet die erste Dampfschifflinie nach Nordamerika ein.
1851	In Kiel baut Wilhelm Bauer den »Brandtaucher«, das erste U-Boot der Welt.
1860	Hamburg bekommt eine neue liberal-konservative Verfassung. Senat und Bürgerschaft wählen gemeinsam.
1864	**Deutsch-Dänischer Krieg** Erstürmung der Düppeler Schanzen am 18. April 1864 durch preußische Truppen. Preußen und Österreich erobern im Krieg gegen Dänemark Schleswig und Holstein.
1865	Alfred Nobel baut eine Nitroglycerinfabrik bei Krümmel und erfindet 1866 bei Experimenten auf einem Elbfloß das Dynamit.
1866/67	**Deutscher Krieg** Preußen erzwingt den Krieg gegen Österreich. Nach der Niederlage Österreichs Gründung des Norddeutschen Bundes unter Führung Preußens und unter Einbeziehung aller nördlich des Mains gelegenen deutschen Staaten. Neben dem Königreich Hannover werden auch Schleswig und Holstein preußische Provinz.

ZEIT	EREIGNIS
1870/71	**Deutsch-Französischer Krieg mit Preußen als Sieger** **Gründung des Deutschen Reiches unter preußischer Führung**
1877	Auf der Elbinsel Kuhwerder (einer Weidefläche für Schlachtvieh) wird die Werft Blohm & Voss gegründet.
1878	Gründung des ersten deutschen Fußballvereins in Hannover
1887	Gründung des HSV Siel, Gas- und Wasserleitungen in Hamburg
1888	Zollanschluss Hamburgs an das Deutsche Reich. Hamburger Hafen wird Freihafen. Eröffnung der Speicherstadt durch Kaiser Wilhelm II.
1888–1894	Der Schleswiger Dom erhält einen 112 Meter hohen Kirchturm und wird damit zum höchsten Gebäude Schleswig-Holsteins.
1890	SPD gewinnt bei den Reichstagswahlen alle drei Wahlkreise in Hamburg. Helgoland wird deutsch.
1890 bis Anfang 20. Jh.	**Erneute Auswandererwelle** Hamburg löst Bremerhaven als führender Auswanderungshafen Europas ab. Mehre hunderttausend Norddeutsche verlassen ihre Heimat und wandern nach Amerika aus. Allein 1891 werden in Hamburg über 144 000 Auswanderer gezählt.
1892	Die Cholera in Hamburg fordert über 8600 Tote.
1894	Erste elektrische Straßenbahn in Hamburg
1895	Am 21. Juni Eröffnung des »Kaiser-Wilhelm-Kanals«, des heutigen Nordostseekanals. Schlusssteinlegung durch Kaiser Wilhelm II.
1896/97	Elf Wochen langer Streik der Hamburger Hafenarbeiter für mehr Lohn
1898	In Hannover gründet Emil Berliner die erste Schallplattenfabrik der Welt.
1903	Erster Motorflug der Welt des Magistratsbeamten Karl Jathos in Hannover, zwei Monate vor den Gebrüdern Wright
Anfang des 20. Jh.	Künstlerkolonien entstehen. Die wichtigsten Werke der Berliner Künstlergruppe »Die Brücke« kommen in Dangast zustande. Weitere Künstlerkolonien in Norddeutschland entstehen in Worpswede und Ahrenshoop.

ZEIT	EREIGNIS
1911	Einweihung des Elbtunnels in Hamburg
1912	*Imperator*, größtes Schiff der Welt, läuft von Hamburg aus.
1913	Ernst August, Enkel des letzten Königs von Hannover, heiratet die Kaisertochter Viktoria Luise und wird Herzog von Braunschweig.
1914–1918	**Erster Weltkrieg** Etwa eine Millionen Soldaten aus Norddeutschland werden getötet.
1916/17	Kohlrübenwinter. Hungerrevolten in Harburg und Hamburg greifen auf Kiel, Flensburg und mecklenburgische Städte über.
1918	29. Oktober: Matrosen der Hochseeflotte verweigern in Kiel und Wilhelmshaven den Befehl, um ihr Leben nicht bei einem letzten Gefecht gegen die Briten aufs Spiel zu setzen. Revolution breitet sich in ganz Norddeutschland aus. Arbeiter-und-Soldaten-Räte übernehmen für kurze Zeit die Macht.
1919 Jan.–Febr.	Sozialistische Republik Bremen – für einen Monat Eröffnung der Universität Hamburg Regelmäßige Flugverbindung Hamburg–Berlin **Reichsverfassung in Weimar** Ebert wird Reichspräsident, Schwarz-Rot-Gold wird neue Fahne.
1920	Der nördliche und mittlere Teil des ehemaligen Herzogtums Schleswig wird deutsch-dänisches Abstimmungsgebiet. Nordschleswig fällt an Dänemark. Kapp-Putsch Die Hamburger Künstlergruppen »Hamburger Sezession« und »Hamburger Gruppe« lassen die Stadt kulturell aufblühen. In Hannover wirkt Kurt Schwitters. Dadaismus und Merzkunst.
1922	Gründung der Heinkel-Flugzeugwerke Warnemünde
1922/23	**Inflation in Deutschland** Am Ende des Jahres 1923 kostet ein Laib Brot 200 Millionen Mark.
1924	Fernsprechamt Hamburg sendet erste Radioprogramme der NORAG (Nordische Rundfunk AG).

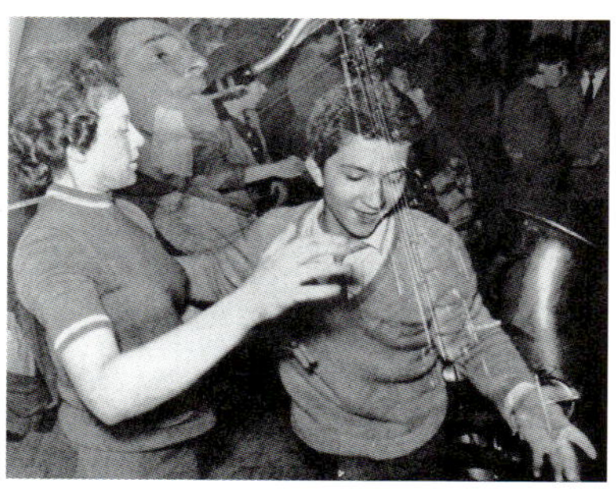

ZEIT	EREIGNIS
1920er Jahre	**»Goldene Zwanziger«** Auf die Prüderie der Wilhelminischen Zeit folgen in Städten einige Jahre der Lebenslust, der sexuellen Freiheit, des Kabaretts und des Jazz.
1925	Gründung von NSDAP-Ortsgruppen in ganz Deutschland
1925–1932	Propagandareisen Hitlers durch Deutschland
1926	Emil Nolde siedelt nach Seebüll, Nordfriesland.
1927	Einweihung des Hindenburg-Damms nach Sylt
1930	**Reichstagswahl** In einigen Bezirken Schleswig-Holsteins erringt die NSDAP 45 Prozent der Wählerstimmen.
1931	**Aufstieg der NSDAP** In Bad Harzburg versammelt sich die erste Heerschau der »nationalen Opposition«, bestehend aus National-Konservativen und der NSDAP.
1932	Adolf Hitler erhält als Regierungsrat der Braunschweigischen Gesandtschaft in Berlin die deutsche Staatsbürgerschaft und erfüllt damit die Voraussetzung für eine Kandidatur zum Reichskanzler. Altonaer Blutsonntag: Bei einem Naziaufmarsch kommt es zu Straßenkämpfen mit Kommunisten. 18 Tote und 285 Verletzte. 3. August: von Nationalsozialisten verübter Sprengstoffanschlag auf die Kieler Synagoge
1933	**Hitler wird zum Reichskanzler ernannt.** **Reichsweite Aufhebung der Länderhoheit** 1. April: Boykott jüdischer Geschäfte Nach Machtübernahme und Boykotttag verlassen zahlreiche Juden Norddeutschland.
1934–1936	Maschsee in Hannover wird angelegt.
1934–1942	Swingbewegung in Hamburg. Die Swingkids (wie sie sich selbst nennen) formieren sich zu einer unpolitischen Opposition im Nazi-Regime.

ZEIT	EREIGNIS
1936	Olympische Segelwettbewerbe in Kiel Peenemünde wird Luftwaffenversuchsanstalt. Bau des Rügendamms
1937	**Neugliederung des Reiches in Gaue** Neue Grenzen für Schleswig-Holstein, Hannover, Preußen, Hamburg: Der Verwaltungs- und Wirtschaftsgroßraum »Groß-hamburg« entsteht. **Gleichschaltung** Baubeginn »KdF-Seebad« Prora auf Rügen Autobahn Hamburg–Lübeck wird eröffnet. Göring eröffnet »Reichswerke Hermann Göring« in Salzgitter.
1938	Grundsteinlegung für Volkswagenwerk bei Fallersleben. »KdF-Stadt«, 1945 in Wolfsburg umbenannt, entsteht. Der aus einer polnisch-jüdischen Familie in Hannover stammende Herszel Grynszpan verübt in Paris am 7. November ein Attentat auf den Gesandten der Deutschen Botschaft Ernst vom Rath.
9. November	Pogromnacht, auch in Norddeutschland. Jüdische Einrichtungen, Geschäfte und Synagogen werden von SA und SS beschädigt und in Brand gesetzt. Deportation von Juden in Konzentrationslager beginnt.
1939	Im Februar läuft auf der Hamburger Werft Blohm & Voss das Schlachtschiff *Bismarck* vom Stapel. **Zweiter Weltkrieg** Mit dem Überfall der deutschen Wehrmacht auf Polen am 1. September beginnt der Zweite Weltkrieg. Einsatz von Kriegsgefangenen in Rüstungsindustrie, etwa in Salzgitter, Peenemünde
1940	Unterirdische Produktion von V1, V2 im Harz Am 9. April überschreiten deutsche Truppen ohne Kriegserklärung zwischen Aventoft und Krusau die Grenze zu Dänemark. Erster Luftangriff auf Kiel Kinderlandverschickung beginnt.

ZEIT	EREIGNIS
1942	Bombennächte 28./29. März: Mit dem britischen Angriff auf Lübeck werden in Deutschland zum ersten Mal Flächenangriffe auf Wohnviertel geflogen. Über dreihundert Tote, 15 000 Lübecker obdachlos. Bombennächte vom 26.–29. August. Rostock ist die zu diesem Zeitpunkt am stärksten zerstörte Stadt Deutschlands. 220 Tote, über 40 000 Obdachlose. Bombardierung Hannovers 1940–1945 Montagebeginn bei Volkswagen von Schwimmfahrzeugen, Kübelwagen. Dabei Einsatz von Kriegsgefangenen. Lebensmittelrationierungen, Verdunklungsbefehl, Sammlungsaktionen für Frontsoldaten
1943/44	»Große Freiheit Nr. 7« wird in Hamburg gedreht. Dreharbeiten wegen Luftangriffen bald in Berlin und Prag. Der Film wird 1944 verboten.
24.–30. Juli 1943	»Operation Gomorrha«: Bombardierung Hamburgs 30 000–40 000 Tote und mehr als 100 000 Verletzte Flüchtlingsstrom aus Ostgebieten setzt ein.
1945	Mecklenburg und Vorpommern werden Kriegsschauplatz. Todesmärsche aus KZs Nach Hitlers Tod am 30. April übernimmt Großadmiral Dönitz die Befehlsgewalt. Flensburg wird kurzfristig provisorische Reichshauptstadt.
3. Mai	Tragödie der *Cap Arkona*. Mehr als 7000 KZ-Häftlinge kommen ums Leben.
8. Mai	**Deutsche Kapitulation** Zunächst Teilkapitulation am 4. Mai in einem Militärcamp bei Lüneburg Schleswig-Holstein wird Zufluchtsraum für Flüchtlinge aus dem Osten.
23. Mai	**Beginn der Nachkriegszeit** Himmler begeht in britischem Lager bei Lüneburg Selbstmord. **Aufteilung Deutschlands in vier Besatzungszonen**

ZEIT	EREIGNIS
1945	Norddeutschland gehört größtenteils zur britischen Zone, Bremen und Bremerhaven zur amerikanischen, Mecklenburg-Vorpommern zur sowjetischen Zone. Häfen fallen als Wirtschaftsräume fast vollständig aus, Werften dürfen bis 1951 keine Schiffe bauen
	Flüchtlingselend, Hungerwinter (1945–1947)
	Schwarzmarkthandel, »Hamsterkäufe«
	Seit August 1945 wieder Schulunterricht
	Der Verkehrsknotenpunkt Hamburg wird von Flüchtlingsbewegungen besonders betroffen. 1948: 200 000 Menschen leben in Notunterkünften. »Aktion Doppeleiche«: Flüchtlinge werden von Hamburg nach Schleswig-Holstein umquartiert.
	Neugründungen SPD, KPD. Gründungen CDU, FDP
	Über 30 Prozent der norddeutschen Bevölkerung sind Flüchtlinge.
	Die sowjetische Besatzungsmacht richtet zunächst das Land Mecklenburg wieder ein, der Westteil der Provinz Pommern wird angeschlossen.
	Kiel wird Landeshauptstadt des neuen Landes Schleswig-Holstein.
	Rostock wird zum industriellen Zentrum.
	Die Warnow-Werft in Warnemünde entsteht.
	Bremen, als Teil der amerikanischen Besatzungszone, wird Importhafen für amerikanischen Nachschub.
	Der Axel-Springer-Verlag wird gegründet.
1945/46	**Bodenreform in sowjetischer Besatzungszone**
	Alle Güter über 100 Hektar werden entschädigungslos enteignet und zu zwei Dritteln an ehemalige Landarbeiter und Vertriebene übereignet.
1946	Bürgerschaftswahlen in Hamburg, SPD erhält Mehrheit, Max Brauer wird Bürgermeister.
	Die Zeit und *Der Spiegel* erscheinen erstmals.
	Aus den Ländern Braunschweig, Oldenburg, Schaumburg-Lippe und der ehemaligen preußischen Provinz Hannover wird das Land Niedersachsen gegründet.
	Verbesserung der Ernährungs- und Wohnsituation, Wiederaufbau der Städte und Industrieanlagen

ZEIT	EREIGNIS
1946–1947	Curiohaus-Prozesse: KZ-Wächter von Neuengamme werden verurteilt.
1947	**Entnazifizierungsverfahren** Erste Hannover-Messe *Exodus* kommt mit 4500 Holocaust-Flüchtlingen wieder im Hamburger Hafen an. Britische und amerikanische Zone werden zum einheitlichen Wirtschaftsraum, der Bizone. Uraufführung des Films »In jenen Tagen« von Helmut Käutner (erste Filmproduktion in britischer Zone) im Hamburger Waterloo-Theater
1948	NWDR (seit Herbst 1945 unter britischer Hoheit) geht in deutsche Hände über. Marshallplan und das European Recovery Program zum wirtschaftlichen Aufbau Europas treten in Kraft. **Währungsreform** Waren kommen auf den Markt, die bislang gehortet wurden. Langfristige Verbesserung der wirtschaftlichen Lage im Westen. In der SBZ werden zunächst alte Reichsmarkscheine mit Kupons überklebt, ebenfalls Währungsreform (1 RM = 1 DM). Demontage von Industrieanlagen in der SBZ, auch in Mecklenburg, Abtransport in die Sowjetunion.
1949	In Hamburg wird Veit Harlan, dem Regisseur des NS-Propagandafilms »Jud Süß«, wegen Verbrechens gegen die Menschlichkeit der Prozess gemacht. Harlan wird freigesprochen. **Gründung der Bundesrepublik Deutschland: Grundgesetz** **Gründung der DDR: Verfassung der DDR** Im Norden der DDR wird das Land Mecklenburg gegründet (bis 1952). Die »Kieler Erklärung« sichert Minderheitenrechte der Dänen und Friesen in Schleswig-Holstein. Als Ergebnis der starken prodänischen Bewegung in Südschleswig nach dem Krieg: Gründung des SSW (1948, Südschleswigscher Wählerverband). Hamburg wird Bundesland.

ZEIT	EREIGNIS
Ab 1950	Hamburg wird zur modernen Metropole: Bau der seit den vierziger Jahren geplanten Ost-West-Straße 1956: Fertigstellung der Grindelhochhäuser 1959–1964: Bau des Unilever-Hauses 1968: Bau des Fernsehturms
1951	Freigabe des deutschen Handelsschiffbaus führt zum Aufschwung der Werften, doch Umstellung durch zunehmenden internationalen Konkurrenzdruck, Automatisierung und neue Transport-Arten nötig (1968: erstes Vollcontainer-Schiff).
Ab 1951	**Beginn des »Wirtschaftswunders«**
	»Emslandplan«: Erschließung durch gezielte Wirtschaftsförderung
Ab 1952	**Aufbau des Sozialismus in der DDR** Zwangskollektivierung, Gründung von LPGs (Landwirtschaftliche Produktionsgenossenschaften). Die fünf Länder werden durch vierzehn Bezirke ersetzt. Mecklenburg wird in Rostock, Neubrandenburg und Schwerin geteilt. Die Demarkationslinie zwischen West- und Ostdeutschland wird mit Sperranlagen hermetisch abgeriegelt. Als »politisch unzuverlässig« geltende Bürger werden ausgewiesen. Rückgabe Helgolands von England an die Bundesrepublik Erste Fernsehsender der Nachkriegsgeschichte strahlen in West- und Ostdeutschland Sendungen aus. Erste Tagesschau aus Hamburg.
1952	Die ersten »Winnetou-Festspiele« in Bad Segeberg, später »Karl-May-Festspiele« genannt
17. Juni 1953	**Volksaufstand in der DDR, Arbeitsniederlegungen auch in den Provinzstädten** Warnow-Werft ist in Mecklenburg Schwerpunkt des Arbeiterprotestes. »Aktion Rose«: Besitzer von Hotels und Ferienpensionen an der Ostseeküste der DDR werden enteignet.
1953–1978	»Programm Nord«: Erschließung der abgelegenen Teile Schleswig-Holsteins durch Infrastruktur-Ausbau

ZEIT	EREIGNIS
1955	Bei VW läuft der millionste Käfer vom Fließband. Gustaf Gründgens wird Generalintendant des Deutschen Schauspielhauses Hamburg (bis 1963).
1956	Die letzten Kriegsgefangenen kehren heim, die meisten ins Lager Friedland. Neue Autokennzeichen: z. B. HH statt BH (»Britische Zone Hamburg«)
1957	»Miss Germany« (Gerti Daub) kommt aus Hamburg. Bremen: Ausbau von Hafen, Werften, Wiederaufschwung in der Fischerei
50er, 60er Jahre	**Wirtschaftliche und kulturelle Ausrichtung der BRD an den USA**
Mitte der 50er	**Wirtschaftswachstum und Baby-Boom** **Jazz und Swing werden immer populärer, später Rock 'n' Roll**
Ab 1957	Bei Bremen wird die erste deutsche Trabantenstadt errichtet: Neue Vahr
1958	Stapellauf der *Gorch Fock* (Segelschulschiff der Bundesmarine) bei Blohm und Voss Massendemonstration in Hamburg. 100 000 gegen Aufrüstung der neu gegründeten Bundeswehr mit Atomwaffen Elvis Presley kommt in Bremerhaven an und bleibt als GI anderthalb Jahre in Westdeutschland.
1958–1975	Jährliche Ostsee-Woche in Rostock
1960	Eröffnung des neuen Überseehafens Rostock-Petersdorf Wohnungsmangel in Mecklenburg, erste Plattenbauten entstehen. Hans Albers stirbt, 10 000 Menschen auf dem Ohlsdorfer Friedhof in Hamburg.
1960–1962	Die Beatles im Hamburger Star Club, Anfang ihres Welterfolgs
1961	**Mauerbau in Berlin, im Gefolge auch Verstärkung der Grenzanlagen im Norden, Aufbau der »Grenzbrigade Küste«** Zu DDR-Zeiten 5000 Fluchtversuche über die Ostsee, nur ca. 600 Flüchtlinge erreichen ihr Ziel. Vielen dient das Licht des Leuchtturms Dahmeshöved an der mecklenburgischen Küste als Orientierung.

ZEIT	EREIGNIS
1962	*Spiegel*-Affäre: erste große Kraftprobe zwischen der bundesdeutschen Staatsmacht und der kritischen Presse. Juristischer und politischer Sieg der *Spiegel*-Chefredaktion. Flutkatastrophe, mehr als 300 Tote in Hamburg und Umgebung
1963	Eröffnung der Fehmarnsundbrücke Das »Wunder von Lengede«: In Lengede/Niedersachsen werden elf Bergleute, die zwei Wochen verschüttet waren, lebend geborgen – bis heute die spektakulärste Rettungsaktion in der Geschichte des Bergbaus.
1964	Hannover: Gründung der NPD Hamburg: Die Forschungsanlage für Hochenergiephysik DESY wird in Betrieb genommen.
1965	Gründung des Verlags Gruner & Jahr in Hamburg und Itzehoe
1966	Deutschland-Tournee der Beatles mit der Hamburger Band »Rattles«
1967	Im früheren Salzbergwerk Asse bei Wolfenbüttel werden erstmalig in der Bundesrepublik radioaktive Abfälle entsorgt. Das mecklenburgische Elbdorf Rüterberg an der DDR-Grenze wird mit zusätzlichen Zäunen, Hundestaffeln etc. besonders gesichert. Der Zugang ist fortan nur noch durch ein bewachtes Tor möglich. 22 Jahre lang werden die Bewohner in ihrem Dorf eingesperrt leben. Der Schah von Persien besucht Hamburg, Demonstrationen. An der Universität Hamburg formiert sich der Ruf nach einer außerparlamentarischen Opposition. Bei der Rektoratsübergabe wird Transparent »Unter den Talaren der Muff von 1000 Jahren« enthüllt. Studentenunruhen in Kiel
1967–1971	Gründung der Universität Bremen. Weitere Universitätsgründungen auch in Schleswig-Holstein und Niedersachsen.
1968	Krawalle vor Springer-Verlag, dessen Zeitungen eine Mitschuld am Anschlag auf Rudi Dutschke und die Unterstützung der USA im Vietnamkrieg vorgeworfen wird. **Depression in der DDR nach Ende des Prager Frühlings** **Sexuelle Revolution, Minirock, Pille, Aufklärungsfilme, Drogen, erste Kommunen**

ZEIT	EREIGNIS
1969	Aktion »Roter Punkt« in Hannover: Autofahrer organisieren Mitfahrdienst als Protest gegen Fahrpreiserhöhung bei Bussen und Bahnen.
1970	Jimi Hendrix spielt auf dem »Festival der Liebe« auf Fehmarn – zwölf Tage vor seinem Tod.
1971	Eine BAC1-11 muss zwei Minuten nach dem Start von Fuhlsbüttel aus notlanden. Sie zerschellt an einer Autobahnbrücke bei Hasloh. 22 Tote, 99 Überlebende.
70er Jahre	Udo Lindenberg spielt im Hamburger »Onkel Pö«. An den Ostsee-Stränden der DDR wird die FKK-Bewegung populär.
1972	Olympische Segelwettbewerbe in Kiel Uwe Seeler feiert im Hamburger Volksparkstadion seinen Abschied als Fußballer. Bombenanschlag auf Axel-Springer-Verlagsgebäude, siebzehn Schwerverletzte RAF-Terroristin Gudrun Ensslin wird in Hamburg verhaftet, Ulrike Meinhof in Hannover. Verstaatlichung der letzten privaten Industriebetriebe in Mecklenburg
1973	Der Hamburger Ex-Bürgermeister Max Brauer stirbt. Eröffnung des Eidersperrwerks **Ölkrise, vier autofreie Sonntage**
Anfang/Mitte der 70er Jahre	Die Regierung Schleswig-Holsteins plant, Atomkraftwerke im nordfriesischen Wattenmeer zu bauen. Durch Bürgerproteste wird der Plan zu Fall gebracht.
1974	Baubeginn des Kernkraftwerks Krümmel bei Geesthacht Einweihung des neuen Elbtunnels und der Köhlbrandbrücke Strafpunkte für Autofahrer: Die »Verkehrssünderdatei« im Kraftfahrtbundesamt Flensburg (seit 1951) verzeichnet die gefürchteten »Punkte in Flensburg«. Bei der Fußball-WM gewinnt die DDR im Hamburger Volksparkstadion mit 1:0 gegen die Bundesrepublik.

ZEIT	EREIGNIS
1975	**Unterzeichnung der KSZE-Schlussakte in Helsinki u.a. durch die Bundesrepublik und die DDR** Fritz Honka, der Prostituiertenmörder von St. Pauli, wird gefasst. Unter dem Jubel von Zehntausenden kehren nach acht Jahren die *Münsterland* und die *Nordwind* an die Hamburger Landungsbrücken zurück. Die Schiffe waren im Sechstagekrieg zwischen die Fronten geraten. Großbrand in der Lüneburger Heide, sieben Tote. Kosten der Wiederaufforstung: 80 Millionen DM.
1976	Erneut schwere Sturmflut. Diesmal halten die Deiche. Elbe-Seitenkanal, verbindet Mittellandkanal mit Hamburger Hafen. Baubeginn des Atomkraftwerks Brokdorf an der Unterelbe
1977	Unter dem niedersächsischen Ministerpräsidenten Ernst Albrecht beginnt die Planung für Gorleben als Standort einer atomaren Wiederaufarbeitungsanlage. Großkundgebung mit 20 000 Menschen. In den folgenden Jahren immer neue Proteste, Zeltlager (1980: Räumung der »Republik Freies Wendland«).
70er Jahre	**Gründungswelle von Bürgerinitiativen** Die »Grüne Liste Umweltschutz« (1978) und andere Landesverbände der späteren Grünen Partei erzielen bei Wahlen erste Erfolge. **Verändertes Umweltbewusstsein** Der Tod eines Kindes führt 1979 zu einem Skandal um die Chemiefabrik Stoltzenberg. Gefährliche Lagerung von Kampfstoffen – Gefahr für einen ganzen Stadtteil.
1978	Der letzte VW-Käfer läuft in Emden vom Band. »Celler Loch«, Mitarbeiter des niedersächsischen Verfassungsschutzes sprengen Loch in Gefängnismauer, um Gefangenenbefreiung vorzutäuschen. Erster spektakulärer V-Mann-Skandal.
Winter 1978/79	Schneekatastrophe in Schleswig-Holstein: 150 Orte sind tagelang eingeschlossen, 80 ohne Strom.
1979	Prozess gegen Neonazi Michael Kühnen in Celle, der mit einer Bande vor allem in Norddeutschland Raubüberfälle verübt hat.
1979–1982	»Die Grünen« ziehen in alle norddeutschen Länderparlamente außer Schleswig-Holstein ein, 1983 auch in den Bundestag.

ZEIT	EREIGNIS
Ende der 70er Jahre	Punk-Bewegung vor allem in Hamburg und Bremen. Die Jugendkultur zersplittert in mehr und mehr Subkulturen.
70er und 80er Jahre	Werftenkrise: zahlreiche Fusionen und Schließungen in Bremen, Hamburg und Kiel, Massenentlassungen
1981	Bundeskanzler Helmut Schmidt besucht die DDR, u.a. Güstrow. Brokdorf: 100 000 Menschen demonstrieren gegen AKW. Der Tanker *Afran Zenith* läuft bei Teufelsbrück auf Grund – es folgt eine Ölpest, aber nicht die befürchtete Explosion. Hamburger Dom: Ein Flugkarussell mit 28 Personen schlägt gegen einen Baukran. Sieben Tote.
1981–1995	Hausbesetzungen in der Hamburger Hafenstraße mit teilweise militanten Auseinandersetzungen
1982	Der RAF-Terrorist Christian Klar wird in Hamburg mit Hilfe eines Infrarot-Detektors aufgespürt. In Hamburg verbrennt sich die Türkin Semra Ertan Bilir aus Protest gegen Ausländerfeindlichkeit in der Bundesrepublik. Die Kieler Woche feiert hundertsten Geburtstag.
1983	*Stern*-Skandal um angebliche Hitler-Tagebücher Das größte europäische Sonnenkraftwerk nimmt auf der Nordseeinsel Pellworm (SH) seinen Betrieb auf.
1985	Eine Hausfrau in Niedersachsen gewinnt 6,97 Millionen DM im Lotto, den bis dahin höchsten Lottogewinn Europas. Das nordfriesische Wattenmeer wird zum Nationalpark, im folgenden Jahr auch das ostfriesische.
1986	Die vom *Stern*-Gründer Henri Nannen gestiftete Kunsthalle in Emden wird eröffnet. Trotz aller Proteste: Das AKW Brokdorf geht als erstes deutsches AKW nach dem GAU von Tschernobyl ans Netz. Skandal um HDW in Kiel. Die Werft soll illegal Konstruktionspläne für U-Boote an Südafrika geliefert haben. »Hamburger Kessel«: Auf dem Heiligengeistfeld umzingelt Polizei 600 Demonstranten. Der erste Hanse-Marathon: 8279 Teilnehmer

ZEIT	EREIGNIS
1986	»St.-Pauli-Killer« Werner Pinzner erschießt während einer Gerichtsverhandlung den Staatsanwalt, seine Frau und sich selbst. Premiere des Musicals »Cats« in Hamburg. 1988: Proteste gegen neues Musical-Theater im Schanzenviertel
80er Jahre	Niedergang der bundesdeutschen Hochseefischerei. Teilweise 20% Arbeitslosigkeit. Stattdessen gewinnt Lebensmittelverarbeitung an Bedeutung. Ansiedlung von Forschungseinrichtungen (z.B. Alfred-Wegener-Institut für Polar- und Meeresforschung, 1980).
1987	Kieler Affäre um Ministerpräsident Uwe Barschel (»Waterkantgate«): illegale Machenschaften im Wahlkampf gegen Björn Engholm. Barschel gibt öffentlich ein falsches Ehrenwort und stirbt wenig später in Genf unter ungeklärten Umständen. Später gerät auch die SPD wegen unwahrer Behauptungen in den Strudel der Affäre, Ministerpräsident Engholm tritt zurück.
1988	Michael Jackson vor 54 000 Menschen im Volksparkstadion, Prince vor 20 000 am Millerntor Robbensterben an der Nordseeküste
1989	800. Hafengeburtstag Hamburg Protestbewegung gegen das DDR-Regime, auch in Rostock **Mauerfall, Grenzöffnung an mecklenburgischen Übergängen**
1990	Erstmals werden Frauen ins Parlament der Hamburger Handelskammer gewählt. Runde Tische in drei Nordbezirken der DDR. Mit Fachleuten aus Niedersachsen und Schleswig-Holstein wird die Neubildung des Landes Mecklenburg-Vorpommern vorbereitet. Rostock nennt sich wieder Hansestadt. **Wiedervereinigung** Feiern am ehemaligen Grenzstreifen
1991	Das ehemalige Grenzdorf Rüterberg erhält vom Innenminister des Landes die Genehmigung, sich offiziell »Rüterberger Dorfrepublik 1967–1989« zu nennen.

Register norddeutscher Orte

Dank

Wir bedanken uns für die Mitarbeit und Unterstützung bei der Entstehung von Film und Buch im Besonderen bei:

Reiner Bauer, Katja von Behrens, Andreas Beyer, Dr. phil. h.c. Otto Braasch, Roland Breitschuh, Michael Camper, COMA Media Cast, Andreas Dicke, Dr. Ute Drews, Jens Dücker, Dominic Egizzi, Mario Gehrig, Hans-Peter Glöckner, Nora Götting, Michael Gubitz, Silvia Gutmann, Dr. Dirk Hagener, Antonius Holtmann, Florian Huber, Jan Kerhart, Sven Kiesche, Kirsten Knoop, Wilhelm Koops, Dr. Bettina Küter, Sebastian Lehmann, Wolfgang Leonhardt, Viola von Liebieg, Dirk Manthey, Ursina Merkt, Jens C. Möller, MSH, Gesellschaft zur Förderung audiovisueller Werke in Schleswig-Holstein mbH, Jochen-C. Müller, Carola Neutze, Julia Noack, Nordmedia Fonds GmbH, Niedersachsen und Bremen, Thomas Onderka, Antje Poeschmann, Kerstin Rau, Prof. Martin Rheinheimer, Prof. Dr. Thomas Riis, Thomas Schreiber, Christine Stahlschmidt, Ingo Wandmacher, Thomas Weichler, Knut Weinrich, Lothar Wertschulte, Dr. Susanne Wilbers-Rost, Daniel Wildhagen, René Wilsdorf, Mathias Wrobel, Volker Zielke

... und bei den vielen hier nicht genannten Leitern, Mitarbeitern und Helfern in Museen, Institutionen und Vereinen, die unsere Arbeit mit Rat und Tat unterstützt haben.

Abbildungsverzeichnis

Stiftung Schleswig-Holsteinische Landesmuseen Schloss Gottorf, Volkskundliche Sammlung: 225

ullstein bild: 6, 10, 11 o., 21, 36, 39 l., 73, 82, 83, 97, 101 o., 110, 121, 128 l., 128 r., 135, 138, 144 u.r., 152/153, 154, 158, 163, 165, 166, 171, 173, 176 o., 177, 179 u., 188, 189, 197, 199, 200, 206, 207 o., 208, 214 o., 214 u., 220, 221 u., 222, 230 l., 231, 236 u., 237, 238 o., 238 u., 239, 241, 242 l., 242 r., 245, 247, 252/253, 254 l., 254 r., 255, 256, 257 u., **258/259**, 261 o., 261 u., 264, 265 o., 265 u., 266 r., 267, 268, 273 o., 275 l., 275 r., 278 u., 279 o., 279 u., 280 r., 283, 284 r., 285 o., 285 u., 286 u., 288, 290 u., 294, 296 o., 296 u., 298 u., 303 u., 304, 305, 306, 3090., 309 m., 309 u., 310, 311, 312, 317, **323**, **326** (2), **327**, **329** (2), **331**, **333** (2), **334** (2), **335** (2), **336**, **337**, **338** (3), **339**, **340** (2), **341** (2), **342**, **343** (2), **344**, **345**

Visum: 227

Ingo Wandmacher: 2/3, 5 (2), **8/9**,16, 18, 34/35, 49, 57, 63, 66, 79, 90, 92, 102/103, **108/109**, 111 o., 116 o., 116 u., 118, 119, 120, 125, 130, 144 o., 148, 155, 175, 180, 193, 202 o., 233, 260, 299 u., 316, **324**, **325**, **327**, **330**, **332**

Bildwiederholungen sind **fett** gedruckt.

Grafiken und Karten: Rainer J. Fischer, Berlin